Paris
1871

Hoffmann, Ernst-Theodor

Contes des frères Sérapion

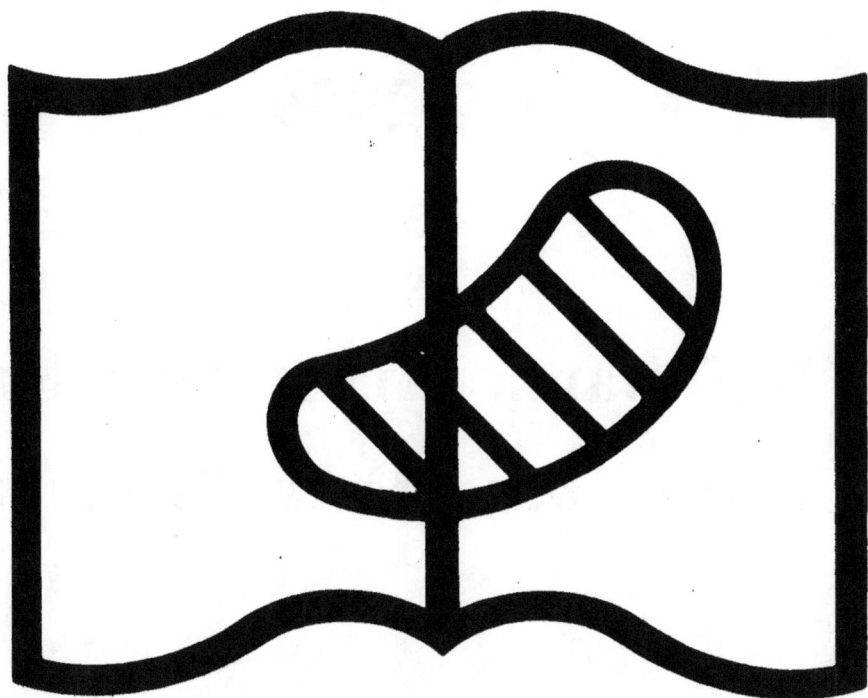

Symbole applicable
pour tout, ou partie
des documents microfilmés

Original illisible

NF Z 43-120-10

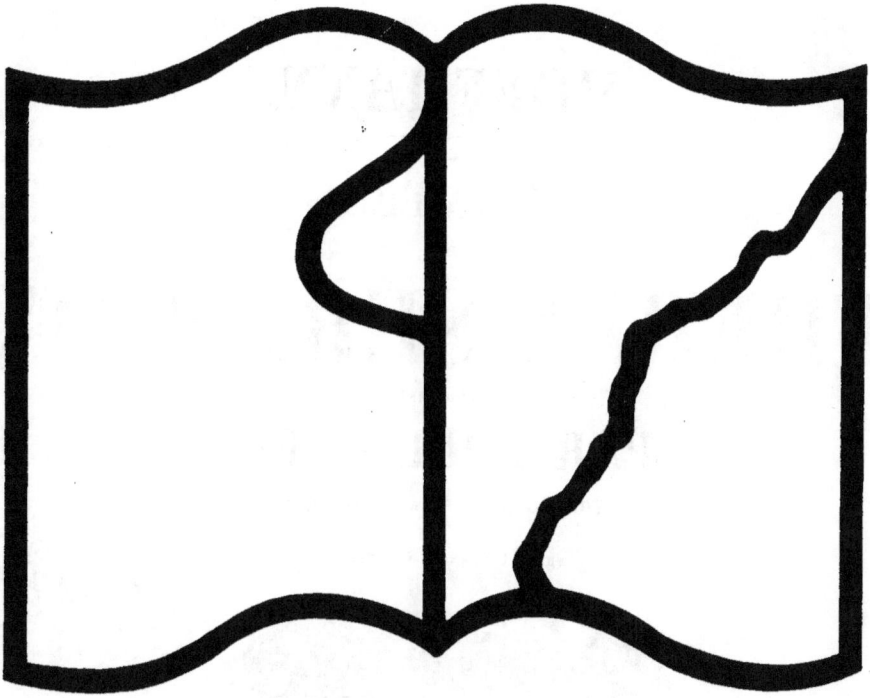

**Symbole applicable
pour tout, ou partie
des documents microfilmés**

Texte détérioré — reliure défectueuse

NF Z 43-120-11

HOFFMANN.

CONTES

DES

FRÈRES SÉRAPION

ILLUSTRÉS

PAR FOULQUIER.

TRADUCTION DE LA BÉDOLLIÈRE.

PRIX : **1** FRANC **15** CENTIMES.

CHEVAUCHET. SC

PARIS

GEORGES BARBA, LIBRAIRE-ÉDITEUR

7, RUE CHRISTINE, 7

— Tous droits réservés —

ŒUVRES COMPLÈTES

DE

HOFFMANN

ILLUSTRÉ

PAR FOULQUIER

TRADUCTION DE LA DÉDICACE

CONTES DES FRÈRES SÉRAPION.

—Que l'on s'arrange comme l'on voudra, il n'en est pas moins certain que l'on ne peut s'empêcher d'être amèrement convaincu que rien de ce qui s'est fait sur terre ne se représente plus une seconde fois. La maîtresse que nous avons quittée, l'ami dont il nous a fallu nous séparer sont perdus à jamais pour nous. Ceux qui se revoient après bien des années ne sont plus les mêmes que lorsqu'on a pris congé d'eux, et ils ne nous retrouvent plus aussi.

Ainsi parlait Lothaire en se levant vivement de sa chaise et en s'avançant vers la cheminée les bras croisés l'un sur l'autre, et il regardait d'un air sombre le feu qui claquait gaiement.

— Et pourtant, répondit Théodore, je te retrouve après douze ans d'absence tout à fait le même, en ce point que tu te laisses aller comme autrefois aux mêmes accès d'humeur noire. Nous sommes ici tous les artistes liés jadis par un généreux élan vers la science et l'art, et que la tempête qui s'est déchaînée pendant ces dernières années pouvait séparer à jamais. Le sort nous a permis de jeter l'ancre dans le même endroit. Nous voilà

381.

Teresina et Lauretta dans le bosquet.

ici tourmentés de l'enthousiasme de notre amitié de nouveau florissante, et jusqu'à présent personne de nous n'a avancé que des choses sans valeur et ennuyeuses à l'excès. Et tout cela parce que nous sommes de grands enfants qui croyions que nous allions à l'instant même retrouver cette mélodie interrompue depuis douze années. Ainsi, pensions – nous, Lothaire nous ferait quelque lecture amusante, Cyprien apporterait un poème fantastique, ou un opéra dont je commencerais à essayer à l'instant la musique sur ce pauvre piano à l'en faire craquer, ou bien Oltmar nous parlerait de quelque nouvelle découverte, ou nous proposerait d'étranges projets. Oui, certainement, nous ne sommes plus les mêmes. Les temps désastreux que nous avons dû passer n'ont-ils pas laissé dans notre âme une trace sanglante? Il est possible que bien des splendeurs d'autrefois soient maintenant sans éclat à nos yeux habitués à une plus forte lumière; mais la pensée intérieure où notre amitié avait pris naissance est restée la même. Chacun de nous croit des autres qu'ils sont restés dignes de son amitié. Oublions donc les anciens temps et les habitudes anciennes, et cherchons à former entre nous une nouvelle chaîne.

— Rendons grâce à Dieu, interrompit Oltmar, que Lothaire nous ait trouvés insupportables, et que toi, Théodore, tu aies chassé à l'instant le petit démon qui nous gênait et se moquait de nous. Je commençais à me mettre de mauvaise humeur, lorsque Lothaire a éclaté. Maintenant que les préliminaires de notre nouvelle alliance sont solennellement posés, et j'arrête que nous nous réunirons chaque semaine un jour convenu.

— Très-bien! s'écria Lothaire, et ajoute quelques conventions, comme par exemple que l'on pourra parler ou ne pas parler de ceci et de cela, ou que l'on sera tenu d'avoir beaucoup d'esprit, ou bien que nous mangerons chaque fois une salade de sardines.

— Oui, dit Oltmar, j'ai vu des clubs organisés comme un royaume; il y avait un roi, un ministre, un conseiller d'État, et cela était ainsi établi pour bien manger et boire encore mieux. La réunion avait lieu dans l'hôtel de la ville le plus renommé pour sa cuisine et ses vins, et l'on y tenait des conférences où l'on discutait solennellement et sérieusement sur la qualité des plats et du vin.

— Puisque vous en êtes sur les clubs, reprit Lothaire, laissez-moi vous parler du club le plus simple qu'il y ait jamais eu sur la terre. Dans une petite ville frontière de la Pologne, que les Prussiens possédaient autrefois, les deux seuls officiers étaient un vieux capitaine invalide et le chef de l'octroi. Tous les deux se rendaient chaque jour à cinq heures précises dans la seule taverne de l'endroit et allaient prendre place dans une chambre expressément réservée pour eux. Le chef de l'octroi était ordinairement assis un pot de bière devant lui et la pipe à la bouche quand entrait le capitaine. Celui-ci s'asseyait en disant au chef de l'octroi assis en face de lui :

— Comment vous va, camarade?

Puis il allumait sa pipe bourrée d'avance, tirait une gazette de sa poche, commençait à lire attentivement la feuille, et la passait, quand il l'avait terminée, au chef de l'octroi, qui la lisait à son tour. Sans se dire un seul mot, ils se lançaient des bouffées de tabac au visage jusqu'au coup de huit heures; alors le chef de l'octroi se levait, débourrait sa pipe, et quittait la taverne en disant :

— Cela va assez bien, camarade!

Tous les deux nommaient très-sérieusement ce club Notre-Ressource.

— L'histoire est charmante! dit Théodore.

— Voyons, dit Cyprien, tressons de nouveau ce lien que nous avons filé pendant douze années; mais ne nous inquiéter si nous n'avons plus les mêmes costumes. Je donne ma voix à la proposition avancée par Oltmar de nous réunir une fois par semaine un jour convenu.

— Accordé! s'écria Lothaire, et pour sortir de suite d'une foule d'observations de tout genre, Cyprien va nous raconter ce qui lui trotte dans l'esprit et le rend si sérieux.

— Rien pourtant, reprit Cyprien, ne serait moins propre à nous rendre notre ancienne gaieté que le récit de l'aventure qui me préoccupe en ce moment. Vous la trouverez étrange et sans intérêt. Il y a là un caractère très-sombre, et j'y joue continuellement un mauvais rôle.

— Raconte toujours, s'écria Théodore.

— Soit, répondit Cyprien. Et après avoir regardé devant lui pendant quelques minutes, il commença ainsi :

SÉRAPION.

— Vous savez que je demeurai quelque temps (il y a de cela plusieurs années) à B..., localité située dans la plus gracieuse contrée du sud de l'Allemagne. Selon ma coutume, j'entreprenais seul et sans guide de grandes promenades. Il arriva qu'une fois je pénétrai dans une épaisse forêt, et plus je cherchais chemin et sentier, plus je perdais jusqu'à la moindre trace du pas des hommes. Enfin la forêt devint moins serrée, et j'aperçus devant moi, à peu de distance, un homme en robe brune d'hermite, un large chapeau de paille sur la tête, la barbe longue et en désordre. Il était assis sur un morceau de rocher, tout près d'un précipice. Les mains jointes, il regardait tout pensif les lointains. Cette apparition avait quelque chose d'inusité, d'étrange; je me sentis un léger frisson, et il est difficile de s'en garantir lorsqu'on voit tout à coup en réalité une chose que l'on n'a seulement vue jusqu'alors que dans les gravures ou des livres.

Je voyais un anachorète des anciens temps de la chrétienté assis devant moi dans les montagnes sauvages de Salvator Rosa. Je réfléchis bientôt que la vue d'un moine voyageur n'avait rien de bien surprenant dans ces contrées, et je m'avançai droit sur cet homme, en lui demandant le plus court chemin pour sortir de la forêt et me rendre à B... Il me mesura d'un sombre regard et me dit d'une voix solennelle :

— Tu es bien hardi et bien impudent d'interrompre par une sotte demande la conversation que j'ai en ce moment avec les dignes hommes assemblés autour de moi. Je sais bien que c'est me voir et d'entendre mes paroles qui t'a conduit dans ces...... mais tu vois que je n'ai pas en ce moment le temps de con....... avec toi. Mon ami Ambrosius des Camaldules retourne à Alexan....... va avec lui.

Alors l'homme se leva et descendit dans la vallée. Je croyais rêver. J'entendis dans le voisinage le bruit d'un chariot, et me frayant un chemin à travers les broussailles, j'arrivai à un sentier des bois et je vis devant moi un paysan qui conduisait une voiture à deux roues; j'allai rapidement vers lui; il me remit bientôt sur le grand chemin de B...

Je lui racontai mon aventure chemin faisant, et je lui demandai quel était le singulier homme de la forêt.

— Ah! mon cher monsieur, répondit le paysan, c'est un digne homme que l'on appelle le prêtre Sérapion, et il habite déjà depuis plusieurs années une petite cabane qu'il s'est bâtie lui-même. Les gens disent qu'il n'a pas la tête tout à fait saine, mais c'est un homme brave et pieux qui ne fait de mal à personne, édifie le village par des discours religieux et fait tout le bien qu'il peut faire. J'avais rencontré mon anachorète à deux petites lieues de B... Là, on devait en savoir davantage, et cela était en effet. Le docteur S... m'apprit toute son histoire.

Ce solitaire était autrefois une des têtes les plus intelligentes et les plus remplies de science qu'il y eût à M... En outre, il était de grande naissance, ce qui fit naturellement qu'à peine au sortir de l'université il fut employé dans une affaire diplomatique où il déploya beaucoup de zèle et de probité. Il joignait à ses connaissances un charmant talent poétique; tout ce qu'il écrivait était illuminé d'une fantaisie brûlante, d'une sorte d'esprit qui tendait aux plus creuses profondeurs. Sa bonne humeur excessive le rendait, ainsi que sa bonté, le plus aimable compagnon que l'on pût trouver. De grade en grade il était parvenu à être désigné pour remplir une place importante dans une ambassade, lorsqu'il disparut de M... de la manière la plus inconcevable.

Toutes les recherches furent inutiles, et chaque présomption vint échouer devant l'événement qui se passa alors.

Quelque temps après, dans les montagnes, au fond du Tyrol, parut un homme qui couvert d'une robe brune allait prêchant dans les villages, et se retira ensuite dans la forêt la plus sauvage, où il vécut en solitaire. Le hasard voulut que le comte P..... aperçut le visage de cet homme, qui se donnait pour le prêtre Sérapion. Il reconnut en lui son malheureux neveu, qui avait disparu de M...,

On s'empara de lui, il devint furieux, et tout l'art des médecins les plus célèbres de M... fut impuissant à le guérir. On le conduisit à B... dans une maison d'aliénés, et l'on parvint, grâce à la profonde science du docteur, à calmer au moins les accès de frénésie auxquels le malade était sujet. Soit que le médecin, par suite d'une de ses théories, lui en donnât l'occasion, soit qu'il en trouvât lui-même les moyens, toujours est-il qu'il s'enfuit et demeura longtemps caché. Sérapion reparut enfin dans la forêt qui se trouve à deux lieues de B..., et le médecin déclara que si l'on voulait avoir un peu de pitié pour le malheureux et ne pas le jeter dans de nouveaux accès, il fallait le laisser dans la forêt vivre à sa guise en pleine liberté, et qu'il répondait qu'il ne ferait aucun mal. La grande réputation du médecin fut un gage suffisant. La police se contenta de recommander aux autorités du village d'exercer leur surveillance sur cet infortuné, et la suite confirma les assurances du médecin. Sérapion se bâtit une jolie hutte, même assez commode, vu les circonstances; il se fit une table et une chaise, se tressa une natte de jonc pour lit, et s'arrangea un petit jardin où il planta des légumes et des fleurs; et à l'exception de l'idée fixe qu'il était le solitaire Sérapion, qui s'était enfui sous le règne de l'empereur Décius dans les déserts de la Thébaïde, et avait souffert à Alexandrie la mort du martyre, il garda toute son intelligence. Il pouvait tenir les discours les plus remarquables, et assez souvent même apparaissaient des traces de cette finesse d'esprit et de cette gaieté folle qui vivifiaient autrefois sa conversation. Au reste le médecin l'avait déclaré incurable et avait très-sérieusement défendu d'essayer de le rendre au monde et à ses anciennes relations.

Vous croirez facilement que mon anachorète ne me sortit plus de l'esprit, et que j'éprouvai un irrésistible désir de le revoir. Mais figurez-vous ma sottise, je n'avais rien moins en tête que de détruire complètement l'idée fixe du rôle de Sérapion. Je lus Pinel, Reil, enfin tous les livres des auteurs qui ont traité de la folie; je m'imaginais que moi le psychologue inexpérimenté, le médecin sans médecine, je serais peut-être celui qui devait jeter un éclair de lumière dans les obscurités de l'esprit de Sérapion. Outre cette étude sur la folie, je m'adonnai à la lecture de tous les Sérapion, qui sont au nombre de huit dans l'histoire des saints et des martyrs, et ainsi cuirassé j'allai par un beau matin bien pur à la recherche de mon anachorète.

Je le trouvai dans son jardin, armé de la pioche et de la bêche, et chantant une chanson pieuse. Les pigeons sauvages, auxquels il avait jeté une quantité de grains, se mirent à voltiger autour de lui, et un jeune chevreuil regarda en curieux à travers les feuilles de l'espalier. Il me sembla aussi être en parfaite intelligence avec les animaux de la forêt. Il était impossible de découvrir sur son visage la moindre trace de folie; ses traits doux annonçaient le calme et la bonne humeur. Ainsi se confirmait ce que m'avait dit le docteur S... à B..., qui m'avait conseillé, lorsque je lui avais parlé de mon désir de visiter le solitaire, d'y aller surtout par une belle matinée, parce qu'alors Sérapion avait l'esprit plus libre et était plus disposé à s'entretenir avec les étrangers; tandis que le soir il fuyait toute société. Lorsque Sérapion m'aperçut, il laissa tomber la bêche et vint à ma rencontre.

Je lui dis que, fatigué d'une longue route, je désirais me reposer quelques instants près de lui.

— Soyez le bienvenu, me dit-il; le peu de rafraîchissements que je possède est à votre service.

Et tout en disant ces mots il me conduisit vers un banc de mousse placé devant sa cabane, approcha une petite table, m'apporta du pain, des raisins délicieux et un pot de vin, et m'invita à manger et à boire. Il vint s'asseoir aussi en face de moi sur un escabeau, et se mit à manger du pain avec appétit, tout en vidant un grand verre d'eau. Dans le fait je ne savais comment amener une conversation où je pourrais faire sur le pauvre homme l'essai de ma science psychologique. Enfin, je me décidai et commençai ainsi :

— Vous vous nommez Sérapion? monsieur.

— L'Église m'a donné ce nom, répondit-il.

— Les anciennes histoires, continuai-je, mentionnent plusieurs saints de ce nom : un abbé Sérapion, qui se fit remarquer par ses bienfaits; le célèbre évêque Sérapion, que Jérôme cite dans son livre *De viris illustribus*. Il y eut aussi un moine Sérapion. Celui-ci, raconte Héraclide dans son *Paradis*, lorsqu'un jour il revenait des déserts de la Thébaïde à Rome, ordonna à une jeune fille, qui s'était jointe à lui en disant qu'elle avait renoncé au monde et à ses pompes, de se promener près de lui sans vêtements dans les rues de Rome pour lui donner la preuve de sa conversion; et il la renvoya lorsqu'il lui arriva d'hésiter.

— Tu montres, lui dit-il, que tu vis encore d'après la nature et veux plaire aux hommes, et il ne te convient pas de te vanter d'avoir vaincu le monde.

— Et si je ne me trompe, vénérable monsieur, ce sale moine (c'est Héraclide qui le nomme ainsi) fut celui-là qui fut livré au plus cruel martyre sous l'empereur Décius. On lui brisa, dit-on, les jointures des membres, et il fut précipité du haut d'un rocher.

— C'est la vérité, dit Sérapion en pâlissant tandis que ses yeux brillaient d'un feu sombre. Cependant ce martyr n'a rien de commun avec ce moine qui dans sa fureur ascétique combattait même contre la nature. Je suis le martyr Sérapion dont vous venez de parler.

— Comment, m'écriai-je avec une surprise bien jouée, vous donnez pour ce Sérapion qui périt il y a plusieurs centaines d'années de la manière la plus misérable!

— A vous libre de trouver cela incroyable, reprit Sérapion très-froidement, et j'avoue que pour celui qui ne voit pas plus loin que le bout de son nez cela doit paraître très-étrange, mais cependant cela est ainsi. La toute-puissance de Dieu m'a fait heureusement survivre au martyre, parce qu'il était décidé dans ma vie éternelle que je vivrais encore quelque temps agréablement ici, dans les déserts de la Thébaïde. Un violent mal de tête et de violentes douleurs dans les membres sont tout ce qui m'est resté de mes anciennes tortures.

Je crus que le moment était venu de commencer ma cure. Je la pris de loin; je parlai avec érudition de la maladie, des idées fixes qui attaquent parfois les hommes, et qui comme un seul son faux d'un instrument détruisent l'harmonie de l'organisme, complète partout ailleurs. Je parlai de ce savant qui n'osait bouger de sa place de peur d'aller briser avec son nez les vitres du voisin d'en face. Je parlai de l'abbé Molanos qui discourait raisonnablement sur toute chose, et n'osait sortir de sa chambre de peur d'être mangé par les poules, car il croyait être un grain d'orge. J'en arrivai à dire qu'une erreur dans leur personnalité amenait souvent des gens à l'idée fixe de se croire des personnages de l'histoire. Rien n'est plus fou et plus déraisonnable, ajoutai-je, que de prendre pour les déserts de la Thébaïde la forêt de M..., quotidiennement traversée par des paysans, des chasseurs, des voyageurs ou des gens en promenade, et que de se croire soi-même le saint homme qui a souffert le martyre depuis nombre de siècles.

Sérapion m'écoutait en silence; il semblait être impressionné de mes paroles et être livré à un combat intérieur. Alors je crus devoir porter le coup principal; je me levai rapidement, pris les deux mains de Sérapion et m'écriai d'une voix forte :

— Comte P..., sortez du songe terrible qui vous oppresse, jetez-là cet odieux habit, retournez vers votre famille qui vous pleure, au monde qui fonde sur vous les plus justes espérances.

Sérapion me regardait d'un œil pénétrant et sombre, un rire sarcastique parut sur ses joues et sa bouche, et il dit lentement et d'une voix calme :

— Vous avez, monsieur, parlé très-longtemps, et à votre point de vue très-sagement et très-bien, permettez-moi de vous répondre quelques mots.

Saint Antoine et tous les hommes d'église qui se sont retirés dans la solitude ont été souvent visités par des esprits infernaux, qui envieux du calme intérieur de ceux qui se sont donnés à Dieu, les persécutaient jusqu'à ce qu'ils fussent eux-mêmes honteusement vaincus et roulés dans la poussière. Il en est de même pour moi. De temps en temps des gens m'apparaissent, qui envoyés par le démon veulent me mettre en tête que je suis le comte de P.... de M..., et m'engagent à goûter de la vie de cour et de bien d'autres semblables choses. Quand la prière était impuissante, je les prenais par les épaules et les jetais à la porte de mon jardin, que je verrouillais. Je pourrais, monsieur, en faire autant avec vous, mais je n'en aurais pas besoin. Vous êtes évidemment le plus puissant de tous les tentateurs qui m'ont apparu, et je vous battrai avec vos propres armes, c'est-à-dire avec les armes du raisonnement. Il est question de folie, et évidemment l'un de nous deux est affecté de cette terrible maladie, et il me semble qu'elle vous a frappé à un bien plus haut degré que moi-même. Vous prétendez que c'est chez moi une idée fixe de vouloir être le martyr Sérapion, et je sais très-bien que beaucoup d'autres personnes ont la même pensée, ou font semblant de l'avoir. Si je suis réellement insensé, il ne peut venir qu'à un fou seulement la pensée de vouloir m'enlever par la force de ses raisonnements mon idée fixe. Mais si cela pouvait se faire, la folie disparaîtrait bientôt de la terre, car l'homme pourrait dominer d'un esprit qui ne lui appartient pas, mais qui est seulement un bien confié par le pouvoir suprême placé au-dessus de nous. Maintenant, si je ne suis pas un insensé, si je suis réellement le martyr Sérapion, c'est encore une autre folie de vouloir me prouver le contraire, et de me mettre en tête l'idée fixe que je suis le comte P...., de M..., appelé à de grandes choses. Vous dites que le martyr Sérapion est mort il y a plusieurs siècles, et que, par conséquent, je ne suis pas lui, parce que la durée de l'existence des hommes ne s'étend pas si loin.

Premièrement, le temps comme le nombre est une idée relative, et je pourrais vous dire qu'il me semble à moi d'après l'idée que je me fais du temps il n'y a pas plus de trois heures, ou toute autre mesure de ce genre que vous voudrez, que l'empereur Décius me fit exécuter. Mais en admettant votre manière de voir, pouvez-vous m'assurer qu'une existence semblable à cette longue vie que je vous accorde avoir reçue, soit sans exemple dans la nature? Connaissez-vous donc si bien la vie de chaque homme qui a existé sur la vaste terre, pour oser me prononcer hardiment ces mots : *sans exemple*? Irez-vous comparer la toute-puissance de Dieu à l'art impuissant de l'horloger, qui ne peut préserver des machines inertes de la destruction?

Vous me dites que le lieu où nous nous trouvons n'est pas le désert de la Thébaïde, mais bien une petite forêt qui se trouve placée à deux lieues de B...., et est quotidiennement parcourue par les paysans, les chasseurs et d'autres personnes; donnez-m'en la preuve.

Je croyais ici tenir mon homme.

— Venez avec moi, lui dis-je, dans deux heures nous serons à B...., et ce que je vous ai dit vous sera prouvé.

— Pauvre fou aveugle, dit Sérapion, quel espace nous sépare de B...! Mais en admettant que je vous suivisse véritablement dans une ville que vous appelez B..., pouvez-vous m'affirmer que nous ayons réellement marché par deux heures et que le lieu où nous serons arrivés sera B...? Si je prétendais maintenant que c'est vous qui êtes atteint d'une incurable folie, de prendre les déserts de la Thébaïde pour une forêt et la ville lointaine d'Alexandrie pour la ville de B..., placée au sud de l'Allemagne, que viendriez-vous me dire? Cette contestation ne finirait jamais et nous serait préjudiciable à tous les deux. Et il y a encore une chose à laquelle vous n'avez pas réfléchi : vous devriez penser que celui qui vous parle mène une vie tranquille, heureuse, agréable à Dieu, ce n'est qu'après avoir souffert le martyre que l'on peut jouir d'une tranquillité d'âme pareille. S'il a plu à un pouvoir suprême d'un voile sur ce qui s'est passé avant ce martyre, n'est-ce pas une cruelle et diabolique curiosité de toucher à ce voile?

Malgré toute ma sagesse, je me trouvais confondu honteusement par cet insensé. Avec la logique de la folie il m'avait battu, et j'ai raison. Il est possible que celui-ci, celui-là ou peut-être le démon lui-même vous ait poussé à me tenter, mais ce n'était certainement pas dans votre intention première, et c'est peut-être parce que vous m'avez trouvé différent de l'image que vous vous faisiez de l'anachorète Sérapion que vous avez senti se fortifier en vous le doute que vous m'avez jeté. Sans m'écarter en rien de cette piété qui convient à celui qui a consacré sa vie à Dieu et à l'Église, j'évite cet ascétisme dans lequel sont tombés plusieurs de mes frères, qui montraient ainsi au lieu de leur force renommée une impuissance intérieure, ou pour mieux dire une évidente désorganisation de leur énergie morale. Vous eussiez pu m'accuser de folie si vous m'aviez trouvé dans l'état affreux et impie où se jettent eux-mêmes ces fanatiques possédés.

Vous avez cru trouver le moine Sérapion, le cynique, pâle, maigri, épuisé par le jeûne et les veilles, les yeux remplis de l'angoisse, de l'effroi de ces songes épouvantables qui jetaient saint Antoine au désespoir; vous avez pensé me voir les genoux tremblants, pouvant à peine me tenir debout et couvert d'une robe souillée de sang : et au lieu de tout cela vous avez devant vous un homme souriant et tranquille. Moi aussi j'ai surmonté les tortures allumées par l'enfer en mon cœur, mais lorsque je m'éveillais les membres déchirés, la tête brisée, l'esprit m'illumina et guérit mon âme et mon corps. Que Dieu t'accorde, ô mon frère! déjà sur cette terre, le repos et la gaieté qui me rafraîchissent et me fortifient. Ne crains les frissons de la solitude : c'est en elle seule que peut exister ainsi un sentiment pieux !...

Sérapion m'avait dit ces dernières paroles avec l'onction d'un véritable prédicateur. Il se tut alors et leva les yeux vers le ciel. Et pouvait-il en être autrement, pouvais-je ne pas me sentir découragé? un fou qui regarde son état comme un magnifique don du ciel, qui y trouve le repos et la gaieté et me souhaite dans sa conviction la plus intime un sort pareil au sien !

Je pensais à m'éloigner, mais Sérapion reprit aussitôt en changeant de ton :

— Vous ne croiriez pas que ce désert rude et inhospitalier devient souvent trop animé pour mes méditations tranquilles. Tous les jours je reçois des nouvelles des hommes les plus remarquables de tout genre. Hier l'Arioste est venu me rendre visite, bientôt après lui vinrent Dante et Pétrarque. Ce soir j'attends le brave père de l'Eglise Évagrus, et je compte disserter sur les plus nouvelles dispositions de l'Eglise, comme nous n'avons jamais parlé encore.

Quelquefois je gravis le sommet de cette montagne, d'où l'on aperçoit distinctement dans les temps sereins les tours d'Alexandrie, et devant mes yeux se passent les événements et les faits les plus merveilleux. Beaucoup ont aussi trouvé cela incroyable et pensent que je me figure voir en réalité des images enfantées par ma fantaisie. Je tiens cela pour la niaiserie la moins fondée qui puisse exister. N'est-ce pas l'esprit seul qui permet d'embrasser ce qui se fait autour de nous dans le temps et l'espace? Et, où voit, qui sent en nous? Sont-ce ces machines sans vie que l'on appelle l'œil, l'oreille, la main, ou bien est-ce l'intelligence? Hier l'Arioste parlait des créations de sa fantaisie, et il prétendait qu'elles n'avaient jamais existé dans le temps et dans l'espace; je l'assurai du contraire, et il fut forcé de m'accorder que c'était par un manque de connaissances supérieures que le poète voulait enfermer dans l'étroite place de son cerveau les figures vivantes qu'il découvre au moyen de ses yeux de voyant. C'est surtout après le martyre que viennent ces connaissances que nourrit la solitude. Vous n'êtes pas de mon avis? vous ne me comprenez pas peut-être? et, en effet, comment l'enfant du monde, même avec la meilleure volonté, pourrait-il comprendre l'anachorète dévoué à Dieu? Ecoutez ce que je vis ce matin au lever du soleil, lorsque j'étais placé sur la crête de ce mont...

Sérapion me raconta des histoires comme peut en composer la plus brûlante imagination du plus intelligent des poètes. Tous les personnages se présentaient si pleins d'existence, qu'entraîné, charmé par un pouvoir magique, on pouvait croire, comme on croit dans un songe, que Sérapion avait vu véritablement tout cela de sa montagne. A une histoire en succédait bientôt une autre et une autre encore, jusqu'au moment où le soleil de midi s'éleva d'aplomb au-dessus de nos têtes. Alors Sérapion se leva de son siége et dit en regardant au loin:

— Voici venir mon frère Hilarion, qui, dans sa rigueur extrême, s'irrite contre moi de ce que je me livre trop à la société des étrangers.

Je compris, et je pris congé de lui en lui demandant s'il me permettrait de le revoir bientôt. Il me répondit avec un doux sourire :

— Eh! mon ami! je pensais que tu fuirais en grande hâte ce désert qui ne me paraît nullement convenir à ta manière d'être. Mais s'il te plaît de fixer pour quelque temps ta demeure dans mon voisinage, tu seras toujours le bienvenu dans ma hutte et mon jardin. Peut-être en arriverai-je à convertir celui qui est venu vers moi en tentateur. Adieu, mon ami !

Il m'est tout à fait impossible de décrire l'impression que la visite de ce malheureux fit sur moi. Tandis que son état, sa folie méthodique, où il trouvait le salut de sa vie, me serrait le cœur, son haut talent de poète me jetait dans l'étonnement; sa bienveillance, toutes ses manières, qui respiraient le doux abandon du plus innocent esprit, me touchaient jusqu'au fond de l'âme. Je me rappelai ces paroles douloureuses d'Ophélie : « Oh! quel esprit sublime est troublé ici ! L'œil du courtisan, la langue du savant, le bras du guerrier, la fleur et l'espérance de l'État, le miroir de la convenance, le modèle de la forme, le but des remarques de l'observateur, tout, tout est perdu !

» Je vois la raison supérieure discordante comme une cloche qui sonne faux. Cette grande figure, ces traits de la florissante jeunesse sont troublés par la folie. Et cependant je ne puis accuser le pouvoir éternel, qui, peut-être, a ainsi voulu détourner l'infortuné des écueils menaçants pour le conduire en sûreté dans le port. »

Plus je visitais mon anachorète, plus je m'attachais à lui. Je le trouvais toujours gai et disposé à parler, et je me gardais bien de vouloir une seconde fois jouer le rôle de médecin psychologique. Il était étonnant d'entendre avec quelle pénétration mon anachorète parlait à toutes ses phases, il surprenait surtout par sa facilité à expliquer les événements historiques au moyen des raisons les plus profondes et tout à fait en dehors des données habituelles. M'arrivait-il, quelle que fût d'ailleurs l'étendue de sa divination, d'avancer qu'aucun ouvrage historique n'appuyait telle ou telle circonstance particulière qu'il mettait en avant, alors il m'assurait avec un doux sourire qu'aucun historien au monde ne pouvait savoir des détails qu'il tenait de la bouche des personnes mêmes dont il était question, et qui étaient venues lui rendre visite.

Je dus quitter B.... et j'y revins trois ans plus tard. C'était à la fin de l'automne, au milieu de novembre, le 14 du mois, si je ne me trompe, et j'accourus pour visiter mon anachorète. De loin j'entendis le son de la petite cloche qui était placée au-dessus de sa cabane, et je me sentis comme tremblant d'un singulier effroi, comme oppressé d'un sombre pressentiment. J'arrivai à la cabane, j'entrai.

Sérapion, les mains jointes sur la poitrine, était étendu sur sa natte de jonc. Je croyais qu'il dormait. Je m'approchai davantage, et alors je vis qu'il était mort.

— Mon cher Cyprien, dit Lothaire, je plie le genou devant toi, Tu prouves qu'il y a dans le souvenir du passé un mystère tout particulier. Le pauvre Sérapion ne te sortira pas aujourd'hui de la pensée. Je remarque que ton esprit est plus libre depuis ton récit. Regarde dans ce livre remarquable, dans ce merveilleux calendrier. Ne sommes-nous pas aujourd'hui au 14 novembre ! n'est-ce pas l'anniversaire du jour où tu trouvas mort dans sa cabane ton ami le solitaire ! Tu dois avoir été ému jusqu'au fond de l'âme en t'apercevant ainsi doucement endormi pour toujours. Fais-moi le plaisir d'ajouter quelques détails remarquables à la mort de Sérapion, pour donner un relief aux circonstances trop simples du dénoûment.

— Lorsque, dit Cyprien, j'entrai dans la cabane tout ému du spectacle de sa mort, le chevreuil apprivoisé dont j'ai parlé déjà s'élança à ma rencontre. De grosses larmes perlaient dans ses yeux, et les pigeons sauvages volaient autour de lui avec un cri inquiet, une plainte de mort. Lorsque je descendis au village pour donner la nouvelle de son décès je rencontrai des paysans portant une civière. Ils me dirent qu'ils s'étaient doutés en n'entendant pas le son de la cloche à l'heure habituelle que le pieux moine était mort. C'est, mon cher Lothaire, tout ce que je peux t'offrir pour exercer tes railleries.

— Que parles-tu de railleries, s'écria Lothaire en se levant de sa chaise, que penses-tu donc de moi, ô mon cher Cyprien ! N'ai-je pas un esprit honnête, un caractère droit, ennemi du mensonge ou de la tromperie? N'ai-je pas une âme loyale? N'est-ce pas mon plaisir de faire de la fantaisie avec les fantasques, de pleurer avec ceux qui pleurent, de rire avec ceux qui rient? Mais regarde dans le calendrier, tu pourras trouver au 14 novembre le nom de Levin; mais regarde dans la colonne catholique, tu y verras inscrit en lettres rouges Sérapion, martyr. Ainsi Sérapion mourut le jour même de la mort de celui pour lequel il se prenait. C'est aujourd'hui la Saint-Sérapion! debout tout le monde! je vide le verre à la mémoire de Sérapion le solitaire! faites-moi raison, mes frères.

— De tout cœur! dit Cyprien, et les verres retentirent.

— Eh bien ! dit Lothaire, arrêtons à partir d'aujourd'hui le jour, l'heure et le lieu où nous nous rassemblerons toutes les semaines. Plus encore! il ne peut manquer d'arriver que nous apportions pour la lire quelque nouvelle production poétique que nous portons au fond du cœur. Souvenons-nous de Sérapion le solitaire. Que chacun de nous s'applique à chercher à donner la forme, la couleur, la lumière et les ombres aux choses qu'il voudra produire. C'est le moyen de rendre nos réunions durables et intéressantes pour chacun de nous. Que le solitaire Sérapion soit notre patron protecteur, qu'il nous accorde ses yeux de voyant. Nous suivrons ses règles en véritables frères Sérapion.

— Notre Lothaire, reprit Cyprien, n'est-il pas le plus étonnant de tous les hommes étonnants? Non-seulement il pense aux tendances de notre réunion, mais il pense aussi déjà à ses règles.

Théodore, Oltmar et Cyprien tombèrent d'accord que les tendances littéraires seraient regardées comme le but principal de leur réunion, et ils se promirent d'adopter la règle du solitaire Sérapion comme Lothaire l'avait très-intelligemment proposé ; c'est-à-dire, comme le fit remarquer Théodore, de n'apporter à leurs réunions aucune œuvre de peu de valeur.

Ils choquèrent les verres avec gaieté et s'embrassèrent en véritables frères Sérapion.

— Minuit est encore loin, dit Oltmar, et ce serait bien à un de nous de mettre sur table quelque chose de gai, et de laisser dans le fond de la scène tout l'horrible, tout l'effrayant qui nous a assaillis tout à l'heure. Théodore se chargera de ce soin.

— Si vous l'approuvez, dit Théodore, je vous raconterai une histoire que j'écrivis récemment et qu'un tableau me fit venir à l'idée. En examinant ce tableau j'y trouvai une signification à laquelle n'avait pas certes pensé l'auteur, et à laquelle il n'avait pu penser, car ce furent les souvenirs de ma vie de jeunesse qui excités d'une manière étrange lui donnèrent cette signification. Je prie mes dignes frères Sérapion de n'être pas trop sévères, car ma nouvelle est basée sur des images légères, futiles et plaisantes, et n'a d'autre but que d'égayer un moment.

Les amis promirent de l'indulgence à d'autant plus juste titre que les règles du solitaire Sérapion ne devaient être en vigueur que pour les produits présentés à l'avenir.

Théodore prit son manuscrit et commença ainsi :

LE POINT D'ORGUE.

Le tableau riant et énergique de l'artiste Hummel, remarqué, sous le titre *Société dans une auberge italienne*, à l'exposition des artistes de Berlin, charmait à cette époque l'esprit et les yeux de la foule.

Le feuillage est charmant et épais, la table est garnie de vins et de fruits, et deux femmes italiennes y sont assises en face l'une de l'autre ; l'une chante et sa voisine joue de la guitare, tandis qu'un abbé se tenant debout en arrière entre les deux représente le directeur de musique. Le bâton de mesure levé, il attend le moment où la signora terminera par un long trillo la cadence qu'elle exécute les yeux tournés vers le ciel, pour reprendre le temps en l'abaissant, tandis que l'agacer au plus haut degré. Dans le fond est un berceau traversé par de brillants traits de lumière. Là s'est arrêté un cavalier auquel on apporte de l'auberge une boisson rafraîchissante.

Les deux amis Edouard et Théodore s'étaient arrêtés devant ce tableau.

— Plus je regarde, disait Edouard, cette cantatrice déjà un peu mûre mais douée de l'enthousiasme d'une véritable virtuose dans son costume bariolé, plus je trouve de plaisir à considérer le pur profil romain et la perfection des formes de la guitariste ; plus je m'amuse de l'excellent abbé, et plus l'ensemble me paraît exister véritablement. C'est évidemment un tableau un peu chargé, mais plein de grâce et de gaieté. Je voudrais entrer sous ce bosquet et déboucher une de ces bouteilles entourées de tresses qui me sourient de cette table ; je m'imagine vraiment sentir déjà le bouquet de ce généreux vin. Non, ce désir ne doit pas s'exhaler dans l'air froid qui nous environne : pour rendre hommage au tableau magnifique de l'Art, à la séduisante Italie qui brûle le plaisir de la vie, partons et allons boire une bouteille de vin d'Italie.

Théodore, pendant que son ami lui parlait ainsi à bâtons rompus, était resté pensif.

— Oui, faisons cela, s'écria-t-il comme s'il se réveillait d'un rêve. Mais il ne pouvait s'éloigner du tableau ; et lorsque, suivant machinalement son ami, il se trouva près de la porte, il jeta encore sur la cantatrice et sur l'abbé un regard plein de désirs.

Il se laissa facilement séduire par la proposition d'Edouard. Ils traversèrent la rue, et bientôt, attablés dans la chambre bleue de Sala Tarone, ils avaient devant eux une bouteille tressée semblable en tout à celle du bosquet.

— Mais il me semble, dit Edouard après plusieurs verres vidés, comme Théodore restait muet et concentré en lui-même, il me semble que le tableau n'a pas éveillé en toi des idées aussi joyeuses qu'en moi-même.

— Je t'assure, répondit Théodore, que j'ai goûté aussi bien que toi tout le charme et toute la gaieté de ce tableau, mais il a cela d'étonnant qu'il me retrace fidèlement, avec la ressemblance parfaite des personnages, une scène de ma vie. Tu conviendras avec moi que même les plus heureux souvenirs quand ils arrivent d'une manière imprévue, et pour ainsi dire comme par un coup de baguette, ne laissent pas d'impressionner vivement l'esprit. Et c'est justement là ce qui m'arrive.

— Une scène de ta vie ! interrompit Edouard étonné. J'ai regardé comme d'excellents portraits la tête de l'abbé et de la chanteuse ; mais que ce soit une aventure de ta vie, j'étais loin de le croire. Allons, raconte-moi de suite cette histoire ; nous sommes seuls, personne ne viendra probablement pendant ce temps-là.

— Je pourrais le faire, dit Théodore ; mais il faudrait, hélas ! retourner très-loin en arrière, jusqu'au temps de ma première jeunesse.

— Raconte, répondit Edouard ; je ne sais presque rien de toi à cette époque de ta vie. Si cela est long nous en serons quittes pour

demander une autre bouteille, et personne ne s'en plaindra, pas même M. Tarone.

— On ne s'étonnera pas, dit enfin Théodore, que j'aie tout jeté de côté pour me livrer de corps et d'âme à la sainte musique ; car déjà lorsque j'étais enfant, je ne faisais guère autre chose que de frapper nuit et jour sur le vieux piano criard de mon oncle. Le petit pays où je me trouvais n'était pas très-heureusement organisé pour la musique. Je n'avais trouvé personne qui pût me donner des leçons, à l'exception d'un vieil entêté d'organiste, véritable âme incarnée d'un mathématicien, qui me tourmentait de ses sombres fugues et de son toucher discordant. Mais je tenais ferme et ne me laissais pas démonter. Quelquefois le vieillard me faisait d'amers reproches, mais il me suffisait de jouer un morceau dans sa forte manière, pour j'étais aussitôt réconcilié avec l'art et avec lui. Alors j'éprouvais souvent des sensations étranges. Plusieurs thèmes, ceux surtout du vieux Sébastien Bach, avaient pour moi de l'analogie avec une histoire terrible de revenants, et j'étais alors saisi de ces frissons qu'on aime à éprouver dans le temps fantastique de la jeunesse. Mais un véritable Eden s'ouvrait tout entier devant moi, lorsque, comme c'était l'usage dans l'hiver, le hautbois de la ville, soutenu de quelques faibles amateurs, donnait un concert où j'étais chargé de jouer les timbales à cause de ma justesse dans la mesure. J'ai vu plus tard combien ces symphonies étaient souvent ridicules.

Ordinairement mon professeur exécutait sur le piano deux morceaux de Wolf, ou d'Emmanuel Bach, un second hautbois l'accompagnait, et le percepteur des contributions soufflait si terriblement dans sa flûte, qu'il en éteignait les lumières. Il n'y avait pas à penser au chant, et c'était là ce qui faisait beaucoup murmurer mon oncle, grand amateur d'harmonie. Il se rappelait avec enthousiasme le temps où les quatre chantres des quatre églises de la ville se réunissaient pour exécuter *Charlotte à la cour* dans la salle des concerts. Ces réunions plaisaient beaucoup moins à mon organiste, qui était avant tout un contempteur de la vocalise ; et lorsque je tombais sur ce point d'accord avec lui, il prisait fort mon génie musical.

Mon professeur mettait surtout le plus grand zèle à m'enseigner le contre-point, et bientôt j'exécutai les plus savantes fugues. Je jouais un morceau de ce genre devant mon oncle, le jour de mon anniversaire (j'étais alors âgé de dix-neuf ans), lorsque le garçon principal de notre premier hôtel entra dans la chambre, servant d'introducteur à deux dames étrangères.

Avant même que mon oncle eût jeté sa robe de chambre à ramages, les deux personnes annoncées entraient déjà.

Tu sais l'effet électrique qu'opère sur chaque personne élevée dans la mesquinerie des petites villes toute apparition étrangère. Celle-ci, qui se présentait si inopinément dans ma vie, eut pour moi l'effet d'un coup de baguette magique. Représente-toi deux Italiennes sveltes, habillées à la dernière mode, mais d'une manière un peu fantastique, s'avançant vers mon oncle avec la liberté d'allure des artistes, et cependant infiniment gracieuses, et lui adressant la parole d'une voix forte et sonore. Quel langage singulier parlaient-elles ? De temps en temps on distinguait comme quelques mots d'allemand. Mon oncle ne comprend pas un mot.

Embarrassé, faisant une légère retraite en arrière, il leur montre le sofa avec une pantomime muette. Elles prennent place, se parlent entre elles, et leur langage résonne comme un chant. Enfin elles finissent par faire comprendre à l'oncle qu'elles sont des Italiennes en passage et qu'elles désirent donner un concert dans l'endroit ; elles viennent s'adresser à lui, qui seul est capable de l'organiser.

Pendant qu'elles parlaient entre elles, j'avais entendu leurs prénoms, et il me semblait que, bien que leur double apparition m'eût d'abord complètement séduit le perdre la tête, je pouvais maintenant les étudier assez bien. Lauretta, qui paraissait la plus âgée tout en jetant autour d'elle des regards pleins d'éclat, parlait avec force gestes et une vivacité étourdissante pour mon oncle déjà déconcerté.

Sans être trop grande, elle était voluptueusement faite, et mon œil s'égarait sur des charmes qui m'étaient encore inconnus.

Teresina, plus grande, plus élancée, avait une figure un peu longue et sérieuse ; elle parlait peu, mais d'une manière plus intelligible que sa compagne. De temps en temps il lui échappait un singulier sourire. On aurait cru croire qu'elle s'amusait beaucoup de mon oncle, qui, enfermé dans sa robe de chambre comme dans un étui, s'efforçait en vain de cacher un traître de ruban jaune qui maintenait son caleçon et qui s'élançait continuellement de son sein dans les proportions d'une aune.

Enfin elles se levèrent ; mon oncle promit d'organiser le concert pour trois jours après, et fut poliment invité par les sœurs à un *ciocolata*, où je fus aussi convié en ma qualité de jeune virtuose ; titre dont mon oncle m'avait paré devant elles.

Nous montâmes solennellement leur escalier, il nous semblait que chez elles une aventure imprévue nous attendait. Après que l'oncle, préparé convenablement d'avance, eut dit sur l'art beaucoup de belles choses que personne ne comprit, pas plus lui que les autres, après que nous nous fûmes brûlé deux fois la langue avec le chocolat bouillant, en souriant toujours avec l'héroïsme de Scévola, Lauretta dit qu'elle voulait nous chanter quelque chose.

Teresina prit la guitare, l'accorda, et pinça quelques accords. Je n'avais jamais entendu cet instrument. Ce son mystérieux et sourd qui sortait en tremblant des cordes m'impressionna singulièrement.

Lauretta commença d'abord à chanter d'une voix douce et basse, et elle s'éleva jusqu'au *fortissimo* et parcourut une octave et demie dans une hardie fioriture. Je me rappelle encore les mots du commencement : *Sento l'amica speme.* Ma poitrine se serrait, jamais je n'avais entendu rien de pareil. Mais en même temps que Lauretta déployait les ailes toujours de plus en plus libres, de plus en plus hardies de son chant, en même temps aussi, ma musique intérieure, si longtemps morte et engourdie, s'allumait et se dressait en admirables et puissantes flammes.

Ah ! pour la première fois de ma vie j'avais entendu de la musique !

Alors les deux sœurs chantèrent ensemble ces profonds et sérieux duos de l'abbé Stefani. La voix puissante et leste de Teresina m'allait à l'âme. Je ne pus maîtriser mon émotion et je me mis à pleurer. L'oncle avait beau froncer les sourcils et me jeter des regards de mauvaise humeur, tout était inutile, j'étais hors de moi. Mes transports parurent plaire aux cantatrices, et elles s'informèrent de mes études musicales. J'eus honte de ce que j'avais appris ; et enhardi par l'enthousiasme, je m'écriai franchement :

— C'est aujourd'hui que j'entends de la musique pour la première fois !

— *Il buon fanciullo,* murmura Lauretta d'une voix aimable et douce.

De retour chez moi, je fus saisi d'une sorte de fureur ; je saisis toutes les fugues que j'avais péniblement élaborées, oui ! quarante-cinq variations sur un thème de la composition même de l'organiste et que j'avais honorées de ma plus belle écriture, je jetai tout dans le feu et me mis à sourire malicieusement lorsque je vis le double contre-point craquant et fumant au milieu des flammes. Puis je m'assis à l'instrument, et je cherchai à imiter le son de la guitare, et à chercher les mélodies des sœurs, et j'en arrivai même à les chanter.

— Ne criez pas ainsi effroyablement, et mettez-vous sur une oreille ! me cria enfin mon oncle, à minuit, en éteignant mes deux lumières et en retournant dans la chambre qu'il avait quittée.

Je dus obéir. Un rêve m'apporta le secret du chant ; je croyais, car je chantais admirablement *Sento l'amica speme.* Le matin suivant, mon oncle avait préparé, pour me mettre en lumière, tout ce qui pouvait jouer du violon et souffler dans une flûte. Il voulait montrer superbement où nous en étions en musique, mais ses efforts ne furent pas couronnés de succès. Lauretta commença une grande scène, mais dès le récitatif tous se mirent à partir furie l'un après l'autre. Aucun d'eux n'avait l'idée d'un accompagnement. Lauretta criait, tempêtait, pleurait d'impatience et de colère. L'organiste était au piano, il reçut toute la bordée de ses amères récriminations, et il s'en alla dans son obstination, sans répondre un mot. Le hautbois de la ville, auquel Lauretta avait jeté à la tête *Orsino maledetto!* avait pris son instrument et mis fièrement son chapeau sur sa tête. Tout l'orchestre se mit en mouvement vers la porte, les archets passés dans les cordes, les becs de clarinette déviassés. Les amateurs seulement regardaient tristement de tous côtés, et le receveur des contributions s'écria :

— Oh ! mon Dieu ! quel effet terrible me fait cela !

Toute ma timidité s'était envolée, je me jetai devant le hautbois de la ville, je l'implorai, je suppliai, je promis même plans mon anxiété six nouveaux menuets un un double trio pour le bal de la ville, et je vins à bout de l'apaiser. Il retourna son pupitre et les autres à leurs places, et l'orchestre fut réinstallé ; l'organiste seul manquait. Il se promenait lentement sur la place du Marché ; mais on ne lui faisait pas le moindre signe, la moindre invitation pour revenir.

Teresina avait tout regardé en un rire contenu. Lauretta était aussi gaie qu'elle avait été d'abord furieuse. Elle loua mon oncle outre mesure ; elle me demanda si je jouais du piano, et déjà sans m'en douter j'étais assis à la place de l'organiste devant la partition. Jamais je n'avais accompagné le chant ou dirigé un orchestre.

Teresina s'assit au piano auprès de moi, et me donna chaque temps, chaque mesure, Lauretta me disait une foule de bravos l'un sur l'autre, et cela alla le mieux du mieux. Dans la seconde épreuve, tout alla sans faute, et l'effet du chant des sœurs fut indéfinissable. Il devait y avoir à la résidence une quantité de fêtes pour célébrer le retour du prince, et les sœurs y furent appelées pour chanter au théâtre de la cour. Elles résolurent, en attendant que leur présence y fût nécessaire, de se fixer dans notre petite ville, et elles y donnèrent encore quelques concerts. L'admiration du public dégénéra en une sorte de frénésie ; mon organiste ne se montrait plus ; je ne passais très-bien de lui. J'étais le plus heureux des hommes ! Toute la journée j'étais auprès des sœurs, les accompagnant et leur écrivant les voix des partitions en vogue dans la présidence. Lauretta était mon idéal, je supportais patiemment tous ses caprices, la turbulence de sa nature fougueuse, ses intolérables exigences au piano. Elle seule m'avait fait comprendre la musique. Je commençai à étudier l'italien et à essayer des chansonnettes. J'étais dans le septième ciel quand Lauretta chantait mes compositions et leur accordant des éloges ; souvent il me semblait que je n'avais rien in-

venté, mais que la pensée m'arrivait d'elle-même lorsque Lauretta chantait. J'avais peine à m'habituer à Teresina ; elle chantait rarement, paraissait peu se soucier de ma compagnie, et quelquefois il me semblait qu'elle se moquait de moi en arrière.

Enfin arriva l'instant du départ. Alors seulement je m'aperçus, à l'impossibilité de m'en séparer, ce que Lauretta était devenue pour moi. Souvent, lorsqu'elle avait été très-*smorfiosa*, elle me caressait, mais sans y attacher d'importance ; tout mon sang s'allumait alors, et seulement le calme qu'elle m'opposait pouvait m'empêcher de l'entourer de mes bras dans ma fureur amoureuse. J'avais une voix de ténor passable que je n'avais jamais exercée, mais qui se développait rapidement. Je chantais souvent avec Lauretta ces tendres *duettini* italiens qui sont innombrables.

Nous chantions justement à l'approche du départ un duo de ce genre :

Senza di te, ben mio, vivere non poss'io.

Qui aurait pu y résister ? Je me jetai aux pieds de Lauretta dans un violent désespoir ; elle me releva en disant :

— Mais, mon ami, pourquoi nous séparerions-nous ?

J'écoutais dans la stupéfaction. Elle me proposa de l'accompagner avec sa sœur à la résidence, car si je voulais m'adonner à la musique, il me fallait absolument quitter la ville.

Figure-toi un homme qui tombe dans un noir et profond abîme, et qui, au moment où, désespérant de sa vie, il s'attend au choc qui doit le briser, se trouve assis sous un berceau de roses, tandis que des milliers de petites lumières dansent autour de lui en disant :

— Cher ami, vous vivez encore !

Je ne veux pas te fatiguer de ce qu'il me fallut employer de moyens pour prouver à mon oncle qu'il était indispensable pour moi d'aller à la résidence, d'ailleurs peu éloignée de la ville. Il céda enfin, et me promit de m'accompagner. Cela ne faisait pas tout à fait mon compte, car je ne pouvais lui confier mon dessein de voyager avec la cantatrice.

Un catarrhe qui arriva à mon oncle me tira d'embarras. Je partis avec la poste, mais jusqu'à la première station seulement, où je m'arrêtai pour attendre mon cheval comme un paladin ; je parvins à m'en procurer un, sinon beau, du moins très-doux, d'après les assurances du vendeur, et je m'élançai à la rencontre de ces dames. Bientôt arriva leur petite voiture à deux places. Les sœurs en occupaient le fond ; sur un petit siège du devant était assise la petite et épaisse Gianna, une brune Napolitaine. La voiture était en outre remplie de toutes sortes de caisses, de boîtes, de corbeilles, choses dont les dames ne se séparent jamais. Deux petits chiens se mirent à aboyer après moi des genoux de Gianna, lorsque je saluai plein de joie les belles arrivantes.

Tout allait le mieux du monde, et nous étions déjà à la dernière station, lorsqu'il prit à mon cheval la singulière idée de retourner au pays qui l'avait vu naître. Un sentiment d'intérêt personnel me conseillait de ne pas employer en pareil cas une trop grande rigueur, et d'essayer de tous les moyens pacifiques ; mais l'animal ne tint nullement compte de mes exhortations. Je voulais aller en avant et lui en arrière ; tout ce que je pus obtenir de lui fut de tourner en rond sur lui-même. Teresina, pliée en deux hors de la voiture, riait tant qu'elle pouvait rire, tandis que Lauretta, mains devant les yeux, criait de toutes ses forces, comme si ma vie eût été en danger. Cela me donna le courage du désespoir, j'enfonçai les deux éperons dans le ventre du cheval, et je me trouvai au même instant par terre, où j'avais été assez rudement lancé. Le cheval resta tranquille et me regarda en allongeant son grand cou, comme pour se moquer de moi. Il me fut impossible de me relever ; le cocher vint à mon aide. Lauretta était déjà en bas de la voiture, au milieu des cris et des larmes ; Teresina riait sans pouvoir s'arrêter.

Je m'étais foulé le pied, et il m'était impossible de remonter à cheval. Comment faire ? Le cheval fut lié derrière la voiture, dans laquelle il me fallut me laisser. Représente-toi deux femmes assez robustes, une domestique très-corpulente, deux chiens, une douzaine de caisses, de cartons, de corbeilles, et moi par-dessus le marché, dans une petite voiture à deux places. Lauretta se plaignait d'être assise trop à l'étroit, les chiens hurlaient, la Napolitaine babillait, Teresina faisait la moue, mon pied me causait d'affreuses douleurs. Tu comprends le charme de ma position. Teresina prétendait qu'elle ne pouvait y résister plus longtemps. On arrêta ; d'un bond elle était hors de la voiture, elle détacha mon cheval, se mit en travers sur la selle, et vint trotter de fières courbettes devant nous. J'avouerai qu'elle était charmante. Toute la grâce, la tournure et de ses formes était encore plus remarquable à cheval. Sa robe de soie claire volait au vent en faisant resplendir ses plis toujours en mouvement, et les plumes blanches de son chapeau s'agitaient comme des esprits de l'air qui parlaient dans les sons. C'était une apparition romantique, je ne pouvais détacher d'elle mes yeux, bien que Lauretta l'appelât folle, en lui disant que sa hardiesse pouvait lui coûter cher. Tout cependant alla le mieux du monde, le cheval avait renoncé à ses entêtements. Peut-être préférait-il la chanteuse au paladin ! Seulement devant les portes de la résidence, Teresina remonta dans la voiture.

J'étais de tous les opéras, de tous les concerts ; je nageais dans toutes les musiques possibles ; j'étais, en qualité de corépétiteur, toujours au piano pour étudier des ariettes, des duos et mille autres choses encore. Entraîné par une irrésistible impulsion, j'avais changé tout mon être ; ma grande timidité provinciale avait disparu ; je prenais place au piano comme un *maestro* devant la partition, dirigeant les scènes de mes dames. Tout mon sentiment, toutes mes pensées n'étaient plus que mélodie. Sans m'inquiéter de l'art du contre-point, j'écrivais une foule d'ariettes que Lauretta chantait dans la chambre. Mais je ne comprenais pas pourquoi elle ne voulait jamais rien chanter de moi dans un concert. Lauretta, il est vrai, jouait avec les sons comme la reine capricieuse des fées. Tout ce qu'elle osa lui réussit. Teresina ne faisait aucune roulade ; son exposition était simple, mais ses sons longtemps tenus brillaient à travers les obscures profondeurs, d'étranges esprits s'éveillaient, et de leurs yeux sévères venaient regarder au plus secret du cœur. Je ne comprends pas comment j'ai ignoré cela si longtemps.

Lorsque arriva le concert à bénéfice des deux sœurs, Lauretta chanta avec moi une grande scène d'Anfossi. J'étais comme à l'ordinaire au piano. Le dernier point d'orgue se présenta. Lauretta déploya tout son art ; des sons de rossignol roulaient de toutes parts ; c'étaient des notes ténues, puis des roulades de toutes sortes, tout un solfège. La chose me parut dans le fait un peu longue, je sentis un léger souffle ; Teresina était derrière moi. Dans le même moment Lauretta reprit sa respiration pour exécuter un trille harmonique de sons éclatants, au moyen duquel elle voulait revenir dans le *a tempo*. Le démon me poussa, j'abattis les mains et donnai l'accord, l'orchestre suivit. Adieu le trille de Lauretta dans l'instant même où il allait jeter toute la salle dans l'admiration ! Lauretta, jetant sur moi un regard de fureur, déchira la partition, m'en jeta à la tête les morceaux, qui m'entourèrent d'un nuage, et se précipita comme une furieuse de l'orchestre dans la chambre voisine.

Aussitôt que le *tutti* fut terminé, je m'y précipitai à mon tour : elle pleurait, elle tempêtait !

— Sortez de devant moi ! s'écria-t-elle, démon qui m'avez tout fait perdre, ma réputation, ma gloire et mon trille ! allez-vous-en, fils de l'enfer !

Elle se jeta sur moi, et je m'échappai aussitôt.

Pendant le morceau de concert conduit par un autre, Teresina et le maître de chapelle parvinrent à la calmer, si bien qu'elle consentit à reparaître ; mais je ne m'approchai pas du piano. Dans le dernier duo qu'elle chanta avec sa sœur, Lauretta parvint à placer le trille harmonique, fut applaudie à toute outrance et reprit toute sa bonne humeur.

Je ne pouvais pardonner la manière indigne dont j'avais été traité par Lauretta devant tant de personnes, et je résolus le jour suivant de retourner dans ma ville.

J'étais en train de mettre ma malle en ordre, lorsque Teresina entra dans ma chambre : elle resta stupéfaite en voyant ce que je faisais.

— Tu veux nous quitter ? dit-elle.

— Après l'affront de Lauretta, lui dis-je, je ne peux plus rester.

— Ainsi la sotte conduite d'une folle qui est la première à s'en repentir te chasse ? Mais trouveras-tu nulle part ailleurs une vie d'artiste comme auprès de nous ? c'est à toi d'empêcher Lauretta de revenir à ces pareils emportements ; tu es trop soumis, trop doux ; tu places aussi trop haut son talent. Elle a une voix belle et très-étendue, mais toutes ces roulades étranges, toutes ces variations sans fin, tous ces trilles éternels, que sont-ils autre chose que de brillants escamotages qui étonnent comme peuvent étonner les gambades hardies d'un danseur de corde ? Cela peut-il toucher et aller jusqu'au cœur ? Le trille harmonique que tu fis gâté m'est insupportable, il me fait mal et m'attriste. Et cette ascension continuelle dans les régions des trois traits n'est-elle pas une exagération de la portée de la voix humaine, qui ne touche que lorsqu'elle est dans la vérité ? Je préfère de beaucoup les tons bas et les tons du milieu ; un accent qui va au cœur, un véritable *portamento di voce*, me paraît préférable à tout le reste. Pas de fioritures inutiles, un ton fort et soutenu, l'expression juste qui saisit l'âme et les sens, c'est là le chant véritable, et c'est ainsi que je veux chanter.

Si tu ne veux plus de Lauretta, pense à Teresina, qui te voit avec plaisir, parce qu'en suivant ta propre nature tu es le compositeur que j'aime. Ne t'en fâche pas, toutes tes jolies chansonnettes et ariettes ne valent pas grand'chose en comparaison de ceci. Et Teresina me chanta sa voix pleine et sonore une chanson en style d'église, que j'avais composée quelques jours auparavant. Je n'avais jamais soupçonné que mon œuvre pût avoir autant d'effet, les sons me pénétraient avec une singulière puissance, des larmes de plaisir et de ravissement emplissaient mes paupières. Je saisis la main de Teresina et la pressai mille fois sur mes lèvres en lui jurant de rester toujours auprès d'elle.

Lauretta vit avec un chagrin jaloux ma liaison avec Teresina, elle

avait encore besoin de moi ; car, malgré son art, elle n'était pas capable d'apprendre sans aide de nouveaux morceaux, elle lisait mal et n'était pas irréprochable quant à la mesure. Teresina lisait à livre ouvert et avec un sentiment parfait de la mesure. C'était surtout dans l'accompagnement que Lauretta laissait voir son entêtement et sa violence ; jamais elle n'était bien accompagnée, elle regardait cela comme un mal nécessaire. Il ne fallait pas entendre le piano, il fallait se faire entendre à peine, la suivre ; toujours la suivre en retenant chaque mesure différente selon ce qui lui passait par la tête. Je m'opposai dès lors fermement à ses volontés ; je signalai ses inexpériences, je lui prouvai que sans énergie un accompagnement n'a pas de sons, et qu'il fallait faire une distinction entre le chant et les écarts de voix sans mesure. Teresina me secondait fidèlement ; je ne composais plus que des motifs d'église avec les *soli* pour voix de basse. Teresina me reprenait souvent aussi, et je la laissais faire, car elle était plus savante, et, je le croyais, elle comprenait mieux que Lauretta le sérieux de la musique allemande.

Nous partîmes pour le sud de l'Allemagne. Dans une petite ville nous rencontrâmes un *ténor* qui s'en allait de Milan à Berlin. Nos dames furent enthousiasmées de leur compatriote ; il ne les quittait plus et s'occupait plus spécialement de Teresina. Je ne jouais plus, à mon grand chagrin, qu'un rôle secondaire.

Un jour j'allais entrer dans la chambre une partition sous le bras, lorsque j'entendis une conversation animée entre ces dames et le ténor. On me nommait, je m'arrêtai et prêtai l'oreille. Je comprenais déjà assez d'italien pour ne pas perdre un seul mot. Lauretta racontait notre tragique aventure du concert, et comment je lui avais coupé un trille en abattant mes mains sur le piano.

— *Asino tedesco !* reprit le ténor.

Je me sentis sur le point d'entrer tout à coup et d'envoyer le héros de théâtre par la fenêtre. Je me contins. Lauretta raconta alors qu'elle avait voulu me renvoyer, mais qu'elle s'était laissé émouvoir par mes instantes prières, et m'avait permis de continuer auprès d'elle l'étude de la musique. Teresina, à mon grand étonnement, vint confirmer ce que disait sa sœur.

— C'est un bon enfant, ajouta-t-elle, maintenant amoureux de moi, et préférant à tout la haute-contre. Il y a chez lui du talent, mais à la condition de mettre de côté toute la roideur et la gaucherie allemande. J'espère m'en faire un compositeur à mon usage, qui me fera, puisqu'on écrit rarement pour la haute-contre, quelques grands morceaux pour ma voix, et après je le planterai là. Il m'ennuie très-fort avec sa langueur amoureuse, et me tourmente aussi par trop de ses propres compositions, qui sont presque toujours pitoyables.

— Pour moi, reprit Lauretta, j'en suis tout à fait débarrassée ; tu sais, Teresina, combien cet homme m'a persécutée de ses ariettes et de ses duos !

Et alors elle se mit à entamer un duo que j'avais composé dans le temps, et dont elle m'avait fait jadis le plus grand éloge. Teresina fit le second dessus, et toutes deux, de la voix et du geste, me ridiculisèrent à qui mieux mieux. Le ténor riait à faire trembler la chambre, et je me sentais un frisson glacé dans tous les membres. Ma détermination fut prise irrévocablement.

Je me glissai sans bruit dans ma chambre, dont la fenêtre donnait sur les rues latérales. La poste était en face, et le courrier de Bamberg allait partir : on le chargeait en ce moment. Les voyageurs se tenaient debout devant la grande porte ; j'avais encore une heure devant moi.

Je ramassai rapidement tous mes effets en paquet, je payai grassement mon aubergiste, et je me rendis à la poste en grande hâte.

Lorsque je traversai la large rue en voiture, j'aperçus mes dames à la fenêtre en compagnie du ténor ; elles se penchèrent en avant en entendant le cor du postillon. Je me tins dans le fond riant en moi-même du terrible effet du billet peu aimable que j'avais laissé à l'hôtel pour leur être remis.

Théodore but avec plaisir le fond de la bouteille du brûlant *elea-tico* qu'Edouard versa dans son verre.

— Teresina, dit celui-ci en débouchant un nouveau flacon et secouant adroitement la goutte d'huile qui nageait à la surface, s'est montrée plus fausse et plus hypocrite que je ne l'aurais jamais supposé. La gracieuse figure qu'elle avait à cheval lorsqu'elle voltigeait dans ses courbettes et le chant de ses romances espagnoles ne peuvent me sortir de la mémoire.

C'était un moment de triomphe. Je me rappelle encore la singulière impression que cette scène fit sur moi, j'oubliais mes douleurs ; Teresina me semblait dans le moment un être supérieur. De tels moments marquent dans la vie et prennent tout à coup une forme que le temps ne peut effacer ; cela n'est que trop vrai.

— Pourtant, dit Edouard, n'oublions pas non plus l'artiste Lauretta, et de suite, toute rancune oubliée, trinquons aux deux sœurs. Et ils trinquèrent.

— Ah ! dit Théodore, les doux parfums d'Italie volent de ce vin vers moi, une vie nouvelle pénètre mes nerfs et mes veines. Ah ! pourquoi m'a-t-il fallu quitter sitôt ce beau pays ?

— Mais, dit Edouard, je ne vois encore dans tout ce que tu m'as raconté aucune analogie avec le charmant tableau, et, je le pense, tu as encore quelque chose à nous dire des sœurs ; car je suis certain que les dames peintes sur cette délicieuse toile sont Lauretta et Teresina.

— Tu as raison en effet, reprit Théodore, et les soupirs pleins de désirs langoureux que j'adresse à ce pays admirable s'adaptent parfaitement à ce qu'il me reste à raconter.

Peu de temps avant qu'il me vînt dans l'idée de quitter Rome, il y a de cela deux ans, je voulais faire une petite promenade à cheval. J'aperçus devant la porte d'une *locanda* une charmante jeune fille, et il me parut agréable de me faire verser par cette délicieuse enfant un coup de bon vin. Je m'arrêtai devant la porte de la maison, dans un bosquet égayé par de brillants traits de lumière ; j'entendis dans l'éloignement un chant accompagné d'une guitare ; j'écoutai, car les deux voix de femme qui m'arrivaient avaient fait sur moi une étrange impression. Je sentais s'agiter en moi des souvenirs qui refusaient de prendre une forme. Je descendis de cheval et m'approchai lentement,

J'aperçus devant moi à peu de distance un homme en robe brune.

en saisissant chaque son éclos sous un berceau de feuillage d'où les accords semblaient partir. Les deux voix se turent. La première chanta seule une chansonnette. Plus je m'approchais, plus mes souvenirs, qui m'avaient d'abord tant tourmenté, devenaient plus distincts. La cantatrice était lancée dans un point d'orgue plein de fioritures, la voix allait du haut en bas, du bas en haut, enfin elle se perdit dans un ton prolongé ; mais tout à coup une voix de femme se leva avec l'accent de la dispute, c'étaient des malédictions, des jurements, des injures : un homme s'excusait, un autre éclatait de rire.

Une seconde voix de femme se mêlait de la dispute, qui allait en s'allumant toujours davantage avec la *rabbia* italienne. Enfin lorsque j'étais tout près du bosquet, un abbé s'en élance et se jette presque sur moi ; et lorsqu'il se retourne, je reconnais en lui le bon *signor Ludovico*, mon colporteur de nouveautés musicales à Rome.

— Qu'est-ce donc, au nom du ciel ? lui criai-je.

— Ah ! *signor maestro, signor maestro !* me dit-il, sauvez-moi, défendez-moi contre cette enragée, ce crocodile, ce tigre, cette hyène, ce démon sous la forme d'une demoiselle ! C'est vrai, c'est vrai ! je battais la mesure dans la canzonette d'Anfossi, et j'ai juste au milieu du point d'orgue abaissé la main, et je lui ai coupé son trille. Mais pourquoi aussi étais-je occupé à la regarder dans les yeux ? Le diable emporte les points d'orgue !

Plein d'une émotion singulière, j'entrai aussitôt avec l'abbé dans le bosquet, et je reconnus au premier coup d'œil les deux sœurs Teresina et Lauretta. Lauretta criait et tempêtait encore ; Teresina lui répondait assez vivement, tandis que l'hôte, les bras croisés l'un sur l'autre, les regardait en souriant. Une jeune servante couvrait la table de nouveaux flacons.

Aussitôt que les chanteuses m'aperçurent, elles s'élancèrent vers moi en s'écriant :

— Ah ! signor Teodoro !

Et elles m'accablèrent de caresses. Toute la dispute s'envola au même instant.

— Vous voyez, disait Lauretta à l'abbé, c'est un compositeur gracieux comme un Italien, fort comme un Allemand !

Les deux sœurs s'interrompant l'une l'autre à chaque instant, parlèrent des heureux jours de notre vie commune, de mes grandes connaissances musicales lorsque j'étais déjà si jeune, elles s'efforçaient de me persuader qu'elle ne chanterait qu'à la condition que l'on me confierait au moins un opéra tragique à composer.

Lauretta, engagée comme première chanteuse pour l'*opera buffa*, déplorait que je n'eusse pas de tendances pour ce genre de musique, car personne autre n'eût certainement composé l'opéra de ses débuts.

— Tu vois que la société où je me trouvais est la même qu'Hummel a peinte, et justement à l'instant où l'abbé est sur le point d'interrompre le point d'orgue.

— Mais, dit Edouard, avaient-elles donc oublié la cause de la séparation et un tort si rude billet d'adieu ?

— Elles n'en ont pas dit un seul mot, et j'en ai fait autant, répondit Teodoro, car toute rancune s'était envolée, et mon aventure avec les sœurs me paraissait alors seulement très-comique. La seule chose que je me permis fut de raconter à l'abbé que dans un air d'Anfossi il m'était arrivé plusieurs années auparavant la même chose qu'à lui. J'arrangeai en scène tragi-comique mon existence à cette époque entre les deux sœurs, et je leur dis, sans ménager les allusions, combien j'avais été redevable à leur société dans les plus belles années de la vie et de l'étude de l'art. Et cependant, ajoutai-je, ce fut pour moi un bonheur de frapper à faux dans le point d'orgue, car autrement j'en aurais eu pour toujours, et je crois que par amour pour les chanteuses je serais encore assis devant le piano.

— Toutefois, répondit l'abbé, votre faute dans une salle de concert était beaucoup plus grave que la mienne dans ce bosquet, et si le regard doux de ces yeux célestes ne m'avait pas troublé je ne me serais pas montré absurde à ce point.

Ces dernières paroles arrivèrent à propos, car Lauretta, qui pendant que l'abbé parlait avait commencé à faire briller ses yeux de colère, fut complètement apaisée.

Nous restâmes ensemble toute la soirée. Il y avait quatorze ans que j'avais quitté ces dames. Lauretta un peu vieillie ne manquait pas cependant de charmes ; Teresina s'était mieux conservée, et elle avait gardé sa jolie taille. Toutes deux étaient assez excentriquement habillées et leur tournure était restée la même, c'est-à-dire de quatorze ans plus jeune qu'elles. Teresina à ma prière chanta plusieurs des morceaux sérieux qui autrefois m'avaient si profondément impressionné, mais il me sembla qu'ils ne vibraient plus aussi fortement autrefois dans mon âme. La voix de Lauretta avait aussi perdu de sa force et de son étendue, en la comparant du moins à celle que je conservais dans mon souvenir.

Cette comparaison de la réalité avec l'ancienne idole qui s'imposait à mon esprit, comparaison peu avantageuse pour le présent, me disposait plus mal encore à l'égard des deux sœurs que ne l'avait fait tout d'abord leur conduite actuelle avec moi, leurs extases hypocrites et leur admiration maladroite.

Cependant l'humeur joviale de l'abbé, qui faisait avec une langueur toute mondaine la cour aux deux sœurs, et le bon vin dont je bus une large part, me rendirent toute ma gaieté, de sorte que la soirée se passa de la plus charmante manière. Les sœurs m'invitèrent de la manière la plus pressante à venir les voir pour m'entendre avec elles sur les rôles que je devais composer pour elles.

Je quittai Rome sans aller leur rendre visite.

— Et cependant, dit Edouard, tu leur es redevable de l'éveil de la voix de ton cœur.

— C'est évident ! répondit Théodore, et tu peux ajouter d'une foule de bonnes mélodies ; mais c'est pour cela même que je résolus de ne plus les voir.

Chaque compositeur a le souvenir d'une impression puissante que le temps ne peut effacer. L'esprit vivant en lui parla sous cette influence, et ce fut l'œuvre de création qui fit jaillir tout à coup de son âme sa manière de sentir personnelle qui s'y tenait en repos. Elle en sortit pleine de lumières pour ne plus jamais retomber.

Il est certain que dans cette disposition, toutes les mélodies que l'artiste invente paraissent appartenir à la cantatrice seule qui lui jette la première étincelle. Nous l'écoutons et nous écrivons ce qu'elle chante. Mais nous sommes ainsi faits, que dans notre faiblesse, attachés à la glèbe, nous cherchons toujours à attirer les choses surhumaines dans l'espace circonscrit de notre nature terrestre. La chanteuse devient notre maîtresse, peut-être même notre femme. Le charme s'envole, et cette mélodie intérieure qui chantait autrefois d'admirables choses, se perd dans une plainte sur une soupière cassée ou sur une tache d'encre qui a souillé notre linge.

Il faut regarder comme heureux le compositeur qui a pour toujours quitté des yeux celle qui a su illuminer sa musique intérieure d'une mystérieuse énergie.

Si ce jeune homme est violemment tourmenté des désespoirs et des douleurs de l'amour parce que sa bien-aimée s'est éloignée, son souvenir devient un trésor céleste, il vit dans tout l'éclat de la jeunesse éternelle et de la beauté, et il produit des mélodies qui sont elle-même, toujours elle!

Et qu'est-elle donc autre chose que le plus haut idéal qui s'élançant de notre âme va se refléter dans une figure étrangère!

Le solitaire, les mains jointes, était étendu sur une natte de jonc.

— Cela est singulier mais très-plausible! dit Edouard tandis que les amis les bras entrelacés sortaient de la boutique de Tarone.

LA VISION.

Vous savez que peu de temps avant la dernière campagne, je me trouvais à la maison de campagne du colonel de P..... Le colonel était un homme d'un caractère gai, et sa femme était le calme et la candeur mêmes.

Le fils se trouvait à cette époque à l'armée, de sorte que la société était composée, outre les deux époux, de deux filles et d'une vieille Française qui s'efforçait de faire l'office d'une sorte de gouvernante, bien que les jeunes filles parussent d'un âge à n'en avoir plus besoin. L'aînée était une jeune fille éveillée, vive jusqu'à l'étourderie et très-spirituelle, mais ne pouvant franchir cinq pas sans faire trois entrechats, et dans la conversation elle sautait de même sans cesse d'un sujet à un autre. Je l'ai vue dans moins de dix minutes tricoter, lire, dessiner, chanter, danser. Elle pleurait en un instant son pauvre cousin resté sur un champ de bataille, et les yeux pleins de larmes elle s'abandonnait à un bruyant éclat de rire lorsque la Française laissait tomber le contenu de sa tabatière sur le chien, qui se mettait à éternuer tandis que la vieille disait en se lamentant:

— Ah! che fatalità! ah! carino! poverino!

Car elle avait l'habitude de parler en italien au chien, qui était originaire de Padoue.

La demoiselle était la plus jolie blonde du monde et pleine de grâce et d'amabilité dans ses caprices, de sorte que sans y penser elle exerçait partout un charme irrésistible.

Sa sœur plus jeune, nommée Aldegonde, formait avec elle le plus

étrange contraste. Je cherche en vain des mots convenables pour vous dépeindre l'impression profonde que fit sur moi cette jeune fille lorsque je la vis pour la première fois. Représentez-vous la plus belle tournure, la figure la plus ravissante! Mais ses lèvres et ses joues étaient couvertes de la pâleur de la mort. Elle marchait doucement, à pas mesurés; et lorsqu'une parole prononcée à demi-mot sortait de ses lèvres entr'ouvertes et faisait retentir la vaste salle, on se sentait comme saisi d'un frisson fantastique. Je surmontai bientôt cette disposition répulsive et je fus obligé de m'avouer à moi-même lorsque je forçais cette jeune fille toujours recueillie à causer avec moi, que son apparence étrange et je fus obligé de m'avouer à moi-même extérieur. Dans le peu de paroles qu'elle prononçait se découvrait un sens tendre, une intelligence active, un sentiment affectueux. On ne trouvait en elle aucune trace d'exagération, bien que son douloureux sourire, son regard plein de larmes fissent présumer pour le moins un état maladif qui devait agir d'une manière funeste sur les sensations de la tendre enfant. Je remarquai avec surprise que toutes les personnes de la société, même la vieille Française, tâchaient d'interrompre toute conversation commencée avec elle, et venaient s'y mêler d'une manière peu naturelle. Mais ce qui m'étonnait le plus, c'est qu'aussitôt que sonnaient huit heures la demoiselle était avertie soit par la Française, soit par sa mère ou sa sœur, de se retirer dans sa chambre, comme on envoie coucher les petits enfants. La Française l'accompagnait, et jamais ni l'une ni l'autre n'attendaient le souper, qui avait lieu à neuf heures. La colonelle remarqua mon étonnement, et avança un jour très-naturellement, pour éviter toute question, qu'Adélaïde était sujette à des accès de fièvre qui l'attaquaient surtout sur les neuf heures, et que le médecin avait ordonné de lui laisser prendre à cette heure un repos tout à fait nécessaire. Je compris qu'il y avait à cela une autre cause, mais sans pouvoir aucunement me l'expliquer. Aujourd'hui seulement j'ai appris l'événement qui avait jeté une heureuse famille dans le trouble le plus affreux.

Teresina.

Aldegonde était l'enfant la plus gaie et la mieux portante que l'on pût trouver. Lorsqu'on célébra l'anniversaire de sa quatorzième année, une foule de ses jeunes compagnes furent invitées à la fête. Elles étaient assises en rond dans le charmant bosquet du jardin central, et riaient et plaisantaient sans s'inquiéter de la nuit, qui arrivait toujours plus épaisse, parce que les tièdes vents de juillet soufflaient plus rafraîchissants et ajoutaient à leur plaisir. Dans le magique crépuscule, elles formèrent plusieurs danses fantastiques en cherchant à imiter les fées et d'autres esprits légers.

— Ecoutez, dit Aldegonde lorsque la nuit fut venue tout à fait dans le bosquet, je vais vous apparaître en dame blanche, dont notre vieux jardinier, qui est mort maintenant, nous a si souvent parlé; mais il vous faut venir avec moi jusqu'au fond du jardin, à l'endroit où se trouve l'ancien mur.

Et alors, enveloppée dans son châle blanc, elle s'avance d'un pas léger à travers le bosquet, et les jeunes filles en riant se précipitent sur ses pas. Mais à peine Aldegonde est-elle sous la voûte à moitié ruinée qu'elle s'arrête et reste privée de l'usage de ses membres. La cloche du château sonne neuf heures. Au même instant :

— Ne voyez-vous rien? s'écrie Aldegonde avec une voix étouffée qui témoigne de l'effroi le plus profond, ne voyez-vous pas la figure qui est devant vous? Jésus! Elle me tend les mains, ne la voyez-vous pas?

Les enfants ne voyaient rien, mais ils étaient glacés de crainte. Ils s'enfuirent, à la fin, tous, à l'exception d'une seule, qui, plus courageuse, restée, se précipite sur Aldegonde et veut la prendre dans ses bras. Mais au même instant Aldegonde, semblable à une morte, tombe sur le parquet. Aux cris perçants de la jeune fille, tout le monde accourt du château. On y emporte la pauvre enfant. Enfin elle sort de son évanouissement et raconte en tremblant que tout à coup à peine entrée sous la voûte une figure aérienne s'est dressée devant elle et a étendu la main de son côté. Rien n'était plus naturel que d'attribuer toute l'apparition aux erreurs causées par le crépuscule du soir. Aldegonde se remit si complétement de sa frayeur dans la nuit même, que l'on ne redoutait aucune suite fâcheuse et qu'il ne fut plus question de cette affaire. Mais combien cette confiance dura peu! A peine neuf heures du soir vinrent-elles à sonner, qu'Aldegonde, au milieu de la société qui l'entourait, s'écria :

— La voici! la voici! la voyez-vous? elle est tout près de moi!

Depuis cette malheureuse soirée, Aldegonde prétendit qu'aussitôt que neuf heures sonnaient le fantôme se dressait devant elle pendant quelques secondes sans que personne pût percevoir ou pressentir, par n'importe quelle impression physique, l'approche d'un esprit inconnu. La pauvre Aldegonde fut regardée comme folle, et la famille rougissait de cette aberration d'esprit. De là venait cette singulière manière d'agir dont j'avais été le témoin. Il ne manquait ni de médecins ni de remèdes qui devaient délivrer la pauvre enfant de cette prétendue apparition que l'on se plaisait à ne nommer qu'une idée fixe. Mais tout restait inutile, et elle priait, avec des torrents de larmes, qu'on la laissât tranquille, puisque le fantôme ne s'était rien de repoussant pour elle dans ses traits incertains et ne lui causait plus aucun effroi, bien que chaque fois après l'apparition son âme semblât entièrement vide de pensées et parut planer autour d'elle en abandonnant son corps, ce qui la rendait faible et malade. Enfin la colonelle fit la connaissance d'un célèbre médecin, qui avait la réputation de guérir les gens en démence par des moyens très-habiles. Lorsque le colonel lui eut appris la maladie d'Aldegonde, il se mit à rire, et prétendit que rien n'était plus facile que de guérir une folie causée par l'imagination. L'idée d'une apparition du spectre était selon lui si bien liée avec les coups de la cloche de neuf heures que la force intérieure de l'esprit ne pouvait s'en défaire et qu'il fallait opérer cette séparation par des moyens extérieurs. Et cela pouvait facilement arriver en trompant la jeune fille, et en laissant, sans qu'elle s'en aperçût, passer le temps de neuf heures. Si l'esprit n'était pas apparu, alors elle reconnaîtrait son erreur, et les moyens physiques de guérison compléteraient heureusement la cure. Ce malheureux conseil fut suivi. Dans une nuit on retarda les horloges du château et même celle du village dont on entendait retentir le timbre, de manière qu'Aldegonde s'éveillant le matin fût trompée d'une heure. Le soir arriva.

La petite famille était, comme à l'ordinaire, joyeusement assemblée dans une salle carrée. Aucun étranger ne se trouvait là. La colonelle faisait tout son possible pour raconter diverses histoires amusantes. Elle commença, comme c'était son habitude, surtout lorsqu'elle était de bonne humeur, à taquiner un peu la vieille Française, à quoi Augustine (la plus âgée des demoiselles) l'aidait de tout son pouvoir. On riait, on était plus joyeux que jamais. La cloche vint à sonner huit heures, c'était neuf heures par conséquent, et Aldegonde, blanche comme un cadavre, tombe en arrière sur son fauteuil, son ouvrage s'échappe de ses mains, puis tout d'un coup elle se relève avec tous les signes de l'effroi sur son visage et murmure d'une voix sourde :

— Comment! une heure plus tôt! Ah! la voyez-vous! la voyez-vous, là, debout, devant moi!

Tous sont glacés de frayeur; mais, lorsqu'on s'y attendait le moins, le colonel s'écrie :

— Aldegonde! remets-toi, ce n'est rien! C'est une idée, un jeu de ton imagination; nous ne voyons rien, et si vraiment une figure apparaissait, elle serait aussi visible pour nous! remets-toi, Aldegonde!

— Mon Dieu! s'écrie Aldegonde, veut-on me faire perdre la raison? Voyez! elle tend vers moi ses longs bras blancs, elle me fait signe! Et, comme involontairement, le regard fixe et sans détourner les yeux, elle s'avance la main, prend une petite tasse placée par hasard sur une table derrière elle et la quitte. L'assiette, comme portée par une main invisible, plane longtemps au milieu du cercle formé par la famille et se replace doucement sur la table.

La colonelle, Augustine s'évanouissent profondément et sont bientôt attaquées d'une fièvre nerveuse. Le colonel surmonta l'impression en rassemblant toutes ses forces; mais on vit au trouble de ses manières combien ce phénomène incomparable avait fait d'effet sur lui.

La vieille Française était tombée sur les genoux le visage collé contre la terre et priait en silence. Elle seule et Aldegonde ne souffrirent point des suites de cette aventure. La colonelle mourut peu

de temps après. Augustine se rétablit de sa maladie, mais il eût été préférable à l'état où elle se trouve maintenant. Elle, la nesse même, dans la force et la beauté, comme je l'ai décrite d'abord est attaquée d'une folie qui semble plus terrible que toute autre q ait jamais pris sa cause dans une idée fixe. Elle s'imagine qu'elle est l'invisible spectre sans corps d'Aldegonde, et à cause de cela elle fuit la société des vivants, et pour le moins évite, lorsqu'elle se trouve auprès d'eux, de parler ou de faire un seul geste. Elle croit fermement que si elle manifestait sa présence d'une façon ou de l'autre elle les ferait tous mourir d'effroi. On lui ouvre les portes, on met sa nourriture devant elle, elle se glisse mystérieusement çà et là, mange aussi à la dérobée. Peut-il être un état plus malheureux?

Le colonel, rongé de désespoir et de chagrin, est parti pour la dernière campagne; il est mort dans la glorieuse bataille de W.

Ce qui est à peine croyable, c'est qu'Aldegonde est délivrée du fantôme depuis cette étrange soirée. Elle soigne avec dévouement sa sœur, et est en cela aidée de la vieille Française.

Sylvestre nous dit aujourd'hui que l'oncle de ces pauvres enfants est allé consulter notre habile docteur R. sur le traitement à suivre avec Augustine.

Fasse le ciel qu'une guérison soit possible!

KREISLERIANA.

— D'où est-il?
— Personne ne le sait.
— Que faisaient ses parents?
— On l'ignore.
— De qui est-il l'élève?
— D'un maître, car il joue admirablement; et comme il a de l'intelligence et de l'éducation, on peut le supporter et même l'autoriser à donner des leçons de musique. Et il a été vraiment et réellement maître de chapelle, ajoutent les diplomates auxquels on, dans un moment de bonne humeur, il a appris son diplôme en bonne forme de directeur du théâtre royal de......, direction toutefois qui lui fut enlevée, à lui le maître de chapelle Jean Kreisler, parce qu'il avait obstinément refusé de mettre en musique un libretto rimé par un poète de la cour, avait aussi plusieurs fois parlé avec mépris à table d'hôte du primo uomo et osé, dans des termes risqués et même peu convenables, préférer une jeune fille son élève de chant à la prima donna. Toutefois il lui serait possible de conserver son titre de maître de chapelle du prince et même de rentrer en faveur s'il voulait renoncer à des assertions ridicules et des singularités, comme par exemple de prétendre que la vraie musique italienne n'existe plus, et s'il veut reconnaître de bon gré le mérite du poète de la cour, que tout le monde reconnaît pour un second Métastase.

Ses amis prétendent que la nature, en lui donnant son organisation, a essayé une nouvelle création et que l'essai n'a pas réussi en ce que l'irritabilité de ses nerfs, sa fantaisie, qui va jusqu'à devenir une flamme brûlante, sont trop peu mêlées de flegme et que l'équilibre se trouve détruit, ceci étant de toute nécessité pour l'artiste qui vit dans le monde fasse des œuvres conformes au goût et aux habitudes de ce même monde. Qu'il en soit de lui ce qu'on voudra, toujours est-il que Jean fut ballotté çà et là tous ses jours et ses apparitions intimes comme par les vagues d'une mer irritée, et sembla chercher en vain le port où il devait trouver le repos et la quiété sans lesquels l'artiste ne peut rien produire. Et il arriva aussi que ses amis ne purent jamais l'amener à écrire une composition ou l'empêcher de la déchirer après qu'elle était écrite. Quelquefois il composait la suite dans la disposition d'esprit la plus nerveuse et réveillait l'ami qui demeurait dans son voisinage pour lui jouer, dans un enthousiasme extrême, ce qu'il avait écrit avec le plus incroyable rapidité. Il versait des larmes de joie de la réussite de son œuvre, et se regardait lui-même comme le plus heureux des hommes, et le jour suivant l'œuvre magnifique avait pour lui un effet nuisible, parce qu'alors sa fantaisie s'irritait et que son esprit entrait dans un royaume où personne ne pouvait le suivre sans danger. Il trouvait souvent du plaisir à étudier des heures entières sur le piano les thèmes les plus singuliers dans les tournures et les variations de contre-point avec les passages les plus travaillés. Si cela lui eut réussi, il était pendant plusieurs jours d'une humeur charmante et une certaine ironie assaisonnait les entretiens dont il réjouissait le gai cercle de ses amis. Un jour il disparut on ne sait pourquoi ni comment. Plusieurs prétendaient avoir remarqué en lui des signes de folie, et véritablement on l'a vu sortir en chantant et en sautillant de la porte avec deux chapeaux enfoncés l'un sur l'autre, et deux tire-lignes qui sortaient de ses poches comme deux poignards. Toutefois ses plus intimes amis n'avaient rien remarqué qui annonçât une attaque de violent chagrin ou autre chose de ce genre. Et lorsque toutes les recherches eurent été vaines, et au moment où ses amis rassemblés délibéraient sur l'emploi des quelques œuvres musi-

cales et de plusieurs écrits qu'il avait laissés, mademoiselle de B...
apparut et déclara qu'à elle seule appartenait le droit de conserver
les productions de son maître et ami, qu'elle ne croyait nullement
perdu. Tous s'empressèrent de lui remettre ce que l'on avait trouvé;
et comme dans ses moments de bonne humeur il avait tracé rapidement au crayon, sur le revers des feuilles de musique, des observations presque toujours humoristiques, la fidèle écolière de l'infortuné
Jean permit à un de ses anciens amis d'en prendre copie et de les
livrer à la postérité comme des créations ébauchées par la fantaisie
du moment.

SOUFFRANCES MUSICALES DU MAÎTRE DE CHAPELLE JEAN KREISLER.

Ils sont tous partis! J'aurais dû le remarquer à leurs gazouille-
ments, à leurs bourdonnements, à leurs toux, à leurs ronflements;
c'était un vrai nid d'abeilles qui quitte sa ruche pour prendre son
vol. Gottlieb m'a allumé deux nouvelles lumières et a placé sur le
piano une bouteille de bourgogne. Je ne puis plus jouer, car je suis
épuisé; c'est la faute de mon admirable ami, là sur le pupitre, qui
m'a enlevé dans les airs comme Méphistophélès enlève Faust sur son
manteau, et si haut, que je ne voyais plus les hommes, ces mirmi-
dons, malgré tout leur effroyable bruit.

Une sotte, ridicule et inutile soirée!

Mais je me sens maintenant léger et à mon aise. Aussi pendant que
je jouais j'ai tiré mon crayon et noté à la page 13, sous le dernier
système des variations en chiffres, de la main droite, tandis que la
gauche s'agitait dans le torrent des sons; et je continue à écrire derrière sur les pages blanches. Je laisse là les chiffres et les tons, et
avec grand plaisir; comme le convalescent qui ne peut se lasser de
parler de ses souffrances, je raconte ici tout au long les horribles
tortures du thé d'aujourd'hui, non pas pour moi seul, mais aussi pour
d'autres qui voudront, par exemple, se réjouir en admirant les
variations de Jean-Sébastien Bach pour le piano, publiées chez Nage-
li à Zurich, et trouveront mes chiffres à la fin de la trentième va-
riation, conduits par le mot latin écrit en grosses lettres : VERTE.

Ils tourneront la feuille et liront. Ceux-là devineront de suite tout
l'enchaînement de ces choses, ils sauront que le conseiller intime Röderlein tient ici une maison charmante et qu'il a deux filles dont le
monde élégant parle avec enthousiasme; elles dansent comme des
déesses, parlent français comme les anges, et chantent et dessinent
comme les muses. Le conseiller intime est riche, il a dans ses dîners
trimestriels les meilleurs vins, les mets les plus délicats; tout est
monté sur le pied le plus élégant, et celui qui ne s'amuse pas dans
ses thés célestes n'a ni ton, ni esprit, ni à plus forte raison de sentiment pour les arts, c'est la faute qu'on lui en apprécie. Avec le
thé, le punch, le vin, les glaces, etc., on sert aussi un peu de musique que le beau monde accueille comme tout le reste.
Lorsque chaque hôte a eu le temps nécessaire pour boire un nombre
suffisant de tasses de thé, et que le punch et les glaces ont circulé
déjà deux fois, les domestiques préparent la table de jeu pour la
partie la plus âgée et partant la plus sérieuse de la société qui préfère les cartes à la musique et près de laquelle on n'entend d'autre
bruit importun et mal à propos que celui de quelques pièces d'or.
À ce signal la jeune partie de la réunion se rassemble autour des
demoiselles Röderlein, il s'élève un tumulte dans lequel je distingue
ces mots :

— Belle demoiselle, ne nous refusez pas la jouissance de votre céleste talent.

— Oh! ma bonne, chantez-nous quelque chose!

— Pas possible! le rhume! le dernier bal! Je n'ai pas répété.

— Oh! je vous prie! je vous supplie! nous vous implorons tous!

Gottlieb pendant ce temps a ouvert à la fois le piano et le pupitre,
gémissant sous le poids du recueil de musique bien connu. La maman
crie de sa table de jeu :

— Chantez donc, mes enfants!

Je me place au piano, et les demoiselles Roderlein sont conduites
en triomphe devant l'instrument. Là des façons commencent, aucune
ne veut chanter la première.

— Tu sais, chère Nanette, comme je suis enrouée

— Mais le suis-je donc moins, ma chère Marie? Je chante si mal!
Oh! commence, chère!

Je fais une proposition (c'est chaque fois la même) :

— Si ces demoiselles chantaient un duo?

La motion est applaudie avec fureur. On feuillette le livre, on
trouve enfin la page soigneusement marquée par un pli, et le duo
commence :

Dolce dell' anima, etc.

Le talent des demoiselles Röderlein n'est pas des plus minces; je
suis depuis cinq ans et demi leur professeur dans la maison, et pour
ce peu de temps la demoiselle Nanette en est arrivée, lorsqu'elle a
entendu une mélodie dix fois au théâtre et l'a répétée dix fois encore
et tout au plus sur le piano, à entamer un chant de manière que l'on
voie de suite ce qu'il en doit être.

Il suffit de huit fois seulement à mademoiselle Marie; et lors-

qu'elle se trouve au plus un quart de ton plus bas que le piano, sa
jolie petite figure et ses agréables lèvres roses le font très-bien supporter. Après le duo, accord d'applaudissements unanimes! Maintenant arrivent à la file les ariettes et les nocturnes, et je martèle
gaillardement le même accompagnement pour la millième fois.
Pendant le chant la conseillère des finances Eberstein m'a comprendre par une petite toux et en accompagnant à demi-voix qu'elle
chantait aussi. Une demoiselle s'écrie :

— Ah! jolie conseillère, tu vas nous faire entendre ta voix divine!

Il se fait un nouveau tumulte.

— J'ai un catarrhe! je ne sais rien par cœur!

Gottlieb apporte deux grandes brassées de musicalités; on feuillette,
on feuillette; elle veut d'abord chanter : La vengeance de
l'enfer! puis : Lève-toi, vois! et puis : Ah! jamais! Dans cet embarras, je propose : Une violette dans la prairie! Mais c'est d'un trop
grand genre, elle en reste à la Constance.

Oh! crie, miaule, étrangle, piaule, jure, va toujours! j'ai mis le
pied sur la grande pédale et je frappe l'ivoire à m'en rendre sourd.
Oh! Satan! Satan! quel est celui de tes esprits infernaux qui est ac-
couru à grandes guides dans ce gosier pour tenailler, forcer et tordre
tous ces tons? Quatre cordes ont sauté, un marteau est en déroute,
mes oreilles cornent, ma tête est brisée, mes nerfs tremblent! Tous
les tons faux des trompettes criardes des saltimbanques sont-ils venus
chercher un refuge dans cette gorge? Je suis épuisé, je bois un verre
de bourgogne.

On applaudit à tout rompre, et quelqu'un remarque que la conseillère et Mozart m'ont mis en feu. Et moi de sourire les yeux
baissés et d'un air très-niais, il me semble.

Alors s'agitent tous les talents qui jusqu'à présent se tenaient dans
l'ombre; ils s'élancent l'un après l'autre dans la carrière et on commet
des excès musicaux. Ce sont des chœurs, des morceaux d'ensemble.

— Le chanoine Kratzer est connu pour sa voix de basse divine,
dit tout à coup un individu qui avoue modestement qu'il est seulement second ténor, quoique membre de plusieurs académies de
chant.

De suite on organise le second chœur de Titus. C'était magnifique.
Le chanoine, placé juste derrière moi, faisait rouler le tonnerre de
sa voix comme il l'eût chanté à l'église avec accompagnement obligé
de trompettes et de timbales. Il attaquait les notes très-juste, seulement il était un peu en retard avec la mesure; mais il lui restait
toujours assez fidèle pour n'être pendant tout le morceau que d'une
demi-pause en arrière. Les autres témoignaient d'une grande estime
pour l'ancienne musique grecque, qui, ne connaissant pas l'harmonie,
marchait à l'unisson. Ils chantaient tous la mélodie avec de petites
variantes d'un quart de ton, peut-être, soit un haut, soit en bas. Cette
exécution un peu bruyante éveilla partout une attention tragique et
même une espèce d'effroi, surtout aux tables de jeu, qui ne pouvaient
plus comme auparavant intercaler mélodramatiquement des phrases
de ce genre dans les passages déclamatoires : Ah! j'aime! — Vingt-
quatre. — J'étais si heureux! — Je passe. — Je ne pouvais! —
Whist. — Douleur d'amour! — Dans la couleur, etc.

C'était fort joli. (Je me verse à boire.) C'était le plus haut point de
l'exposition musicale.

— Maintenant c'est fini! pensai-je.

Je fermai le livre et me levai.

Alors s'approche, mon ancien ténor, s'approche de moi et me dit :

— Oh! très-cher maître de chapelle, vous devez improviser admirablement!... Oh! improvisez-nous un peu, rien qu'un peu, je vous
prie!...

Je réponds très-froidement que la fantaisie ne me vient pas aujour-
d'hui; et tandis que nous parlons ainsi, un diable sous la forme d'un
élégant à deux gilets a pris dans la pièce voisine sous mon chapeau
les variations de Bach, pensant que c'est des variations de Nel cor
mi non più sento? — Ah! vous dirai-je, maman, il veut absolument
que je lui joue cette musique.

Je refuse; tous se réunissent contre moi.

— Eh bien, pensai-je, écoutez et crevez d'ennui!

Et je me mets au travail.

Au n° 8 plusieurs dames s'éloignèrent.

Les Roderlein, par égard pour leur maître, restèrent non sans tourment jusqu'au n° 12. Le n° 15 mit en fuite l'homme aux deux gilets.
Le baron, par une politesse excessive, tint jusqu'au n° 30, et se contenta de boire presque tout le punch que Gottlieb posait pour moi sur
le piano.

J'avais heureusement terminé; mais au n° 30 le thème m'entraîna
sans relâche. Les feuilles in-quarto s'allongèrent tout à coup en in-
folio gigantesques, où je voyais écrites mille imitations, mille variations
qu'il me fallait jouer. Les notes s'animaient et flamboyaient en dansant autour de moi. Un feu électrique courait du milieu des doigts
sur les touches; l'esprit d'où il s'élançait donnait des ailes aux idées.
Toute la salle pleine d'une vapeur poétique en laissait éclater les
lumières semblaient de plus en plus laisser leur éclat. De temps en
temps un grand nez en sortait, et parfois aussi deux yeux bleus
disparaissaient aussitôt. Il arriva que je restai seul avec mon Sébastien Bach servi par Gottlieb semblable à un spirito familiare. (Je

bois.) Devrait-on tourmenter un honnête musicien avec de la musique comme j'ai été tourmenté aujourd'hui et si souvent? Vraiment, on n'abuse aussi méchamment d'aucun art comme de l'art de la belle, de la sainte musique, qui est si souvent profanée dans son être si tendre! Avez-vous un vrai talent, un véritable sentiment artistique, bien, apprenez la musique, occupez-vous de travaux dignes de l'art, et donnez aux adeptes votre talent dans une équitable mesure. Mais voulez-vous vous en occuper sans ces conditions, faites-le alors pour vous et entre vous, et n'en tourmentez pas le maître de chapelle Kreisler et autres.

Je pouvais maintenant retourner chez moi et terminer mes nouvelles sonates, mais il n'est pas encore onze heures et c'est une belle nuit d'été; et puis je parie que chez le grand vanneur, tout près de moi, les jeunes filles sont assises à la fenêtre ouverte et crient vingt fois d'une voix aigre et perçante : « Quand ton œil brille pour moi! » mais toujours la première phrase seulement, en regardant dans la rue. Un autre tourmente maladroitement une flûte et a pour cela des poumons comme le neveu de Rameau, tandis que mon voisin le joueur de cor fait avec de longs tons prolongés des essais d'acoustique. Les nombreux chiens du voisinage s'inquiètent, et le chat de mon hôte, excité par cet agréable duo, fait de tendres aveux près de ma fenêtre en écorchant l'échelle chromatique (car il va sans dire que mon laboratoire musico-poétique est une chambre sur les toits) à une telle point qu'il est amoureux depuis les premiers jours de mars.

Après onze heures on est plus tranquille; je reste assis, tandis que je prends en main le papier et aussi le bourgogne, dont j'use un peu. Il y a, on me l'a dit, une ancienne loi qui défend aux artisans à marteau d'habiter près des savants. Ne pourrait-on pas faire aussi pour les pauvres compositeurs oppressés, qui sont obligés de battre monnaie avec leurs inspirations afin de continuer à filer l'écheveau de leur vie, une loi pour bannir de leurs alentours les braillards et les joueurs de cornemuse?

Que dirait le peintre si au moment d'inventer un idéal on ne lui présentait que d'affreuses figures hétérogènes? En fermant les yeux, il pourrait toutefois achever sa figure de fantaisie.

Mais le coton dans les oreilles ne suffit pas : on entend le vacarme, l'idée vient; et voici qu'on chante là, maintenant c'est le cor ici, et le démon emporte les idées les plus sublimes! La feuille est toute pleine d'écriture; je veux écrire à l'envers sur les bandes blanches du titre. Pourquoi ai-je cent fois résolu de ne plus me laisser tourmenter davantage chez le secrétaire intime, et pourquoi ai-je vingt fois abandonné mon projet?

Certes, c'est la superbe nièce de Roderlein qui m'enchaîne à cette maison par les liens tressés par l'art. Quiconque a été assez heureux pour entendre une fois la scène finale de l'Armide de Gluck ou la grande scène de doña Anna de Don Juan, par mademoiselle Amélie, comprendra qu'une heure passée au piano près d'elle jette un baume céleste sur les blessures qu'ont ouvertes en moi, pauvre malheureux professeur de musique, toutes les notes fausses de la journée. Roderlein, qui ne croit ni à la mesure ni à l'immortalité de l'âme, la juge tout à fait indigne de la haute existence des sociétés de thé, puisqu'elle ne veut jamais y chanter, et chante au contraire avec des gens de rien, comme avec de simples musiciens, par exemple, avec un abandon qui est nuisible; car Roderlein prétend qu'elle a été emprunter ces sons d'harmonie longs, soutenus et puissants, qui me portent vers le ciel, au rossignol, une créature sans intelligence, qui vit dans les forêts et qui ne doit pas être imitée par l'homme, le roi de la création. Elle pousse la condescendance jusqu'à se laisser accompagner par le violon par Gottlieb lorsqu'elle exécute sur le piano des sonates de Beethoven ou de Mozart, où aucun homme du monde, aucun bourgeois des thé n'a à trouver...

C'était le dernier verre de bourgogne... Gottlieb mouche les lumières, et paraît s'étonner de mon ardeur à écrire. On a raison d'avoir bonne idée de ce Gottlieb, à peine âgé de seize ans. C'est un beau, un profond talent. Pourquoi ai-je pas son père, l'écrivain des portes de la ville, est-il mort sitôt; que son tuteur a été le fourrer dans la livrée! Lorsque Rode était ici, Gottlieb écoutait dans l'antichambre l'oreille collée à la porte et jouait toute la nuit; le jour il s'en allait pensant et rêvant aux alentours, et la marque rouge qu'il porte à la joue est l'empreinte fidèle du solitaire coup de doigt de la main de Roderlein, qui voulait par un coup très-fort opérer un effet tout à fait opposé à l'état de somnambulisme, que l'on n'amène que par un doux attouchement.

Entre autres choses, je lui ai fait cadeau de la sonate de Corelli, et il a livré bataille aux souris qui habitaient un ancien piano d'Osterlein, jusqu'à ce qu'elles fussent toutes détruites, et, avec la permission de Roderlein, il a transporté l'instrument dans sa chambre.

— Jette ta livrée détestée, honnête Gottlieb, et laisse-moi dans quelques années te presser sur mon cœur comme un grand artiste, car tu le deviendras avec ton beau talent, ton profond sentiment de l'art!

Gottlieb était derrière moi et essuyait les larmes de ses yeux lorsqu'il m'entendit prononcer ces paroles à voix haute. Je lui serrai les mains sans parler, et puis nous allâmes en haut jouer ensemble la sonate de Spinelli.

CLUB MUSICO-POÉTIQUE DE KREISLER.

Toutes les horloges, même les plus paresseuses, avaient déjà sonné huit heures, les lumières étaient allumées, le piano était ouvert, et la fille de l'aubergiste, chargée du facile service de Kreisler, lui avait déjà deux fois annoncé que la théière avait trop bouilli. Enfin on frappa à la porte, et l'ami intime entra avec le soupçonneux. Ils furent suivis du mécontent, du jovial et de l'indifférent.

Le club était rassemblé, et Kreisler se préparait à mettre tout dans le ton et la mesure pour une fantaisie symphonique, et sortir autant que possible les clubistes assemblés qui portaient en eux le génie musical des ordures poudreuses où ils avaient dû marcher tout le jour pour les placer quelques pas plus haut dans un air plus pur. Le soupçonneux regarda devant lui, très-sérieusement, presque comme plongé dans des réflexions profondes, et dit :

— Comme votre jeu a été désagréablement troublé la dernière fois par ce marteau qui vacillait, l'avez-vous fait réparer?

— Je pense que oui, répondit Kreisler.

— Il faut nous en convaincre, continua le soupçonneux.

Et en disant cela il pencha la lumière qui se trouvait sur le large chandelier, et, le tenant au-dessus des cordes, il se mit à chercher avec attention le marteau en mauvais état; mais les lourdes mouchettes posées sur le chandelier tombèrent, et douze ou quinze cordes se brisèrent en grinçant avec un bruit aigu. Le soupçonneux dit seulement :

— Ah! voyez donc!

Kreisler fit une figure comme s'il eût mordu dans un citron.

— Diable, diable! s'écria le mécontent, aujourd'hui justement je me faisais une fête d'entendre improviser Kreisler, de ma vie je n'ai eu autant de désir de musique.

— Au fond, fit l'indifférent, peu importe que nous fassions ou non de la musique.

— Il est certainement fâcheux, ajouta l'ami intime, que Kreisler ne puisse pas jouer; mais il ne faut pas trop s'en préoccuper.

— Nous nous amuserons de même sans cela, reprit le jovial non sans mettre dans ses paroles une certaine intention.

— Et pourtant je veux improviser! s'écria Kreisler : la basse est restée au grand complet, et cela me suffira.

Alors Kreisler mit son petit bonnet rouge, sa robe de chambre chinoise, et il s'assit à son piano. Les clubistes durent prendre place sur le sofa et sur des chaises; à l'ami intime, à la prière de Kreisler, éteignit toutes les lumières, de sorte que l'on se trouva dans la plus complète obscurité. Kreisler prit *pianissimo*, les sourdines levées, l'accord si-bémol majeur dans la basse, et avec le murmure des tons il dit :

— Quel bruit étrange se fait entendre autour de moi! Je sens de tous côtés la fraîcheur envoyée par les battements d'ailes invisibles, je nage dans l'éther vaporeux; mais le brouillard brille en cercles de flammes mystérieusement tracées. Ce sont les esprits favorables qui agitent leurs ailes d'or avec des sons et des accords admirables!

ACCORD DE LA BÉMOL (mezzo forte).

Ah! ils m'entraînent dans le pays des éternels désirs; mais, comme ils me saisissent, la douleur s'éveille, et en voulant s'enfuir de mon cœur elle le déchire avec force.

ACCORD DE SIXTE DE MI MAJEUR (ancora più forte).

Tiens-toi ferme, mon cœur! ne te brise pas au contact du rayon flamboyant qui a traversé la poitrine; relève-toi, mon brave esprit, meus-toi, et élance-toi vers l'élément qui t'a enfanté, là est ta patrie.

ACCORD DE TIERCE DE MI MAJEUR (forte).

Ils m'ont présenté une couronne admirable, mais ce qui brille et étincelle comme des diamants ce sont les milliers de larmes que j'ai versées, et les flammes qui me dévorent resplendissant dans l'or. — Courage et puissance, confiance et force à celui à qui il est donné de porter le sceptre dans le royaume des esprits.

LA MINEUR (arpeggiando dolce).

Pourquoi fuis-tu, belle jeune fille? Le peux-tu donc, puisque tu es enchaînée de toutes parts par des liens invisibles? Tu ne sais pas dire, tu ne sais pas raconter ce qui a pénétré dans ton cœur comme une douleur qui ronge et pourtant fait trembler de plaisir. Tu sauras tout quand je te parlerai avec toi, quand pour cela j'emprunterai le langage des esprits que je connais et que tu comprends si bien.

FA MAJEUR.

Ah! comme ton cœur s'ouvre au désir et à l'amour quand je t'entoure de mélodies brûlantes d'enthousiasme comme de mes bras caressants! Tu ne peux plus t'éloigner de moi, car ces pressentiments secrets qui oppressent ta poitrine sont devenus des vérités. La mélodie t'a parlé comme un consolant oracle parti de mon sein.

SI BÉMOL MAJEUR (*accentuato*).

Quelle vie joyeuse dans les forêts et les prairies au temps heureux du printemps! toutes les flûtes, tous les hautbois, qui restaient pendant l'hiver étendus comme morts dans un coin poudreux, se sont réveillés et ont choisi leurs airs favoris, qui maintenant fredonnent gaiement comme les petits oiseaux les airs.

SI BÉMOL MAJEUR AVEC LA PETITE SEPTIME (*smanioso*).

Un tiède souffle de l'ouest court sourdement, plaintif comme un sombre secret, à travers les bois, et quand il passe les sapins frémissent, les bouleaux se disent entre eux:
Pourquoi notre ami est-il devenu si triste?
Entends-tu leurs voix, charmante bergère?

MI BÉMOL MAJEUR (*forte*).

Suis-le! suis-le! Son vêtement est vert comme la forêt sombre! Sa parole pleine de désir est le doux son du cor! L'entends-tu murmurer derrière les taillis? Entends-tu? entends-tu? c'est le son des cors plein de plaisir et de plaintes! C'est lui! lève-toi! allons vers lui!

ACCORD DE TIERCE, QUARTE ET SIXTE DE RÉ (*piano*).

La vie mène son jeu trompeur de diverses manières. Pourquoi désirer? pourquoi espérer? pourquoi souhaiter?

ACCORD DE TIERCE D'UT MAJEUR (*fortissimo*).

Mais, dans une joie sauvage, dansons sur les tombes ouvertes! poussons des cris de joie! ceux qui sont là ne nous entendront pas. Tra la la! tra la la! De la danse et des cris d'allégresse! Le démon fait son entrée avec les timbales et les trompettes!

ACCORD D'UT MINEUR (*fortissimo*).

Ne le connaissez-vous pas? ne le connaissez-vous pas? Tenez, de ses griffes brûlantes, il saisit mon cœur! Il prend toutes sortes de masques! braconnier! maître de concert! docteur Wurm! *ricco mercante*, il jette les mouchettes sur les cordes, pour que je ne puisse pas jouer. Kreisler! Kreisler! reprends courage! Le vois-tu, là, épier le blanc fantôme avec ses brillants yeux rouges? Il étend vers toi, à travers son manteau troué, les griffes de sa main noueuse. Il secoue la couronne de paille sur le crâne chauve et brillant. C'est la folie! Jean, tiens-toi bien! Folle, folle apparition de la vie, pourquoi m'agites-tu ainsi dans tes cercles? Ne puis-je pas te fuir? Pas un grain de poussière dans l'univers où je pourrais, devenu petit moucheron, trouver un refuge contre la folie, esprit de tourment! Va-t'en! Je veux être gentil! Je veux croire que le diable est un *galant uomo* du meilleur genre! Honni soit qui mal y pense! Je maudis le chant, la musique; je te lèche les pieds comme l'ivrogne Caliban! Seulement, ôte-moi la souffrance! Ah! ah! maudit! tu as foulé aux pieds toutes mes fleurs! L'horrible désolation du désert! plus un seul brin d'herbe! mort! mort! mort!

Ici brilla une petite flamme. L'ami intime avait pris une allumette chimique et il alluma les deux lumières pour couper ainsi court aux fantaisies de Kreisler, car il n'ignorait pas que celui-ci en était venu au point juste où il avait l'habitude de se précipiter dans un sombre abîme de plaintes sans espoir.

Au même moment la fille de l'aubergiste apporta le thé tout fumant. Kreisler s'élança du piano.
— Que me veut-on, dit-il très mécontent, un raisonnable *allegro* de Haydn me plaît plus que tout ce *chnkcbnak*.
— Mais ce n'était pas mal du tout, reprit l'insensible.
— C'est seulement trop sombre, trop sombre, dit le jovial, reprenons un entretien plus gai et plus léger.

Les clubistes s'efforcèrent de suivre l'avis du jovial; mais les terribles accords de Kreisler résonnaient comme un sombre et lointain écho, ses paroles terribles tenaient captive la disposition d'esprit nerveuse qu'il avait éveillée chez tous les auditeurs. Le mécontent, très-mécontent en réalité de la soirée, que, disait-il, les folies fantastiques de Kreisler avaient gâtée, sortit avec le soupçonneux, le jovial les suivit, et le voyageur enthousiaste avec l'ami intime (tous deux réunis en une seule personne, comme on le fait ici expressément remarquer) tint compagnie à Kreisler.

Celui-ci était assis sur le sofa les bras croisés.
— Je ne sais pas, dit l'ami intime, comment tu es monté aujourd'hui, Kreisler? Tu es excité, mais non sans humeur. Tu n'es pas comme à l'ordinaire.
— Ah! mon ami, reprit Kreisler, l'ombre d'un sombre nuage court sur ma vie! Ne crois-tu pas qu'il sera permis à une pauvre et innocente mélodie, qui ne désire aucune place sur la terre, de s'envoler libre et sans chagrin dans les immenses espaces du ciel? Ah! s'il m'était permis d'y monter de suite, à travers cette fenêtre, sur ma robe de chambre chinoise, comme Méphistophélès sur son manteau!
— Comme une pure mélodie? interrompit en souriant l'ami intime.

— Ou bien comme *basso ostinato*, si tu veux, répondit Kreisler, mais il faut que je parte bientôt n'importe comment.
Et il le fit aussi comme il l'avait dit.

LE POT D'OR.

UNE FABLE DES TEMPS NOUVEAUX.

PREMIÈRE VEILLÉE.

Les malheurs arrivés à l'étudiant Anselme. — Du canastre de santé du recteur Paulmann, et les couleuvres vert d'or.

Au jour de l'Ascension, à deux heures après midi, un jeune homme à Dresde passait en courant la porte Noire, et vint donner juste contre une corbeille remplie de pommes et de gâteaux qu'une vieille femme laide offrait à bas prix, de sorte que tout ce qui était heureusement échappé à la meurtrissure de la secousse, fut lancé au dehors du panier à la grande joie des polissons de la rue qui se partagèrent le butin que le hâtif jeune homme leur avait distribué. Au cri de détresse que jeta la vieille, les commères laissèrent là leurs gâteaux et leur table à eau-de-vie, entourèrent le jeune étudiant et l'assaillirent de leurs injures avec leur impétuosité populaire, de telle façon que muet de honte et de dépit, il présenta une petite bourse très-médiocrement remplie d'argent, que la vieille saisit avidement et mit vitement dans sa poche. Alors le cercle s'entr'ouvrit, mais tandis que le jeune homme en sortit comme un trait, la vieille cria après lui:
— Oui, va, cours, fils de Satan! bientôt tu tomberas dans le cristal, dans le cristal!

La voix aigre de la vieille avait en coassant quelque chose d'effroyable, tellement que les promeneurs s'arrêtèrent comme froissés, et que le rire, qui d'abord avait circulé, se tut tout d'un coup.

L'étudiant Anselme, c'était le jeune homme, se sentit comme saisi d'effroi, bien qu'il ne comprît pas absolument le sens des mots de la vieille femme, et il en augmenta la rapidité de sa fuite pour éviter les regards curieux dirigés sur lui; seulement, en fendant la foule des gens bien mis, il entendait murmurer partout:
— Pauvre jeune homme! maudite soit la vieille!

Les paroles mystérieuses de cette femme avaient donné à cette ridicule aventure une certaine tournure tragique, de sorte que l'on jetait des regards d'intérêt sur celui que l'on avait à peine remarqué jusque-là. Les femmes lui pardonnaient sa maladresse en faveur de son beau visage, dont l'expression était encore augmentée par une colère intérieure, et peut-être aussi en faveur de la perfection des formes et de son costume complètement taillé en dehors des modes du jour.

Son habit gris était fait de telle sorte, que l'on aurait pu croire que le tailleur ne connaissait que de nom sa coupe en vogue, et son pantalon de velours noir lui donnait un certain air magistral qui ne s'accordait en aucune façon avec sa démarche et sa tournure; mais lorsque l'étudiant eut déjà presque atteint le bout de l'allée qui conduit aux bains de Link, il fut sur le point de perdre la respiration. Il fut obligé de marcher plus lentement, mais à peine osait-il lever les yeux, car il voyait toujours les pommes et les gâteaux danser autour de lui; et le regard joyeux de telle ou telle jeune fille n'était pour lui qu'un reflet du rire malicieux de la porte Noire.

Il était arrivé ainsi jusqu'à l'entrée des bains de Link; un cortége de gens richement habillés y entrait. La musique des instruments à vent retentissait de l'intérieur, et le bruit des hôtes joyeux devenait de plus en plus sensible. Les larmes vinrent presque aux yeux du pauvre Anselme, car le jour de l'Ascension avait été chaque année pour lui un jour de fête où il prenait sa part du paradis de Link; oui! il avait voulu se donner jusqu'à la demi-portion de café et de rhum, et une bouteille de double bière; et pour une telle ripaille, il avait pris plus d'argent qu'il n'était convenable et habituel, et maintenant le fatal coup de pied dans le panier de pommes avait tout emporté! Il n'y avait plus à penser au café, à la double bière, à la musique, à la vue des jeunes filles en toilette, en un mot à tous les plaisirs rêvés. Il passa lentement tout près, et prit enfin le chemin qui conduit à l'Elbe et qui était tout à fait solitaire. Là se trouvait un joli banc de gazon, placé sous un sureau qui s'élançait en dehors d'un mur; il y prit place, et bourra sa pipe avec du canastre de santé, dont son ami le recteur Paulmann lui avait fait cadeau. Devant lui, à quelques pas, coulaient et bruissaient les flots d'un jaune d'or du beau fleuve, derrière lesquels Dresde la superbe dressait fièrement ses tours brillantes sur le fond vaporeux d'un ciel qui planait sur des prairies en fleur et des forêts vertes et fraîches. Dans les brouillards des fonds des cimes dentelées annonçaient les pays lointains de la Bohême. Mais l'étudiant Anselme, le regard fixe et sombre, envoyait dans l'air des nuages de fumée, sa mauvaise humeur se fit enfin jour, et il s'écria:
— Il est donc vrai que je suis né pour tous les ennuis, tous les

malheurs! Je ne me plaindrai pas de n'avoir pas été roi de la fève, d'avoir toujours perdu à pair ou non, de ce que mon pain tombe sans cesse du côté du beurre; mais n'est-ce pas un sort effroyable, que moi, qui suis devenu étudiant en dépit de Satan, je ne sois et ne puisse être qu'un nigaud? Ai-je jamais endossé un habit neuf sans attraper dès le premier jour une tache de suif? M'arrive-t-il de saluer un monsieur, conseiller ou autre, ou bien une dame, sans envoyer mon chapeau à la volée, ou sans glisser, et tomber honteusement assis par terre? Chaque jour de marché n'ai-je pas à la halle une dépense constante de trois à quatre gros pour des pots que je brise sous mes pieds, parce que le diable me met en tête de prendre ma route en droite ligne comme les moutons? Suis-je donc arrivé une seule fois à temps au collège ou partout ailleurs? A quoi m'a-t-il jamais servi d'y aller une demi-heure avant l'ouverture, et de me placer devant la porte, le loquet dans la main, si au moment de pénétrer avec le son de la cloche le démon m'envoie l'eau d'une cuvette sur la tête, ou que je coure juste contre un autre qui veut sortir, de sorte que je me voie enveloppé dans une foule d'affaires, et par cela même encore en retard? Ah! ah! où êtes-vous, heureux songes d'un heureux avenir que croyait mon orgueil! J'espérais arriver jusqu'au secrétaire intime; mais ma mauvaise étoile m'en a-t-elle pas fait des ennemis de mes plus zélés protecteurs. Je sais que le secrétaire intime auquel je suis recommandé ne peut souffrir les cheveux courts, le friseur m'attache avec une peine infinie une petite queue à la nuque; mais à la première salutation le malheureux cordon se brise, et un mopse alerte qui flaire tout autour de moi apporte ma queue en triomphe au secrétaire intime. Épouvanté je cours après lui, et je renverse la table où mon Mécène a déjeuné en travaillant, les tasses, l'assiette, l'encrier, la poudrière tombent en résonnant, et un fleuve d'encre et de chocolat se répand sur le rapport écrit.

— Êtes-vous le diable, monsieur? me crie le secrétaire intime en courroux; et il me jette à la porte. A quoi peut me conduire l'espérance que le recteur Conrad m'a donnée d'une place d'écrivain? le mauvais sort qui me poursuit partout va-t-il donc m'abandonner? Et encore aujourd'hui, je voulais fêter gaiement le jour chéri de l'Ascension, je voulais faire les choses comme il faut, et pouvoir appeler fièrement, comme tout autre hôte, aux bains de Link:

— Garçon, une bouteille de double bière! et de la meilleure, je vous prie!

J'aurais pu rester assis jusqu'au soir, assez tard, et tout près de telle ou telle société d'élégantes jeunes filles. J'en suis sûr, j'aurais eu du courage, je serais devenu un tout autre homme, oui! J'aurais été si loin, qu'une d'elles aurait fini par me dire : Quelle heure peut-il être? ou bien : Que joue-t-on donc là? Alors je me serais élancé sans renverser mon verre ou sans faire tomber mon banc, et courbé à demi, à un pied et demi de distance, j'aurais dit : Permettez, mademoiselle, c'est l'ouverture de la Femme du Danube; ou bien : Six heures vont sonner. Quelqu'un aurait-il pu trouver là dedans quelque chose à blâmer? Le moins du monde. Les jeunes filles se seraient regardées en souriant avec malice, ce qui arrive toujours quand je prends assez de hardiesse pour montrer que je sais parler le léger ton de la société et que je fais ma cour aux dames; mais Satan se me jeter contre un maudit panier de pommes, et maintenant dans la solitude, mon canastre...

Ici l'étudiant Anselme fut interrompu dans son monologue par un étrange bruit, semblable à un froissement qui se fit entendre dans l'herbe, tout près de lui, et bientôt se glissa dans les rameaux et les feuilles du sureau. Tantôt on aurait dit que le feuillage tremblait au vent du soir, tantôt que les oiseaux gazouillaient dans les branches et agitaient leurs petites ailes en voltigeant çà et là. Alors s'élevèrent un murmure et un chuchotement, on aurait dit que les fleurs résonnaient comme des clochettes de cristal suspendues. Anselme se ne lassait pas d'écouter. Là, sans qu'il pût savoir comment, le chuchotement, le tintement et le murmure devinrent des paroles à demi prononcées à voix basse :

— A travers, là! à travers, là! entre les branches, entre les fleurs épanouies glissons-nous, serpentons, ma sœur! ma sœur! glisse-toi à la lumière, vite, vite en haut, en bas! le soleil couchant darde ses rayons, le vent du soir siffle, la rosée babille, les fleurs chantent, agitons nos langues, chantons avec les fleurs et les branches, bientôt brilleront les étoiles, là, à travers, descendons, serpentons, glissons-nous, ma sœur!

Ainsi continuèrent ces paroles sans suite. C'est sans doute le vent du soir, pensa Anselme, qui murmure aujourd'hui des sons intelligibles; mais dans le moment même résonna au-dessus de sa tête comme le son de trois cloches en accord. Il regarda en haut, et aperçut trois petites couleuvres brillantes d'or vert qui s'étaient roulées autour des branches et présentaient leur tête au rayons du soleil du soir. Là il entendit murmurer et chuchoter encore les mêmes paroles, et les petites couleuvres rampaient en haut et en bas à travers les fleurs; et quand elles se mouvaient rapidement on aurait dit que le sureau répandait des milliers de brillantes émeraudes à travers son feuillage sombre. — C'est le soleil couchant qui joue ainsi dans cet ar-

bre, pensa l'étudiant Anselme. Mais les clochettes résonnèrent de nouveau, et Anselme vit un serpent s'étendre en bas vers lui.

Il reçut par tous les membres comme une secousse électrique, et deux magnifiques yeux d'un bleu sombre le fixèrent avec une ineffable tendresse, et sa poitrine semblait prête à se briser d'un sentiment inconnu de la félicité la plus grande et de la plus poignante douleur. Et comme il regardait toujours les beaux yeux tout remplis d'un violent désir, alors les cloches de cristal sonnèrent plus fort en accords harmonieux, et les émeraudes brillantes venaient tomber sur lui et l'entouraient, et en dansant en cercle elles pétillaient en mille flammes en jouant avec des fils d'or étincelants.

Le sureau s'agita et dit :

— Tu t'es reposé sous mon ombre, mon parfum t'a environné, mais tu ne m'as pas compris : mon parfum est mon langage quand il est embrasé par l'amour.

Le vent du soir passa près de lui et dit :

— J'ai joué autour de tes tempes, mais tu ne m'as pas compris : le souffle est mon langage quand l'amour l'enflamme.

Les rayons du soleil percèrent le nuage, et leur éclat brillant comme s'ils eussent dit :

— J'ai versé sur toi mon or, mais tu ne m'as pas compris : l'ardeur est mon langage quand l'amour l'allume.

Et toujours de plus en plus enchanté par les regards des deux beaux yeux, le désir devenait plus vif, plus irrésistible. Alors tout commença à se mouvoir comme animé d'une joyeuse existence. Les fleurs et leurs boutons répandaient leurs odeurs, et c'était le chant délicieux de mille voix de flûtes, et l'écho de ce qu'ils chantaient s'en allait au loin dans les pays étrangers porté par les nuages qui passaient vite.

Mais lorsque le dernier rayon du soleil disparut rapide derrière les montagnes et que le crépuscule répandit sur le pays son crêpe d'or, alors une voix rude et profonde appela comme des lointains :

— Hé! quel est ce murmure et ce frémissement là-haut? Hé! hé! qui va me chercher le rayon derrière les montagnes? Assez de soleil, assez de chants! Hé! hé! à travers les bois et le gazon! Hé! hé! descen-cen-cen-dez!

Et la voix s'éteignit comme les roulements d'un tonnerre lointain; mais les cloches de cristal se brisèrent avec un ton discordant. Tout devint muet, et Anselme vit les trois serpents se glisser vers le fleuve en traçant dans l'herbe un sillon lumineux; ils se jetèrent avec bruit dans l'Elbe, et sur la vague où ils disparurent pétilla un feu vert qui s'éloigna en biais dans la direction de la ville en lumineuse vapeur.

DEUXIÈME VEILLÉE.

Comment l'étudiant Anselme fut regardé à la ville comme un fou ou un homme ivre. — Le passage de l'Elbe en bateaux. — L'air de bravoure du maître de chapelle Graun. — La liqueur stomachique de Conrad et la tête de bronze.

— Ce monsieur n'est pas précisément dans son bon sens, disait une honnête bourgeoise qui revenait de la promenade avec sa famille, et regardait les bras croisés l'un sur l'autre la folle conduite de l'étudiant Anselme.

Celui-ci avait embrassé le tronc du sureau et adressait à ses branches et aux feuilles ces mots incessants :

— Oh! brillez, resplendissez une fois seulement encore, vous charmants petits serpents d'or, laissez-moi seulement une fois encore entendre la voix de vos cloches, encore un seul de vos regards, charmants yeux bleus, encore, autrement je vais mourir de douleur ou de mes désirs!

Et il soupirait et gémissait lamentablement du plus profond de son âme, et secouait dans l'ardeur de son délire le sureau, qui, pour toute réponse, agitait ses feuilles avec un bruit sourd et indistinct, et paraissait se moquer de ses chagrins.

— Ce monsieur n'est pas précisément dans son bon sens, dit la bourgeoise. Et il sembla à Anselme qu'il était tiré d'un songe par la secousse d'une rude main ou par de l'eau froide qu'on aurait jetée sur lui pour l'éveiller; alors seulement il vit distinctement où il était, et se rappela qu'une vision singulière l'avait charmé jusqu'au point de le faire parler à voix haute. Il regarda la femme d'un air consterné et saisit pour s'éloigner au plus vite son chapeau, qui était tombé par terre. Le père de famille s'était aussi approché pendant ce temps, et après avoir posé sur le gazon le petit enfant qu'il portait dans ses bras il s'était appuyé sur sa canne en regardant l'étudiant et en écoutant ses paroles.

Alors il ramassa la pipe et le sac à tabac que l'étudiant avait aussi laissés tomber, et dit en lui tendant l'un et l'autre :

— Ne vous lamentez donc pas si épouvantablement dans l'obscurité et n'inquiétez pas les gens quand rien ne vous tourmente, si ce n'est d'avoir trop souvent rempli votre verre; rentrez raisonnablement chez vous et couchez-vous sur l'oreille.

Anselme se sentit honteux; il poussa un soupir plein de larmes.

— Bon, bon, continua le bourgeois, il n'y a pas de mal à cela, cela arrive au meilleur homme du monde, et au beau jour de l'Ascension on peut bien boire dans la joie de son cœur une gorgée de plus que sa soif. Cela peut arriver à un homme de Dieu comme aux autres, et vous n'êtes que candidat. Mais, si vous voulez me le permettre, je prendrai une pipe de votre tabac, le mien y a passé là-haut tout entier.

Et le bourgeois tout en disant cela, et au moment même où l'étudiant allait mettre pipe et tabac dans sa poche, se mit à nettoyer lentement et soigneusement sa pipe, et commença à la bourrer sans se presser. Plusieurs jeunes filles de bourgeois s'étaient approchées pendant ce temps et causaient bas entre elles en regardant Anselme. Il semblait à celui-ci qu'il se trouvait sur des épines acérées ou des épingles brûlantes.

Quand il fut rentré en possession de son tabac et de sa pipe, il s'enfuit au grand galop. Tout le merveilleux qu'il avait vu s'était complètement effacé de sa mémoire, et il se rappelait seulement qu'il avait dit tout haut de folles paroles sous le sureau; ce qui lui était d'autant plus insupportable qu'il avait jusque-là professé une profonde horreur pour les soliloques.

— Le démon parle par votre bouche, lui dit le recteur. Et il le crut en effet. La pensée d'avoir été pris le jour de l'Ascension pour un *candidatus theologiæ* ivre lui était insupportable.

Déjà il voulait entrer dans l'allée de peupliers près du jardin de l'hôtel lorsqu'une voix cria derrière lui :

— *Monsieur Anselme! monsieur Anselme! au nom du ciel, où courez-vous en si grande hâte? nous attendons ici près de l'eau* le recteur Paulmann.

Il s'aperçut seulement alors qu'on l'invitait à se promener sur l'Elbe en bateau et à passer la soirée chez lui dans sa maison, située dans le faubourg de Pirna.

Anselme accepta avec joie, parce qu'il espérait échapper ainsi au mauvais sort jeté sur lui ce jour-là. Lorsqu'ils furent dans le bateau, on tira sur l'autre rive, dans le jardin d'Antoni, un feu d'artifice. Les baguettes s'élevaient avec des explosions et des sifflements dans les airs, et leurs étoiles lumineuses se brisaient dans le ciel en crachant avec bruit des flammes et des éclairs.

Anselme était assis dans le recueillement près du rameur; mais lorsqu'il aperçut dans l'eau le reflet des gerbes et des fusées, il lui sembla voir les serpents d'or fendre les eaux à la nage. Tout ce qu'il avait vu d'étrange sous le sureau lui revint de nouveau vivement en mémoire, et de nouveau aussi il éprouva ce désir brûlant qui avait remué son cœur de ses ravissements douloureux.

— Ah! dit-il, êtes-vous revenus, serpents dorés? Chantez, chantez, pendant votre chant vont apparaître les beaux yeux bleus. Ah! vous êtes maintenant sous les eaux.

Et il fit un violent mouvement comme s'il eût voulu se précipiter de la gondole dans le fleuve.

— *Monsieur, avez-vous le diable au corps?* dit le batelier en l'arrêtant par un pan de son habit.

Les jeunes filles assises près de lui se mirent à crier, et dans leur effroi s'enfuirent de l'autre côté de la gondole. Le greffier Heerbrand dit au recteur Paulmann quelques mots à l'oreille, auxquels celui-ci répondit par plusieurs autres, dont Anselme entendit seulement ces paroles :

— *De semblables attaques! pas encore remarqué!*

Et aussitôt après le recteur Paulmann se leva et vint s'asseoir avec une certaine solennité auprès d'Anselme, et prenant sa main il lui demanda :

— *Monsieur Anselme, comment vous trouvez-vous?*

L'étudiant Anselme faillit se trouver mal, car il s'élevait dans son cœur un combat qu'il voulait en vain apaiser.

Il voyait maintenant que ce qu'il avait pris pour les serpents dorés n'était autre chose que le reflet d'un feu d'artifice tiré dans le jardin d'Antoni. Mais un sentiment inconnu (et il n'aurait su dire s'il était de joie ou de douleur) oppressait nerveusement sa poitrine, et quand le batelier frappait de son rame l'eau qui bruissait et grondait écumeuse comme si elle eût été courroucée, il entendait dans ce bruit un chuchotement mystérieux où il distinguait ces paroles :

— Anselme! Anselme! ne nous vois-tu pas sans cesse passer devant toi? le sœur te jette un nouveau regard! Crois! crois en nous!

Il crut distinguer dans le reflet trois raies d'un vert éclatant; mais lorsqu'il tint les regards fixés mélancoliquement sur l'eau pour voir si les beaux yeux d'un bleu sombre ne sortiraient vers lui, alors il remarqua que ce n'était que la réverbération des fenêtres éclairées des maisons voisines. Il resta en silence tandis qu'un combat se livrait dans son cœur, mais le recteur Paulmann lui répéta plus fortement encore :

— Comment vous trouvez-vous, monsieur Anselme?

— Bien abattu, répondit l'étudiant. Ah! mon cher monsieur le recteur, si vous saviez ce que j'ai rêvé, je viens de rêver de choses étranges tout éveillé, les yeux ouverts, sous le sureau du mur du jardin de Link, vous ne seriez pas surpris de me voir si préoccupé.

— Eh! eh! dit le recteur, je vous ai toujours regardé comme un jeune homme raisonnable; mais rêver les yeux ouverts, et vouloir tout à coup se jeter à l'eau, c'est, pardonnez-moi, l'affaire des fous.

L'étudiant Anselme fut tout chagrin des dures paroles de son ami.

et alors la fille aînée de Paulmann, mademoiselle Véronique, une fort jolie et fraîche jeune fille de seize ans, dit :

— Mais, mon père, il doit être arrivé à M. Anselme quelque chose d'étrange, il croit peut-être qu'il a eu une vision, lorsqu'il ne s'est que tout naturellement endormi là sous le sureau et alors il aura vu en songe toutes les choses folles qu'il a encore dans la tête.

— Et aussi, chère demoiselle, ajouta le greffier Heerbrand, ne peut-il pas tomber aussi tout éveillé dans un état rêveur? Ainsi cet après-midi, dans une espèce de léthargie de ce genre, au moment de la digestion du corps et de l'esprit, j'ai trouvé comme par inspiration la place où était un acte perdu, et hier encore une magnifique page latine écrite en grosses lettres dansait devant mes yeux tout grands ouverts.

— Ah! mon honorable archiviste, répondit le recteur Paulmann, vous avez toujours eu un goût naturel pour la poésie, et de là il n'y a qu'un pas au fantastique et au romanesque.

Mais cela lui du bien à l'étudiant Anselme qu'on l'eût pris pour un fou ou un homme ivre, et bien qu'il fût resté un peu triste, il crut remarquer pour la première fois que Véronique avait de très beaux yeux d'un bleu sombre, sans que ces yeux étranges qui l'avaient regardé du sureau lui revinssent en mémoire.

Au reste, toute l'aventure passée sous cet arbre s'était encore une fois effacée pour lui. Il se sentait plein de joie, et même il alla si loin dans son abandon plein de gaieté, qu'il offrit sa main à mademoiselle Véronique, qui l'avait si bien défendu, pour descendre de la gondole; et sans plus de façon, lorsqu'elle eut appuyé son bras sur le sien, il la reconduisit chez elle avec tant de bonheur qu'il ne glissa qu'une seule fois, et qu'il ne jeta qu'une tache de crotte, et bien petite, sur la robe blanche de Véronique, empruntée au seul endroit boueux qui se trouvait sur le chemin. Le recteur Paulmann remarqua l'heureux changement de l'étudiant Anselme; il lui rendit son affection et le pria d'oublier les paroles dures qu'il lui avait adressées.

— Oui, ajouta-t-il, on a des exemples de certains fantômes qui peuvent apparaître et tourmenter; mais c'est une maladie dont on se débarrasse avec des sangsues, comme l'a prouvé un célèbre docteur déjà mort.

L'étudiant Anselme ne savait s'il avait été ivre ou fou; mais en tout cas les sangsues lui parurent tout à fait inutiles, attendu que toutes ses apparitions s'étaient envolées. Il se sentait dans une disposition charmante, et il lui arriva de dire des choses fort agréables sur la beauté de Véronique.

On fit comme d'habitude de la musique après un frugal repas. L'étudiant Anselme se mit au piano, et Véronique fit entendre sa fraîche voix.

— Honorable demoiselle, dit le greffier Heerbrand, votre voix a de l'analogie avec les sons d'une cloche de cristal.

— Oh! non pas, repartit involontairement Anselme.

Tout le monde se retourna et l'examina avec surprise.

— Les cloches de cristal résonnent étrangement, bien étrangement, dans les sureaux! ajouta-t-il en se parlant à voix basse.

Alors Véronique lui dit en lui posant la main sur l'épaule :

— Que dites-vous donc là, monsieur Anselme?

L'étudiant retrouva aussitôt toute sa gaieté et recommença à jouer.

Le recteur Paulmann jeta sur lui un sombre regard, mais l'archiviste Heerbrand mit sur le pupitre un cahier de musique, et chanta d'une manière ravissante un air de bravoure du maître de chapelle Graun.

Anselme accompagna encore différents morceaux; un duo de la composition du recteur Paulmann, et qu'il chanta avec mademoiselle Véronique, fit un plaisir extrême.

Il était assez tard, le greffier prit sa canne et son chapeau; alors le recteur Paulmann s'approcha de lui et lui dit en cachette :

— Ne voudriez-vous pas, honorable archiviste, pour Anselme, vous savez? ce que nous disions...

— Très-volontiers, reprit le greffier, et sans plus de façon, quand tout le monde se fut assis en cercle, il commença ainsi :

— Il y a dans cette ville un vieillard très-extraordinaire, on prétend qu'il est versé dans les sciences occultes; pour ma part, je le regarde comme un antiquaire ou un chimiste très-habile. Je parle ici de l'archiviste Lindhorst. Il vit, comme vous le savez, très-solitaire dans sa vieille maison, placée dans un quartier désert, et lorsqu'il n'est pas occupé de ses fonctions, il se tient d'ordinaire dans sa bibliothèque ou son laboratoire, où personne ne peut entrer. Il possède aussi des livres rares, arabes ou koptes en grande partie, et aussi des manuscrits étranges écrits dans une langue inconnue. Il voudrait les faire copier par une personne habile, et il a pour cela besoin d'un homme qui ait l'habitude de dessiner à la plume et puisse reproduire avec la plus grande fidélité tous les traits du parchemin, même les taches. Il le fera travailler dans une chambre particulière de sa maison et sous sa surveillance, et il s'engage à payer, en outre de la table, un thaler par jour tout le temps que durera la copie. Il promet même un riche cadeau lorsque le travail sera heureusement terminé. Le temps du travail de chaque jour doit être de midi à six heures du soir. De trois à quatre heures on dîne et on se repose,

Comme deux jeunes gens ont déjà essayé en vain de copier ces manuscrits, il s'est enfin adressé à moi pour lui trouver un habile dessinateur, et j'ai pensé à vous, mon cher monsieur Anselme, car je sais que vous écrivez très-bien et que vous dessinez aussi très-agréablement et très-purement à la plume. Si vous voulez dans ces temps difficiles, et en attendant une place, gagner chaque jour un thaler et le cadeau à la fin, alors rendez-vous demain à midi précis chez M. l'archiviste, dont vous connaissez sans doute la demeure. Mais gardez-vous de faire la moindre tache d'encre ; s'il en tombe une sur la copie, il vous faudra recommencer sans pitié à partir de la première page ; mais si vous tachez l'original, l'archiviste est dans le cas de vous jeter par la fenêtre : car c'est un homme très-emporté.

L'étudiant Anselme fut ravi de la proposition du greffier Heerbrand ; car non-seulement il écrivait purement et dessinait très-bien

V. FOULQUIER — CHEVAUCHET

Elle se fit présenter la guitare, et, les brides passées dans les bras, elle chanta

à la plume, mais c'était encore pour lui une passion de s'exercer à la calligraphie la plus difficile. Il remercia ses protecteurs dans les termes les plus polis, et promit de ne pas manquer l'heure de midi le lendemain.

Dans la nuit, il ne vit que des thalers étincelants, et il entendait aussi leur son. Qui peut en faire un reproche au pauvre garçon, qui avait vu s'envoler tant d'espérances par un caprice du hasard, et en était à regarder au moindre liard et à renoncer aux plaisirs de la jeunesse ! Déjà, le matin de bonne heure, il rassembla ses crayons, ses plumes de Chine, son encre de Chine, car, pensa-t-il, l'archiviste ne pourra m'en procurer de meilleurs.

Avant tout, il mit en ordre ses chefs-d'œuvre calligraphiques et ses dessins pour donner à l'archiviste une idée de ses talents en ce genre. Tout alla à souhait, une étoile de bonheur semblait planer au-dessus de sa tête : son nœud de cravate réussit du premier coup, nulle maille ne s'échappa de ses bas de soie, son chapeau, une fois qu'il fut brossé, ne tomba plus dans la poussière ; en un mot, à onze heures et demie l'étudiant Anselme était là, dans son habit gris-brochet et ses pantalons de velours noir, la poche enflée du rôle de ses plus belles écritures et de ses dessins les plus habiles, et déjà dans la rue du Château, il but dans la boutique de Conrad un et même deux verres de liqueurs stomachiques, car, disait-il en frappant sur sa poche encore vide, bientôt les thalers vont résonner par là.

Malgré la longueur du chemin pour arriver à la rue solitaire où se trouvait la vieille maison de l'archiviste Lindhorst, il se trouva devant la porte avant midi. Alors il s'arrêta et regarda le beau et grand marteau de bronze ; mais lorsqu'il voulut le saisir au dernier coup frappé à l'horloge de la tour de l'église de la Croix qui vibrait en ébranlant les airs de l'éclat puissant de ses sons, alors la figure de bronze se contracta en un rire menaçant accompagné du repoussant

spectacle de regards brillants d'un feu bleuâtre. Hélas ! c'était la vieille femme aux pommes de la porte Noire ! Ses dents pointues claquaient dans sa large bouche, et dans leur claquement on entendait ces mots :

— Fou ! fou ! attends ! attends ! Pourquoi cours-tu ici ? Fou !

Anselme, glacé d'effroi, recula d'un pas en arrière ; il voulut saisir le marteau, mais sa main prit seulement le cordon de la sonnette, et il la tira de telle sorte qu'un tintement résonna désagréable et déchirant l'oreille en s'enflant toujours, et dans toute la maison déserte l'écho moqueur répétait :

— Bientôt tu tomberas dans le cristal.

Anselme éprouva un frissonnement qui fit trembler un moment tous ses membres d'un accès nerveux de fièvre froide. Le cordon de la sonnette s'abaissa et forma un serpent transparent qui l'entoura en le serrant dans ses replis de plus fort en plus fort, de sorte que ses membres frêles se brisaient en craquant et que son sang se lançait de ses veines et entrait dans le corps du serpent transparent qu'il teignait en rouge ; dans son angoisse affreuse, il voulait crier : Tuez-moi ! tuez-moi ! mais son cri se changeait en un râle sourd. Le serpent leva sa tête et posa sur la poitrine d'Anselme la longue langue pointue de sa tête de bronze. Alors une douleur poignante brisa tout à coup l'artère du jeune homme, et il perdit connaissance.

Lorsqu'il revint à lui, il était couché sur son lit bien mince ; et devant lui était le recteur Paulmann, qui disait :

— Quelles extravagances faites-vous donc, au nom du ciel, mon cher monsieur Anselme ?

V. FOULQUIER — CHEVAUCHET

Oh ! crie, miaule, étrangle, piaule, jure va toujours !

TROISIÈME VEILLÉE.

Nouvelles de la famille de l'archiviste Lindhorst. — Les yeux bleus de Véronique. — Le greffier Heerbrand.

L'esprit regarda dans l'eau, et là quelque chose s'agita et se mit à mugir en vagues écumantes, et se précipita avec le bruit du tonnerre dans l'abîme, qui ouvrit ses gouffres noirs pour l'engloutir avidement. Des rochers de granit levèrent leur tête dentelée comme de triomphants vainqueurs, protégeant la vallée jusqu'à ce que le soleil la prît dans ses bras paternels, et l'entourant de ses feux la caressa et la réchauffa de ses vivifiants rayons.

Et alors mille germes s'éveillèrent qui s'étaient endormis d'un profond sommeil sous le sable stérile, et ils étendirent leurs petites feuilles vertes et leurs tiges en haut vers le visage de leur père. Et comme des enfants qui sourient dans le berceau, de petites fleurs reposaient dans leurs boutons jusqu'à ce que, éveillées à leur tour, elles se paraient de la lumière que leur père, pour leur joie, coloriait de mille diverses manières.

Mais au milieu de la vallée était une colline sombre, qui se levait inégale comme la poitrine des hommes lorsqu'elle est gonflée par l'ardent désir. Du fond de l'abîme des vapeurs montaient en roulant et en formant des boules rassemblées en masses immenses, et elles s'efforçaient de voiler en ennemies le visage paternel. Mais l'orage les appelait plus loin et courait en mugissant parmi elles, et lorsque le rayon pur touchait la sombre colline, alors un magnifique lis de feu s'en détachait rapidement. Les belles feuilles s'ouvraient comme des lèvres charmantes pour aspirer les doux baisers du soleil.

Alors une brillante lumière courut dans la vallée : c'était le jeune Phosphorus; la fleur du lis de feu le vit, et elle murmura saisie d'un ardent désir :

— Beau jeune homme, sois à moi pour toujours, car je t'aime, et si tu me délaissais il me faudrait mourir.

Et le jeune Phosphorus lui répondit :

— Je veux être à toi, belle fleur, mais alors, enfant dénaturée, tu quitteras ton père et ta mère et tu ne connaîtras plus tes compagnes. Tu seras plus grande et plus forte que toutes celles qui sont maintenant tes égales. Le désir bienfaisant qui réchauffe maintenant ton être, divisé en cent rayons, sera ton tourment et ton martyre, car le sens enfantera les sens, et la plus grande joie qu'allumera l'étincelle que je jette en toi sera une douleur sans espoir qui te fera mourir pour germer de nouveau en étrangère : cette étincelle est la pensée.

— Ah! dit la fleur d'une voix plaintive, puis-je donc m'empêcher, dans l'ardeur qui m'embrase, de me donner à toi? puis-je t'aimer plus que je ne le fais maintenant? et ne puis-je pas te regarder comme à présent lorsque tu m'anéantiras?

Alors le jeune Phosphorus l'embrassa, et comme traversée par un rayon de lumière elle s'enflamma, et des flammes sortit un être étranger, qui, s'enfuyant rapidement de la vallée, se mit à voltiger dans les espaces infinis, ne s'inquiétant plus des compagnes de sa jeunesse et du jeune homme chéri. Celui-ci se plaignait d'avoir perdu sa bien-aimée, car un amour immense pour la belle fleur de lis l'entraînait dans la vallée solitaire, et, attendries de sa douleur, les roches de granit abaissaient leurs têtes.

Mais une d'elles ouvrit son sein, et il en sortit un noir dragon ailé, qui s'écria en s'envolant au dehors :

— Mes frères les métaux dorment là dedans, mais moi je suis toujours actif et éveillé, et je veux te venir en aide.

Et en s'abaissant vers les plaines le dragon atteignit l'être qui était né de la fleur de lis; il l'emporta sur la colline et l'enferma dans ses ailes. Alors la fleur reparut, mais la pensée qui était restée déchirait son âme, et son amour pour le jeune Phosphorus était une poignante douleur, et en respirant sa vapeur empoisonnée les petites fleurs qui autrefois se réjouissaient de son regard se flétrissaient et mouraient. Le jeune Phosphorus revêtit une brillante armure, où jouaient des rayons de mille couleurs, et combattit le dragon, qui de son aile noire frappait la cotte de mailles, qui rendait un son éclatant; et ce son puissant donnait la vie aux petites fleurs qui voltigeaient comme des oiseaux bigarrés autour du dragon, qui perdait ses forces, et, vaincu, finit par se cacher au fond de la terre.

La fleur de lis fut délivrée, le jeune Phosphorus la prit dans ses bras, tout brûlant des désirs d'un céleste amour, et les fleurs chantaient leurs louanges dans un hymne mêlé d'accents de joie, ainsi que les oiseaux et même les hautes roches de granit de la vallée.

— Permettez, ceci est de l'exagération orientale, honorable archi-

viste, dit le greffier Heerbrand, et nous vous avions prié de nous raconter comme vous le faisiez autrefois quelque chose de votre vie si remarquable, des aventures de vos voyages, par exemple, enfin des choses véritables.

— Eh bien, qu'avez-vous donc? répondit l'archiviste Lindhorst, ce que je viens de vous raconter est tout ce que je puis vous dire de plus vrai, et appartient aussi en quelque sorte à l'histoire de ma vie, car je descends justement de cette vallée, et la fleur de lis, qui fut reine plus tard, est ma grand' grand' grand' grand' grand'-mère, ce qui fait que je suis aussi un prince.

Tous se mirent à rire bruyamment.

— Oui, riez, riez, continua l'archiviste, ce que je vous ai raconté en traits certainement bien légers vous paraît ridicule, impossible, et cependant cela n'est ni extravagant ni présenté sous une forme allégorique, mais vrai en tout point. Si j'avais pu croire que cette ad-mirable histoire d'amour à laquelle je dois mon origine n'eût pas été plus à votre goût, je vous aurais raconté quelques-unes des choses nouvelles que mon frère m'a apprises hier.

— Ah! comment! vous avez un frère, monsieur l'archiviste? où est-il donc? où vit-il? il est au service du roi, ou c'est peut-être un savant? lui demanda-t-on de tous côtés.

— Non, répondit l'archiviste en prenant froidement une prise, il s'est tourné du mauvais côté, il s'est placé sous le dragon.

— Comment dites-vous, honorable archiviste, interrompit le greffier Heerbrand, sous le dragon?

— Sous le dragon? répéta la société tout entière.

— Oui, sous le dragon, reprit l'archiviste, mais à vrai dire ce fut par désespoir.

— Vous savez que mon père mourut il y a peu de temps, trois cent quatre-vingt-cinq ans tout au plus, et c'est pour cela que je porte encore son deuil. Il m'avait donné comme à son fils favori un superbe onyx que mon frère voulait absolument avoir. Nous eûmes à ce sujet une querelle inconvenante près du cadavre de mon père. Enfin, le défunt perdit patience, se redressa et jeta son méchant frère en bas des escaliers. Celui-ci irrité alla sur l'heure même sous le dragon.

Maintenant il se tient dans une forêt de cyprès dans le voisinage de Tunis, et il a là sous sa garde une célèbre escarboucle mystique que convoite un diable de nécromant qui a pris une maison d'été dans la Laponie, ce qui permet à mon frère de s'absenter un quart d'heure pendant que le nécromant cultive dans son jardin son lit de salamandres, pour me raconter ce qui se passe d'intéressant aux sources du Nil.

Pour la seconde fois la société partit d'un grand éclat de rire; mais l'étudiant Anselme éprouvait une impression étrange, et il ne pouvait regarder les yeux fixes et sévères de l'archiviste sans trembler intérieurement et sans lui-même d'une manière incompréhensible. Sa voix tout à la fois rude et vibrante comme les sons du métal avait quelque chose qui le pénétrait mystérieusement et le faisait frissonner jusqu'à la moelle de ses os. Le but dans lequel le greffier Heerbrand l'avait invité à entrer au café ne lui paraissait pas devoir être atteint ce jour-là. Après son aventure devant la maison de l'archiviste, l'étudiant Anselme n'avait jamais pu prendre sur lui d'essayer une seconde visite; car, suivant sa conviction intime, le hasard seul l'avait délivré sinon de la mort, du moins de la folie.

Le recteur Paulmann avait justement passé dans la rue lorsqu'il se trouvait étendu devant la porte sans connaissance, et qu'une vieille femme qui avait laissé là pour le moment son panier de gâteaux et de pommes, lui portait du secours. Le recteur avait sur-le-champ

Elle prit une cuiller de fer...

CHEVAUCHET SC

fait venir une chaise à porteurs, et l'avait fait transporter chez lui.

— On pensera de moi ce que l'on voudra, disait Anselme, on peut me regarder comme un fou, soit! Au marteau de la porte, le visage de la vieille de la porte Noire est venu me faire des grimaces. Pour ce qui est arrivé ensuite, je préfère n'en rien dire; mais si j'étais revenu de mon évanouissement que j'eusse aperçu la damnée vieille aux pommes (qui n'était autre que celle qui s'occupait de moi), je serais à l'instant mort d'un coup de sang ou au moins devenu fou.

Tous les discours, tous les raisonnements du recteur et du greffier n'y faisaient rien; et même les beaux yeux bleus de mademoiselle Angélique ne pouvaient le tirer de l'état de profonde mélancolie dans lequel il était tombé. On le crut en effet malade d'esprit, et l'on avisa aux moyens de le distraire; et rien ne parut au greffier devoir mieux atteindre ce but que l'occupation qu'il trouverait chez l'archiviste, c'est-à-dire la copie des manuscrits. Il fallait pour cela faire connaître l'étudiant à l'archiviste d'une manière convenable, et comme le greffier Heerbrand savait que le sieur Lindhorst fréquentait tous les soirs un certain café connu de lui, il invita l'étudiant Anselme à venir chaque soir prendre un verre de bière et fumer une pipe à ses frais dans cette maison, jusqu'à ce qu'il eût fait de cette manière la connaissance de l'archiviste, et se fût entendu avec lui pour la copie des manuscrits. Anselme accepta ce projet avec gratitude.

— Dieu vous le rendra, honorable greffier, si vous rendez la raison à ce jeune homme! dit le recteur Paulmann.

— Oui, Dieu vous le rendra! répéta Véronique en levant pieusement les yeux au ciel et tout en pensant dans son âme que même privé de raison Anselme était un bien joli jeune homme.

Lorsque l'archiviste Lindhorst prenait sa canne et son chapeau pour sortir, le greffier Heerbrand saisit vivement Anselme par la main, et il dit en se mettant sur le chemin de l'archiviste :

— Mon honorable Monsieur, voici l'étudiant Anselme, doué d'une habileté remarquable en calligraphie, il s'offre pour copier vos manuscrits.

— Cela me fait le plus grand plaisir, répondit vivement l'archiviste Lindhorst, et posant sur sa tête son chapeau à trois cornes d'une forme un peu militaire, et écartant de la main Anselme et le Greffier, il descendit rapidement et bruyamment les marches de l'escalier; tandis qu'ils restèrent là, interdits tous les deux, les yeux fixés sur la porte de la chambre, qu'il leur avait fermée au nez à en faire résonner les gonds.

— Singulier vieillard! dit le greffier Heerbrand.

— Singulier vieillard! bégaya à son tour Anselme sentant courir un fleuve de glace dans ses veines au point d'en devenir presque roide comme une statue; mais tous les habitués riaient et disaient :

— L'archiviste était aujourd'hui dans ses moments de caprice; demain il sera doux comme un agneau, il n'y dira pas une parole; il regardera la fumée de sa pipe, ou lira les gazettes; il ne faut pas y prendre garde.

— C'est vrai pensa l'étudiant Anselme, il ne faut pas y faire attention; n'a-t-il pas dit qu'il lui était extrêmement agréable que je vinsse me présenter pour copier ses manuscrits, et pourquoi le greffier Heerbrand s'est-il mis devant lui lorsqu'il voulait retourner à sa maison? Non! c'est au fond un homme aimable et très-libéral, seulement singulier dans ses discours; mais qu'est-ce que cela me fait? Demain j'irai à midi précis, et même lorsqu'il se trouverait là cent vieilles marchandes de pommes en bronze.

QUATRIÈME VEILLÉE.

Mélancolie de l'étudiant Anselme. — Le miroir d'émeraude. — Comment l'archiviste Lindhorst se change en vautour, et comment l'étudiant Anselme ne rencontre personne.

Oserai-je te demander, lecteur bienveillant, si dans ta vie il ne s'est pas trouvé des heures, des jours, des semaines dans lesquelles toutes tes actions habituelles éveillaient en toi un mécontentement pénible, et où tout ce qui te paraissait d'habitude important et digne d'occuper ton sentiment et ta pensée te semblait puéril et misérable... Alors tu ne savais plus que faire, de quel côté te tourner, ou tu éprouvais un vague pressentiment, qu'un désir plus élevé et surpassant toutes les joies terrestres serait accompli dans un jour et dans un lieu quelconque. Et ce désir, que l'esprit, timide comme un enfant sévèrement nu, n'ose pas exprimer, s'élevait en toi. Dans tes aspirations vers cet inconnu, qui, partout où tu allais, partout où tu t'arrêtais, t'entourait comme un nuage vaporeux peuplé de fantômes transparents et se dissipait sans cesse sous tes regards attentifs, tu devenais insensible à tout ce qui se trouvait autour de toi. Tu te promenais de toutes parts les yeux troublés, comme un amoureux sans espoir; et tout ce que tu voyais faire aux hommes dans le pêle-mêle de leur tourbillon ne te causait ni peine ni plaisir, car tu n'appartenais plus au monde.

Bienveillant lecteur! si tu as éprouvé cette disposition de l'âme,

alors tu comprendras par ta propre expérience l'état dans lequel se trouvait Anselme.

Depuis le soir où il avait vu l'archiviste Lindhorst, Anselme était tombé dans une méditation rêveuse qui le laissait insensible au commerce habituel de la vie. Il sentait se mouvoir en lui quelque chose d'insolite, et il en éprouvait cette douleur délicieuse qui est l'appétit mélancolique qui annonce aux hommes une vie plus haute. Il se plaisait surtout à parcourir les bois et les forêts, et alors, comme délivré de toutes les chaînes que la pauvreté jetait sur lui, il se retrouvait seulement lui-même dans le spectacle des images variées qui émanaient de son cœur. Il arriva donc qu'un jour en revenant d'une longue promenade il passa devant le sureau merveilleux, où il avait autrefois, comme enchanté par les fées, vu de si étranges choses. Il se trouva singulièrement attiré vers le banc de gazon verdoyant; mais à peine s'y était-il assis, qu'il lui sembla voir une seconde fois tout ce qui lui était autrefois apparu dans un enchantement céleste, et avait été enlevé de son âme comme par un pouvoir étranger. Oui! il vit plus distinctement encore que la première fois que les beaux yeux bleus étaient les yeux du serpent qui s'élevait au milieu du sureau, et que toutes les cloches de cristal qui l'avaient rempli de ravissement brillaient à chaque ondulation de son corps élancé. Comme autrefois au jour de l'Ascension, il prit le sureau dans ses bras et s'écria aux feuilles et aux rameaux :

— Ah! ondule et glisse-toi encore une fois dans les branches, beau serpent vert, que je puisse te revoir, regarde-moi encore une fois de tes beaux yeux; je t'aime et je mourrai de chagrin et de douleur si je ne te revois plus.

Tout demeura tranquille et silencieux et comme autrefois le sureau fit bruire ses branches et ses feuilles, mais sans parler. Mais il semblait à l'étudiant qu'il eût deviné ce qui s'agitait dans son cœur et déchirait sa poitrine de la douleur d'un immense désir.

— Est-ce donc autre chose, disait-il, que l'amour que j'éprouve pour toi de toute mon âme et jusqu'à la mort, beau serpent d'or! amour si grand qu'il me faudra mourir si je ne te vois pas, car sans toi je ne puis plus vivre. Mais, je le sais, par toi tous les beaux rêves qui m'entraînent vers un plus haut monde seront accomplis.

Et chaque soir l'étudiant Anselme vint tous les jours, lorsque le soleil répandait son or étincelant sur les cimes des arbres, et dans les branches et les feuilles s'il respirait à pleine poitrine, d'un ton plaintif, l'objet de sa flamme; le serpent vert.

Lorsqu'il en agissait ainsi un soir selon son habitude, un grand homme long et sec, entouré d'une redingote grise, lui cria en le regardant de ses grands yeux pleins de feu :

— Eh! eh! qui gémit ainsi? Ah! c'est le sieur Anselme qui veut copier mes manuscrits.

L'étudiant n'éprouva pas un médiocre effroi en reconnaissant la voix puissante qui avait crié le jour de l'Ascension : Eh! eh! quel est ce bruit?

Il lui fut impossible dans sa peur et sa surprise de trouver un seul mot.

— Eh bien! qu'avez-vous? continua l'archiviste (car c'était lui qui se trouvait là en redingote grise), que demandez-vous à ce sureau? et pourquoi n'êtes-vous pas venu chez moi pour votre travail?

Et en effet l'étudiant Anselme n'avait pas encore pu prendre sur lui de retourner faire une seconde visite à l'archiviste, bien qu'il s'y fût encouragé chaque soir; mais dans ce moment, où il voyait déchirer tout ses beaux songes, et cela par cette voix ennemie qui autrefois déjà lui avait ravi sa bien-aimée, il fut saisi d'une espèce de désespoir et il s'abandonna impétueusement à la fougue de son impression.

— Regardez-moi comme un fou, si vous voulez, monsieur l'archiviste, dit-il, cela m'est parfaitement égal, mais ici sur cet arbre j'aperçus un jour de l'Ascension le serpent couleur vert d'or, qui est mon cœur adore, et il me parlait avec une voix semblable aux sons du cristal; mais vous, vous avez crié et appelé si épouvantablement de l'autre côté de l'eau!

— Comment cela, mon ami? interrompit l'archiviste en prenant une prise de tabac avec un singulier sourire.

L'étudiant Anselme se sentit respirer plus à l'aise; il éprouva du soulagement en venant enfin à bout de parler de cette bizarre aventure, et il lui sembla qu'il avait eu raison d'avoir accusé sans façon l'archiviste d'être celui qui avait fait rouler dans le lointain le tonnerre de sa voix. Il se recueillit en disant :

— Eh bien! je vais vous raconter tout ce qui m'est arrivé le jour de l'Ascension; et après cela vous pourrez dire et surtout penser de moi ce que vous voudrez.

Alors il raconta toute sa merveilleuse aventure depuis le malheureux coup de pied dans le panier de pommes jusqu'à la fuite des serpents vert d'or à travers le fleuve; il dit aussi comment les gens l'avaient pris pour un homme ivre et insensé.

— J'ai vu tout cela, reprit l'étudiant Anselme, de mes yeux vu, et les voix charmantes qui m'ont parlé retentissent encore dans mon cœur et son accords. Ce n'était nullement un songe, et si je ne meurs pas d'amour et de désirs, je croirai au serpent vert d'or, bien que je voie à votre sourire, mon honorable monsieur l'archiviste, que vous prenez ces serpents pour une création de mon imagination surexcitée.

— Pas le moins du monde, répondit l'archiviste avec le plus grand sang-froid, les serpents vert d'or que vous avez vus dans le sureau étaient justement mes trois filles, et il est maintenant de toute évidence que vous vous êtes amouraché des beaux yeux de la plus jeune, nommée Serpentine. Je le savais déjà au jour de l'Ascension; et comme chez moi à la maison, à ma table de travail, j'étais déjà las de leur bruit et de leur sonnerie, je criai à ces jeunes drôlesses qu'il était temps de rentrer en hâte, car le soleil baissait déjà, et elles s'étaient assez distraites en chantant et en buvant.

Il sembla à l'étudiant Anselme qu'on lui expliquait en termes précis ce qu'il avait pressenti depuis longtemps; et bien qu'il crût voir que le sureau, le mur et le banc de gazon commençaient à tourner en rond avec tous les objets environnants, il rassembla toutes ses facultés pour parler encore, mais l'archiviste ne lui donna pas le temps de dire un seul mot. Il tira rapidement le gant de sa main gauche, et tout en mettant devant les yeux d'Anselme la pierre brillante de flammes et d'étincelles singulières d'une de ses bagues, il dit:

— Regardez donc ici, mon cher monsieur Anselme, et vous pourrez y trouver quelque plaisir.

L'étudiant regarda: ô miracle! la pierre jeta ses rayons tout autour comme un foyer brûlant, et les rayons formèrent en se tressant ensemble un miroir du plus pur cristal, dans lequel on voyait les trois serpents d'or danser et bondir avec mille ondulations diverses, tantôt se fuyant, tantôt s'enlaçant ensemble. Et lorsque leurs corps élancés et brillants de mille étincelles venaient à se toucher, alors résonnaient de délicieux accords semblables au son de cloches de cristal, et le serpent qui était au milieu sortait comme plein de désir et d'amour la tête du miroir, et ses yeux d'un bleu sombre parlèrent.

— Me connais-tu, Anselme? disaient-ils. Crois-tu en moi? L'amour est dans la confiance, peux-tu m'aimer?

— O Serpentine, Serpentine! s'écria l'étudiant Anselme dans son délire insensé.

Mais l'archiviste Lindhorst souffla sur le miroir, les rayons retournèrent dans le foyer avec un pétillement électrique, et il n'y avait plus à la main de l'archiviste qu'une petite émeraude qu'il recouvrit de son gant.

— Avez-vous vu le petit serpent vert d'or, monsieur Anselme? demanda l'archiviste Lindhorst.

— Ah! Dieu, oui! s'écria Anselme, et la charmante Serpentine!

— C'est assez pour aujourd'hui, continua l'archiviste. Du reste, si vous vous décidez à venir travailler chez moi, vous verrez assez souvent ma fille et je vous procurerai ce plaisir lorsque vous serez bravement comporté, c'est-à-dire lorsque vous aurez copié chaque signe avec l'exactitude et la fidélité les plus grandes. Mais vous ne venez jamais chez moi, bien que le greffier Heerbrand m'ait annoncé votre prochaine visite et que je vous aie attendu pendant plusieurs jours.

Quand l'archiviste eut prononcé le nom d'Heerbrand, il sembla à Anselme qu'il eût remis le pied sur la terre, qu'il était l'étudiant Anselme et avait devant lui l'archiviste Lindhorst. Le ton indifférent que celui-ci gardait en parlant faisait un choquant contraste avec les apparitions surprenantes qu'il évoquait en vrai nécroman. C'était quelque chose d'effroyable qui se trouvait encore augmenté par le regard de ses yeux brillants de lumière, qui s'élançaient des cavités de sa figure osseuse, maigre et ridée, comme d'une cage. L'étudiant Anselme fut encore une fois puissamment saisi de cette sensation mystérieuse qui s'était déjà emparée de lui au café, lorsque l'archiviste avait raconté tant de choses extraordinaires. Il se remit avec peine, et lorsque l'archiviste lui demanda de nouveau: — Pourquoi n'êtes-vous pas venu me voir? alors il prit sur lui de lui raconter tout ce qui lui était arrivé devant la porte de la maison.

— Cher monsieur Anselme, lui dit l'archiviste lorsque l'étudiant eut terminé son récit, je connais très-bien la femme aux pommes dont il vous plaît de me parler, c'est une fatale créature qui me joue toutes sortes de mauvais tours, et qui s'est fait bronzer pour empêcher, sous la forme d'un marteau de porte, vos agréables visites; c'est, en effet, intolérable. Voudriez-vous, estimable monsieur Anselme, si vous venez demain à midi chez moi, si vous remarquez de nouvelles grimaces ou des grognements, lui jeter sur le nez quelques gouttes de cette liqueur, elle se dissipera aussitôt. Et maintenant, adieu!

Mon cher Anselme, je m'en vais assez rapidement, je ne vous invite pas à vous en revenir à la ville avec moi. Adieu, au revoir, à demain à midi!

L'archiviste donna à l'étudiant Anselme un petit flacon renfermant une liqueur couleur d'or, et il s'éloigna rapidement; de sorte que dans l'épais crépuscule qui était survenu pendant ce temps, il paraissait plutôt voler vers la vallée que d'y descendre en marchant. Déjà il était près du jardin Cosel, le vent s'engouffra dans sa vaste redingote et en écarta les pans l'un de l'autre, de sorte qu'ils s'étendirent dans l'air, et il sembla à l'étudiant Anselme, qui suivait l'archiviste d'un œil émerveillé, qu'un gros oiseau étendait

ses ailes pour s'envoler. Et tandis que l'étudiant était ainsi immobile dans l'obscurité, un grand vautour gris-blanc s'éleva dans les airs avec un cri bruyant, et d'après ses remarques l'objet blanc qu'il avait pris toujours pour l'archiviste qui s'éloignait devait être le vautour, autrement il lui eût été impossible de comprendre ce que l'archiviste était devenu.

— Il peut s'être envolé aussi en personne naturelle, se dit Anselme à lui-même, car je comprends et je vois que toutes ces figures étranges d'un monde lointain et merveilleux, qui ne m'apparaissaient autrefois que dans mes rêves les plus remarquables, sont entrées dans ma vie réelle pour se mettre en relation avec moi. Qu'il soit ce qu'il doit en être. Tu vis et brûles dans mon cœur, belle, charmante Serpentine! toi seule peux apaiser le désir immense qui déchire mon âme. Ah! quand pourrai-je voir tes beaux yeux, chère Serpentine?

Ainsi parla l'étudiant Anselme à demi-voix.

— C'est un nom impie de païen! grommela auprès de lui la voix de basse d'un passant qui rentrait en ville.

L'étudiant Anselme s'aperçut à temps de l'endroit où il se trouvait, et s'éloigna d'un pas rapide tout en se disant en lui-même:

— Ne serait-ce pas un véritable malheur si j'allais maintenant être rencontré par le recteur Paulmann ou le greffier Heerbrand? mais il ne rencontra ni l'un ni l'autre.

CINQUIÈME VEILLÉE.

Madame Anselme conseillère aulique. — Cicero de officiis. — La vieille Lise. — L'équinoxe.

— Il n'y a absolument rien à faire avec Anselme, dit un jour le recteur, tous mes conseils, toutes mes exhortations sont inutiles, il ne veut s'appliquer à rien, bien qu'il possède les meilleures études d'école, qui sont pourtant la base de tout.

Mais le greffier Heerbrand lui répondit en souriant avec mystère et finesse:

— Donnez à Anselme, mon cher recteur, le temps et l'espace; c'est un singulier sujet, mais il est capable, et quand je dis capable, cela signifie futur secrétaire intime ou même conseiller de la cour.

— De la cour! dit le recteur dans le plus grand étonnement, ce mot lui semblant difficile à digérer.

— Chut, continua le greffier Heerbrand, je sais ce que je sais; déjà depuis quelques jours il fait des copies chez l'archiviste Lindhorst, et celui-ci me disait hier au soir en prenant le café:

— Vous m'avez recommandé un homme intelligent, mon honorable, il fera son chemin. Et maintenant réfléchissez aux personnes qui sont dans la société de l'archiviste. Mais, taisons-nous, nous en reparlerons.

En achevant ces paroles, le greffier sortit avec un malicieux sourire et laissa le recteur immobile de surprise et de curiosité dans son fauteuil. Mais ce discours avait aussi fait sur Véronique une certaine impression.

— N'ai-je pas toujours eu l'idée, se disait-elle à elle-même, que M. Anselme est un jeune homme spirituel, aimable, qui peut aller loin? Si je savais seulement qu'il eût de l'inclination pour moi! Mais le soir où nous allions en gondole sur l'Elbe ne m'a-t-il pas deux fois serré la main? Ne m'a-t-il pas pendant le duo que nous chantions ensemble jeté un regard tout singulier qui m'a été jusqu'au cœur? Oui! oui! il m'aime réellement, et moi?

Véronique, comme les jeunes filles le font d'habitude, s'abandonna aux doux rêves d'un joyeux avenir. Elle se voyait madame la conseillère de la cour, habitant un bel appartement dans la rue du Château, ou bien sur le nouveau marché, ou aussi dans la rue Maurice. Son nouveau chapeau, son dernier châle turc lui allaient admirablement, elle déjeunait dans un élégant négligé sur son balcon, tout en donnant à la cuisinière les ordres pour la journée.

— Surtout ne me gâtez pas ce plat, avec le mets favori du conseiller.

Des élégants levaient les yeux vers elle en disant:

— C'est cette femme divine! la conseillère de la cour! son bonnet de dentelle lui sied à ravir!

La conseillère intime Ypsilon envoie son domestique et fait demander s'il plairait à madame la conseillère de la cour d'aller aujourd'hui en voiture aux bains de Link?

— Mille compliments, je vous prie, je suis déjà engagée à un thé chez la présidente Tz...

Alors arrive le conseiller de la cour Anselme, qui a terminé ses affaires de bonne heure; il est habillé à la dernière mode.

— Eh quoi! déjà dix heures! s'écrie-t-il en faisant sonner sa montre à répétition et en donnant un baiser à sa femme, comment te portes-tu, ma chère petite femme! Sais-tu ce que j'ai là pour toi! dit-il, et il tire de la poche de son gilet une jolie paire de boucles d'oreilles montées dans le dernier goût, qu'il lui attache lui-même aux oreilles en place de celles qu'elle porte.

— Ah! les jolies boucles d'oreilles! s'écrie tout haut Véronique, et elle s'élance de sa chaise en jetant son travail pour en voir l'effet dans la glace.

2.

— Eh bien! qu'est-ce! dit le recteur Paulmann, qui, enfoncé dans le *Cicero de officiis*, laisse presque tomber son livre, avons-nous des attaques de folie comme Anselme?

Mais au même instant Anselme, que l'on n'avait pas vu depuis plusieurs jours, entra dans la chambre au grand étonnement et à l'effroi de Véronique, car en effet toute sa manière d'être était changée. Avec une certaine assurance, qui ne lui était pas naturelle, il parla d'autres tendances de sa vie qui lui avaient été éclaircies par de riches horizons que l'on avait déployés devant lui, horizons, il est vrai, trop vastes pour bien des yeux.

Le recteur Paulmann en se rappelant les paroles mystérieuses du greffier Heerbrand devint encore plus embarrassé et put à peine prononcer une syllabe. Mais Anselme, après avoir parlé de travaux pressants auprès de l'archiviste Lindhorst, et après avoir baisé la main de Véronique avec une grâce élégante, avait déjà descendu les marches et était parti.

— Voilà déjà l'homme de cour, se dit Véronique à elle-même, et il m'a baisé la main sans glisser ou me marcher sur les pieds comme autrefois. Il m'a lancé un tendre coup d'œil, il m'aime dans le fond.

Véronique de nouveau s'abandonna à ses rêves; toutefois une apparition ennemie se dressait toujours au-devant de ces riantes images de sa vie de conseillère aulique, et elle semblait rire moqueuse et dire:

— Tout cela est très-ordinaire, très-prosaïque, et n'est même pas vrai, car Anselme ne sera jamais ni conseiller aulique ni ton mari. Il ne t'aime pas malgré tes yeux bleus, ta fine taille et tes jolies mains.

Alors Véronique se sentait le cœur glacé et un profond effroi dissipait toute la joie avec laquelle elle s'était vue en bonnet de dentelles et parée d'élégantes boucles d'oreilles.

Des pleurs tombaient presque de ses yeux, et elle s'écria à voix haute:

— Ah! c'est vrai! il ne m'aime pas et je ne deviendrai jamais conseillère aulique.

— Ce sont des fables de roman, des fables de roman! dit le recteur Paulmann en saisissant sa canne et son chapeau; et il s'en alla courroucé et en grande hâte.

— Cela manquait encore! reprit Véronique avec un soupir; elle éprouva un sentiment d'envie en pensant à sa jeune sœur âgée de douze ans, qui, sans prendre part à tout ceci, avait continué sa tapisserie à son métier. Pendant tout ceci, trois heures étaient arrivées, et il restait juste le temps nécessaire pour ranger la chambre et préparer le café sur la table, car mesdemoiselles Osters s'étaient invitées chez leur amie. Mais derrière la petite armoire que dérangeait Véronique, derrière le livre de musique qu'elle ôtait du clavier, derrière chaque tasse ou cafetière qu'elle sortait du buffet, s'élançait toujours l'apparition comme une mandragore en riant moqueuse et faisant claquer ses doigts en pattes d'araignée en criant:

— Il ne sera pas ton mari! il ne sera pas ton mari!

Et quand alors elle laissait tout et se retirait au milieu de la chambre elle se dressait derrière le poêle avec un nez gigantesque et disait en grommelant:

— Non, il ne sera pas ton mari!

— N'entends-tu rien, ne vois-tu rien, sœur? disait Véronique, qui toute tremblante n'osait plus se bouger.

Francine se levait calme et tranquille de son métier de broderie et disait:

— Mais qu'as-tu donc aujourd'hui, ma sœur! tu jettes chaque chose l'une sur l'autre de manière à tout casser, je vais t'aider.

Mais déjà les jeunes filles entraient en robe déployée, et bientôt Véronique s'aperçut qu'elle avait pris le couvercle du poêle pour une figure, et le bruit de la porte mal fermée pour des paroles ennemies; mais elle ne put se remettre si vite que les amies ne pussent remarquer sa préoccupation inusitée, sa pâleur et l'air de trouble répandu sur son visage. Et lorsque laissant la toute idée joyeuse, elles pressèrent leur amie de leur dire ce qui lui était arrivé, Véronique dut avouer qu'elle s'était trouvée dominée par des idées étranges, et qu'elle avait tout à coup en plein jour été saisie d'une singulière crainte de revenants. Et elle raconta avec tant d'expression comment de tous les coins de la chambre un petit homme gris s'était moqué d'elle, que madame Osters commença à regarder craintive de tous côtés et à se trouver peu rassurée. Alors Francine entra avec le café fumant, et toutes trois se remettant aussitôt commencèrent à rire de leur sottise.

Angélique, c'était le nom de la plus âgée des demoiselles Osters, était fiancée à un officier qui se trouvait à l'armée, et qui était resté si longtemps sans donner de ses nouvelles qu'on ne pouvait douter qu'il ne fût mort ou au moins gravement blessé. Angélique avait été longtemps plongée dans le plus complet découragement, mais aujourd'hui elle était joyeuse jusqu'à l'abandon. Véronique s'en étonna et lui en demanda la raison.

— Ma chère amie, dit Angélique, pourrais-tu croire que je ne porte pas toujours mon Victor dans mon cœur, mes sens et ma pensée? Mais c'est cela même qui me rend si joyeuse, ah Dieu! si heureuse dans tout ce qu'il tue. Mon Victor est bien portant et bientôt je

vais le revoir avec le grade de capitaine, décoré du signe de l'honneur conquis par sa bravoure. Une forte blessure mais sans aucun danger, suite d'un coup de sabre donné au bras droit par un hussard ennemi, l'empêche de m'écrire, et le changement subit du lieu de séjour de son régiment, qu'il ne veut pas quitter, le met encore dans l'impossibilité de me donner de ses nouvelles; mais ce soir il m'apprendra la manière dont sa guérison doit être hâtée. Demain il part pour revenir, et il recevra au moment de monter en voiture sa nomination au grade de capitaine.

— Mais, chère Angélique, dit Véronique, comment sais-tu tout cela?

— Ne te moque pas de moi, ma bonne amie, lui répondit Angélique, car si tu le faisais, le petit homme gris pourrait pour te punir allonger le cou vers toi de derrière ce miroir. Mais c'est assez, je ne peux m'empêcher de croire à certaines choses pleines de mystère, qui assez souvent se sont présentées visiblement, je veux dire d'une manière palpable, dans ma vie. En tout il ne me paraît ni si étonnant ni si incroyable qu'à bien d'autres qu'il y ait des gens qui possèdent une seconde vue qui leur peuvent évoquer par des moyens qu'ils savent infaillibles pour eux.

Il y a dans cette ville une vieille femme qui possède cette faculté à un point remarquable. Elle ne prophétise pas, comme les autres gens de la sorte, avec des cartes, du plomb fondu, ou du marc de café, mais d'après certaines préparations auxquelles la personne qui interroge prend part; il apparaît dans un miroir bien clair de cristal poli un singulier mélange de différentes figures que la vieille explique, et c'est d'elle que vient la réponse à la demande.

Hier soir j'allai chez elle et j'obtins sur mon Victor ces nouvelles, dont je ne mets nullement en doute la véracité.

Le récit d'Angélique jeta dans l'esprit de Véronique une étincelle qui enflamma instantanément en elle la pensée de consulter la vieille sur Anselme et les espérances qu'elle fondait sur lui. Elle apprit que la vieille s'appelait madame Rauerin et demeurait devant la porte de Mer dans une rue très-retirée, et qu'on ne la trouvait absolument chez elle que le mardi, le mercredi et le vendredi depuis sept heures du soir jusqu'au lendemain au lever du soleil. Elle aimait surtout qu'on se rendit seule chez elle.

C'était justement un mercredi, et Véronique résolut sous le prétexte d'accompagner jusque chez elles les demoiselles Osters d'aller visiter la vieille: ce qu'elle fit en effet.

A peine eut-elle pris congé de son amie, qui demeurait du côté de l'Elbe de ses voisines, qu'elle se dirigea rapidement du côté de la porte de Mer, et se trouva bientôt dans la rue étroite et déserte au bout de laquelle elle aperçut la petite maison rouge où la femme Rauerin devait demeurer.

Elle eut peine à se défendre d'un sentiment d'effroi et même d'un frissonnement intérieur lorsqu'elle se trouva devant la porte de la maison. Enfin elle domina tout sentiment répulsif et tira la sonnette. La porte s'ouvrit; et elle chercha dans l'obscurité d'un grand corridor l'escalier qui conduisait à l'étage supérieur, d'après la description d'Angélique.

— Madame Rauerin ne demeure-t-elle pas ici? s'écria-t-elle dans le vestibule vide, car personne ne se montrait. Alors, en guise de réponse, retentit un long *miaou*, et un gros chat noir faisant le gros dos et remuant la queue s'avança gravement à sa rencontre jusqu'à la porte de la chambre, qui s'ouvrit au second minutieusement.

— Ah! te voilà, ma fille! tu es déjà venue, entre, entre!

Ainsi s'écria en entrant une personne dont l'aspect rendit Véronique immobile.

C'était une femme grande, maigre, entourée de haillons noirs. En parlant son menton pointu et projeté en avant vacillait; sa bouche, démeublée de dents et ombragée d'un nez osseux semblable au bec d'un oiseau de proie, se contractait pour sourire effroyablement, et ses yeux brillants de chat flamboyaient en jetant des étincelles à travers ses lunettes; des cheveux noirs et en brosse se dressaient sur sa tête en s'échappant du mouchoir bariolé qui l'enveloppait; mais deux grandes taches de brûlure, qui, partant de la joue gauche, s'étendaient jusqu'au delà du nez, rendaient horrible son dégoûtant aspect.

L'haleine manqua à Véronique, et le cri qui allait s'échapper de sa poitrine devint seulement un profond soupir lorsque la main osseuse de la sorcière prit la sienne pour la mener dans la chambre.

Là tout était en mouvement: c'était un mélange de jurements, de miaulements, de cris, de piaulements, à en perdre la tête. La vieille frappa de son poing sur la table en criant:

— Paix, vous, drôles!

Les chats remontèrent en gémissant sur le haut ciel du lit; de petits singes se glissèrent sous le poêle, et un corbeau se mit à voler autour du miroir. Seulement le matou noir, comme si ces paroles offensantes ne s'adressaient pas à lui, resta tranquille sur le fauteuil rembourré sur lequel il était monté tout d'abord. Aussitôt que le calme se fut établi Véronique reprit courage. Ce n'était plus aussi effrayant que sous le vestibule, la femme même lui parut moins affreuse. Alors seulement elle promena ses regards dans la chambre. Partout de laids animaux empaillés étaient suspendus au plafond, une foule d'ustensiles inconnus étaient placés en tas sur le parquet, et dans la cheminée brûlait un petit feu bleuâtre qui de temps en temps crachait des étincelles jaunes. Mais alors un bruit éclata de haut en bas, et des chauves-souris repoussantes, ayant comme des visages humains grimaçant le sourire, voltigeaient çà et là, et de temps en temps une flamme s'élevait et léchait le mur noirci, et alors retentissaient des plaintes qui hurlaient et déchiraient les oreilles.

Véronique était oppressée de crainte.

— Avec permission, ma bonne demoiselle, dit la vieille en souriant, et elle prit un petit balai, et après l'avoir trempé dans un chaudron de cuivre aspergea la cheminée.

Alors le feu s'éteignit, et la chambre comme par l'épaisseur de la fumée fut plongée dans l'obscurité la plus complète ; mais bientôt la vieille, qui était entrée dans le cabinet voisin, revint avec une lumière allumée, et Véronique ne vit plus aucun des animaux ni tous les ustensiles : c'était une chambre pauvrement meublée.

La vieille s'approcha d'elle et lui dit d'une voix forte :

— Je sais ce que tu viens me demander, ma fille ; je gage que tu voudrais savoir si tu épouseras Anselme lorsqu'il sera devenu conseiller aulique.

Véronique resta glacée d'étonnement et d'effroi ; mais la vieille continua ainsi :

— Tu m'as déjà raconté tout cela à la maison, chez ton père, lorsque tu avais la cafetière devant toi, j'étais la cafetière, ne m'as-tu pas reconnue? Ma chère, laisse là Anselme : c'est un vilain homme qui a foulé mes filles aux pieds, mes petites filles les pommes avec leurs joues rouges qui grâce aux gens les ont achetées reviennent de leurs poches dans mon panier. Il s'est uni avec le *vieux*; avanthier il a jeté sur visage une drogue maudite qui m'a presque aveuglée. Tu peux en voir encore les taches de brûlure. Ma fille, laisse-le là, laisse-le là. Il ne t'aime pas, car il est épris du serpent vert d'or. Il ne sera jamais conseiller aulique puisqu'il sera parmi les salamandres, et il veut épouser le serpent; laisse-le, laisse-le.

Véronique, qui était douée d'un caractère ferme, avait bientôt surmonté ses frayeurs de jeune fille ; elle recula d'un pas, et dit d'un ton sérieux et calme :

— Vieille, j'ai entendu parler de votre talent à lire dans l'avenir, et je voudrais savoir de vous (peut-être suis-je trop curieuse et trop impatiente) si Anselme, que j'aime et j'estime, ne m'appartiendra pas un jour. Si, au lieu de remplir mon désir, vous voulez me troubler de votre bavardage insensé, vous agissez alors mal avec moi, car je sais que vous avez accordé à d'autres ce que j'attends de vous. Puisque vous connaissez, à ce qu'il paraît, mes plus secrètes pensées, il vous serait peut-être facile de me dévoiler bien des choses qui m'inquiètent et me tourmentent maintenant ; mais, après vos folles calomnies sur le bon Anselme, je ne veux plus rien savoir de vous. Bonne nuit !

Véronique voulait sortir ; mais la vieille tomba à ses pieds en pleurant et en gémissant, et lui dit en la retenant par sa robe :

— Ma chère Véronique ! ne reconnais-tu plus la vieille Lise qui t'a si souvent portée dans ses bras, et qui t'a soignée et dorlotée?

Véronique en croyait à peine ses yeux ; car elle reconnaissait sa nourrice, bien changée il est vrai par son grand âge et surtout par les brûlures de son visage. C'était sa nourrice, qui avait disparu depuis bien des années de la maison de son père. A cette époque aussi la vieille avait un tout autre aspect. Maintenant en place du vilain mouchoir bariolé un bonnet vénérable, et au lieu des haillons noirs elle portait une robe à grandes fleurs. Elle se leva, et prenant Véronique dans ses bras elle continua ainsi :

— Ce que je t'ai dit te paraît bien fou, mais c'est cependant la vérité. Anselme m'a fait beaucoup de mal, mais sans le vouloir. Il est tombé dans les mains de l'archiviste, qui veut lui faire épouser sa fille. L'archiviste est mon grand ennemi, et je pourrais te dire de lui des choses qui te paraîtraient incompréhensibles ou te jetteraient dans un grand effroi. C'est l'homme sage, mais je suis la femme sage ; je remarque que tu as de l'inclination pour Anselme, et je veux te venir en aide de toutes mes forces afin que tu sois très-heureuse et que tu fasses avec lui un mariage tel que tu le désires.

— Mais, dis-moi, au nom du ciel, Lise ! dit Véronique.

— Tais-toi, tais-toi, mon enfant, interrompit la vieille ; je sais ce que tu veux dire : je suis devenue ce que je suis parce que cela devait être, je ne pouvais faire autrement. Ainsi donc, je sais un moyen de guérir Anselme de son amour insensé pour le serpent vert, et pour l'amener dans tes bras comme le plus aimable des conseillers auliques, mais il faut que tu m'aides.

— Dis-moi franchement ce qu'il faut que je fasse, Lise, j'entreprendrai tout, car j'aime beaucoup Anselme, murmura Véronique d'une voix qui s'entendait à peine.

— Je te connais, continua la vieille, comme une fille de courage ; j'ai essayé en vain de t'envoyer coucher en te menaçant de Croquemitaine, et alors même tu ouvrais de grands yeux pour mieux te voir. Tu allais sans lumière dans les chambres les plus retirées, et tu effrayais souvent les enfants du voisin avec le peignoir à poudre de ton père.

Eh bien ! si tu veux sérieusement à l'aide de mon art nommer ton mari Anselme devenu conseiller de la cour, et triompher de l'archiviste Lindhorst et du serpent vert, glisse-toi dans la première nuit d'équinoxe, à onze heures, hors de la maison paternelle et viens vers moi. J'irai avec toi au carrefour de la campagne qui est près d'ici, nous ferons ce qui sera nécessaire, et tous les prodiges que tu verras peut-être seront impuissants contre toi. Et maintenant, ma fille, bonne nuit, ton père attend déjà son souper.

Véronique s'en alla précipitamment, bien décidée à ne pas laisser passer inutilement la nuit de l'équinoxe. Car, disait-elle, Lise a raison, Anselme est attaché par des liens merveilleux, mais je l'en délivrerai, et il sera et demeurera pour toujours mon mari le conseiller aulique Anselme.

SIXIÈME VEILLÉE.

Le jardin de l'archiviste Lindhorst avec ses oiseaux moqueurs. — Le pot d'or. — L'expédiée anglaise. — Le prince des esprits.

Il est encore possible, se dit Anselme à lui-même, que la forte liqueur stomachique superfine que j'ai bue assez avidement chez M. Conrad ait créé toute la folle fantasmagorie qui m'a tourmenté devant la porte de l'archiviste Lindhorst; c'est pourquoi je resterai aujourd'hui à jeun, et je me rirai alors de tout désagrément.

Comme autrefois lorsqu'il se préparait pour sa première visite à l'archiviste, il mit en portefeuille ses dessins à la plume, ses œuvres calligraphiques, ses pains d'encre de Chine et ses plumes de corbeau bien taillées; et il allait sortir, lorsque le flacon de liqueur jaune que l'archiviste lui avait donné se trouva sous ses yeux. Alors toutes les folles aventures dont il avait été témoin lui revinrent en mémoire dans les plus vives couleurs, et un sentiment ineffable de joie et de douleur déchira son âme. Il s'écria involontairement d'une voix plaintive :

— Ah ! n'irais-je pas chez l'archiviste, seulement pour te voir, toi, charmante Serpentine?

Dans ce moment il lui semblait que Serpentine devait être le prix d'un dangereux travail qu'il lui fallait entreprendre, et ce travail consistait à copier les manuscrits de Lindhorst. Il était persuadé que déjà à l'entrée de la maison il rencontrerait comme la dernière fois, et plus peut-être que la dernière fois, des choses extraordinaires. Il ne pensa plus à l'eau stomachique de Conrad ; mais il serra vite le flacon dans la poche de son gilet pour s'en servir, comme l'archiviste le lui avait indiqué, si la marchande de pommes osait lui grimacer de son visage de bronze. Et en effet le nez pointu se présenta, les yeux brillants qui dardaient des étincelles du marteau de la porte aussitôt qu'il voulut le prendre à midi sonnant. Alors il répandit machinalement la liqueur sur le fatal visage, et il se polit et s'aplatit aussitôt en marteau brillant en forme de boule. La porte s'ouvrit, et les cloches sonnèrent agréablement dans toute la maison :

— Jeune homme! vite, vite! cours, cours!

Il monta hardiment le bel et large escalier, et se délecta à la vapeur de rares parfums qui remplissaient la maison. Il s'arrêta un moment incertain sur le seuil, car il ne savait à laquelle de toutes ces belles portes il fallait frapper ; mais l'archiviste sortit dans une large robe de chambre de damas, et s'écria :

— Je suis ravi, mon cher Anselme, que vous m'ayez enfin tenu parole ; suivez-moi, je vous prie, car je vais vous conduire de suite au laboratoire.

Alors il traversa rapidement le long vestibule, et ouvrit une petite porte qui menait dans un corridor. Anselme suivit l'archiviste. Ils arrivèrent dans une salle ou plutôt dans une serre magnifique, car des deux côtés s'élevaient jusqu'au toit des plantes rares et singulières comme de grands arbres avec des feuilles et des fleurs étranges.

Une lumière éclatante et magique était répandue partout sans qu'on pût remarquer d'où elle arrivait, car on ne voyait pas une seule fenêtre. Et ainsi quand l'étudiant Anselme attachait ses yeux sur les arbres et les buissons, de longues allées semblaient se déployer à perte de vue. Dans l'ombre épaisse de cyprès au luxurian feuillage se distinguaient des bassins de marbre d'où s'élançaient des figures fantastiques jetant des rayons de cristal qui retombaient avec le bruit de l'eau dans des calices de lis brillants. Des voix surnaturelles bruissaient et murmuraient à travers une forêt de végétaux étranges, et des senteurs délicieuses embaumaient l'air de toutes parts.

L'archiviste avait disparu, et Anselme aperçut seulement devant lui un immense buisson de fleurs de lis de feu. Enivré de ce spectacle et du doux parfum de ce jardin de fées, Anselme restait immobile à la même place comme enchanté.

Alors il entendit rire et chuchoter, et des voix moqueuses lui disaient :

— Monsieur l'étudiant, monsieur l'étudiant, d'où venez-vous donc? Pourquoi avez-vous fait une si belle toilette, monsieur Anselme? Voulez-vous causer avec nous de la grand'mère qui a cassé un œuf en s'asseyant dessus et du jeune élégant qui a reçu une tache sur son habit des dimanches? Savez-vous par cœur le nouvel air que le papa niais la Berlue vous a appris? Vous avez l'air bien drôle avec votre perruque de verre et vos bottes à revers en papier fin!

Ainsi on appelait, on jasait, on ricanait de tous les coins; et tout près de l'étudiant, qui les aperçut seulement alors, différents oiseaux l'entouraient en voltigeant et riaient à gorge déployée. Au même instant le buisson de lis de feu s'avança vers lui, et il vit que c'était l'archiviste Lindhorst, dont la robe de chambre bigarrée de brillantes fleurs jaunes et rouges avait abusé ainsi ses yeux.

— Pardonnez-moi, mon cher monsieur Anselme, de vous avoir ainsi abandonné, dit l'archiviste, mais en passant je me suis mis à regarder mon beau cactus, qui a ouvert cette nuit ses boutons. Et mon jardin vous plaît-il?

— Ah! Dieu, il est d'une beauté merveilleuse, répondit Anselme, mais vos oiseaux de toute espèce se moquent un peu de mon pauvre mérite.

— Que signifient tous ces bavardages? s'écria l'archiviste en se retournant du côté des bosquets. Alors un gros perroquet gris en sortit en volant, et venant se poser près de l'archiviste sur une branche de myrte, et le regardant avec une immense gravité à travers ses lunettes posées sur son bec recourbé, il dit:

— Ne vous fâchez pas, monsieur l'archiviste, mes espiègles de garçons se sont encore laissé entraîner, mais monsieur le Studiosus en est la cause, car...

— Taisez-vous, taisez-vous, interrompit l'archiviste, je connais ces drôles, vous ne devriez les tenir un peu plus sévèrement, mon ami. Allons plus loin, monsieur Anselme!

L'archiviste traversa encore plusieurs appartements agréablement décorés d'une manière bizarre. L'étudiant avait peine à le suivre et à jeter en même temps un coup d'œil sur le mobilier éclatant et de formes singulières et sur une foule de choses inconnues qui étaient là en surabondance. Des murs couleur d'azur s'élançaient les troncs de bronze doré de hauts palmiers qui recourbaient en forme de toit leurs feuilles brillantes comme d'étincelantes émeraudes. Au milieu de l'appartement reposait sur trois lions égyptiens coulés d'un bronze foncé une table de porphyre sur laquelle était un simple pot d'or dont Anselme, lorsqu'il l'eut aperçu, ne pouvait plus détourner les yeux. On eût dit que plusieurs figures jouaient dans les mille reflets de l'or éblouissement poli. Quelquefois il s'y voyait lui-même les bras étendus dans l'attitude du désir, hélas! vers le sureau où Serpentine faisait onduler ses anneaux et le regardait la tête tour à tour haute ou baissée.

Anselme se sentit transporté d'un fou ravissement.

— Serpentine! s'écria-t-il à voix haute.

L'archiviste Lindhorst se tourna vers lui et dit:

— Qu'avez-vous, monsieur Anselme? Il me semble que vous appelez ma fille, elle est dans sa chambre, à l'autre bout de la maison, à prendre des leçons de piano. Allons plus loin.

Anselme suivit la tête presque vide de pensées l'archiviste, qui marchait devant lui, et il n'entendait et ne voyait plus rien, jusqu'au moment où son guide le saisit par la main en disant:

— Nous sommes arrivés.

Anselme s'éveilla comme d'un songe et remarqua seulement qu'il se trouvait dans une haute chambre tout entourée de livres rangés, qui avait tout à fait l'apparence ordinaire des bibliothèques ou des cabinets de travail. Au milieu se trouvait une grande table et devant elle un grand fauteuil rembourré.

— Cette chambre, dit l'archiviste, sera à présent le lieu de vos copies; je ne sais pas encore si vous travaillerez plus tard dans la bibliothèque où vous avez prononcé le nom de ma fille, mais maintenant je désirerais me persuader de votre compétence à faire selon mes désirs et mes besoins ce que j'ai à vous confier.

L'étudiant Anselme reprit tout à fait courage; et tira, non sans quelque satisfaction intérieure et dans la conviction qu'il allait réjouir l'archiviste par son talent inusité, ses dessins et ses écritures de sa poche. A peine l'archiviste eut-il vu la première feuille du manuscrit expédié avec la plus élégante anglaise possible, qu'il rit d'une manière étrange et secoua la tête; il en fit autant à la seconde page, et ainsi de suite à toutes les autres. Le sang montait à la tête d'Anselme; et lorsque le sourire devint à la fin moqueur et méprisant, il dit plein de mauvaise humeur:

— Monsieur l'archiviste, vous me paraissez que médiocrement satisfait de mon mince talent?

— Mon cher monsieur Anselme, reprit l'archiviste, vous avez de grandes et de véritables dispositions, mais je vois dès à présent que je peux compter bien plus sur votre assiduité et votre vouloir que sur votre adresse. Cela du reste dépend peut-être du mauvais matériel que vous employez.

L'étudiant parla beaucoup de son habileté, de son encre de Chine et de ses plumes de corbeau de choix. Alors l'archiviste lui présenta la feuille d'écriture anglaise en disant:

— Jugez vous-même.

Anselme fut comme frappé de la foudre, tant son écriture lui parut misérable; il n'y avait pas de plein dans les traits, qui n'étaient pas droits; les grosses lettres ne se distinguaient pas des petites; des

traits maladroits faits comme par des écoliers gâtaient souvent la régularité des lignes.

— Et, continua l'archiviste, votre encre ne tient pas non plus.

Il trempa le doigt dans un verre rempli d'eau, et à peine en eut-il asperge les lettres que tout disparut complètement.

Anselme était comme si un spectre lui eût serré la gorge. Il ne pouvait pas prononcer un seul mot. Il resta là debout la malheureuse feuille à la main; mais l'archiviste se mit à rire bruyamment et lui dit:

— Ne vous laissez pas abattre, monsieur Anselme; ce que vous n'avez pas réussi jusqu'à ce moment vous sera peut-être ici plus facile. Commencez seulement avec courage!

L'archiviste Lindhorst alla chercher une masse noire et liquide qui répandait un parfum tout particulier, des plumes taillées avec une finesse extrême, et une feuille d'une blancheur et d'un poli particuliers, et puis en même temps un manuscrit arabe, qu'il prit dans une armoire fermée, et il quitta la chambre aussitôt qu'Anselme commença à travailler.

Anselme avait souvent copié de l'arabe, et le premier problème ne lui parut pas difficile à résoudre.

— Comment les faux traits se sont trouvés dans ma belle expédiée anglaise, disait-il, Dieu et l'archiviste Lindhorst le savent, mais je veux mourir s'ils sont de ma main.

Avec chaque mot réussi sur le parchemin il sentait renaître son habileté et son courage, et au fait il travaillait avec d'admirables plumes et l'encre mystérieuse coulait noire comme le corbeau et nette sur le parchemin éblouissant. Lorsqu'il travaillait avec tant d'ardeur et d'attention, il lui semblait que la vaste chambre solitaire devenait encore plus étrange; et il s'était tout à fait abandonné au travail qu'il espérait terminer heureusement, lorsqu'au coup de trois heures l'archiviste l'appela de la chambre à côté pour prendre son repas. A table l'archiviste fut de la meilleure humeur; il lui demanda des nouvelles de ses amis le recteur Paulmann et le greffier Heerbrand, et il sut raconter d'eux beaucoup de choses divertissantes. Le vieux vin du Rhin plaisait beaucoup à Anselme et le rendait plus expansif qu'il ne l'était ordinairement. A quatre heures précises il se leva pour retourner à son travail, et cette exactitude parut plaire beaucoup à l'archiviste.

Si la copie lui avait déjà avant le repas, elle lui fut bien plus facile après; il ne pouvait même comprendre l'aisance et la rapidité avec lesquelles il imitait les traits recourbés de l'écriture étrangère. Une voix semblait lui murmurer en lui-même ces mots bien distincts:

— Ah! pourrais-tu faire cela si tu ne la portais pas dans ton cœur, si tu ne croyais pas à elle et à son amour?

Alors tremblait dans la chambre comme une douce, bien douce vibration du cristal qui murmurait:

— Je suis près, près, près, je t'aide, sois courageux, sois ferme, cher Anselme! je fais aussi mes efforts pour que tu sois à moi.

Et lorsque tout ravi il entendait ces paroles, les signes inconnus lui devenaient plus faciles à comprendre; il avait à peine besoin de regarder l'original. C'était comme si les signes étaient déjà sur son parchemin en écriture plus pâle et qu'il n'avait plus qu'à les couvrir de noir avec une main exercée. Ainsi il travaillait entouré d'accords agréables et encourageants comme exhalés par un tendre souffle, jusqu'à ce que la cloche sonna six heures.

Alors l'archiviste entra dans la chambre. Il vint avec un rire singulier vers la table. Anselme se leva sans rien dire, et l'archiviste le regardait en souriant toujours d'un air moqueur; mais à peine eut-il jeté un coup d'œil sur la copie, que son rire se changea et un sérieux solennel dans lequel se contractèrent les muscles de son visage. Bientôt il ne parut plus être le même. Ses yeux, qui ordinairement brillaient d'un feu étincelant, s'attachèrent sur Anselme avec une expression de douceur ineffable, une légère rougeur couvrit ses joues pâles, et au lieu de l'ironie qui d'ordinaire serrait sa bouche, ses lèvres parurent s'ouvrir gracieuses et bien formées pour prononcer des paroles pleines de sagesse et portées à la douceur. Toute sa personne devint plus grande et plus digne, sa large robe de chambre se drapa comme un manteau royal, et sur les blanches boucles placées sur son grand front ouvert se cercla un mince filet d'or.

— Jeune homme, dit-il d'un son majestueux, j'ai connu avant que tu aies pu le pressentir tous les rapports secrets qui te lient à ce que j'ai de plus saint et de plus cher. Serpentine t'aime, et une singulière histoire dont les fils mystérieux sont tressés par un pouvoir ennemi se trouve accomplie. Si tu la possèdes et si tu conquiers le pot d'or, la dot indispensable qui est sa propriété, du combat seulement sortira ton bonheur dans une vie plus haute. Tu seras attaqué par les principes ennemis, et seulement la force intérieure que tu opposeras peut te sauver de l'avilissement et de la perte. Pendant que tu travailles ici, tu surmontes ton temps d'épreuve. La foi et la science te conduiront au but prochain si tu persévères fermement dans ce que tu auras entrepris. Porte fidèlement dans ton âme celle qui t'aime, et tu verras les admirables prodiges du pot d'or, et tu seras heureux pour toujours. Adieu! L'archiviste Lindhorst t'attend demain à midi dans son cabinet. Adieu!

L'archiviste poussa doucement Anselme jusqu'à la porte, qu'il ferma, et celui-ci se trouva dans la chambre où il avait pris son repas et dont la porte unique conduisait sur le vestibule. Tout étourdi de la singulière apparition, il resta debout devant la porte; alors on ouvrit une fenêtre au-dessus de lui, il leva les yeux et vit l'archiviste vieux et entouré de sa robe de chambre, comme il l'avait toujours vu, et il lui cria :

— Eh! mon cher monsieur Anselme, pourquoi réfléchissez-vous ainsi? Je parierais que tout cet arabe ne vous sort pas de la tête. Saluez M. le recteur Paulmann, si vous allez un moment chez lui, et revenez demain à midi précis. Vos honoraires pour aujourd'hui sont dans votre poche à droite.

Anselme trouva réellement le thaler luisant dans la poche indiquée, mais il n'en éprouva aucun plaisir.

— Je ne sais ce qui arrivera de tout ceci, se disait-il à lui-même, mais si je marche accompagné de la folie et des fantômes, toutefois la charmante Serpentine vit et se meut dans mon cœur, et plutôt que de l'abandonner je mourrai cent fois, car sa pensée est éternelle en moi, et aucun principe ennemi ne pourra l'anéantir. Mais cette pensée est-elle autre chose que l'amour de Serpentine?

SEPTIÈME VEILLÉE.

Comment le recteur Paulmann débourra sa pipe et alla se cacher. — Rembrandt et Breughel d'Enfer. — Le miroir magique et la recette du docteur Likstein contre une maladie inconnue.

Enfin le recteur Paulmann débourra sa pipe en disant :

— Maintenant il est temps de se livrer au repos.

— Oui, répondit Véronique tourmentée de voir son père debout aussi longtemps; il y a déjà longtemps que dix heures sont sonnées.

Mais à peine le recteur était-il dans sa chambre d'étude, en même temps sa chambre à coucher; à peine la respiration plus forte de Francine avait-elle indiqué qu'elle était réellement bien endormie, que Véronique, qui avait fait semblant de se mettre au lit, se leva doucement, doucement s'habilla, jeta son manteau sur ses épaules, et se glissa hors de la maison.

Depuis le moment où elle avait quitté la vieille Lise, Anselme avait toujours été devant ses yeux; elle-même ne savait pas quelle voix étrangère répétait sans cesse en son âme que la cause de sa résistance venait d'une personne ennemie qui la tenait dans les liens, qu'elle, Véronique, pouvait briser par les moyens mystérieux d'un art magique. Sa confiance en la vieille Lise allait en augmentant de jour en jour, et même l'impression de l'inconnu et du terrible s'effaçait pour elle; de sorte que tout l'mystérieux, tout l'incroyable de ses relations avec la vieille lui apparaissaient sous la figure des aventures de romans où elle avait justement un grand attrait pour elle. Et aussi elle se leva avec le projet bien arrêté chez elle de braver même un danger et de s'abandonner aux mille événements singuliers qu'apporteraient la nuit et le jour.

Enfin la nuit d'équinoxe féconde en mystères était arrivée, nuit dans laquelle la vieille Lise lui avait promis aide et consolation; et Véronique depuis longtemps familiarisée avec l'idée d'une promenade nocturne, se sentait pleine de courage. Rapide comme la flèche elle parcourait les rues désertes, méprisant l'orage qui mugissait à travers les airs et lui jetait au visage de larges gouttes de pluie.

La cloche de la tour de la Croix sonnait onze heures avec un tintement sourd et tremblant, lorsque Véronique s'arrêta, traversée par la pluie, devant la porte de la vieille.

— Eh! ma chère! ma chère! déjà ici, attends! attends! cria une voix partie d'en haut; puis aussitôt la vieille était là chargée d'une corbeille et accompagnée de son matou.

— Allons, dit-elle, et faisons tout ce qui faut et qui réussit dans la nuit.

Et en disant ces paroles la vieille prit la froide main de la tremblante Véronique, à qui elle donna la corbeille à porter tandis qu'elle atteignait elle-même un chaudron, un trépied et une pelle.

Lorsqu'elles arrivèrent dans la plaine il ne pleuvait plus, mais l'orage était devenu plus fort et gémissait avec mille voix dans les airs.

Un cri de douleur affreux et déchirant l'âme résonna parti des nuages, qui, dans leur fuite rapide, se rassemblaient en boule et enveloppaient tout dans une épaisse obscurité.

Mais la vieille marchait avec rapidité hurlant d'une voix perçante :

— Éclaire, éclaire, mon jeune homme!

Alors des éclairs bleus ondulaient et se croisaient devant elles, et Véronique remarquait que le chat sautait autour d'elles et éclairait la route en crachant des étincelles bruyantes. Et elle entendait son cri sinistre et plein d'angoisse lorsque la tempête se taisait un moment. La respiration était prête à l'abandonner, il lui semblait que des griffes d'un fer froid saisissaient son cœur; elle s'écria en se serrant contre la vieille :

— Maintenant tout doit s'accomplir, qu'il en arrive ce qu'il doit arriver!

— Très-bien, mon enfant, reprit la vieille, reste toujours ainsi

courageuse, et je te donnerai quelque chose de très-beau, et Anselme par-dessus le marché!

Enfin la vieille s'arrêta et dit :

— C'est ici l'endroit!

Elle creusa un trou dans la terre, y secoua des charbons, et posa dessus le trépied, sur lequel elle mit son chaudron.

Tout ceci était accompagné de gestes étranges, et pendant ce temps le matou formait un cercle autour d'elles. Sa queue jetait des étincelles qui figuraient un anneau de feu. Bientôt les charbons rougirent, et enfin des flammes bleues s'élancèrent de dessous le trépied. Véronique dût laisser son manteau et son voile et s'accroupir auprès de la vieille, qui saisit sa main et la serra fortement en la fixant de ses yeux étincelants.

Bientôt les masses singulières que la vieille avait apportées et jetées dans le chaudron, étaient-ce des fleurs, des métaux, des herbes, des animaux? on ne pouvait le distinguer, commencèrent à bouillir avec bruit. La vieille lâcha la main de Véronique, prit une cuiller de fer qu'elle plongea dans ces objets en fusion et la remua fortement, tandis que sur son ordre Véronique attachait au chaudron son regard fixe et pensait à Anselme. Alors la sorcière jeta encore, avec le reste du métal brillant, une boucle de cheveux que Véronique s'était coupée sur le sommet de la tête, et aussi un petit anneau qu'elle avait longtemps porté. Et en faisant cela elle poussait des sons inintelligibles qui retentissaient affreusement dans la nuit, et le matou dans sa course incessante pleurait et gémissait.

Figure-toi, cher lecteur, que tu te trouves au 23 septembre en voyage pour Dresde. On a en vain essayé de t'arrêter à la dernière station, l'hôte amical t'a représenté qu'il pleut et vente trop, et qu'il n'est pas en outre très-prudent de voyager ainsi dans l'obscurité pendant une nuit d'équinoxe; mais tu veux absolument partir.

Et tandis que ta voiture s'avance dans la nuit, tu aperçois dans le lointain une lueur singulière, et, à mesure que tu approches, tu distingues un anneau de feu au milieu duquel deux figures sont assises auprès d'un chaudron et entourées d'une épaisse fumée d'où s'élancent des rayons et des étincelles rouges. Le chemin passe droit à travers; mais les chevaux reculent et se cabrent, le postillon jure, prie et les fouette pour les faire marcher; malgré lui ils ne bougent pas de la place. Involontairement tu te jettes en bas de la voiture et t'avances quelques pas, et tu vois une belle jeune fille en légers vêtements de nuit agenouillée près du chaudron. L'orage a dénoué ses tresses, et ses longs cheveux châtains flottent au gré du vent.

Au milieu du feu éblouissant qui s'élance en flammes de dessous le trépied est la figure belle comme les anges; mais l'effroi a répandu sur elle la pâleur de la mort, et tu le décèles dans son regard fixe, ses sourcils remontés, sa bouche ouverte toute grande pour pousser un cri qui ne peut sortir de sa poitrine oppressée. Ses petites mains jointes ensemble sont convulsivement levées vers le ciel, comme si elle appelait son bon ange pour le protéger contre les monstres de l'enfer, qui, obéissant au charme puissant, vont bientôt paraître. Ainsi agenouillée, elle ressemble à une statue de marbre. En face d'elle est accroupie sur le sol une femme grande, maigre, au teint cuivré, au nez pointu, aux yeux de chat pleins de feu; ses bras nus et décharnés sortent de son manteau, et en retournant son infernal bouillon elle rit et appelle d'une voix bruyante à travers les mugissements de la tempête.

Je le crois, cher lecteur, tu ne connais pas la crainte; mais à la vue de ce tableau de Rembrandt ou de Breughel d'Enfer mis en action, tes cheveux se dressent sur ta tête. Toutefois, ton regard ne peut se détacher de cette jeune fille mêlée dans les sorcelleries diaboliques; le coup électrique qui fait trembler tes nerfs et tes fibres éveille en toi avec la rapidité de l'enfer l'idée courageuse de braver la puissance du cercle de feu, et cette pensée dissipe ta peur. Tu veux protéger de son âme ou la devrais tirer ton pistolet de ta poche et tuer la vieille sans plus de façon; mais tout en pensant à cela tu t'écries :

— Holà! ou bien : Que se passe-t-il donc là?

Le postillon souffle dans son cor de toute son haleine, la vieille se pelotonne dans son chaudron, et tout disparaît d'un seul coup dans une épaisse vapeur.

Je ne demanderai pas si tu trouves la jeune fille que tu cherches avec tant d'ardeur dans la nuit... mais le charme de la vieille femme est rompu...

Mais ni toi, cher lecteur, ni un autre quel qu'il soit ne vîntes sur la route dans la nuit du 23 septembre, nuit d'orage et favorable aux opérations magiques, et Véronique dut attendre auprès du chaudron dans une mortelle angoisse que l'œuvre fût terminée. Elle entendit bien autour d'elle des bruits, des mugissements, et aussi beugler et caqueter des voix épouvantables; mais elle n'ouvrit pas les yeux, car elle sentait que la vue des objets terribles, affreux qui l'entouraient lui ferait perdre la raison. La vieille avait cessé de retourner le contenu du chaudron, la vapeur devenait de moins en moins épaisse, et à la fin une petite flamme brûla sous le chaudron. Alors la vieille s'écria :

— Véronique, mon enfant, ma chère, regarde au fond, qu'y vois-tu donc, qu'y vois-tu donc?

Mais Véronique ne pouvait répondre, bien qu'il lui semblât que des figures confuses se mouvaient ensemble dans le chaudron, et ces figures devenaient de plus en plus distinctes. Tout d'un coup l'étudiant Anselme en sortit avec un visage riant et en lui tendant les mains. Alors elle s'écria :

— Ah! Anselme! Anselme!...

Aussitôt la vieille ouvrit un robinet qui se trouvait au chaudron, et le métal en feu s'élança en sifflant et en craquant dans une petite forme qu'elle venait de poser là.

Alors la vieille sauta en l'air et coassa en faisant des gestes hideux :

— L'œuvre est accompli! Je te remercie, ma fille, tu as veillé... Hui! hui! il vient! Mais il s'éleva dans l'air un bruit terrible; on aurait cru entendre le bruit du battement des ailes d'un aigle immense, et une voix épouvantable cria :

— Eh! eh! vous, racaille, c'est fini, c'est fini, rentrez!

L'archiviste.

La vieille se jeta à terre en hurlant; mais Véronique perdit connaissance.

Lorsqu'elle revint à elle il était grand jour; elle était couchée dans son lit, et Francine était debout devant elle, une tasse de thé fumant à la main, et lui disait :

— Mais, dis-moi, sœur, qu'as-tu donc? Il y a déjà plus d'une demi-heure que je suis là devant toi. Tu pleures, tu gémis dans le délire de la fièvre, et tu nous as tous rendus inquiets. Aujourd'hui le père n'a pas été à sa classe à cause de toi, et il va rentrer à l'instant avec le docteur.

Véronique prit le thé sans rien dire. Pendant qu'elle le buvait, les affreux tableaux de la nuit se présentèrent devant ses yeux.

— Tout ceci, se disait-elle, n'est-il donc qu'un rêve qui m'a tourmentée? Mais je suis allée réellement hier chez la vieille et c'était bien le 23 septembre. Cependant je suis malade depuis hier, et je me suis imaginé tout ceci. Rien autre chose ne m'a fait mal que l'éternelle pensée d'Anselme et de cette vieille femme étrange qui s'est donnée pour la vieille Lise, et qui s'est aussi moquée de moi.

Francine, qui venait de sortir, revint tenant à la main le manteau de Véronique tout traversé d'eau.

— Vois, sœur, dit-elle, ce qui est arrivé à ton manteau. L'orage pendant la nuit a ouvert la fenêtre et renversé la chaise sur laquelle il était placé, et il a tant plu à l'intérieur qu'il a été inondé.

Alors Véronique eut le cœur serré, car elle vit que ce n'était pas un songe qui l'avait tourmentée, mais qu'elle avait été bien réellement trouver la vieille. Alors elle fut saisie d'effroi et le frisson de la fièvre fit trembler tous ses membres. Dans ce tremblement convulsif elle tira la couverture sur elle; mais sa poitrine éprouva l'impression d'un corps dur, et lorsqu'elle y porta la main elle sentit comme un médaillon. Francine étant sortie avec le manteau, elle regarda l'objet : c'était un petit miroir rond de métal poli.

— C'est un présent de Lise! dit-elle vivement.

Et elle crut voir s'élancer du miroir des étincelles qui pénétraient dans sa poitrine et lui apportaient une chaleur bienfaisante. Le frisson de la fièvre disparut, et elle fut inondée d'un sentiment ineffable de bien-être et de plaisir. Il lui fallait penser à Anselme; et à mesure que sa pensée se dirigeait toujours plus violemment vers lui, il lui souriait amicalement du miroir comme un portrait vivant en miniature. Mais bientôt il lui sembla qu'elle ne voyait plus le portrait, mais bien Anselme lui-même. Il était assis dans une grande salle singulièrement ornée, où il écrivait avec ardeur. Véronique voulait s'approcher de lui, lui frapper sur l'épaule et lui dire : « Monsieur Anselme, retournez-vous donc, je suis là! » mais il lui était impossible, car il paraissait entouré d'un fleuve éclatant de feu; et quand Véronique regardait ce fleuve avec attention, c'étaient de grands livres dorés sur la tranche. Mais elle parvint à rencontrer les yeux d'Anselme : il lui sembla à son aspect rêver d'abord à elle; puis enfin il lui sourit en disant :

— Ah! c'est vous, mademoiselle Paulmann! Mais pourquoi donc prenez-vous de temps en temps la forme d'un serpent?

Ces paroles étranges faisaient rire Véronique aux éclats. Alors elle s'éveilla comme d'un songe, et elle cacha bien vite le petit miroir; car la porte s'ouvrait, et son père entrait dans la chambre avec le docteur Likstein.

Le docteur se dirigea aussitôt du côté du lit, tâta longtemps le pouls de Véronique d'un air préoccupé et dit alors :

— Eh! eh!

Là-dessus il écrivit une ordonnance, tâta encore le pouls et répéta de nouveau :

— Eh! eh!

Et il quitta la patiente.

Le recteur Paulmann ne put conclure de ces assertions du médecin rien de bien positif sur l'état de Véronique.

HUITIÈME VEILLÉE.

La bibliothèque des palmiers. — Sort malheureux d'une salamandre. — Comment la plume noire caressa un morceau de rave, et comment le greffier Heerbrand s'enivre.

L'étudiant Anselme travaillait déjà depuis plusieurs jours chez l'archiviste Lindhorst. Ces heures de travail étaient pour lui les plus heureuses de sa vie; car, toujours entouré de sons agréables, des paroles encourageantes de Serpentine, touché souvent par un léger souffle qui passait en frémissant près de lui, il était inondé d'une félicité qui allait souvent jusqu'à l'excès de la joie. Toute peine, tout chagrin de son existence nécessiteuse avaient disparu de son esprit et dans la nouvelle vie qui s'ouvrait à lui tout éclatante de soleil il comprenait ces merveilles d'un monde supérieur, qui déjà l'avaient rempli d'étonnement et d'effroi. Ses copies allaient très-vite, car il lui semblait qu'il transcrivait sur le parchemin des caractères connus depuis longtemps; il lui suffisait de regarder l'original pour l'imiter avec la plus scrupuleuse exactitude. Outre les moments de repos, l'archiviste se faisait voir de temps en temps; mais il apparaissait toujours juste à l'instant où Anselme venait de terminer la dernière ligne d'une page. Il lui en donnait une autre, et le quittait de nouveau, mais après avoir touché l'encre avec un petit bâton noir et avoir remplacé les plumes par d'autres toutes neuves et plus fraîchement taillées.

Un jour, lorsque Anselme au coup de midi avait déjà monté les portes de l'escalier, il trouva fermée la porte par laquelle il entrait ordinairement, et l'archiviste Lindhorst apparut de l'autre côté dans sa robe de chambre singulière et tout ornée de fleurs brillantes. Il lui cria :

— Aujourd'hui nous entrons ici, mon cher monsieur Anselme, car le maître de Bhogovotgita nous attend dans cette chambre.

Il traversa le corridor et conduisit Anselme à travers les chambres et les salles qu'il avait vues le premier jour. Anselme s'étonna encore de la magnificence du jardin; mais il vit alors distinctement que plusieurs fleurs singulières pendantes dans les sombres bosquets étaient des insectes étincelants des plus vives couleurs, qui voltigeaient de toutes parts et qui en dansant entre eux semblaient se caresser en faisant tourner leurs trompes. Au contraire des oiseaux, de couleur rose et bleu de ciel, étaient des fleurs odorantes, et leur parfum, qu'elles répandaient à l'envi, s'émanait de leurs calices avec des bruits délicieux qui se mêlaient au clapotement des fontaines éloignées, au murmure des grands arbrisseaux et des arbres en formant des accords d'une plaintive mélancolie. Les oiseaux moqueurs qui la première fois l'avaient raillé et persiflé voltigeaient autour de sa tête en criant sans cesse de leurs voix déliées :

— Monsieur l'étudiant, monsieur l'étudiant! n'allez pas si vite, ne regardez pas les nuages, vous pourriez tomber sur le nez! llé! llé! hé! monsieur l'étudiant, mettez sur vous le manteau à poudrer, compère Schuhu vous frisera le toupet!

Et tous ces sots bavardages durèrent jusqu'à ce qu'Anselme eut quitté le jardin.

L'archiviste entra dans la chambre bleu azur, le porphyre et le pot d'or avaient disparu, et à leur place se trouvait une table couverte de velours violet, sur laquelle était placé le matériel d'écriture bien connu d'Anselme. Il y avait aussi un fauteuil garni de la même façon que la table.

— Mon cher monsieur Anselme, dit l'archiviste, vous m'avez copié déjà plusieurs manuscrits rapidement et à ma grande satisfaction. Vous avez acquis ma confiance; mais le plus important reste à faire, et c'est la copie ou plutôt l'imitation d'œuvres écrites en caractères particuliers, et que je conserve dans cette chambre. Elles doivent être faites sur place. Vous travaillerez ici à l'avenir, mais je dois vous recommander l'attention la plus scrupuleuse, une tache d'encre jetée sur l'original vous précipiterait dans les plus grands malheurs.

Il quitta la chambre, et Anselme commença à travailler.

Anselme fit la remarque que du tronc du palmier s'avançaient de petites feuilles d'un vert d'émeraude. L'archiviste prit une de ces feuilles, et Anselme vit que la feuille consistait en un rouleau de parchemin, que l'archiviste développa, et qu'il étendit sur la table. Anselme ne fut pas médiocrement surpris de l'étrangeté des replis des caractères, et en voyant la quantité de points, de traits, de lignes, d'enroulements qui semblaient représenter tantôt des plantes, tantôt de la mousse, ou bien des figures d'animaux, il fut sur le point de perdre le courage et l'espérance de reproduire exactement tant de choses, et il tomba dans de profondes réflexions.

— Ayons du cœur, jeune homme! s'écria l'archiviste; si tu as la foi et un véritable amour, compte sur l'aide de Serpentine.

Sa voix résonnait comme un métal sonore, et lorsqu'Anselme jeta sur lui un rapide coup d'œil, l'archiviste Lindhorst était debout en costume royal, comme il lui était apparu dans sa bibliothèque à la première visite. Anselme se sentit comme sur le point de tomber plein de respect à genoux devant lui; mais il s'éleva sur les branches d'un palmier et disparut dans les feuilles d'émeraude. Anselme comprit qu'il avait parlé au prince des esprits, et que celui-ci était parti pour son cabinet de travail pour converser peut-être avec un rayon envoyé par les planètes en ambassade au sujet de ce qui devait lui arriver à lui et à Serpentine.

— Il est encore possible, pensa-t-il après, qu'il attende des nouvelles des sources du Nil, ou qu'il ait reçu la visite d'un magnat de Laponie. Ce que j'ai de mieux à faire maintenant est de me mettre au travail. Et il commença à étudier les caractères étranges du rouleau de parchemin.

L'étonnante musique du jardin vint à résonner et l'entoura des plus doux parfums; il entendit aussi babiller les oiseaux, mais il ne comprenait pas leur langage : ce qui lui faisait plaisir. De temps en temps on aurait dit que les feuilles d'émeraude du palmier s'agitaient avec bruit, et alors retentissaient à travers la chambre les doux sons de cristal qu'Anselme avait entendus sous le sureau au jour mystérieux de l'Ascension.

Et à ces sons, à cette lumière, Anselme se sentait venir merveilleusement des forces nouvelles, et il attachait toujours plus intimement ses sens et sa pensée aux caractères tracés sur le parchemin, et il comprit bientôt que ces signes n'avaient d'autre signification que ces mots :

— Des fiançailles du salamandre avec la couleuvre verte.

Alors un fort accord de tierce partit des cloches de cristal.

— Anselme, cher Anselme! soupira une voix venue des feuilles.

O miracle, la couleuvre verte descendit en ondoyant du tronc du palmier.

— Serpentine, belle Serpentine! s'écria Anselme dans le délire d'une suprême félicité. Car en regardant avec une attention plus grande il vit une admirable jeune fille s'avançant comme en volant à sa rencontre, et elle le regardait avec ces yeux bleu foncé pleins d'un ineffable amour, ces yeux qui vivaient en son âme. Les feuilles parurent s'abaisser et s'étendre, de tous côtés des épines jaillissaient des troncs; mais Serpentine se tournait et se glissait adroitement parmi ces obstacles, tandis qu'elle tirait après elle sa robe flottante, et comme brillante de peinture, en la serrant contre son corps souple : de cette manière, son vêtement ne resta nulle part accroché par les épines et les pointes qui s'étaient dressées en avant.

Elle s'assit auprès d'Anselme sur la même chaise, l'entourant de ses bras et le serrant contre elle, de sorte que le souffle de sa douce haleine le touchait, et qu'il sentait la chaleur électrique de son corps.

Oh! que je suis heureux! soupira Anselme.

— Cher Anselme! lui dit-elle, bientôt tu m'auras conquise par la foi et par l'amour, et je t'apporterai le pot d'or qui nous rendra heureux pour toujours.

— O belle et chère Serpentine, disait Anselme, que je te possède seulement, et le reste me touchera peu. Lorsque tu seras à moi, alors je consens à laisser ma vie dans toutes ces choses étranges et merveilleuses qui m'ont assailli depuis le jour où je t'ai vue.

— Je sais, continua Serpentine, que tout cet inconnu, tout cet incompréhensible dont mon père t'a souvent entouré par un jeu de son caprice a éveillé en toi une crainte secrète; mais cela, je l'espère, ne doit plus arriver, et dans ce moment je suis là, mon cher Anselme, pour te raconter dans les plus grands détails et du fond de mon esprit, du fond de mon cœur, ce qu'il faut que tu saches pour connaître mon père, surtout pour bien comprendre les circonstances qui m'unissent à lui.

Il semblait à Anselme qu'il était tellement entouré de cette gracieuse et charmante figure qu'il ne pouvait plus faire un seul mouvement, un seul geste sans elle. Elle était pour lui le battement de son pouls, qui tremblait entre ses fibres et ses nerfs; chacune de ses paroles retentissait jusqu'au fond de sa poitrine, et comme un brillant rayon de joie du ciel illuminait son âme. Il avait placé son bras autour de sa taille délicate; mais l'étoffe brillante et peinte de sa robe était si polie, si glissante qu'il lui sembla qu'elle pouvait, en évitant rapidement son étreinte, s'échapper sans qu'il pût la retenir, et cette pensée le fit trembler.

— Ah! ne m'abandonne pas, belle Serpentine! car tu es ma vie! s'écria-t-il involontairement.

— Je ne m'en irai pas aujourd'hui, lui dit-elle, avant de t'avoir raconté tout ce que tu pourras comprendre dans ton amour pour moi.

— Sache donc, bien-aimé, que mon père descend de la merveilleuse race des salamandres, et que je dois l'existence à son amour pour la couleuvre verte.

Dans les temps éloignés, le puissant prince des esprits Phosphorus régnait dans l'étonnant pays de l'Atlantide. Les esprits élémentaires lui étaient soumis. Un jour le salamandre qu'il affectionnait le plus (c'était mon père) se promenait dans les magnifiques jardins que la mère de Phosphorus avait embellis des dons les plus précieux, et il entendit une haute fleur de lis chanter ainsi tout bas:

— Ferme bien tes yeux, jusqu'à ce que le vent du matin, mon bien-aimé, te réveille...

Il s'avança au souffle de sa brûlante haleine. La fleur de lis ouvrit ses pétales, et il aperçut la couleuvre verte, qui sommeillait dans le calice.

Alors le salamandre fut épris pour la belle couleuvre d'un violent amour, et il la ravit à la fleur, dont les parfums appelèrent en vain dans leurs ineffables plaintes la couleuvre verte, car Salamandre l'avait portée dans le château de Phosphorus en lui adressant cette prière:

— Unis-moi à ma bien-aimée, il faut qu'elle soit à moi pour toujours...

— Insensé, que demandes-tu! dit le prince des esprits; sache donc qu'autrefois la fleur de lis fut mon amante et régnait avec moi, mais l'étincelle que je jetai en elle menaçait de l'anéantir, et seulement la victoire sur le dragon noir que les esprits de la terre tiennent maintenant dans les fers sauva la fleur, dont les pétales gardèrent assez de force pour enfermer l'étincelle et la conserver. Mais, si tu embrasses la couleuvre verte, ton feu brûlera le corps, et un nouvel être rapidement créé s'envolera loin de toi. Le salamandre méprisa les avis du prince des esprits. Plein d'un ardent désir, il serra la couleuvre verte contre son cœur; elle tomba en cendres, et un être ailé né de ces cendres mêmes s'éleva avec bruit dans les airs. Alors le salamandre fut saisi du délire du désespoir, et répandant le feu et les flammes, il court à travers le jardin et le dévasta dans sa sauvage fureur, de sorte que les plus belles fleurs et leurs boutons tombèrent brûlés en remplissant l'air de leurs cris de douleur. Le prince des esprits irrité saisit le salamandre dans sa colère et lui dit:

— Ton feu t'est ravi, tes flammes sont éteintes, tes rayons sont sans éclat; va, tombe parmi les esprits de la terre qui te railleront, et te tiendront captif jusqu'à ce que l'étoffe du feu s'allume de nouveau, et t'élève rayonnant du sein de la terre sous la forme d'un être nouveau.

Le pauvre Salamandre tomba éteint dans les profondeurs; mais alors s'avança le vieil esprit de la terre, ou grondeur, jardinier de Phosphorus, et il lui dit:

— Maître! qui plus que moi peut avoir à se plaindre de Salamandre? N'ai-je pas paré de mes plus beaux métaux les fleurs qu'il a incendiées? N'ai-je pas soigné et veillé leurs germes, et dépensé pour elles bien des couleurs admirables? Et cependant je me sens ému de pitié pour le pauvre Salamandre! L'amour seul, l'amour que tu as éprouvé aussi autrefois l'a jeté dans le désespoir, et l'a porté à dévaster le jardin; fais-lui grâce de sa dure punition!

— Son feu est maintenant éteint, dit le prince des esprits; mais dans ces temps plus heureux, lorsque le langage de la nature ne sera plus intelligible à la race endurcie des mortels, lorsque les esprits des éléments bannis dans leurs régions ne pourront plus parler à l'homme que du fond des espaces lointains, et seulement en plaintes lointaines, lorsqu'il aura été ravi du cercle harmonieux, et que seul un immense désir lui parlera confusément du merveilleux royaume qu'il habitait jadis, lorsque alors, et l'amour vivant dans son cœur; alors, dans ces temps de disgrâce, l'étoffe de feu de Salamandre s'allumera de nouveau; mais lorsqu'il germera chez lui il sera fait homme, et il devra en supporter la vie misérable et les chagrins. Mais non-seulement il conservera la mémoire de son origine, mais il vivra encore dans une sainte harmonie avec la nature, comprendra ses prodiges, et le pouvoir des esprits ses frères sera dans ses mains. Il retrouvera dans un buisson de lis la couleuvre verte, et les fruits de son union avec elle seront trois sœurs qui apparaîtront aux hommes sous la forme de leur mère. A l'époque du printemps elles se suspendront dans les feuillages sombres du sureau, et feront entendre leurs admirables voix de cristal.

S'il se trouve alors dans ces temps malheureux d'inintelligence intérieure un jeune homme qui comprenne leur chant, si un des serpents lui lance le regard de ses beaux yeux bleus, et si son regard éveille en lui le pressentiment d'un lointain et merveilleux pays vers lequel il pourra courageusement s'élever lorsqu'il aura jeté de côté le fardeau des instincts grossiers, si son amour pour le serpent fait germer en lui la foi aux miracles de la nature, et même à sa propre existence dans ces vivants et brûlants miracles, alors ce jeune homme deviendra l'époux de la couleuvre, et le salamandre ne déposera sa lourde enveloppe, et il n'ira rejoindre ses frères, que lorsqu'il aura trouvé trois jeunes hommes de ce genre, et qu'il les aura donnés à ses filles.

— Maître, dit l'esprit de la terre, permets que je fasse à ces trois filles un présent qui embellisse leur vie avec l'époux qu'elles auront trouvé. Chacune d'elles recevra de moi un pot du plus beau métal que je possède; je le polirai avec les rayons que j'enlèverai au diamant. Dans son éclat se reflétera, par un admirable et aveuglant miroitage, notre miraculeux royaume, dans l'accord où il se trouve maintenant avec la nature, et au moment des fiançailles il jaillira de son intérieur une fleur de lis, dont la fleur éternelle doit entourer de ses doux parfums le jeune homme accepté par les épreuves. Bientôt il comprendra le langage et les ineffables beautés de notre royaume, et ira habiter l'Atlantide avec sa bien-aimée.

Tu sais, mon cher Anselme, que mon père est le salamandre dont je viens de te raconter l'histoire. Il dut, en dépit de sa haute nature, se soumettre aux tracasseries de la vie commune, et de là viennent souvent les caprices malicieux qui le portent à se moquer des autres. Il m'a dit plus d'une fois que l'on a une expression pour rendre cette disposition d'esprit, que le prince des esprits, Phosphorus, exige comme condition au mariage de mes sœurs et de moi, et que cette expression, souvent employée mal à propos, est un sentiment naïf de poésie.

Ce sentiment se trouve souvent parmi les jeunes gens qui, à cause de la grande simplicité de leurs mœurs, et parce qu'ils manquent de ce que l'on appelle l'usage du monde, sont tournés en ridicule par la foule.

— Ah! mon cher Anselme! tu as compris, sous le sureau, mon chant, mon regard! Tu aimes le serpent vert, et tu veux être à moi pour toujours. La belle fleur de lis s'élèvera florissante hors du pot d'or; nous serons heureusement réunis, et nous irons dans l'Atlantide. Mais je ne peux pas te cacher que, dans un épouvantable combat avec les salamandres et les esprits de la terre, le dragon noir a quitté sa prison, et s'est envolé avec bruit dans les airs. Phosphorus l'a de nouveau remis dans les chaînes; mais de quelques-unes de ses plumes noires qui, pendant le combat, sont tombées sur la terre, ont germé des esprits ennemis qui combattent partout les salamandres et les esprits de la terre. Cette femme, qui est si fort ton ennemie, mon cher Anselme, et qui, comme mon père le sait fort bien, convoite la possession du pot d'or, à dû la naissance à l'amour d'une de ces plumes des ailes du dragon pour une rave. Elle connaît son origine et son pouvoir, car dans les plaintes, dans les efforts convulsifs du dragon captif elle a deviné les secrets de plusieurs constellations et elle emploie tous les moyens pour entrer ici de l'extérieur, et mon père la combat avec des regards de salamandre. Elle rassemble et irrite tous les principes ennemis qui demeurent dans les plantes nuisibles et les animaux venimeux en mêlant aux constellations favorables quelque maléfice qui répand la terreur dans les sens des hommes et les jette sous le pouvoir de ces démons que le dragon a créés en succombant dans le combat. Prends garde à cette vieille, Anselme! elle est ton ennemie, parce que ta nature innocente a déjà détruit plusieurs de ses charmes odieux; reste fidèle, fidèle à moi, bientôt tu seras au but.

— Oh! ma Serpentine! s'écria l'étudiant Anselme, comment pourrais-je me séparer de toi, comment pourrais-je ne pas t'aimer toujours!

Un baiser brûla ses lèvres. Lorsqu'il s'éveilla comme d'un rêve profond, Serpentine avait disparu, six heures sonnaient. Il se sentit attristé de n'avoir pas copié un seul mot. Il regarda la page plein d'appréhension sur ce que dirait l'archiviste. O surprise! la copie du manuscrit mystérieux était terminée, et en regardant les caractères de plus près il crut avoir copié le récit que Serpentine sur son père le favori de Phosphorus le prince des esprits. Alors entra l'archiviste Lindhorst, dans sa redingote grise, le chapeau sur la tête, la canne à la main; il regarda le parchemin couvert d'écriture par Anselme, prit une grande prise, et dit en riant:

— J'en étais sûr! Bien! voici le thaler, monsieur Anselme. Maintenant nous allons aller aux bains de Link, suivez-moi!

L'archiviste se mit à marcher rapidement dans le jardin, où il se faisait un tel bruit de chants, de sifflements de paroles, qu'Anselme en fut tout étourdi, et remercia le ciel quand ils se trouvèrent dans la rue.

A peine avaient-ils fait quelques pas qu'ils rencontrèrent le greffier Heerbrand, qui se joignit à eux de grand cœur. Devant la porte de la ville ils bourrèrent leurs pipes. Le greffier Heerbrand se plaignit de ne pas avoir de briquet sur lui; alors l'archiviste Lindhorst lui dit de mauvaise humeur:

— Comment, du feu! en voici et autant que vous en voudrez.

Et en disant cela il fit claquer ses doigts, d'où jaillirent de larges étincelles qui allumèrent la pipe aussitôt.

— Voyez-vous ce tour de chimie? dit le greffier Heerbrand; mais l'étudiant Anselme pensait au Salamandre avec un frisson intérieur.

Aux bains de Link, le greffier Heerbrand but tant de bière que lui, *homme ordinairement très-paisible*, se mit à chanter la chanson des étudiants d'une voix criarde de ténor. Il demandait à tout le monde avec violence :

— Etes-vous mon ami, oui ou non?

Et enfin il dut être plutôt apporté que conduit chez lui par Anselme, mais déjà l'archiviste s'était éloigné depuis longtemps.

NEUVIÈME VEILLÉE.

Comment l'étudiant Anselme prit un peu de raison. — La société de Punch. — Comment Anselme prit le recteur Paulmann pour un schuhu, et comment celui-ci s'en fâcha grandement. — La tache d'encre et ses suites.

La vie singulière et étonnante que menait Anselme chaque jour l'avait complétement enlevé à l'existence habituelle. Il ne voyait plus aucun de ses amis et attendait chaque matin avec impatience l'heure de midi qui lui ouvrait un paradis. Et pourtant, tandis qu'un esprit était tout entier tourné vers la belle Serpentine et les merveilles du royaume des fées assemblées dans la maison de l'archiviste Lindhorst, il *lui fallait aussi penser quelquefois involontairement à Véronique*, quelquefois il lui semblait la voir se présenter devant lui, lui faire en rougissant l'aveu de son amour et lui dire qu'elle s'occupait de l'arracher aux fantômes qui l'abusaient et se jouaient de lui. Quelquefois il lui semblait qu'un pouvoir étranger l'entraînait tout à coup vers Véronique oubliée, et qu'il était obligé de la suivre où elle voulait, comme s'il était enchaîné à elle. La nuit du jour où Serpentine lui était apparue pour la première fois sous la forme d'une jeune fille d'une beauté merveilleuse, où elle lui avait révélé les étonnants mystères de l'union du salamandre avec la couleuvre verte, Véronique se présenta devant ses yeux plus distinctement que jamais. Oui, ce ne fut qu'à son réveil qu'il fut convaincu qu'il avait fait un rêve, tant il était persuadé que Véronique était près de lui et se plaignait avec l'accent d'une profonde douleur qui lui allait à l'âme qu'il sacrifiat son amour vrai à des apparitions fantastiques créées par un déréglement de son esprit. Et elle lui disait aussi qu'il lui en arriverait malheur. Véronique était plus aimable qu'elle n'avait jamais été; il avait peine à la chasser de son esprit, et cette circonstance lui occasionnait un tourment qu'il espéra dissiper au moyen d'une promenade matinale. Une secrète force magique l'entraîna vers la porte de Pirna, et il allait tourner dans une rue voisine, lorsque le recteur Paulmann, arrivant derrière lui, lui cria :

— Hé! hé! mon cher monsieur Anselme, *amice! amice!* Où vous fourrez-vous donc, au nom du ciel? On ne vous voit plus du tout. Savez-vous que Véronique a un désir extrême de chanter encore une fois avec vous? Allons, venez! Vous vous rendiez chez moi, n'est-ce pas?

Anselme se trouva forcé de suivre le recteur. Lorsqu'ils entrèrent dans la maison, Véronique, dans une charmante toilette, vint à leur rencontre. Le recteur Paulmann, étonné de cette élégance, demanda pourquoi cette parure. Attend-on des visites? Mais j'amène M. Anselme.

Lorsque Anselme, par galanterie, baisa la main de Véronique, il sentit une légère pression qui répandait un fleuve de feu dans ses veines. Véronique était pleine de gaieté mêmes, et lorsque Paulmann se fut retiré dans son cabinet d'études, elle sut tellement exciter Anselme par ses malices et ses gentillesses que celui-ci, abandonnant toute timidité, se mit à poursuivre dans la chambre la jeune fille agaçante. Mais le démon de la maladresse vint encore une fois se jeter en travers, et il rencontra du pied de la table de Véronique et renversa sa boite à ouvrage. Anselme la ramassa, le couvercle était tombé et il vit devant lui un petit miroir rond dans lequel il regarda avec un plaisir tout particulier.

Véronique se glissa derrière lui, posa la main sur son bras, et, se serrant contre lui, regarda aussi dans le miroir par-dessus son épaule. Alors Anselme comme un combat de furie dans la tête, les pensées, des images s'avançaient brillantes et disparaissaient : l'archiviste Lindhorst, — Serpentine, — le serpent vert; — enfin tout devint plus tranquille et toutes ces formes indécises se rassemblèrent et formèrent un être distinct. Il lui parut évident qu'il n'avait jamais pensé qu'à Véronique, évident que la figure qui lui était apparue la veille dans la chambre bleue était aussi Véronique et qu'il avait réellement écrit, sans que cela lui eût été nullement raconté, la légende fantastique de l'union du salamandre avec le serpent vert. Il s'étonna lui-même de toutes ces rêveries et les attribua simplement à l'état de son âme exaltée par son amour pour Véronique, ou aussi au travail chez l'archiviste Lindhorst, dont les chambres étaient au reste si remplies de si étonnantes vapeurs parfumées. Il se mit à rire de bon cœur de sa folle idée d'être amoureux d'une couleuvre et d'avoir pris pour un salamandre un archiviste bien avéré, bien reconnu pour tel.

— Oui, oui, c'est Véronique! s'écria-t-il tout haut en rencontrant les yeux bleus de la jeune fille qui brillaient d'amour et de désirs.

Un soupir étouffé s'échappa des lèvres de la jeune fille, qui vinrent en un moment s'attacher brûlantes aux lèvres d'Anselme.

— Oh! que je suis heureux! soupira l'étudiant, ce que j'avais rêvé hier devient aujourd'hui presque une réalité.

— Et tu m'épouseras lorsque tu seras devenu conseiller aulique? demanda la jeune fille.

— Certainement, reprit Anselme.

Au même instant la porte fit du bruit et le recteur Paulmann entra dans la chambre.

— Eh bien, mon cher Anselme, dit-il, je ne vous laisserai pas aller aujourd'hui; vous vous contenterez de ma soupe, et ensuite Véronique nous préparera un café délicieux que nous dégusterons avec le greffier Heerbrand, qui m'a promis aujourd'hui sa visite.

— Ah! mon cher monsieur le recteur, répondit Anselme, ne savez-vous pas qu'il faut que je me rende à midi chez l'archiviste Lindhorst pour mes copies?

— Regardez, *amice!* dit le recteur Paulmann en lui présentant sa montre, qui disait midi et demi.

L'étudiant Anselme comprit qu'il était trop tard, et céda d'autant plus volontiers aux désirs du recteur qu'il pourrait voir Véronique toute la journée et récolter à la dérobée quelque coup d'œil, quelque tendre serrement de main et peut-être aussi un baiser. Les désirs d'Anselme allaient de plus en plus grandissant, et il devenait de plus en plus gai en se persuadant à chaque instant davantage qu'il allait être bientôt délivré de toutes ces billevesées, qui auraient fini par le rendre tout à fait fou. Le greffier Heerbrand vint en effet, et lorsqu'ils eurent pris le café et que déjà le crépuscule fut venu, il se frotta les mains, joyeux et souriant, et dit avec des manières pleines de mystère :

— Je porte sur moi un objet qui, mêlé et arrangé convenablement par les charmantes mains de Véronique, nous réjouira tous dans une froide soirée d'octobre.

— Montrez-nous cet objet étrange, très-honoré greffier! s'écria le recteur Paulmann.

Et le greffier fouilla dans la poche de son habit et amena à trois reprises une bouteille d'arack, des citrons et du sucre. A peine une demi-heure était-elle passée que déjà un punch délicieux fumait sur la table de Paulmann.

Véronique versa la boisson, et une conversation pleine de gaieté s'établit entre les amis. Mais à mesure que l'esprit du breuvage montait à la tête d'Anselme, toutes les images des choses étonnantes qu'il avait vues depuis peu lui revenaient en idée. Il vit l'archiviste Lindhorst dans sa robe de chambre de damas, qui brillait comme Phosphorus; il vit la chambre bleu d'azur, le palmier d'or : il lui sembla qu'il devait pourtant croire à Serpentine. Son âme était inquiète et bouleversée, Véronique lui tendit un verre de punch, et le prenant il lui toucha légèrement la main.

— Serpentine! Véronique! dit-il en soupirant.

Il tomba dans une rêverie profonde; mais le greffier Heerbrand s'écria d'une voix très-haute :

— L'archiviste Lindhorst n'en est pas moins un bien singulier vieillard. L'archiviste Lindhorst! personne ne peut connaître! Buvons à sa santé! Trinquons, monsieur Anselme!

Alors Anselme sortit de ses rêves, et dit en choquant du sien le verre du greffier :

— Cela vient, mon honorable monsieur Heerbrand, de ce que l'archiviste est positivement un salamandre, qui dans un moment de colère dévasta le jardin du prince des esprits Phosphorus.

— Comment! qu'est-ce? demanda le recteur Paulmann.

— Oui, continua l'étudiant Anselme, et c'est pour cela qu'il doit être seulement archiviste royal et vivre ici, à Dresde, avec ses filles, qui ne sont autre chose que de petites couleuvres couleur vert d'or, qui se plaisent au soleil, dans les sureaux, chantent d'une manière entraînante et séduisante les jeunes gens, comme le font les sirènes.

— Monsieur Anselme! monsieur Anselme! s'écria le recteur, perdez-vous la tête? Quel singulier bavardage nous faites-vous là?

— Il a raison, reprit le greffier Heerbrand, ce drôle d'archiviste est un salamandre maudit, qui, lorsqu'il claque ses doigts, en fait jaillir des étincelles qui vous font un trou dans une redingote comme si c'était de l'amadou. Oui! oui! tu as raison, ami Anselme, et celui qui refuse de le croire est mon ennemi.

Et en disant cela le greffier donna sur la table un coup de poing qui fit retentir les verres.

— Greffier! êtes-vous enragé? s'écria le recteur mécontent.

— Monsieur Studiosus! monsieur Studiosus! que nous préparez-vous encore?

— Ah! dit l'étudiant, vous n'êtes pas autre chose qu'un oiseau, un schuhu, qui frise les toupets, monsieur le recteur.

— Quoi? je suis un oiseau! un schuhu! un friseur! s'écria le recteur plein de colère; vous êtes fou, monsieur, vous êtes fou.

— Mais la vieille lui tombe sur le dos, s'écria le greffier Heerbrand.

— Oui, la vieille est puissante, interrompit l'étudiant Anselme, quoique d'une origine inférieure, car son *papa* est tout simplement une misérable plume d'oie , sa maman une vile rave , mademoiselle doit sa puissance aux créatures ennemies, aux canailles venimeuses qui l'entourent.

— C'est une affreuse calomnie, s'écria Véronique les yeux brillants de colère, la vieille Lise est une femme remplie de sagesse , et le matou noir n'est pas une créature ennemie, mais un jeune élégant de belles manières et son cousin germain.

— Peut-il manger des salamandres sans se roussir la barbe et crever misérablement? demanda Heerbrand.

— Non! non! s'écria l'étudiant, il ne le peut pas et il ne le pourra jamais : et le serpent vert m'aime, car j'ai un esprit naïf et j'ai vu les yeux de Serpentine.

— Le matou les lui arrachera, s'écria Véronique.

— La salamandre vous vaincra tous.

— Tous! mugit le recteur Heerbrand.

— Ah çà! suis-je dans une maison de fous? s'écria Paulmann , ne suis-je pas fou moi-même? Quelles folies vois-je dire! Oui, je suis fou aussi ! fou aussi!

Alors le recteur Paulmann bondit en l'air, arracha sa perruque, et l'envoya si fort au plafond, que les boucles meurtries en gémirent et envoyèrent en se déroulant des nuages de poudre de tous côtés.

Alors le greffier Heerbrand et Anselme saisirent la terrine de punch et les verres et les jetèrent en l'air en poussant des cris de joie pendant que les débris sautillaient en résonnant.

— Vive le salamandre! périsse la vieille ! brisez le miroir de métal ! arrachez les yeux au chat ! des petits oiseaux, des petits oiseaux dans les airs ?

— Eheu ! eheu ! Evohe! evohe! Salamandre ! ainsi criaient les trois convives comme des possédés.

Francine s'enfuit en sanglotant , mais Véronique, écrasée de chagrin, tomba sur le sofa en pleurant à chaudes larmes.

Alors la porte s'ouvrit et tout se tut tout d'un coup, et il entra un petit homme enveloppé d'un petit manteau gris. Son visage avait une gravité singulière ; il était surtout remarquable par un nez recourbé, sur lequel reposait une paire de lunettes telles qu'on n'en avait jamais vu. Il portait aussi une perruque qui semblait être un bonnet de plumes.

— Eh ! bonsoir ! dit d'une voix ronflante le petit homme singulier. Je trouve ici, n'est-ce pas , l'étudiant Anselme? Bien des salutations de la part de l'archiviste Lindhorst, il a attendu en vain M. Anselme, ce matin, mais il le prie très-instamment de ne pas manquer demain l'heure convenue.

Et puis il sortit, et alors tout le monde s'aperçut que le petit homme était réellement un perroquet gris. Le recteur Paulmann et le greffier Heerbrand se mirent à rire de telle sorte que la chambre en tremblait, et Véronique pleurait et gémissait pendant ce temps comme si elle eût été saisie d'une violente douleur; mais Anselme en éprouva une frayeur qui allait jusqu'au délire, et, sans savoir ce qu'il faisait, il s'échappa jusque dans la rue. Il trouva machinalement sa maison et sa petite chambre. Peu de temps après, Véronique se présenta chez lui et lui dit :

— Pourquoi vous êtes-vous si fort tourmenté pendant votre ivresse? Gardez-vous surtout de nouveaux écarts de votre imagination pendant que vous travaillerez chez l'archiviste. Bonsoir, bonsoir, mon bon ami.

Et elle l'embrassa sur les lèvres.

Il voulait la prendre dans ses bras, mais le songe avait disparu, et il se réveilla plein de force et de gaieté. Il se mit à rire des effets du punch, mais lorsqu'il pensait à Véronique, il était pénétré d'une agréable sensation.

— C'est à elle seule que je suis redevable, se disait-il, de m'être débarrassé de mes singulières fantaisies. Vraiment j'étais comme celui qui s'imaginait être de verre ou celui qui gardait la chambre en se croyant un grain d'orge de peur d'être mangé par les poules; mais aussitôt que je serai conseiller de la cour j'épouserai mademoiselle Paulmann et je serai heureux.

Lorsqu'à l'heure de midi il traversa le jardin de l'archiviste Lindhorst, il ne pouvait revenir de l'avoir trouvé singulier et plein de prodiges. Il ne voyait de toutes parts que des pots de fleurs très-ordinaires, comme des géraniums, des myrtes et autres. Au lieu de ces oiseaux brillants et variés qui s'étaient moqués de lui, il ne voyait voltiger çà et là que des oiseaux qui jetaient des cris inintelligibles aussitôt qu'ils apercevaient Anselme. La chambre bleue lui parut aussi tout autre, et il ne comprenait pas comment ce bleu cru et les troncs dorés contre nature de ces palmiers aux feuilles difformes et brillantes avaient charmé un moment ses yeux.

L'archiviste le regarda avec un sourire ironique et lui demanda :

— Eh bien ! mon cher monsieur Anselme, comment avez-vous trouvé le punch hier soir?

— Ah! dit Anselme tout honteux, votre perroquet vous a fait son rapport; mais il s'interrompit en réfléchissant que l'apparition du perroquet n'avait aussi été qu'une erreur de ses sens.

— Eh ! interrompit l'archiviste, ne m'avez-vous pas vu là, ne m'avez-vous pas vu? Mais j'ai été sur le point d'être victime de votre folle manière d'être, car j'étais encore assis dans la terrine lorsque le greffier la prit pour la jeter au plafond, et je n'eus que le temps bien juste de me réfugier dans la pipe du recteur. Et maintenant, adieu, monsieur Anselme, mettez-vous à la diligence ! je vous donnerai un thaler pour la journée perdue d'hier ; jusque-là vous aviez bravement travaillé.

— Comment l'archiviste peut-il s'occuper de pareilles fadaises ! dit l'étudiant Anselme en lui-même, et il s'assit à la table pour commencer la copie du manuscrit, que l'archiviste avait comme à l'ordinaire mis devant lui. Mais il vit sur le parchemin tant de traits singuliers qui se mêlaient ensemble et s'enroulaient ensemble et sans laisser à l'œil un point de repos en arrivaient à troubler la vue, qu'il regarda à peu près comme impossible d'imiter tout cela. Oui , en regardant le parchemin sans y fixer les regards il avait l'apparence d'un marbre veiné de mille sortes ou d'une pierre mouchetée par la mousse. Il voulut toutefois faire son possible, et mit tremper la plume dans l'encre de Chine ; mais l'encre ne voulut pas couler : il secoua la plume avec impatience, et, ô ciel ! une grande tache tomba sur l'original. Un éclair bleu s'élança en sifflant et en mugissant de la tache même, et serpenta en craquant dans la chambre jusqu'au plafond. Alors une vapeur épaisse coula des murs, les feuilles commencèrent à s'agiter avec bruit comme si elles étaient secouées par l'orage, et il s'élança d'elles des basilics en flammes pétillantes qui incendièrent la vapeur que les masses de feu envoyaient autour d'Anselme en tourbillons. Les troncs d'or des palmiers devinrent de monstrueux serpents qui frappaient l'une contre l'autre leurs têtes épouvantables avec un bruit métallique et assourdissant et ils enveloppèrent Anselme de leurs corps couverts d'écailles.

— Insensé, sois puni de ton crime odieux! s'écria la voix terrible de Salamandre, qui , la couronne en tête , parut sur les serpents au milieu des flammes comme un éblouissant éclair , et des cataractes de feu crachèrent sur Anselme de leurs gueules entr'ouvertes, et les fleuves de feu parurent se condenser autour de son corps, et devinrent une masse solide et glacée ; mais tandis que les membres d'Anselme se roidissaient et devenaient de plus en plus étroits en se retirant ensemble, sa connaissance l'abandonna.

Lorsqu'il revint à lui, il ne pouvait plus se mouvoir, il était comme entouré d'une apparence brillante, contre laquelle il se cognait lorsqu'il voulait lever la main ou faire le moindre mouvement.

Hélas ! il était assis dans une bouteille de cristal bien bouchée, sur les tablettes de la bibliothèque de l'archiviste Lindhorst.

DIXIÈME VEILLÉE.

Souffrances de l'étudiant Anselme dans la bouteille de verre. — Vie heureuse des écoliers de la croix et des praticiens. — La bataille dans la bibliothèque de l'archiviste. — Victoire du salamandre et délivrance d'Anselme.

Je doute à bon droit, cher lecteur, que tu te sois jamais trouvé enfermé dans une bouteille , à moins toutefois qu'un rêve ne t'ait ainsi féeriquement emprisonné. Si tu as eu un rêve pareil, alors tu comprendras plus vivement toutes les angoisses du pauvre étudiant Anselme. Mais, si tu n'as jamais eu un songe de ce genre, pour nous plaire, à Anselme et à moi, enferme toi un moment, à l'aide de la fantaisie, dans le cristal. Te voilà entouré d'un éclat aveuglant, tous les objets qui t'environnent entourés des couleurs de l'arc-en-ciel, tout tremble, vacille ou chancelle dans la chambre, tu nages, sans pouvoir te bouger, comme dans un air congelé qui t'oppresse de telle sorte que l'esprit ordonne en vain au corps inactif. Un poids immense oppresse de plus en plus ta poitrine, chaque mouvement de ta respiration dévore quelques parcelles du peu d'air qui joue dans l'étroit espace. Tes veines se gonflent, et, dans une crainte affreuse, chaque nerf tressaille en combattant la mort. Aie pitié, bon lecteur, du terrible martyre que souffrait Anselme dans sa prison de verre. Mais il sentait bien qu'il ne viendrait pas le délivrer, car il sortit du profond évanouissement où il était tombé à cet excès de douleur lorsque le soleil clair et joyeux, regarder dans la chambre et ses tourments recommencèrent.

Il ne pouvait pas remuer un seul membre, mais ses pensées frappaient le verre, qui l'étourdissait par son retentissement inharmonieux, et, au lieu des mots que son esprit prononçait en lui-même, que le sourd murmure de la folie.

Alors il s'écria au désespoir :

— O Serpentine ! Serpentine ! sauve-moi de cet infernal tourment!

Et il fut comme environné de soupirs légers qui se plaçaient autour de la bouteille comme des feuilles vertes et transparentes de sureau, les sons cessèrent, le reflet aveuglant disparut, et il respira plus librement.

— Ne suis-je pas moi-même la cause de mon malheur? N'ai-je pas été coupable envers toi, charmante Serpentine? N'ai-je pas élevé sur toi de misérables doutes? N'ai-je pas perdu la foi et avec elle tout, tout ce qui devait me rendre heureux? Ah ! tu ne m'appartiendras jamais. Le pot d'or est perdu pour moi, je ne verrai plus de prodiges ! Ah ! je voudrais te voir encore une fois, chère Serpentine, entendre encore une fois ta voix si douce!

Ainsi gémissait l'étudiant Anselme saisi d'une poignante douleur, et alors quelqu'un dit tout près de lui :

— Je ne sais pas du tout ce que vous voulez, monsieur le Studiosus, pourquoi vous lamentez-vous ainsi d'une manière aussi déréglée?

L'étudiant Anselme vit qu'il y avait encore cinq bouteilles à côté de lui sur la même tablette, dans lesquelles il aperçut trois élèves de l'école des frères et deux praticiens.

— Ah! messieurs et compagnons d'infortune, leur cria-t-il, comment pouvez-vous être aussi calmes, aussi joyeux même, comme je crois le voir à la gaieté de vos visages? Vous êtes assis enfermés comme moi dans des bouteilles de verre sans pouvoir vous remuer, vous ne pouvez même rien penser de raisonnable sans qu'il s'ensuive un bruit mortel de résonnances et d'échos et sans que vous en ayez la tête brisée. Mais vous ne croyez certainement pas au salamandre et au serpent vert.

— Mais où avez-vous la tête, monsieur le Studiosus, répondit un écolier, nous ne nous sommes jamais trouvés mieux, car les thalers que nous a donnés ce fou d'archiviste pour quelques écritures confuses nous font du bien, nous n'avons plus besoin d'apprendre des chœurs italiens, nous allons tous les jours à Joseph ou dans d'autres cabarets et nous nous délectons avec de la double bière, nous regardons les jolies jeunes filles dans le blanc des yeux, nous chantons en vrais étudiants :

Gaudeamus igitur et nous sommes ravis du fond de l'âme !

— Ces messieurs ont raison, interrompit un praticien : à moi aussi les thalers ne manquent pas, comme à mes chers collègues, mes voisins, et je me promène assidûment sur la colline de vigne au lieu d'être assis entre quatre murs à écrire des actes ennuyeux.

— Mais, chers messieurs, dit l'étudiant Anselme, ne sentez-vous pas que vous êtes assis tous ensemble et séparément dans une bouteille de verre où vous ne pouvez remuer et encore moins aller vous promener?

Alors les trois écoliers et les deux praticiens se mirent à jeter un grand éclat de rire et à s'écrier :

— Le Studiosus est fou, il s'imagine être dans une bouteille de verre, et il est sur le pont de l'Elbe, et regarde justement dans l'eau. Allons-nous-en!

— Ah! soupira l'étudiant, ils n'ont jamais vu la belle Serpentine, ils ne savent pas que la vie et la liberté sont dans la foi et l'amour, et c'est pour cela qu'ils ne sentent pas le poids de la prison où les enferma la salamandre pour leurs folies et leur bassesse de sentiments; mais moi, malheureux, je mourrai de honte et de douleur, si elle ne me sauve pas, elle que j'aime tant!

Alors la voix de Serpentine murmura comme un souffle à travers la chambre :

— Anselme, crois, aime, espère !

Et chaque son retentissait dans la prison d'Anselme, et le cristal *sous leur puissance était obligé de s'amollir et de se dilater*, de sorte que la poitrine du prisonnier pouvait se mouvoir et s'élever.

Il ne s'inquiétait plus de ses légers compagnons d'infortune, mais tournait tous ses sens et toutes ses pensées vers la charmante Serpentine.

Mais tout à coup du côté opposé se leva un sombre et agaçant murmure. Il remarqua bientôt que le bruit venait d'une vieille cafetière dont le couvercle était à moitié brisé, et qui se trouvait placée sur une petite armoire en face de lui. En la regardant avec plus d'attention les traits hideux d'une figure ridée de vieille femme devinrent de plus en plus distincts, et bientôt la vieille aux pommes de porte Noire était devant les tablettes. Alors elle grimaça et se mit à rire en disant d'une voix discordante :

— Eh! eh! enfant, patiente maintenant. Ta chute est dans le cristal. Ne te l'avais-je pas prédit?

— Moque-toi de moi, maudite sorcière, dit Anselme , tu es cause de tout, mais le salamandre t'attrapera, toi, vilaine rave!

— Ho! ho! dit la vieille, pas tant d'orgueil! Tu as marché sur la figure de mes chers fils, tu m'as brûlé le nez, mais pourtant je te suis favorable, fripon, parce que tu es au reste un gentil garçon, et que ma petite fille t'aime. Mais tu ne sortiras pas du cristal sans mon ordre. Je ne peux pas arriver jusqu'à toi là-haut; mais ma commère la souris, qui demeure sur la même carré de mur, va ronger la planche sur laquelle tu te trouves, tu culbuteras en bas, et je te recevrai dans mon tablier, afin que tu ne te casses pas le nez et que tu conserves ton joli visage, et je te porterai à mademoiselle Véronique, que tu épouseras quand tu seras devenu conseiller aulique.

— Va-t'en, fille de Satan! s'écria l'étudiant Anselme plein de colère, tes infernales sorcelleries m'ont seules excité à la faute que j'expie en ce moment; mais je supporterai tout patiemment ici tant que la charmante Serpentine m'entourera de consolations et d'amour. Écoute, vieille, et désespère! je brave ton pouvoir, j'aime Serpentine à jamais, je ne veux pas devenir conseiller aulique, je ne veux plus revoir Véronique, qui par toi m'a conduit à devenir un scélérat. Si le serpent vert ne m'appartient pas, je mourrai de désir et de douleur. Va-t'en, va-t'en, fille du diable!

Alors la vieille se mit à rire avec tant de force qu'elle fit vibrer la chambre, et elle s'écria :

— Eh bien! demeure là et meurs; mais il est temps de commencer l'œuvre, car j'ai d'autres choses à faire ici.

Elle jeta son manteau noir et resta dans sa repoussante nudité, et puis elle traça un cercle autour d'elle, et de gros livres tombèrent dont elle déchira des feuilles de parchemin. Elle les joignit rapidement ensemble dans un artistique assemblage, se les mit sur le corps, et fut bientôt couverte d'une armure d'écailles bigarrées. Le matou, crachant du feu, s'élança de l'encrier qui se trouvait sur la table, et cria en face de la vieille, qui poussa un grand cri de joie et disparut avec lui par la porte.

Anselme remarqua qu'elle était allée du côté de la chambre bleue, et bientôt il entendit des sifflements et des mugissements dans le lointain. Les oiseaux dans le jardin criaient, le perroquet jurait.

Dans le même instant la vieille de retour sauta dans la chambre portant le pot d'or sous son bras en criant :

— Courage, courage, fils ! tue le serpent vert! courage, fils , courage !

Il sembla à Anselme entendre dans un profond gémissement la voix de Serpentine.

Il fut saisi de désespoir et d'effroi. Il rassembla toutes ses forces, il poussa avec violence les parois de cristal à en faire briser ses nerfs et ses veines.

Un bruit éclatant traversa la chambre, et l'archiviste était debout devant la porte avec sa robe de chambre d'écailles éclatante.

— Hé ! hé! racaille, fantômes, sorciers , ici! s'écria-t-il.

Alors les cheveux noirs de la vieille se dressèrent en l'air semblables à une brosse, ses yeux brillaient d'un feu infernal , les dents pointues de la large bouche se serraient ensemble, et elle sifflait :

— Sortons, sortons! siffle, siffle!

Et elle riait, et elle chevrotait en se moquant; elle serra le pot d'or contre elle et en prit à pleines mains des poignées de terre qu'elle lançait à l'archiviste, mais aussitôt que la terre touchait la robe de chambre elle se changeait en fleurs qui tombaient à terre : alors claquaient et flambaient en l'air les lis de la robe de chambre; et l'archiviste lançait des lis de feu pétillant sur la sorcière, qui hurlait de douleur. Mais lorsqu'elle sautait en l'air et secouait son armure de parchemin les lis s'éteignaient et retombaient en cendres.

— En avant , mon jeune homme! s'écria la vieille.

Alors le matou s'avança et s'élança en jurant vers l'archiviste du côté de la porte; mais le perroquet gris vola à sa rencontre et le saisit avec son bec crochu par le chignon, de sorte qu'un sang rouge de feu jaillit de son cou, et la voix de Serpentine s'écria :

— Sauvé! sauvé!

La vieille, pleine de fureur et de désespoir, courut sur l'archiviste, elle jeta le pot derrière elle, et levant en l'air les longs doigts de ses poignets desséchés, elle voulait étrangler son adversaire; mais celui-ci défit rapidement sa robe de chambre et la jeta sur la vieille. Alors des flammes bleues sifflèrent, craquèrent et gémirent en sortant des feuilles de parchemin , et la vieille se tordait en hurlant et essayait de prendre du pot le plus de terre qu'elle pouvait , et lorsqu'elle réussissait à les jeter sur le parchemin le feu s'éteignait; mais du corps de l'archiviste des rayons de flammes sortirent en se jetant avec fracas sur la vieille.

— Hé ! hé! en avant et en avant ! victoire au salamandre ! cria la voix menaçante de l'archiviste à travers la chambre ; et cent éclairs serpentaient en cercles de flammes autour de la vieille, qui poussait des cris.

Le chat et le perroquet continuaient en hurlant et en jurant un combat furieux, mais enfin le perroquet d'un coup de son aile vigoureuse jeta le matou sur le plancher; et le maintenant et le perçant de ses griffes, de manière à le faire crier et gémir horriblement, il lui arracha de son bec aigu les yeux ardents, et le sang jaillit de sa tête brûlante.

Une épaisse vapeur s'éleva à la place où la vieille était tombée à terre renversée par la robe de chambre; son hurlement, son affreux cri de douleur retentit dans le lointain. La fumée qui s'était élevée avec une pesanteur pénétrante se dissipa. L'archiviste leva sa robe de chambre, sous laquelle se trouvait une affreuse rave.

— Honorable archiviste, je vous livre votre ennemi vaincu! dit le perroquet en présentant à l'archiviste un cheveu noir qu'il tenait dans son bec.

— Très-bien, mon cher, répondit celui-ci, là est aussi par terre mon ennemie! soignez le reste; seulement vous recevrez aujourd'hui une petite douceur : six noix de coco et aussi de nouvelles lunettes, car je vois que le matou vous les a ignoblement cassé les verres.

— Vive notre honorable ami et protecteur! répondit le perroquet tout joyeux, et il prit la rave dans son bec et la jeta par la fenêtre que l'archiviste avait ouverte. Celui-ci saisit le pot d'or, et s'écria d'une voix forte :

— Serpentine ! Serpentine !

Mais tandis que l'étudiant Anselme , tout joyeux de la défaite de la méchante femme qui avait causé son malheur, regardait l'archiviste , c'était donc d'un coup la grande et majestueuse figure du prince des esprits qui levait les yeux sur lui avec une grâce et une dignité ineffables et disait :

— Anselme, la faute de ton peu de foi ne venait pas de toi, mais d'un principe ennemi qui essayait de pénétrer dans ton âme et de te mettre toi-même en guerre avec toi. Tu as été fidèle, sois heureux!

Un éclair sillonna la chambre, l'admirable accord de tierce des cloches de cristal retentit plus fort que jamais, et cet accord en s'enflant toujours retentissait en emplissant la chambre, tellement que le verre qui renfermait Anselme se brisa et il tomba dans les bras de l'aimable et charmante Serpentine.

ONZIÈME VEILLÉE.

Mauvaise humeur du recteur Paulmann à cause de la folie répandue sur sa famille. — Comment le greffier Heerbrand devint conseiller aulique, et s'en alla se promener par le plus grand froid en souliers et en bas de soie. — Aveux de Véronique. — Fiançailles auprès d'une soupière fumante.

— Mais dites-moi, honorable greffier, comment ce maudit punch nous a monté ainsi à la tête, et nous a fait faire toutes sortes de *allotria?* dit le recteur Paulmann en entrant le lendemain dans la chambre pleine de débris et au milieu de laquelle l'infortunée perruque, les boucles dénouées et revenues à leur état primitif, était inondée de punch. Lorsque l'étudiant Anselme s'en était allé en courant, le recteur Paulmann et le greffier Heerbrand chancelaient et battaient les murs de la chambre criant comme des possédés et se ruant, l'un contre l'autre jusqu'à ce que Francine en avait beaucoup de peine conduit dans son lit son père tout étourdi, et que le greffier fut tombé d'épuisement sur le sofa que Véronique avait abandonné pour se réfugier en pleurant dans sa chambre. Il s'était entouré la tête de son mouchoir bleu, et regardant devant lui pâle et mélancolique il dit en sanglotant :

— Ah! honorable recteur, ce n'est pas le punch délicieusement préparé par mademoiselle Véronique; non, c'est ce maudit étudiant qui est cause de tout ce désordre. N'avez-vous pas remarqué qu'il est depuis longtemps *mente captus?* Mais ne savez-vous pas aussi que la folie est contagieuse? Un fou en fait beaucoup d'autres. Pardonnez, c'est un vieux proverbe. Principalement quand on a pris un petit verre de trop on tombe souvent dans la folie, et l'on manœuvre involontairement; de même on tombe dans les *exercitia* que le chef de file exécute. Croyez donc, recteur, que je suis encore tout étourdi quand je pense au perroquet gris.

— Ah! bah! interrompit le recteur, bamboches que tout cela! C'était le vieux *famulus* de l'archiviste qui avait mis son manteau gris et cherchait Anselme.

— Cela peut être, reprit le greffier Heerbrand, mais je dois avouer que je suis dans une misérable disposition d'esprit. J'ai entendu toute la nuit gazouiller et siffler.

— C'était moi, répondit le recteur, car j'ai l'habitude de ronfler en dormant.

— C'est possible! continua le greffier. Mais, recteur! recteur! ce n'était pas sans dessein que j'avais cherché à nous préparer quelques joies, mais Anselme a tout gâté. Vous ne savez pas! ô recteur! recteur!

Le greffier Heerbrand se leva vivement, arracha son mouchoir de sa tête, embrassa le recteur, lui serra affectueusement la main et dit encore une fois d'effusion :

— Recteur! recteur!

Et il se précipita dehors en prenant sa canne et son chapeau.

— Anselme ne repassera pas le seuil de ma porte, se dit le recteur Paulmann à lui-même, car je vois bien qu'avec sa folie incurable il enlèverait aux meilleures gens leur peu de bon sens. Le greffier est aussi atteint. Moi j'ai résisté jusqu'ici ; mais le diable qui hier dans l'ivresse frappait assez fort pourrait bien à la fin entrer et faire son jeu : ainsi, *apage, Satanas,* ne recevons plus Anselme !

Véronique était devenue toute rêveuse, elle ne disait pas un mot, souriait de temps en temps d'une manière étrange et préférait être seule.

— Anselme l'a aussi sur le cœur, ajouta le recteur avec malice; mais il est bon qu'on ne le voie plus du tout. Je sais qu'il a peur de moi, et voilà pourquoi il ne revient plus.

Le recteur Paulmann avait prononcé cette phrase à voix haute : alors des larmes s'échappèrent des yeux de Véronique, qui se trouvait là, et elle dit en soupirant :

— Est-ce qu'Anselme peut venir? Il y a longtemps qu'il est enfermé dans la bouteille.

— Comment! qu'est-ce? reprit le recteur. Ah! mon Dieu, la voilà, elle aussi, qui bat la campagne comme le greffier, cela va bientôt se déclarer. Ah! maudit, affreux Anselme!

Et il court aussitôt chez le docteur Lekstein, qui se mit à sourire et à répéter encore :

— Eh! eh!

Il n'ordonna rien du tout, seulement il ajouta au peu qu'il avait dit et en s'en allant :

— Accès nerveux! cela se dissipera de soi-même ; faites-la sortir, aller en voiture, donnez-lui des distractions, le théâtre, des opéras; et tout se passera.

— J'ai rarement vu le docteur aussi éloquent, pensa le recteur Paulmann, lui ordinairement si bavard.

Plusieurs jours, plusieurs semaines, plusieurs mois s'étaient passés et Anselme avait disparu; mais le greffier ne se fit pas voir non plus jusqu'au 4 février, jour où il entra à midi sonnant, couvert d'un habit à la mode d'un drap superfin, en bas de soie et en souliers malgré la rigueur du froid, et un bouquet de fleurs naturelles à la main, dans la chambre du recteur, qui ne fut pas médiocrement émerveillé de sa toilette.

Le greffier s'avança droit et solennellement vers Paulmann, l'embrassa avec des manières très-comme il faut et lui dit :

— Aujourd'hui, jour de la fête de votre chère et honorée fille mademoiselle Véronique, je veux vous dire franchement ce que je conserve depuis longtemps dans mon cœur. Un jour au soir désastreux où j'apportai dans la poche de mon habit tous les ingrédients pour faire ce malheureux punch j'avais dans l'idée de vous annoncer une heureuse nouvelle, et de célébrer gaiement cet heureux jour, car j'avais déjà appris que j'allais être nommé conseiller de la cour, grade dont je porte aujourd'hui dans ma poche le brevet *cum nomine et sigillo principis*.

— Ah! ah! monsieur le gref... monsieur le conseiller Heerbrand, veux-je dire! bégaya le recteur.

— Mais vous, très-honoré recteur, continua Heerbrand, le conseiller maintenant pour nous, vous pouvez compléter mon bonheur : depuis longtemps j'aime en secret mademoiselle Véronique, et je peux me flatter d'avoir reçu d'elle quelques regards qui me portent à croire que je ne lui déplais pas ; en un mot, cher recteur ! moi, le conseiller aulique Heerbrand, je vous demande la main de votre charmante fille Véronique, que j'espère conduire bientôt chez moi si elle ne s'oppose pas, si vous ne vous y opposez pas.

Le recteur frappa des mains d'étonnement et dit :

— Monsieur le gref... monsieur le conseiller, voulais-je dire, qui aurait pu s'imaginer une chose pareille? Eh bien! si Véronique vous aime en effet, je n'ai de mon côté rien à dire à l'encontre. Sa mélancolie depuis tout est peut-être le résultat d'une passion cachée pour vous; on connaît ces choses-là.

Au même moment Véronique entra dans la chambre pâle et troublée comme d'habitude. Alors le conseiller Heerbrand s'avança vers elle, lui fit un discours bien arrangé pour son jour de fête, et lui présenta le bouquet odorant et en même temps un petit paquet dans lequel elle vit briller à l'ouvrant une paire de boucles d'oreilles étincelantes. Une rougeur rapide couvrit ses joues, ses yeux s'animèrent et elle s'écria :

— Eh! mon Dieu! ce sont les boucles d'oreilles que j'ai portées il y a déjà plusieurs semaines et qui m'ont fait tant de plaisir!

— Comment est-ce possible, interrompit le conseiller stupéfait et un peu piqué, puisque je viens de les acheter il y a une heure dans la rue du Château?

Mais Véronique n'en entendit pas davantage, et elle était devant la glace pour voir l'effet de ces nouveaux bijoux qu'elle avait déjà accrochés à ses petites oreilles. Le recteur annonça avec gravité et d'un ton solennel à sa fille l'élévation du greffier et ses attentions sur elle. Véronique jeta sur le conseiller un regard pénétrant et dit :

— Il y a déjà longtemps que je savais que vous vouliez m'épouser. Eh bien! soit. Je vous promets mon cœur et ma main; mais je dois à mon père et à mon prétendu la confidence d'une chose qui me pèse sur le cœur, et à l'instant même, lors même que la soupe en refroidirait, car, je le vois, Francine la sert à l'instant sur la table.

Et sans attendre leur réponse qui était prête à s'échapper de leurs lèvres, Véronique continua :

— Vous pouvez m'en croire, mon bon père, du moment où j'aimais Anselme et où M. le greffier, maintenant conseiller lui-même, vint me certifier qu'un grade pareil attendait Anselme quelque jour, je résolus de ne pas avoir d'autre mari que lui. Mais il me semblait qu'un être ennemi voulait me l'enlever, et je cherchai un appui chez la vieille Lise, autrefois ma nourrice et maintenant une savante, une magicienne. Nous allâmes un jour d'équinoxe, à minuit, au carrefour du grand chemin, elle conjura les esprits de l'enfer, et, avec l'aide du matou noir, nous fabriquâmes un miroir de métal dans lequel, en dirigeant mes pensées vers Anselme, il me suffisait de regarder pour dominer son esprit et ses sens. Mais je m'en repens maintenant et j'abjure tous les artifices de Satan. Le salamandre a vaincu la vieille, j'ai entendu son cri de détresse, mais sans pouvoir lui porter secours, et lorsqu'elle a été mangée sous la forme d'une rave par le perroquet mon miroir s'est brisé.

Véronique tira d'une petite boîte à coudre les deux morceaux du miroir brisé et une boucle de cheveux, et les offrant au conseiller elle continua ainsi :

— Prenez, conseiller bien-aimé, les débris de ce miroir, jetez-les cette nuit à minuit du haut du pont de l'Elbe, à la place où se trouve la croix, car le fleuve n'est pas encore gelé, et conservez cette boucle de cheveux sur votre cœur fidèle. Je renonce encore une fois aux artifices de Satan et souhaite à Anselme une heureuse union avec la couleuvre verte, qui est beaucoup plus belle et plus riche que moi. Je vous aimerai et vous estimerai, cher conseiller, en honnête femme.

— Ah ! Dieu ! ah ! Dieu ! s'écria le recteur Paulmann plein de douleur, elle est folle ! elle ne pourra jamais être conseillère aulique !

— Détrompez-vous, reprit le conseiller, je sais très-bien que mademoiselle Véronique a eu quelque inclination pour Anselme, il est possible aussi qu'elle se soit adressée dans un moment de surexcitation à la femme savante, qui, je le vois, n'est autre que la tireuse de cartes et la marchande de café de la porte de Mer; en un mot, la vieille Raucrin. Il est impossible de nier qu'il existe aussi certains artifices mystérieux qui ont sur les hommes une grande, une trop grande influence, et les anciens en parlent. Quant à la victoire du salamandre et à l'union d'Anselme avec le serpent vert dont parle mademoiselle Véronique, c'est une allégorie poétique, un poème même, si vous voulez, où l'on chante le départ absolu de l'étudiant.

— Prenez cela comme vous le voudrez, cher conseiller, interrompit Véronique, peut-être n'est-ce qu'un songe ridicule.

— Non pas, reprit le conseiller Heerbrand, car je sais qu'Anselme est au pouvoir de quelque puissance secrète qui l'attire et le pousse dans mille folies.

Le recteur Paulmann ne put y tenir plus longtemps.

— Halte! s'écria-t-il, au nom de Dieu! halte! Avons-nous encore de ce maudit punch, ou bien la folie d'Anselme agit-elle sur nous? Je veux bien croire que c'est l'amour qui nous trouble la cervelle, mais le mariage enlèvera tout cela, autrement j'aurais peur, honorable conseiller, que vous n'ayez aussi quelques attaques de ce genre, et je redouterais pour les enfants à venir un mal héréditaire, le *malum* de famille. Eh bien! je bénis cette joyeuse union et je permets au fiancé d'embrasser sa future épouse.

Cela se fit et le mariage fut résolu avant que la soupe eût eu le temps de se refroidir sur la table.

Quelques semaines plus tard la conseillère aulique Heerbrand, comme elle l'avait vu dans sa pensée, était assise en réalité au balcon d'une belle maison donnant sur le marché neuf, et elle regardait en souriant les élégants qui la lorgnaient en passant et disaient:

— C'est vraiment une femme divine que la conseillère aulique Heerbrand !

DOUZIÈME VEILLÉE.

Nouvelles du bien qu'Anselme a reçu comme gendre de l'archiviste Lindhorst, et sa manière d'y vivre avec Serpentine. — Conclusion.

Comme je comprenais bien au fond de mon âme la félicité de l'étudiant Anselme, qui, uni à la belle Serpentine, s'était retiré dans ce pays merveilleux et plein de mystères qu'il reconnaissait pour la patrie vers laquelle son cœur plein de pressentiments étranges avait aspiré si longtemps! Mais c'est en vain que j'essayais, cher lecteur, de t'exprimer par des mots, quels qu'ils puissent être, toutes les magnificences dont Anselme était entouré. Je remarquais avec dépit la couleur pâle de l'expression, je me sentais écrasé sous les misères de la vie mesquine de chaque jour, j'étais tourmenté d'un mécontentement profond, je me glissais çà et là comme un homme qui rêve, je tombais enfin, cher lecteur, dans la disposition d'esprit dont je t'ai parlé au quatrième chapitre et où se trouvait alors Anselme.

Je me consumais de chagrin lorsque m'arrivait de parcourir les onze veillées que j'ai heureusement terminées, et je me disais qu'il ne me serait jamais donné de terminer la douzième, qui doit former la conclusion, car aussitôt que je m'asseyais pendant la nuit pour compléter l'œuvre il me semblait que des esprits malicieux (peut-être cousins germains de la sorcière morte) me tenaient devant les yeux un métal poli et resplendissant dans lequel je me voyais pâle, fatigué de la veille, et mélancolique comme le greffier Heerbrand avant l'ivresse du punch. Cela avait duré plusieurs jours et plusieurs nuits, lorsque je reçus de l'archiviste Lindhorst un billet où il m'écrivait ce qui suit:

« Vous avez, m'a-t-on dit, décrit en onze veillées les aventures merveilleuses de mon excellent gendre, autrefois l'étudiant, maintenant le poëte Anselme, et vous vous tourmentez fort de savoir ce que vous aurez à dire dans votre douzième et dernière veillée sur son heureuse existence et dernière veillée avec ma fille, dans une terre charmante que je possède en Atlantide. Bien que je ne sois pas très-charmé que vous ayez fait connaître ma personne au monde des lecteurs, ce qui pourrait me procurer mille désagréments dans ma place d'archiviste intime et surtout dans le collège, où l'on vous fait mille questions saugrenues, comme, par exemple, jusqu'à quel point le salamandre peut-il s'être engagé par le serment dans ses devoirs de serviteur de l'État; jusqu'à quel point surtout peut-on lui confier des affaires sérieuses, si, comme le prétendent Gabalis et Swedenborg, on ne doit nullement avoir confiance dans les esprits élémentaires; bien que mes meilleurs amis s'effarouchent de mes embrassements dans

la crainte que dans un subit moment d'orgueil je n'aille jeter quelques éclairs, et leur gâter leur frisure et leur habit des dimanches; malgré tout cela je veux cependant vous venir en aide pour l'achèvement de votre œuvre, dans laquelle il est dit beaucoup de bonnes choses sur moi et sur ma chère fille mariée (je désirerais sincèrement être aussi débarrassé des deux autres).

» Si vous désirez écrire la douzième veillée, descendez vos maudits cinq étages et venez chez moi. Vous trouverez dans la chambre bleue des Palmiers, que vous connaissez déjà, tout ce qu'il vous faudra pour écrire, et vous pourrez en peu de mots raconter à vos lecteurs ce que vous aurez vu; ce qui vaudra beaucoup mieux qu'une description diffuse d'une vie dont vous ne connaissez que ce que vous en avez entendu dire.

» Votre très-humble le *salamandre* LINDHORST,
archiviste intime du roi. »

Ce billet de l'archiviste Lindhorst me fut très-agréable malgré la rudesse de sa forme. Toutefois il me parut certain qu'il connaissait parfaitement la manière étrange dont j'avais été instruit des aventures de son gendre, que je m'étais engagé à ne révéler à personne, pas même à toi, cher lecteur. Il ne me paraissait pas non plus avoir pris cette indiscrétion en mauvaise part comme j'avais lieu de le craindre. Il m'offrait lui-même un puissant secours pour terminer mon œuvre, et je pouvais raisonnablement en conclure qu'il consentait à laisser publier sa merveilleuse existence le monde des esprits. Il est possible, pensais-je, qu'il voie là un espoir de marier plus tôt les deux filles qui lui restent, car peut-être manque-t-il au cœur de tel ou tel jeune homme cette étincelle qui allume l'amour pour le serpent vert, et qu'il pourrait chercher et trouver peut-être le jour de l'Ascension dans la feuillage du sureau.

Le malheur d'Anselme enfermé dans une bouteille de verre lui servira de leçon pour se garder sérieusement du moindre doute.

Au dernier coup de onze heures j'éteignis ma lampe de travail et je me glissai chez l'archiviste Lindhorst, qui m'attendait dans le vestibule.

— Vous voici déjà, me dit-il, je suis enchanté que vous n'ayez pas méconnu mes bonnes intentions, entrez donc!

Et il me conduisit à travers des jardins éblouissants de lumière dans la chambre bleu d'azur, dans laquelle j'aperçus la table violette sur laquelle Anselme avait travaillé.

L'archiviste disparut et reparut aussitôt tenant à la main une belle coupe d'or d'où s'échappait en pétillant une flamme bleue.

— Je vous apporte ici, me dit-il, la boisson favorite de votre ami le maître de chapelle Jean Kreisler. C'est de l'arack que j'ai allumé après y avoir jeté quelques morceaux de sucre. Goûtez-y un peu. Je vais me défaire de ma robe de chambre, et, pour me distraire et jouir de votre société, pendant que vous mettrez à écrire, à regarder, et à écrire encore, je veux monter et descendre tour à tour dans la coupe.

— Comme il vous plaira, très-estimable archiviste, lui dis-je, mais lorsque je voudrai boire vous ne...

— Ne craignez rien, me répondit-il, et il se défit rapidement de sa robe de chambre, monta la main grand étonnement dans le vase et disparut dans les flammes. Sans la moindre crainte, en écartant de mon souffle doucement le feu je goûtai le breuvage : il était délicieux.

Les feuilles d'émeraude du palmier ne frissonnent-elles pas avec un doux murmure et un léger bruit, comme caressées par le souffle du vent du matin? Éveillées de leur sommeil, elles s'agitent et parlent avec mystère de prodiges que des sons de harpe, s'accourus comme de lointains, viennent annoncer. L'azur se détache des murailles et roule comme un nuage odorant en montant et redescendant sans cesse.

Mais des rayons éblouissants déchirent la vapeur, qui tourne comme dans une joie enfantine et s'élève en tourbillonnant jusqu'à la voûte immense qui s'élève au-dessus du palmier.

Les éclairs se succèdent toujours plus éclatants jusqu'au moment où je vois un bois à perte de vue en plein soleil.

Là j'aperçus Anselme.

Des hyacinthes enflammées, des tulipes et des roses élèvent leur tête, et leurs parfums lui disent dans leur charmant langage :

Erre parmi nous, bien-aimé, toi qui nous comprends, notre parfum est un amoureux désir, nous t'aimons et t'appartenons pour toujours! Les rayons d'or brûlent avec la couleur du feu, nous sommes le feu allumé par l'amour. Le parfum est le désir, mais le feu est la passion, et nous vivons-nous pas dans ton âme, nous sommes à toi!

Les sombres bocages frémissent et murmurent et les grands arbres aussi:

Viens à nous, bienheureux! bien-aimé! le feu est la passion, mais notre ombrage frais est l'espérance, nous caresserons ta tête de nos chuchotements amoureux, car tu nous comprends, parce que l'amour est dans ton cœur.

Les sources et les ruisseaux disent dans le bruit des cascades :

Bien-aimé! ne passe pas si vite, jette les regards sur notre cristal, ton image demeure en nous et nous te conservons avec amour, car tu nous as compris.

Les oiseaux de mille plumages chantent et gazouillent en joyeux chœur :

Entends-nous! entends-nous! nous sommes tes amis, la joie, l'extase de l'amour!

Mais Anselme, plein de désirs, a les yeux attachés sur le temple magnifique qui s'élève dans le lointain.

Les colonnes, chef-d'œuvre d'art, paraissent des arbres, et les chapiteaux et les corniches des feuilles d'acanthe, qui forment des ornements avec d'admirables figures et des enroulements merveilleux. Anselme marche vers le temple; il admire, inondé d'une joie intime, les marbres variés, les pierres couvertes de mousse.

Non, il ne sera pas ton mari...

— Non, s'écrie-t-il au comble du ravissement, il n'est plus loin !

Alors, dans tout l'éclat de la grâce et de la beauté, Serpentine sort du temple. Elle porte le pot d'or d'où s'est élancé un lis magnifique. La joie ineffable d'un désir infini brille dans ses yeux, et elle regarde Anselme en disant :

— Ah! mon bien-aimé, le calice du lis est ouvert ; nous avons atteint le plus haut point du bonheur. Est-il une félicité qui puisse se comparer à la nôtre?

Anselme l'enlace de ses bras avec l'ardeur de la passion la plus brûlante. Le lis brûle sur sa tête en rayons de feu.

Les arbres et les bois s'agitent plus bruyamment, les sources crient leur joie d'une voix plus claire, les oiseaux et une foule d'insectes variés dansent dans les tourbillons aériens. Des sons d'allégresse retentissent dans les airs, dans les eaux, sur la terre, et célèbrent la fête de l'amour. Alors des éclairs rapides parcourent et illuminent le bocage. Les diamants brillent comme les yeux étincelants de la terre. De hauts jets d'eau s'élancent des sources en rejetant la lumière. Des parfums étranges s'avancent chassés par des ailes bruyamment agitées. Ce sont les esprits élémentaires qui rendent hommage au lis et annoncent le bonheur d'Anselme.

Alors Anselme lève sa tête comme entourée du rayon éclatant de la transformation.

Sont-ce des regards? sont-ce des paroles? est-ce un chœur? On entend résonner :

Serpentine! la foi en toi, l'amour m'ont dévoilé les secrets de la nature. Tu m'as apporté le lis qui s'est élancé de l'or, de la puissance originelle de la terre, avant que Phosphorus allumât la pensée. Il est la connaissance du saint accord de tous les êtres, et dans cette connaissance je vivrai heureux à jamais.

Oui, j'ai connu la plus haute félicité. Je t'aimerai toujours, Ser-

pentine, et jamais ne pâliront les rayons d'or du lis; car, comme la foi et l'amour, la science est immortelle.

———

Je dois à l'art du salamandre d'avoir joui de la vision où Anselme m'apparut au milieu de ses possessions de l'Atlantide; et ce qu'il y eut de remarquable fut que je le retrouvais très-bien écrit, et évidemment écrit de ma main, sur un papier placé sur la table violette, tout ce que j'avais vu et qui avait disparu comme dans un nuage. Mais alors je me sentis percé et déchiré d'une profonde douleur.

— Ah! bienheureux Anselme, disais-je, tu as jeté de côté le poids de l'existence journalière, tu as pris hardiment ton essor appuyé sur l'amour de la belle Serpentine, et maintenant tu vis avec le plaisir et la joie dans tes terres de l'Atlantide. Et moi, infortuné, bientôt, dans quelques minutes, il me faudra sortir de cette belle salle, qui n'approche pas même en magnificence de tes possessions dans l'Atlantide, et j'irai me confiner dans ma chambre sous les toits, les exigences d'une vie nécessiteuse viendront s'emparer de mes sens, et mon regard sera entouré de mille peines comme d'un épais nuage, et jamais le lis ne m'apparaîtra.

Alors l'archiviste me frappa doucement sur l'épaule et me dit :

— Taisez-vous, taisez-vous, mon honoré monsieur, ne vous plaignez pas ainsi. N'étiez-vous pas il n'y a qu'un instant en Atlantide, et n'avez-vous pas là aussi au moins une jolie petite métairie comme possession poétique de votre sens intérieur? Le bonheur d'Anselme est-il donc autre chose que la vie dans la poésie, qui apprend à connaître le saint accord de tous les êtres, le plus profond secret de la nature

Le petit homme était réellement un perroquet.

LE CHEVALIER GLUCK.

SOUVENIR DE 1809.

L'automne à Berlin offre ordinairement encore quelques beaux jours. Le soleil sort en souriant des nuages, et l'air tiède qui souffle dans les rues a bientôt dissipé les brouillards humides. Alors on voit à la file et entremêlés des élégants, des bourgeois avec leur ménagère et leurs chers petits en habit de fête, des ecclésiastiques, des juives, des référendaires, des femmes légères, des professeurs, des marchandes de modes, des danseurs, des officiers, etc., et tous se dirigent sous les tilleuls vers le jardin des animaux. Les places chez Klauts et Weber sont bientôt occupées, le café fume, les élégants allument leurs cigares ou parlent de la paix ou de la guerre, des derniers souliers gris ou verts de madame Bethmann, de la stagnation du commerce, de l'argent qui a peine à venir, jusqu'à ce que tout soit dominé par un air de Fanchon, qui fait le tourment d'une harpe mal accordée, d'un violon qui ne l'est pas, d'une flûte pulmonique et d'un basson essoufflé, qui tourmentent aussi les auditeurs.

Tout près de la balustrade qui sépare l'enclos de Weber de la voie publique, sont placées quelques tables rondes et des chaises de jardin. Là on respire un bon air, on voit passer les promeneurs, et l'on se trouve à distance du tapage cacophonique du maudit orchestre. C'est là que je viens m'asseoir; et là aussi je m'abandonne aux jeux de ma fantaisie, qui m'amène d'aimables figures avec lesquelles je parle de la science, de l'art, enfin de tout ce qui doit être cher aux hommes. La foule s'agite devant moi toujours de plus en plus variée, mais rien ne peut chasser ma société fantastique.

Cependant un affreux trio de la plus misérable valse me fit sortir de mes rêveries. Je n'entendais que la voix criarde du violon et de la flûte et les ronflements du basson, qui tenait les notes graves. Elles s'en allaient çà et là toujours réunies en octaves qui déchiraient l'oreille; et involontairement je m'écriai comme une personne saisie d'une douleur poignante : Quelle musique enragée! les affreuses octaves!

Et l'on murmura près de moi :

— Quel ennui! encore un chasseur d'octaves.

Je regarde et je m'aperçois qu'un homme, sans que j'y eusse fait attention, est venu s'asseoir à ma table. Son regard est fixé sur moi, et je ne peux le quitter des yeux. Jamais une tête, une figure n'avaient fait sur moi un effet aussi subit, aussi profond. Un nez légèrement recourbé venait s'attacher à un front large et ouvert, où se dessinaient des proéminences remarquables couvertes de sourcils épais à moitié gris, au-dessous desquels on voyait briller des yeux pleins d'une ardeur sauvage et presque juvénile (l'homme paraissait avoir passé la cinquantaine). Son menton d'une forme gracieuse contrastait étrangement avec sa bouche serrée, et un léger sourire causé par un étrange jeu de muscles parti de ses joues creuses semblait protester contre la gravité profonde et mélancolique qui reposait sur son front. Quelques rares boucles de cheveux gris étaient placées seulement derrière ses grandes oreilles, qui s'écartaient de la tête. Une redingote moderne et très-ample enveloppait cette grande figure maigre. Aussitôt que je le regardai,

Le chevalier Gluck.

il baissa les yeux et reprit l'occupation que mon exclamation avait probablement interrompue. Il secouait avec un plaisir visible de petits cornets de tabac qu'il humectait avec le vin rouge de son carafon dans une grande tabatière placée devant lui. La musique avait cessé; j'éprouvai le besoin de lui parler :

— Il est heureux que la musique se soit tue, lui dis-je, c'était à n'y pas tenir.

Le vieillard me jeta un regard furtif et secoua le dernier cornet.

— J'aurais mieux aimé que l'on ne jouât pas! ajoutai-je, n'êtes-vous pas de mon avis?

— Je n'ai pas d'avis, répondit-il. Vous êtes musicien et connaisseur de profession?

— Vous vous trompez : je ne suis ni l'un ni l'autre. J'ai appris autrefois à jouer du clavecin et de la basse, comme pour compléter une bonne éducation, et l'on me dit entre autres choses que rien ne faisait un effet plus désagréable que lorsque la basse marchait en octave avec la voix dominante. J'acceptai cela comme une parole d'autorité, et depuis j'en ai été convaincu.

— Vraiment! dit-il, et il se leva et s'avança lentement et avec circonspection vers les musiciens, le regard levé vers le ciel, et plusieurs fois en marchant il se frappa le front de la paume de la main comme une personne qui veut éveiller un souvenir. Je le vis leur parler avec un air de dignité impérative. Il revint, et à peine avait-il repris sa place que l'orchestre commença à jouer l'ouverture d'*Iphigénie en Aulide*.

Il écouta l'andante, les yeux à demi fermés, les bras entrelacés appuyés sur la table. Un léger mouvement de son pied gauche indiqua l'entrée des chœurs : puis il releva la tête, promena un rapide coup d'œil autour de lui; sa main gauche, les doigts écartés comme si elle tenait un accord sur le piano, se posa sur la table, sa main droite s'éleva dans l'air. C'était un maître de chapelle qui indique à l'orchestre un changement de mesure. La main droite retombe, l'*allegro* commence. Une rougeur brûlante se répand sur ses joues, ses sourcils se joignent sur son front plissé, une ardeur intérieure anime le regard sauvage de l'homme qui peu à peu bannit le sourire qui planait encore sur la bouche entr'ouverte. Maintenant il se jette en arrière, ses sourcils s'élèvent, le jeu des muscles des joues reparaît de nouveau, ses yeux brillent, une douleur infinie se peint dans une volupté qui s'empare de tous ses nerfs et les agite en mouvements saccadés, sa respiration devient haletante, son front est baigné de sueur. Il indique l'entrée des morceaux d'ensemble et les endroits les plus remarquables. Sa main droite n'abandonne pas la mesure, avec la gauche il prend son mouchoir et se le passe sur le front. Ainsi il donnait un corps animé et des couleurs au squelette de l'ouverture que présentaient les deux violons. J'entendais la douce et touchante plainte de la flûte lorsque se tait l'orage de la basse et du violon et que le tonnerre des timbales se repose. Les sons doucement plaintifs du violoncelle et du basson remplissaient mon cœur d'une douce mélancolie. Le chœur revient de nouveau, l'unisson s'avance comme un géant immense, la sourde plainte expire écrasée sous ses pas.

L'ouverture était terminée, l'homme laissa tomber ses bras et resta assis les yeux fermés, comme épuisé par une tâche au-dessus de ses forces. Sa bouteille était vide; je remplis son verre de bourgogne, que dans l'intervalle j'avais fait venir. Il soupira profondément, et parut sortir d'un rêve. Je le pressai de boire, ce qu'il fit sans façon; et après avoir avalé d'un seul trait le vin qui remplissait un grand verre, il s'écria :

— Je suis content de l'exécution! l'orchestre s'est bien comporté.

— Et cependant, repris-je, il ne nous a donné qu'une faible esquisse d'un brillant chef-d'œuvre.

— Me trompais-je, vous n'êtes pas de Berlin!

— C'est la vérité, je m'arrête seulement ici pour en repartir.

— Le bourgogne est bon : mais le froid commence à venir.

— Eh bien! allons vider notre bouteille dans l'intérieur.

— C'est une bonne idée. Je ne vous connais pas, vous ne me connaissez pas non plus par conséquent. Ne nous demandons pas nos noms. Les noms sont quelquefois un fardeau.

— Je bois du bourgogne qui ne me coûte rien, nous sommes très-bien ensemble et cela suffit.

Il dit tout cela avec un cordial abandon. Nous étions entrés dans sa chambre : en s'asseyant il écarta sa redingote, et je remarquai avec étonnement qu'il portait en dessous un gilet brodé avec de grands pans, des culottes de velours noir et une toute petite épée à poignée d'argent. Il reboutonna soigneusement son habit.

— Pourquoi m'avez-vous demandé si j'étais de Berlin? lui dis-je.

— Parce que dans ce cas j'aurais été obligé de vous quitter.

— Cela ressemble assez à une énigme.

— En aucune façon, du moment que je vous aurai dit que je suis un compositeur de musique.

— Je ne vous comprends pas encore.

— Alors excusez ma première demande : car je vois que vous ne connaissez ni la ville de Berlin ni ses habitants.

Il se leva et se promena vivement de long en large; puis il s'approcha de la fenêtre et se mit à chanter à voix très-basse le chœur des prêtresses d'*Iphigénie en Tauride*. De temps en temps, à l'entrée du chœur général, il s'accompagnait en frappant des doigts sur les vitres. Je m'aperçus avec surprise qu'il introduisait dans la mélodie des variantes qui me frappèrent par leur nouveauté et leur énergie. Il avait fini et alla s'asseoir sur sa chaise. Tout saisi de ces manières singulières et de la découverte fantastique d'un rare talent musical, je me tus. Après un moment de silence il me dit :

— Avez-vous déjà composé?

— Oui, je me suis essayé dans cet art : seulement je trouvai que tout ce que j'avais écrit (il me le semblait du moins) dans mes moments d'enthousiasme me paraissait ensuite faible et ennuyeux, et je ne continuai pas.

— Vous avez en tort; car c'est déjà une assez bonne preuve de talent d'avoir rejeté ces essais. On apprend la musique étant enfant, parce que papa et maman le veulent, et alors on fait du tapage sur un piano ou un violon. Mais, sans que l'on s'en doute, le sens de la mélodie se développe. Quelquefois la première idée vient d'un thème oublié d'un couplet que l'on chante d'une autre manière, et cet embryon péniblement nourri de forces étrangères devient un géant qui dévore tout autour de lui et va chercher une forme nouvelle dans son propre sang et la moelle de ses os. Ah! comment est-il possible de définir les mille manières qui amènent à composer! C'est une grande route où tous se foulent en désordre et s'écrient ivres de joie! Nous sommes au but, nous sommes les élus! On arrive dans le pays des songes par la porte d'ivoire, il y en a peu qui aperçoivent la porte un seul moment, encore moins qui passent dessous. Là, tout semble étrange : de folles images planent çà et là, elles ont un caractère; celle-ci plus, celle-là moins. Ce n'est pas sur le grand chemin qu'on les trouve, mais seulement derrière la porte d'ivoire. Il est difficile de sortir de leur empire. Comme dans le château d'Alcine, des monstres barrent le chemin. Ce sont des tourbillons! des tournoiements! Beaucoup s'égarent dans les songes au pays des chimères, et dans les songes ils s'anéantissent; ils ne jettent plus d'ombre, autrement ils deviendraient à l'ombre la lumière qui brille dans cet empire. Quelques-uns, arrachés à leurs rêves, se lèvent et marchent en avant, ils arrivent à la vérité. Là, c'est l'instant suprême : on touche l'éternel! l'incompréhensible! Voyez le soleil! c'est l'harmonie de la tierce, dont les accords, semblables aux étoiles, s'unissent et nous enlacent de leurs liens de feu. Vous êtes là emmaillottés dans leur flamme jusqu'à ce que Psyché vous porte en haut vers le soleil!

En disant ces derniers mots, il s'était dressé subitement en jetant vers le ciel ses mains et ses yeux. Puis il se rassit et vida rapidement son verre, que j'avais rempli.

Il se fit un moment de silence. Je me gardai de l'interrompre, pour ne pas déranger l'ordre d'idées de cet homme extraordinaire. Enfin il continua ainsi avec plus de calme :

Lorsque je fus dans le royaume des songes, je fus tourmenté d'une foule d'inquiétudes et de douleurs. C'était la nuit, et j'étais épouvanté des apparitions grimaçantes de monstres qui se précipitaient sur moi; tantôt ils me plongeaient au fond des mers, et tantôt m'enlevaient au plus haut des airs. Des éclairs traversaient la nuit, et ces éclairs étaient des sons qui m'entouraient d'une clarté délicieuse. Je m'éveillai de mes douleurs et je vis un grand œil clair qui brillait dans un orgue, et pendant ce temps, des tons s'élançaient entourés de lueurs et s'enveloppaient dans des accords délicieux, comme jamais il n'en était venu à ma pensée. J'étais inondé de mélodies, je nageais dans leur fleuve, et j'étais prêt à m'en être submergé, lorsque l'œil me regarda et me tint suspendu au-dessus de leurs vagues mugissantes.

La nuit vint de nouveau. Alors deux colosses s'avancèrent vers moi couverts d'armures brillantes, le *Ton principal* et la *Quinte!* Ils m'emportaient, mais l'œil souriait.

— Je connais, me dit-il, le désir qui remplit ton âme, le doux et tendre jeune homme *Tierce* va se mettre entre ces deux colosses. Tu entendras de douces voix, tu me reverras et ma mélodie t'appartiendra.

Ici mon inconnu s'interrompit un instant.

— Et l'œil vous apparut encore?

— Oui, je le revis. Pendant des années je soupirai dans le royaume des songes, là, oui, là, j'aperçus une magnifique vallée, et j'entendis les fleurs chanter entre elles. Un seul héliotrope se taisait et abaissait vers la terre son calice fermé, des liens invisibles m'attachaient à lui; il releva la tête, le calice s'ouvrit et je vis briller l'œil tourné vers moi. Alors, comme les éclairs, les tons s'élancèrent de ma tête vers les fleurs, qui les buvaient avec avidité. Les feuilles de l'héliotrope devenaient de plus en plus grandes, elles m'entourèrent et l'œil disparut avec moi dans le calice.

En disant ces derniers mots, il se leva brusquement et sortit de la chambre avec une démarche rapide et juvénile. J'attendis en vain son retour. Je pris enfin le parti de revenir à la ville.

Déjà j'étais dans le voisinage de la porte de Brandebourg, lorsque je vis marcher dans l'ombre une grande figure. Je reconnus aussitôt mon original.

— Pourquoi m'avez-vous quitté si vite? lui dis-je.

— Il faisait trop chaud, et l'euphon commençait à retentir.

— Je ne vous comprends pas...

— Tant mieux!

— Tant pis! je désirerais beaucoup vous comprendre tout à fait.

— N'entendez-vous rien?

— Non!

— Il est passé! Allons-nous-en... Ordinairement je n'aime pas la compagnie de quelqu'un; mais... vous ne composez pas... vous n'êtes pas de Berlin?

— Je ne puis deviner ce qui vous anime contre les habitants de cette ville. Ici, où l'art est en honneur et aussi très-exercé, un homme de votre génie artistique devrait, je pense, être à l'aise.

— Vous vous trompez! Pour mon tourment je suis condamné à rôder ici dans les espaces déserts comme un esprit en peine.

— Dans les espaces déserts, ici, à Berlin?

— Oui, le désert m'entoure ici, où aucun esprit ami ne veut s'avancer vers moi. Je suis seul.

— Mais les artistes, les compositeurs!

— Ne me parlez pas d'eux; ils raffinent jusqu'à l'extrême, ils bouleverseront tout pour trouver une petite pensée bien misérable, et avec tout leur bavardage sur l'art, sur le sens de l'art, que sais-je? ils ne peuvent arriver à créer; et s'ils y mettent une fois, s'ils font éclore une ou deux pensées, leur froideur montre assez leur éloignement du soleil... C'est un travail de Lapon.

— Votre jugement me paraît beaucoup trop rigoureux. Cependant des œuvres magnifiques de notre théâtre doivent vous satisfaire.

— J'avais pris sur moi d'aller encore une fois au théâtre pour entendre l'opéra de mon jeune ami. Comment s'appelle-t-il déjà?... Un monde entier est dans cet œuvre : tout y a une voix et un son puissant. Diable, ah! c'est *Don Juan* que je veux dire... Mais je ne pus supporter l'ouverture, qui est jouée trop vite, sans sentiment, sans esprit.

— J'avouerai qu'on néglige ici les chefs-d'œuvre de Mozart d'une manière à peine compréhensible; mais les représentations des œuvres de Gluck vous plairaient à coup sûr.

— Croyez-vous?... Je voulus une fois aller entendre *Iphigénie en Tauride*. En entrant je m'aperçois que l'on joue l'ouverture d'*Eugénie en Aulide*. Hum! pensai-je, je me suis trompé, c'est cette *Iphigénie* que l'on joue... Et je m'étonne en entendant l'*andante* qui commence *Iphigénie en Tauride* et l'orage qui suit. Il y a là vingt années de distance. L'effet, toute l'exposition si bien calculée de la tragédie sont perdus. Une mer tranquille... un orage... les Grecs sont jetés sur le rivage... l'opéra est là. Comment! le compositeur a-t-il au hasard écrit l'ouverture pour qu'on aille la jouer comme un morceau de trompettes où l'on veut et comme on veut?

— Je comprends la méprise; mais on a agi ainsi pour augmenter le mérite de l'ouvrage.

— Ah! dit-il, d'une voix brève.

Son sourire devint de plus en plus amer. Tout d'un coup il se leva sans que rien pût le retenir. En un clin d'œil il avait disparu, et je le cherchai en vain au jardin des animaux pendant plusieurs jours.

Quelques mois s'étaient déjà passés, lorsque par une soirée froide et pluvieuse je me trouvai attardé dans un quartier éloigné de la ville. Je traversais en grande hâte la place Frédéric pour regagner ma demeure. Il me fallait passer près du théâtre; la musique retentissante m'apprit par les trompettes et les cymbales que l'on représentait l'*Armide* de Gluck, et j'étais sur le point d'entrer, lorsqu'un étrange monologue attira mon attention du côté de la fenêtre où l'on entend presque tous les sons de l'orchestre.

— Voici le roi qui arrive... Ils jouent la marche. Allons, les cymbales!... C'est très-vif... Ils jouent le faire onze fois aujourd'hui! Le défilé n'a pas assez de nerf... Ah! ah!... Maestoso! Ralentissez, mes enfants!... Bien, pour la douzième fois, mais toujours trop appuyé sur la dominante... O puissance éternelle! cela n'en finira pas... Maintenant il fait son compliment... Armide remercie... encore une fois... Bien, il manque encore deux soldats... On en est au récitatif... Quel esprit malin m'a ensorcelé à cette place?

— Le charme est rompu, lui dis-je. Venez!

Je saisis vivement par le bras mon inconnu du jardin des animaux, car c'était lui qui se parlait ainsi à lui-même, et je l'entraînai avec moi. Il parut surpris et se laissa aller en silence. Déjà nous étions dans la place Frédéric, lorsqu'il s'arrêta tout à coup :

— Je vous connais, me dit-il, je vous ai vu au jardin des animaux, nous avons bu ensemble. J'ai bu du vin, je me suis échauffé... Et après l'euphon a retenti pendant deux jours entiers... J'ai beaucoup souffert... C'est passé.

— Je me réjouis que le hasard m'ait permis de vous rencontrer. Faisons plus ample connaissance. Je ne demeure pas loin d'ici... Si nous allions...

— Je ne peux entrer chez personne.

— Vous ne m'échapperez pas, j'irai avec vous.

— Alors vous pourriez courir plusieurs centaines de pas avec moi. Mais vous vouliez entrer au théâtre.

— Je voulais voir *Armide*; mais maintenant...

— Maintenant vous entendrez *Armide*. Accompagnez-moi.

Nous remontâmes en silence la rue Frédéric; il tourna rapidement dans une rue de côté. Je pouvais à peine le suivre, tant il marchait vite. Enfin il s'arrêta devant une maison de peu d'apparence. Il frappa assez longtemps, on ouvrit enfin. Nous atteignîmes en tâtonnant dans l'obscurité l'escalier, puis une chambre dans les étages supérieurs. Mon guide ouvrit la porte, et bientôt il entra en tenant une lumière allumée. L'aspect de l'ameublement de la chambre me causa une vive surprise. Des chaises à l'ancienne mode très-richement ornées, une pendule attachée au mur dans une cage dorée, un miroir large et massif donnaient à l'ensemble l'apparence sévère d'une splendeur d'une autre époque. Dans le milieu se voyait un clavier sur lequel étaient un grand encrier de porcelaine et tout près quelques feuilles de papier rayé. Un rapide regard jeté sur ces objets destinés à la composition me convainquit cependant que l'on n'avait rien écrit depuis longtemps. Le papier était tout jauni, et une épaisse toile d'araignée recouvrait l'écritoire. Mon homme s'avança vers une armoire placée dans un coin de la chambre et que je n'avais pas remarquée; et lorsqu'il tira le rideau qui la couvrait, j'aperçus une rangée de livres bien reliés avec ces inscriptions en lettres d'or :

ORPHÉE, ARMIDE, ALCESTE, IPHIGÉNIE, ETC.

— Vous possédez toutes les œuvres de Gluck? m'écriai-je.

Il ne répondit rien; mais sa bouche se contracta dans un sourire nerveux, et le jeu des muscles de ses joues creuses donna un moment à son visage l'apparence d'un masque affreux. Son regard sombre fixé sur moi, il saisit un des volumes (c'était *Armide*), et s'avança vers le clavier d'un pas solennel. Je levai rapidement le couvercle et redressai le pupitre. Il parut sensible à cette attention, il ouvrit le livre, et... quel fut mon étonnement, je vis du papier rayé sans une seule note écrite!

— Je vais jouer l'ouverture, dit-il, retournez les pages à temps!

Je le lui promis, et alors il joua magnifiquement et en maître avec des accords bien pris le majestueux temps de marche qui commence l'ouverture sans s'écarter de l'original; mais l'allégro se trouvait entremêlé des idées principales de Gluck. Il apporta des variantes nouvelles si remplies de génie, que mon étonnement allait en croissant de plus en plus. Ses modulations étaient surtout saisissantes sans être jamais aiguës, et il savait entourer le simple mélodie principale de fioritures si mélodieuses, qu'elle apparaissait toujours sous une forme rajeunie. Son visage était en feu : tantôt ses sourcils se fronçaient comme si une colère longtemps contenue eût été sur le point d'éclater avec violence, et tantôt ses yeux nageaient dans les larmes de la mélancolie la plus profonde. Quelquefois il chantait le thème avec une agréable voix de ténor, tandis que ses deux mains parcouraient artistement les touches; d'autres fois son chant il imitait d'une façon étrange le ton bruyant des cymbales. Je tournais attentivement les pages en suivant ses regards.

L'ouverture se termina. Il se rejeta en arrière tout épuisé et les yeux fermés dans son fauteuil. Bientôt il se redressa, et, tout en feuilletant rapidement plusieurs pages blanches du livre, il dit d'une voix sourde :

— J'ai écrit tout ceci, monsieur, lorsque je revins du pays des songes; mais je dévoilais les choses saintes aux impurs, et une main glacée saisit ce cœur plein de feu! Il ne se brisa pas, et je fus condamné à errer comme un esprit en peine, sans forme, afin que personne ne pût me reconnaître parmi ceux à qui j'avais voulu donner la lumière, jusqu'à ce que l'héliotrope vienne m'élever de nouveau vers l'Éternel... Ah!... maintenant chantons la scène d'*Armide*.

Et il chanta la scène finale d'*Armide* avec une expression qui me pénétra jusqu'au fond du cœur. Là aussi il s'écarta sensiblement de l'original, mais ses changements restaient toujours dans les données du caractère de Gluck. Tout ce que la haine, l'amour, le désespoir et la rage peuvent exprimer au plus haut degré était reproduit dans ses chants. Sa voix était celle d'un jeune homme, et des sons les plus profonds elle s'élevait jusqu'à la puissance la plus vibrante des notes élevées. Toutes mes fibres tremblaient, j'étais hors de moi. Lorsqu'il eut fini, je me précipitai dans ses bras et m'écriai d'une voix oppressée :

— Qu'est-ce que cela, qui êtes-vous?

Il se leva, et d'un œil pénétrant et sévère me regarda des pieds à la tête; mais, lorsque je voulais l'interroger encore, il était déjà sorti de la chambre avec la lumière et m'avait laissé dans l'obscurité. Une demi-heure s'était déjà ainsi passée. Je désespérais de le revoir, et cherchais en m'orientant par la position du clavier à ouvrir la porte, lorsqu'il rentra tout à coup en habit de cérémonie brodé, avec un riche gilet, l'épée au côté et tenant la lumière. Je restai immobile. Il s'avança vers moi, me prit doucement la main et me dit avec un étrange sourire :

— Je suis le chevalier Gluck!

LES AVENTURES
DE
LA NUIT DE SAINT-SYLVESTRE.

I.
La bien-aimée.

J'avais la mort, la froide mort dans l'âme; oui, des aiguilles de glace venues comme du plus profond du cœur semblaient déchirer mes nerfs inondés d'un torrent de feu. Je courais impétueusement, oubliant chapeau et cape dans la nuit orageuse et sombre. Les drapeaux des tours claquaient : on aurait cru entendre le temps toucher le rouage de sa terrible horloge, et voir aussitôt l'ancienne année, comme un immense décombre, rouler avec son bruit sourd dans le noir abîme.

Tu sais déjà que ce temps, Noël et nouvelle année, qui réveille en vous tous une joie si brillante et si pure, me jette toujours hors de ma tranquille cellule sur une mer aux flots écumeux et irrités, Noël! ce sont des jours qui pour moi brillent d'une lueur amie, je ne peux pas attendre, je suis meilleur, plus candide que dans toute l'année, mon âme ouverte à une véritable ivresse ne nourrit aucune pensée sombre ou haineuse; me voici de nouveau l'enfant qui pousse des cris de joie, de charmantes petites figures d'anges me sourient des resplendissantes boutiques de Noël au milieu de tant de sculptures peintes et dorées, et à travers la foule bruyante arrive comme des lointains un accord d'orgues qui chante « Un enfant nous est né! »

Mais, hélas! après la fête tout écho se tait, et les heures s'éteignent dans de sombres ténèbres. Les pétales des fleurs de l'année tombent épais et flétris, leur calice se ferme à jamais, et nul printemps ne donne une existence nouvelle à leurs branches desséchées. Je le sais, mais un pouvoir ennemi se dresse devant moi, quand l'année décline, avec la malicieuse joie que lui cause le mal.

— Vois, me dit-il bas à l'oreille, combien d'amis tu as perdus cette année, qui ne reviendront plus; mais aussi tu as gagné en sagesse, tu ne t'adonnes plus aux plaisirs frivoles, tu deviens de plus en plus un homme sérieux, la joie te quitte tout à fait.

Pour la Saint-Sylvestre le démon me tient toujours en réserve une distraction particulière. Il sait, au moment favorable, m'entrer ses griffes dans la poitrine avec son rire ironique, et il s'abreuve du sang de mon cœur. Il trouve partout un aide : comme hier le conseiller de justice, qui vint le seconder vaillamment.

Chez lui (je parle du conseiller) se trouve aujourd'hui une grande société rassemblée, et il veut pour la chère nouvelle année préparer à chacun un plaisir où il s'embusque avec tant de maladresse que tout l'amusement qu'il a préparé à grand'peine s'écroule dans un risible désappointement.

Lorsque j'entrai dans l'antichambre, le conseiller de justice vint rapidement à ma rencontre, empêchant mon entrée dans le sanctuaire, d'où sortait une vapeur de thé et de parfums enivrants. Il paraissait extraordinairement aimable et mutin. Il souriait en me regardant d'une façon toute particulière.

— Mon jeune ami, mon jeune ami, me disait-il, dans la chambre, là, vous attend quelque chose de ravissant, une surprise de fin d'année; ne soyez pas trop ému.

Ces paroles me tombèrent sur le cœur, de sombres pressentiments s'élevèrent, et je me sentais inquiet et oppressé.

On ouvrit les portes, je hâtai le pas, et j'entrai.

Son *image* m'apparut au milieu des femmes assises sur le sopha. C'était elle! — elle-même que je n'avais pas vue depuis si longtemps! Les plus beaux instants de ma vie brillèrent en moi dans un immense rayon de feu. Plus de mortels que eux! périsse l'idée d'une séparation! Quel miraculeux hasard l'avait amenée là, dans la société du conseiller de justice que je ne savais pas qu'elle connût! Je ne le savais pas et ne cherchai pas à m'en inquiéter. Je la retrouvais, je n'en voulais pas plus.

Je serais resté là, immobile, comme frappé de la foudre, mais le conseiller me poussa doucement.

— Mon jeune ami, mon jeune ami! me disait-il.

Je m'avançai nonchalamment, je ne voyais qu'elle, et ces mots s'échappèrent péniblement de ma poitrine :

— Mon Dieu! mon Dieu! Julie ici!

J'étais tout près de la table de thé, alors Julie m'aperçut. Elle se leva et me dit du ton d'une presque étrangère :

— Je suis enchantée de vous voir ici, vous avez très-bonne mine.

Et puis elle reprit sa place et demanda à une dame assise près d'elle :

— Donnera-t-on quelque spectacle intéressant la semaine prochaine?

Vous vous approchez d'une fleur charmante, qui brille à vos yeux, embaumée des plus beaux parfums, et puis lorsque vous baissez la tête pour admirer sa beauté, un froid basilic s'élance du sein des brillants pétales et veut vous tuer de son mortel regard.

Voilà ce qui m'arrivait.

Je me penchai doucement vers les dames et, pour que le triste fût joint au ridicule, je renversai, en me reculant, sur le jabot si bien plissé du conseiller, qui se tenait derrière moi, sa tasse de thé tout fumant, que je fis voler de sa main. On rit beaucoup du malheur du conseiller et bien plus encore de ma maladresse.

Ainsi tout paraissait se réunir contre moi, mais je puisai dans ma résignation un nouveau courage.

Julie n'avait pas ri. Mes regards errants rencontrèrent les siens, et il me sembla qu'un éclair d'un passé délicieux s'élançait vers moi émané d'une vie de poésie et d'amour. Dans la chambre voisine quelqu'un commença à faire entendre des accords sur le piano, ce qui causa dans la société un mouvement général. On disait qu'il y avait là un artiste étranger, nommé Berger, artiste d'un talent divin, et qui savait se faire écouter.

— Mina, ne fais donc pas un bruit si agaçant avec ta petite cuiller! cria le conseiller.

Et légèrement incliné et la main un peu tournée vers la porte, il invita par un doux *Eh bien!* les dames à s'approcher du virtuose.

Julie s'était aussi levée et s'avançait seule à travers la chambre. Toute sa tournure avait gagné une grâce singulière : elle me paraissait plus grande qu'autrefois, ses formes avaient pris aussi un développement qui donnait quelque chose de sensuel à sa beauté. La coupe particulière de sa robe blanche aux plis serrés et qui ne cachaient qu'à moitié sa poitrine, ses épaules et son cou; ses larges manches qui descendaient jusqu'au coude, ses cheveux séparés par-devant sur le front et par-derrière étrangement relevés en tresses nombreuses, lui donnaient l'aspect d'une personne de l'époque du moyen âge. On aurait pu la prendre pour le modèle d'une des jeunes femmes des tableaux de Mieris. Et pourtant il me semblait encore que j'avais déjà vu, distinctement vu, ailleurs, l'être dont Julie avait pris la forme. Elle avait abaissé ses gants, et même les bracelets merveilleusement travaillés qui entouraient ses poignets venaient compléter la ressemblance de costume et évoquer de plus en plus vivant et coloré ce vague souvenir.

Julie se tourna vers moi avant d'entrer dans la chambre voisine, et il me sembla découvrir sur son beau, jeune et gracieux visage un sourire moqueur. Je sentis en moi-même une espèce d'effroi, un frémissement de terreur, comme si mes nerfs eussent tressailli subitement.

— Oh! il joue comme un ange! murmura une demoiselle enthousiasmée par le thé.

Et je ne sais comment il se fit que son bras entoura le mien et que je la conduisis ou plutôt qu'elle me conduisit dans le salon voisin.

Berger fit alors tonner le plus terrible orage. Les accords puissants s'enflaient et s'abaissaient comme les vagues mugissantes de la mer, et je me sentais plus à l'aise.

Julie était debout auprès de moi, et elle me dit d'une voix plus douce et plus aimable que jamais :

— Je voudrais te voir à toi et t'entendre chanter doucement nos espérances et nos plaisirs d'autrefois.

L'ennemi s'était éloigné de moi, the seul nom Julie! je voulais exprimer tout le bonheur du ciel qui s'était emparé de mon être.

— Les autres personnes s'étaient éloignées. — Elle m'évitait visiblement, mais je parvenais tantôt à toucher sa robe, tantôt placé tout près d'elle, à respirer son souffle, et le ciel du printemps passé revenait à moi avec ses mille brillantes couleurs.

Berger avait laissé s'éloigner la tempête, le ciel s'était épuré; comme des nuages dorés du matin, de ravissantes mélodies passaient et s'éteignaient en *pianissimo*.

De riches applaudissements bien mérités récompensèrent le virtuose. La société flottait çà et là, et il arriva que je me trouvai sans le vouloir juste en face de Julie. L'esprit s'emparait de moi, je voulais la saisir, l'embrasser dans ma folle douleur d'amour, mais le visage maudit d'un domestique empressé se dressa entre nous un plateau à la main en disant :

— Désirez-vous quelque chose?

Au milieu de ce plateau garni de verres de punch tout fumant se trouvait un bol élégant, rempli, selon toute apparence, du même breuvage. Comment ce bol se trouvait parmi ces verres, celui-là le sait que j'apprends peu à peu à connaître; il a le pied fourchu et aime à l'extrême les plumes et les manteaux rouges. Julie prit ce bol, qui brillait d'un singulier éclat, et me l'offrit en disant :

— N'aimerais-tu pas comme autrefois à prendre le verre de ma main?

— Julie! Julie! J'ilie! soupirai-je.

Je touchai les tendres doigts en prenant le bol, des étincelles électriques brillaient à travers mon pouls et mes veines. Je bus, je bus; il me semblait que de petites flammes bleues claquaient et léchaient le verre et mes lèvres.

Le bol était vide et je ne sais comment il se fit que je me trouvai assis sur un canapé dans un cabinet éclairé par une lampe d'albâtre.

Julie! — Julie était auprès de moi, me regardant comme autrefois de ses yeux bons et candides.

Berger s'était remis au piano; il jouait une sublime symphonie de Mozart, et sur les ailes de cygne de la mélodie s'élevaient et planaient tout le plaisir et l'amour du plus pur soleil de ma vie... C'était Julie!... Julie elle-même avec sa douceur et sa beauté d'ange... Sa parole était une plainte passionnée d'amour, c'était plutôt des regards que des mots; ses mains touchaient les miennes.

— Maintenant je ne te quitte plus! ton amour est l'étincelle qui brûle en moi, enflammant une vie plus sublime d'art et de poésie. Sans toi, sans toi tout amour est mort et glacé... Mais tu n'es revenu que pour me plus nous séparer.

Dans ce moment une sotte petite figure aux jambes d'araignée, aux yeux saillants comme la grenouille, entra d'un pas inégal, et dit d'une voix criarde avec un sourire idiot:

— Où donc ma femme est-elle?

Julie se leva et me dit d'un accent glacé:

— Allons rejoindre la société, mon mari me cherche. Vous avez été encore très-divertissant, mon cher ami, toujours fou comme autrefois, seulement buvez un peu moins.

Et le petit homme aux jambes d'araignée lui saisit la main, elle le suivit en riant dans le salon.

— Perdue pour toujours! m'écriai-je.

— Oui, c'est perdu! s'écria une brute qui jouait une partie d'hombre.

Je me lançai au dehors... au dehors, au milieu de la nuit orageuse.

II.

La société dans la chambre.

Il peut être très-agréable d'errer sous les tilleuls, mais non pas dans une nuit de Saint-Sylvestre par le froid et les flocons de neige; et, cependant, la tête nue et sans manteau, je ne m'en aperçus que lorsque des frissons glacés vinrent calmer le feu de la fièvre. Je traversai le pont de l'Opéra en passant devant le château. Je fis un détour et côtoyai la Monnaie par l'Écluse. J'étais dans la rue des Chasseurs, tout près de la boutique de Thiermann. Des lumières joyeuses brillaient dans l'intérieur. J'allais entrer, car j'avais trop froid, et j'avais soif d'une bonne gorgée de liqueur forte, lorsqu'une nombreuse société en sortit toute pleine de joie. Ils parlaient d'huîtres délicieuses et de l'excellent vin d'Eilfer.

— Il avait raison, disait l'un d'eux qu'à la lueur de la lanterne je reconnus pour un élégant officier de hulans, celui qui se fâchait contre les mauvais drôles qui en 1794 ne voulaient pas à toute force apporter de l'Eilfer.

Tous riaient à gorge déployée.

J'avais involontairement marché quelques pas plus loin; je restai arrêté devant une cave, de laquelle sortait une seule lumière. Le *Henri de Shakspeare* ne se trouva-t-il pas une fois si abattu et si humble que la pauvre créature nommée petite bière lui vint dans l'esprit? Et dans le fait j'éprouvai le même désir. Ma langue était altérée de bière anglaise. Vite je descendis dans la cave.

— Que désire monsieur? me dit l'hôte en s'avançant vers moi et en retirant son bonnet avec un riant visage.

Je demandai une bouteille de bonne bière anglaise et une grosse pipe de tabac, et je me trouvai plongé dans une telle félicité bourgeoise, que le diable en prit du respect et s'écarta de moi.

O conseiller de justice, si tu m'avais vu comme, descendu de ton salon de thé resplendissant de lumières, je me carrais dans un débit de bière, tu te serais éloigné de moi le mépris sur les lèvres, et tu aurais murmuré:

— Il n'est pas étonnant qu'un pareil homme gâte ses plus élégants jabots.

Je pouvais sans manteau et sans chapeau paraître singulier aux habitués de la maison; une demande errait sur les lèvres du cabaretier, lorsqu'on frappa à une fenêtre et en même temps une voix s'écria:

— Ouvrez! ouvrez! c'est moi!

L'hôte s'empressa de monter les marches et rentra bientôt, en tenant en l'air deux flambeaux allumés, suivi d'un homme très-long et très-mince, celui-ci oublia de se baisser en entrant et se cogna fortement le front à la porte trop basse.

Un épais bonnet noir qu'il portait l'empêcha de se faire mal. Il se serra d'une façon singulière contre le mur et se plaça en face de moi lorsque les lumières eurent été posées sur la table. On aurait pu dire de lui qu'il avait l'air distingué et mécontent. Il demanda d'un air chagrin de la bière et une pipe, et éleva en quelques aspirations une telle fumée, que bientôt nous nagions dans un nuage. Au reste, son visage avait quelque chose de caractéristique et de si sympathique, que je me trouvai aussitôt entraîné vers lui malgré son air sombre. Il portait de longs cheveux noirs séparés au milieu du front et tombant de chaque côté en petites boucles nombreuses, ce qui le faisait ressembler aux portraits de Rubens. Lorsqu'il eut jeté de côté son grand manteau à collet, je vis qu'il avait pour costume une de ces petites vestes noires nommées kurtka et garnies de plusieurs lacets. Mais ce qui me frappa le plus, ce fut de voir de riches pantoufles mises par-dessus ses bottes. Je m'en aperçus lorsqu'il secoua les cendres de sa pipe, qu'il avait fumée en cinq minutes. Notre conversation paraissait très-occupé de plantes bizarres qu'il avait tirées d'une boîte et qu'il examinait avec complaisance. Je lui témoignai mon admiration des beaux végétaux; et comme ils paraissaient fraîchement cueillis, je lui demandai s'ils venaient du jardin botanique ou de chez Boucher. Il sourit d'une manière passablement étrange et me répondit :

— Vous ne paraissez pas être très-fort en botanique, autrement vous ne seriez pas aussi...

Il hésita, et je lui dis à demi-voix :

— Niais !

Et d'un ton plein de bienveillance il ajouta :

— Curieux !

— Vous auriez, ajouta-t-il, au premier coup d'œil reconnu des plantes des Alpes, et même d'autres qui croissent sur le *Chimboraço*.

Il prononça ces dernières paroles à voix basse comme s'il eût parlé à lui-même, et je vous laisse à penser l'effet incroyable qu'elles firent sur mes lèvres. Toute question expira sur mes lèvres; mais il s'élevait de plus en plus en moi un pressentiment qui me disait que j'avais souvent rêvé cet homme si je ne l'avais pas vu.

On frappa de nouveau à la fenêtre, l'aubergiste ouvrit la porte et une voix cria :

— Ayez la complaisance de tirer le rideau du miroir.

— Ah! ah! s'écria l'hôte, le général Suwarow vient bien tard. Il couvrit sa glace, et au même moment sauta dans la chambre avec une rapidité mystérieuse, lourdement agile, pourrais-je dire, un petit homme sec, enveloppé d'un singulier manteau brun, qui, pendant qu'il sautillait dans la chambre, flottait autour de son corps en mille plis étranges et d'une telle manière qu'on eût cru, à la lueur des lumières, que plusieurs figures y entraient et en sortaient comme dans les fantasmagories d'Ensler. Il se frottait en même temps ses mains cachées sous ses larges manches en disant :

— Quel froid ! quel froid ! oh ! quel froid ! En Italie c'est tout autrement, tout autrement!

Il finit par s'asseoir entre le grand homme et moi en disant :

— Quelle épouvantable fumée ! Tabac contre tabac, si j'avais une prise. J'avais dans la poche ma tabatière d'acier poli comme un miroir, je la tirai et voulus lui offrir du tabac. Il l'aperçut à peine qu'il y porta les deux mains et s'écria en la repoussant : — Éloignez cet affreux miroir !

Sa voix avait quelque chose d'effrayant et lorsque je le regardai, tout étonné, il n'était plus le même, il était entré avec une figure de jeune homme, et exactement il avait l'apparence d'un vieillard aux yeux caves, flétri et comme près de la mort.

Je me retournai plein d'effroi vers le grand avec l'intention de lui dire : — Au nom du ciel, regardez donc !

Mais celui-ci ne prenait aucun intérêt à cette scène, il semblait complétement absorbé par les plantes du *Chimboraço*, et au même instant le petit demanda du vin du Nord avec sa manière précieuse de s'exprimer.

Peu à peu la conversation s'anima un peu plus. Le petit m'agaçait beaucoup; mais le grand savait dire, à propos d'objets futiles en apparence, des choses pleines de profondeur et d'attrait, bien qu'il parût parfois chercher péniblement ses expressions et quelquefois aussi entre-mêler des mots contre-sens, ce qui donnait souvent à la phrase une plaisante originalité, et il diminuait ainsi, en m'égayant de plus en plus, l'impression défavorable que le petit exerçait sur moi. Celui-ci avait l'air d'être fait avec des ressorts, car il se tournait de tous côtés sur sa chaise, il faisait aller continuellement ses mains, et je me sentais courir dans les cheveux et le long des reins un frisson glacé quand je m'apercevais distinctement qu'il avait vraiment deux visages différents. Il regardait principalement le grand, dont le calme contrastait avec sa mobilité, en prenant sa figure de vieillard, mais avec une expression moins effroyable que celle qu'il avait prise d'abord chez moi. Dans le carnaval de la vie terrestre, l'esprit intérieur fait souvent briller les yeux par delà le masque; et il pouvait être arrivé que nous trois, hommes étrangers les uns aux autres, nous nous fussions regardés et reconnus dans cette cave. Notre conversation prit cette disposition d'humeur, qui est seulement le propre des gens dont les sentiments ont reçu une mortelle blessure.

— Cette affaire n'a rien qui puisse vous accrocher ! dit le grand.

— Ah ! Dieu ! interrompis-je, combien d'occasions de nous accrocher le démon n'a-t-il pas placées partout, aux murs des chambres, aux branches, aux buissons de roses, où nous laissons égratigner en passant quelque chose de notre chère personnalité ! On dirait, mon honoré monsieur, que nous avons déjà donné partout quelque chose, et moi particulièrement cette nuit mon manteau et mon chapeau qui sont restés accrochés tous deux dans l'antichambre du conseiller de justice, comme vous le savez !

Mes deux interlocuteurs tressaillirent visiblement l'un et l'autre comme s'ils étaient frappés à l'improviste.

Le petit me regarda affreusement avec sa figure de vieux, sauta sur une chaise et affermit le rideau devant le miroir pendant que le grand mouchait soigneusement les lumières. La conversation avait peine à reprendre une nouvelle activité.

On parla d'un jeune peintre très-habile du nom de Philippe et du portrait d'une princesse qu'il avait fait avec un sentiment d'amour, une pieuse tendance vers ce qui est beau et ce qui est noble.

— Il est parlant, ce n'est pas un portrait, c'est une image, dit le grand.

— Il est tellement ressemblant, ajoutai-je, qu'on dirait qu'il a été enlevé au miroir.

Alors le petit sauta en l'air dans une fureur sauvage, et avec son visage de vieux fixant sur moi ses yeux étincelants il s'écria :

— C'est une sottise, c'est une folie ! qui pourrait donc voler une image au miroir!

— Qui peut cela, le diable peut-être !

— Ho ! ho ! frère ! il brise la glace de sa lourde griffe, et les fines mains blanches de l'image de la jeune fille s'y blessent et se couvrent de sang. C'est une niaiserie. Voyons, montre-moi l'image volée d'un miroir, et je te fais un maître saut de cent pieds par terre, monsieur le rêveur!

Le grand se leva, s'approcha du petit et dit :

— Ne faites donc pas tant d'embarras, mon ami. Autrement je vous jetterai vers ce qui est bas de les marches. Après tout, vous faites une pauvre figure avec votre propre reflet.

— Ha ! ha ! ha ! ha ! dit en riant et en criant le petit avec un accent moqueur, ha ! ha! ha! tu crois, tu crois !... moi, j'ai ma belle ombre portée ! moi, ô lamentable compagnon, j'ai ma belle ombre portée !

Et il sortit en sautant, et nous l'entendîmes au dehors rire malicieusement et crier de sa voix aigre et chevrotante :

Moi, j'ai ma belle ombre portée !

Le grand, comme anéanti, était retombé sur sa chaise, le visage couvert de la pâleur d'un mort, la tête appuyée sur ses deux mains; il exhalait à peine un soupir tiré du plus profond de sa poitrine.

— Qu'avez-vous ? lui demandai-je avec intérêt.

— Ô monsieur, me répondit-il, ce méchant homme, qui nous a paru si hostile à tous deux, et qui est venu me poursuivre jusqu'ici dans ma taverne de prédilection, où j'étais autrefois solitaire, distrait tout au plus peut-être par un esprit de la terre, qui se blottissait sous la table pour guetter des miettes de pain, ce méchant homme m'a replongé dans un immense désespoir. Oh ! j'ai perdu pour toujours, perdu mon... Adieu, monsieur.

Il se leva et s'avança au milieu de la chambre du côté de la porte. Tout demeura clair autour de lui. Il ne projetait pas d'ombre.

Plein de ravissement je courus après lui.

— Peter Schlemil, Peter Schlemil! m'écriai-je tout joyeux. Mais il était déjà trop loin. Je le vis enjamber par-dessus la tour des Gendarmes, et il disparut dans la nuit.

Lorsque je voulus retourner dans la cave, l'aubergiste me jeta la porte sur le nez en disant :

— Que le bon Dieu me préserve de pareils hôtes !

III.

Apparitions.

M. Mathieu est mon bon ami, et son portier un homme vigilant. Celui-ci m'ouvrit aussitôt que j'agitai la sonnette de l'Aigle d'or. J'expliquai là qu'ayant laissé dans une société mon chapeau et mon manteau, où se trouvait dans une poche la clef de ma maison, je regardais comme impossible de réveiller ma femme de chambre, qui est sourde. Cet homme aimable (je parle du portier) m'ouvrit une chambre, y apporta de la lumière et me souhaita une bonne nuit. La glace large et belle était cachée par un rideau. Je ne sais comment il se fit que l'idée me vint de le tirer, et de placer les deux lumières sur la console qui servait de base. En m'y regardant je me trouvai si pâle et si défait, que j'avais de la peine à me reconnaître : Il me semblait que du fond du miroir une figure sombre s'avançait, et lorsque j'y attachais mes yeux avec une attention toujours croissante les traits d'une belle figure de femme apparaissaient de plus en plus distincts dans une lueur étrange et magique. Je reconnaissais Julie. Transporté d'amour et de désirs, je soupirai tout haut : Julie! Julie!

Alors j'entendis quelqu'un se plaindre derrière les rideaux du lit, dans le coin le plus profond de la chambre.

J'écoutai, les gémissements devenaient toujours plus lamentables. L'image de Julie avait disparu; je me plaçai devant une lumière, j'écartai rapidement les rideaux du lit et j'y jetai les yeux.

Comment décrirais-je le sentiment qui me fit trembler lorsque j'aperçus le petit homme avec sa figure jeune, bien que douloureusement crispée, couché là, et dans son sommeil de sa poitrine oppressée sortaient avec des soupirs ces paroles :

Julietta, Julietta!

Ce nom brûla mon cœur, l'effroi s'était envolé, je secouai rudement le petit en criant :

Hé! mon bon ami! comment vous trouvez-vous dans ma chambre! éveillez-vous et allez au diable, je vous prie.

Le petit ouvrit les yeux et jeta un sombre regard.

— C'était un mauvais rêve, s'écria-t-il; merci de m'avoir éveillé.

Ces mots résonnaient à mon oreille comme autant de doux soupirs. Je ne sais comment il arriva que le petit me parut tout autre : tellement que le chagrin dont il était saisi pénétra dans mon âme, et que toute ma colère s'en alla en sympathie mélancolique. Une courte explication suffit alors pour me faire comprendre que le portier m'avait par inadvertance ouvert la chambre du petit homme, et que c'était en intrus que j'avais troublé son sommeil.

— Monsieur, me dit-il, je dois vous avoir paru dans la taverne tout à fait fou et impertinent; si vous vous en êtes rapporté à la manière d'être, elle est, je ne puis le nier, de temps à autre influencée par un lutin qui me pousse en dehors des convenances. Quelque chose ne peut m'avoir envolé?

— Ah Dieu! oui, répondis-je tout confus, et ce soir même, lorsque je revis Julie...

— Julie? coassa le petit avec une voix agaçante, et son visage éprouva une secousse qui lui fit prendre tout à coup les traits du vieillard. Oh! laissez-moi tranquille, mon bon, et ayez la complaisance de voiler cette glace.

Ces paroles furent prononcées d'une voix éteinte et la tête tournée vers son oreiller.

— Monsieur! lui dis-je, le nom de l'objet de mon amour que j'ai perdu pour toujours semble éveiller en vous un étrange souvenir, et aussi vos traits agréables se décomposent singulièrement. Cependant j'espère passer tranquillement la nuit avec vous, car je vais tirer le rideau sur le miroir et me mettre au lit.

Le petit se redressa, et avec sa figure de jeune homme, me jetant un regard doux et bienveillant, il prit ma main et me dit en la serrant avec douceur :

— Dormez tranquille, monsieur! je vois que nous sommes enveloppés dans un même malheur. Ah! Julia! Julietta! Eh bien! qu'il en soit ce qu'il en doit être, vous exercez sur moi un irrésistible pouvoir. Je ne peux m'empêcher de vous confier mon secret le plus profond. Et puis alors haïssez et méprisez-moi.

En disant ces mots le petit homme se leva doucement, se couvrit d'une large robe de chambre blanche et se glissa comme un spectre vers le miroir, devant lequel il se plaça. Ah! le miroir refléta distinctement les deux lumières, tous les objets de la chambre et moi-même, mais l'image du petit homme ne s'y reproduisait pas, aucun rayon ne reflétait son visage attristé. Il se tourna vers moi la figure bouleversée par le désespoir, et me serra les mains en me disant :

— Maintenant vous connaissez mon effroyable peine. Schlemil, cette bonne âme, est digne d'envie comparé avec moi réprouvé. Il a par étourderie vendu son ombre portée, mais moi, moi, je lui ai donné mon reflet à elle... à elle... Oh! oh! oh!

Et en gémissant ainsi, les mains serrées sur les yeux, le petit chancela jusque vers le lit, où il alla bientôt tomber. Je restai comme privé de mouvement. Le soupçon, le mépris, l'effroi, la compassion, la pitié venaient tour à tour m'agiter en faveur du petit ou contre lui. Celui-ci commença bientôt à ronfler mélodieusement. Je ne pus résister à la vertu narcotique de ces accords. Je rouvris vite le rideau, j'éteignis les deux lumières, et je me jetai comme le petit sur le lit, où je fus bientôt plongé dans un profond sommeil. Le matin pouvait être venu déjà, lorsque je fus réveillé par une lumière éclatante. J'ouvris les yeux et j'aperçus le petit dans une robe de chambre blanche, le bonnet de nuit sur la tête. Il me tournait le dos et semblait devant la table il écrivait avec action à la lueur des deux lumières. Il avait l'apparence d'un fantôme, et je me sentis venir de l'effroi. Un songe me saisit aussitôt et m'emporta chez le conseiller de justice, où je me retrouvai assis à côté de Julie sur l'ottomane. Et bientôt il me sembla que la société tout entière formait une risible exposition des nuits de Noël, composée de renards, de saules, etc. Le conseiller était une petite figure de gomme avec un jabot de papier. Les arbres et les buissons de roses croissaient de plus en plus. Julie se leva et me tendit un bol de cristal d'où sortaient des langues de flamme bleues. Alors je me sentis tirer le bras. Le petit était derrière moi avec son visage de vieillard et me disait :

— Ne bois pas, ne bois pas, regarde-la bien, ne l'as-tu pas déjà vue dans les tableaux exécutés par Breughel, Callot ou Rembrandt!

J'avais horreur de Julie, car avec son costume à plis serrés, ses larges manches, sa coiffure, elle ressemblait aux jeunes filles séductrices entourées des monstres de l'enfer que l'on voit dans les tableaux de ces maîtres.

— Pourquoi as-tu peur ainsi, me disait Julie, je te possède entièrement, toi et ton reflet?

Je saisis le bol; mais le petit sautait sur mes épaules comme un écureuil, et avec le mouvement de sa queue soufflait dans les flammes en criant d'une voix perçante : Ne bois pas! ne bois pas!

Cependant toutes les figures de sucre de l'exposition s'animaient et remuaient comiquement les bras et les jambes; le conseiller de justice, en gomme, s'avançait vers moi, et me disait avec une toute petite voix :

— Pourquoi ce tapage, mon bon ami, pourquoi ce tapage? Mettez-vous donc enfin sur vos pieds, car je remarque que vous marchez dans l'air par-dessus les tables et les chaises.

Le petit homme avait disparu, Julie n'avait plus le bol à la main.

— Pourquoi donc ne voulais-tu pas boire, disait-elle, la flamme pure qui s'élançait vers toi de la coupe n'était-elle pas le baiser que tu as un jour reçu de mes lèvres?

Je voulais la serrer sur mon cœur, mais Schlemil se montrait entre nous en disant :

— C'est elle, c'est Mina, qui a épousé le Raskal!

J'avais marché sur quelques figures de sucre, qui sanglotaient fort; mais bientôt elles s'augmentaient par centaines et par milliers, s'agitaient à mes côtés, s'élevaient vers moi dans un hideux tourbillon, et bourdonnaient en m'entourant comme un essaim d'abeilles.

Le conseiller de gomme s'était élevé jusqu'à ma cravate, qu'il serrait de plus en plus.

— Damné conseiller de gomme! m'écriai-je à haute voix; et je m'éveillai.

Il était grand jour, et la pendule marquait onze heures. Mon affaire avec le petit homme était aussi un rêve fait éveillé, me disais-je en moi-même, lorsque le domestique, qui arrivait avec mon déjeuner, me dit que le monsieur dont j'avais partagé la chambre était parti de bonne heure, et me faisait faire ses compliments. Je trouvai sur la table devant laquelle le petit homme-fantôme s'était assis pendant la nuit une feuille fraîchement écrite dont je rapporte ici le contenu, car l'histoire est vraiment singulière.

HISTOIRE DU REFLET PERDU.

Enfin il était exaucé, le souhait qu'Erasme Spiker avait pendant toute sa vie nourri dans son âme. Le cœur joyeux, la bourse pleine, il quittait les climats du Nord pour diriger son voyage vers l'Italie. La bonne et chère ménagère versa des torrents de larmes. Elle porta son fils le petit Erasme, après lui avoir soigneusement essuyé le nez et la bouche, dans la voiture, pour que le père pût encore lui donner de longs baisers d'adieu.

— Adieu, cher Erasme Spiker, disait cette femme en sanglotant, je veux bien soigner la maison, pense souvent à moi, et ne perds pas ta jolie casquette de voyage en regardant à moitié endormi, selon ton habitude, en dehors de la portière.

Spiker le lui promit.

Dans la belle Florence Spiker trouva quelques compatriotes, qui, dans toute l'ardeur et l'amour des plaisirs de la jeunesse, se livraient aux jouissances enivrantes qu'offre ce beau pays. Il se montra pour eux un joyeux compagnon; et l'on organisa plusieurs parties charmantes, auxquelles Spiker, par son esprit vif, et son talent de joindre le bon sens aux plus fou laisser aller, donna un entrain particulier. Il advint de là, que les jeunes gens, parmi lesquels on comptait Erasme, alors âgé de vingt-sept ans, donnèrent une joyeuse fête de nuit dans le bosquet illuminé d'un jardin odorant. Chacun, à l'exception d'Erasme, avait amené une dame. Les hommes portaient l'ancien costume allemand dans toute son élégance; les femmes étaient couvertes de brillants costumes tout à fait fantastiques, et choisis selon le goût de chacune d'elles. Celle-ci ou celle-là avait-elle chanté une galante chanson italienne avec l'accompagnement des mandolines, alors les hommes, au joyeux choc des verres remplis de vin de Syracuse, entonnaient en chœur une ronde énergique d'Allemagne. L'Italie est le pays de l'amour; le vent du soir, soufflant comme des soupirs langoureux, parcourait comme de vagues sons d'amour les bosquets odorants de jasmins et d'orangers, se mêlait aux jeux attrayants que les belles señoras avaient entrepris avec les tendres bouffonneries qui sont le propre des dames d'Italie. La joie s'éveillait et croissait de plus en plus. Frédéric, le plus ardent de tous, se leva enlaçant d'un bras la taille de sa bien-aimée, et de l'autre main levant en l'air son verre rempli de vin de Syracuse, qui formait d'incessantes perles, il s'écria :

— Peut-on trouver le bonheur céleste ailleurs que près de vous, belles femmes d'Italie, vous êtes l'amour, l'amour même! Mais, toi, Erasme, ajouta-t-il en se tournant vers Spiker, est-il pas étrange que non-seulement, contre tout ordre et toute raison, tu n'aies pas amené de femme à cette fête, mais que tu sois aujourd'hui si triste et concentré que si tu n'avais pas vaillamment bu et chanté je croirais que tu es devenu tout d'un coup un ennuyeux hypocondriaque?

— Je dois l'avouer, Frédéric, répondit Erasme, qu'il m'est impossible de trouver du plaisir à tout ceci. Tu sais que j'ai laissé chez moi une bonne femme que j'aime du plus profond du cœur, et envers laquelle je serais parjure si je me livrais même seulement ce soir à des jeux trop libres avec une autre. C'est bien différent pour vous autres garçons; mais, moi, père de famille...

Les jeunes gens rirent à gorge déployée lorsqu'Erasme s'efforça, en prononçant les mots père de famille, de donner un aspect sérieux à son jeune et riant visage, et ne put réussir qu'à le rendre comique.

La señora Frédéric se fit traduire en italien ce qu'Erasme venait de dire dans sa langue natale; puis elle jeta sur lui un regard sérieux, et lui dit en le menaçant du doigt:

— Toi, froid et glacial Allemand, sois sur tes gardes, tu n'as pas encore vu Juliette!

Au même instant on entendit un léger bruit à l'entrée du bosquet, et des ombres noires sortit, tout à coup éclairée par l'illumination, une femme admirable. Sa robe ne couvrait qu'à demi sa poitrine, ses épaules et son cou; avec ses larges manches descendant jusqu'au coude, et lui tombant par derrière en larges plis serrés. Ses cheveux, séparés par-devant sur le front, étaient sur la nuque relevés en tresses nombreuses; des chaînes d'or autour du cou, de riches bracelets à ses bras complétaient une toilette empruntée à l'époque du moyen âge, et lui donnaient l'aspect d'une femme d'un tableau de Rubens ou du précieux Mieris.

— Juliette! s'écrièrent les jeunes filles étonnées.

Juliette, dont la beauté n'avait pas d'égale parmi elles, dit d'une voix douce:

— Braves jeunes Allemands, permettez-moi de prendre part à votre fête. Je veux m'adresser à celui qui seul d'entre vous est sans joie et sans amour.

Alors, resplendissante de grâces, elle s'avança vers Erasme, et prit place sur le siège resté vacant à ses côtés; car on avait pensé qu'il amènerait une dame aussi. Les jeunes filles se disaient entre elles:

— Voyez! voyez! comme Juliette est belle aujourd'hui! Et les jeunes gens murmuraient:

— Mais, voyez donc cet Erasme, il a la plus belle, et il s'est moqué de nous!

Erasme éprouva, dès le premier regard qu'il jeta sur Juliette, une impression si étrange, qu'il ne put comprendre ce qui bouleversait si puissamment son cœur. Lorsqu'il s'approcha d'elle, une attraction secrète s'empara de son être, et oppressa tellement sa poitrine, que la respiration lui manquait. Il restait assis les yeux fixés sur Juliette, les lèvres contractées, et ne pouvait lui dire un seul mot, pendant que tous les autres jeunes gens exaltaient tout haut sa grâce et sa beauté.

Juliette prit une coupe pleine, se leva, et la présenta à Erasme en souriant, celui-ci la saisit en touchant doucement les doigts de la donna.

Il but, une ardeur dévorante se précipita dans ses veines; Juliette lui demanda en souriant:

— Serai-je votre dame?

Mais Erasme, en délire, se jette à ses genoux, et presse ses deux mains contre sa poitrine en criant:

— Oui, tu me l'as donné, je t'ai toujours aimée, image des anges! Je t'ai vue dans mes rêves, tu es mon bonheur, ma joie, ma vie!

Tous crurent que le vin avait troublé la tête d'Erasme. Jamais ils ne l'avaient vu ainsi.

— Oui, toi, tu es ma vie! tu me pénètres d'une dévorante flamme! laisse-moi mourir, c'est toi que je veux!

Ainsi criait Erasme; mais Juliette l'entoura doucement de ses bras, il vint plus calme s'asseoir auprès d'elle, et bientôt recommencèrent les jeux amoureux de chants et de plaisanteries que Juliette et Erasme avaient interrompus. Lorsque Juliette chanta on aurait pu croire que des sons célestes partaient du fond de sa poitrine, et ils éveillaient chez tout le monde cette joie ineffable que l'on ne ressent sans l'éprouver jamais. Son admirable voix de cristal portait avec elle une mystérieuse ardeur qui maîtrisait tous les sens. Le jeune homme la tenait étroitement embrassée, et leurs yeux se lançaient des éclairs.

Déjà une lueur rougeâtre annonçait l'aurore, Juliette demanda que l'on terminât la fête, et la fête cessa. Erasme s'offrit pour l'accompagner, elle le refusa, et lui indiqua la maison où il la trouverait à l'avenir.

Pendant la ronde allemande entonnée par les jeunes gens pour terminer la fête, Juliette s'était échappée du bosquet. On la vit s'avancer dans un berceau plus éloigné, précédée de deux domestiques qui tenaient des torches à la main. Erasme ne se hasarda pas à la suivre. Les jeunes gens prirent chacun une demoiselle sous le bras, et se retirèrent avec une joie bruyante. Erasme les suivit tout troublé, et le cœur dévoré de désirs et de tourments d'amour; son petit domestique marchait devant lui en tenant une torche. Il quitta ses amis à une rue éloignée qui conduisait à sa demeure.

L'aurore occupait déjà tout le ciel, le domestique frappa le pavé de la torche pour l'éteindre; mais du milieu des étincelles jaillissantes apparut tout à coup devant Erasme une figure singulière, un homme sec avec un nez en bec d'autour, des yeux étincelants, sa bouche grimaçant la moquerie. Il était couvert d'un habit rouge orné de boutons d'acier brillant. Il se mit à rire, et dit d'une voix discordante:

— Oh! oh! avec votre manteau, votre pourpoint à crevés, et votre toque à plume, vous avez l'air d'avoir été tiré d'un livre de vieilles gravures! Vous avez un aspect bouffon, voulez-vous donner à rire

aux gens dans la rue? Retournez donc vite et tranquillement dans votre reliure de parchemin.

— Que vous importe mon costume! dit Erasme de mauvaise humeur; et il voulait s'écarter de l'homme rouge et aller plus loin, mais celui-ci lui cria:

— N'allez pas si vite, vous n'allez pas de suite chez Juliette!

Erasme se retourna rapidement.

— Que dites-vous de Juliette! s'écria-t-il d'une voix sauvage en saisissant l'homme rouge à la poitrine.

Celui-ci se retourna et avec la vitesse de la flèche il avait disparu. Erasme resta tout atterré tenant encore à la main un bouton d'acier de son habit.

C'était le docteur Miracle, le seigneur Dapertutto.

— Que voulait-il donc de vous? demanda le domestique.

Mais Erasme sentit un frisson parcourir son corps, et se hâta de regagner sa maison.

Julie reçut Erasme avec l'admirable grâce et la bienveillance qui la distinguaient. Elle opposa à sa folle passion des manières calmes et douces. De temps en temps seulement ses yeux s'allumaient davantage, et Erasme sentait trembler tout son être lorsqu'elle jetait sur lui un étrange regard. Rien ne lui disait qu'elle l'aimât, mais toute sa conduite envers lui le laissait clairement pressentir; et il arrivait qu'il se trouvait enlacé de liens qui devenaient plus étroits de jour en jour. Une véritable vie de soleil se levait pour lui. Il voyait rarement ses amis, car Juliette l'avait introduit dans des sociétés étrangères.

Un jour Frédéric le rencontra et ne voulut pas le quitter, et lorsqu'il eut attendri Erasme par des souvenirs du pays et du foyer de la famille il lui dit:

— Sais-tu, Spiker, que tu as fait une dangereuse connaissance, tu dois déjà avoir remarqué que la belle Juliette est une des courtisanes les plus rusées qui aient existé jamais. Il court sur elle d'étranges histoires qui la font apparaître sous un singulier jour. Je vois par toi-même qu'elle exerce sur les hommes, lorsqu'elle le veut, une irrésistible puissance, qui les enveloppe de liens inextricables. Tu es entièrement changé, tu t'es donné tout à fait à la séductrice, tu oublies la vertueuse femme...

Erasme se cacha le visage avec ses mains, sanglota hautement, prononça le nom de sa femme, et Frédéric s'aperçut qu'un violent combat se livrait en lui.

— Spiker, continua-t-il, mettons-nous de suite en route.

— Oui, Frédéric, reprit Spiker avec force, tu as raison. Je ne sais pourquoi d'affreux pressentiments m'assaillent. Il faut partir, partir aujourd'hui même.

Les deux amis se précipitèrent vivement à travers les rues. Le seigneur Dapertutto se présenta à leur rencontre, il se mit à rire au visage d'Erasme en criant:

— Ah! dépêchez-vous, dépêchez-vous donc! Juliette attend déjà, le cœur plein de désirs et les yeux remplis de pleurs! Hâtez-vous, hâtez-vous!

Erasme s'arrêta comme frappé de la foudre.

— Ce drôle, ce charlatan, dit Frédéric, est ma bête noire, et parce qu'il va et vient chez Juliette et lui vend ses merveilleuses essences...

— Quoi! s'écria Erasme, cet affreux drôle chez Juliette, chez Juliette?

— Où restez-vous donc si longtemps, tout le monde vous attend, vous n'avez pas du tout pensé à moi, dit une douce voix partie d'un balcon.

C'était Juliette, devant la maison de laquelle les deux amis s'étaient arrêtés sans y prendre garde. D'un bond Erasme était dans la maison.

— Il n'y a plus d'espoir de le sauver, dit Frédéric à voix basse; et il continua à marcher dans la rue.

Jamais Juliette n'avait été plus aimable; elle portait le costume qu'elle avait eu autrefois dans le jardin; elle brillait de toutes les grâces, de toute la beauté de la jeunesse; Erasme avait oublié ses promesses à Frédéric. Plus que jamais il était irrésistiblement entraîné par le plus pur ravissement; mais jamais aussi Juliette n'avait montré avec moins de contrainte son ardent amour. Elle semblait ne voir que lui, n'exister que pour lui.

On devait célébrer une fête dans une villa que Juliette avait louée pour la saison d'été, on s'y rendit. Dans la société se trouva un jeune étudiant de mauvaise tournure et de manières plus mauvaises encore. Il se montrait très-empressé pour Juliette et excitait la jalousie d'Erasme, qui, vivement contrarié, s'éloignait de la société et se mit à parcourir une allée écartée, qu'il montait et descendait sans cesse, Juliette vint le chercher.

— Qu'as-tu donc? disait-elle, n'es-tu donc pas à moi tout entier! et elle l'entoura de ses bras délicats et l'embrassa sur les lèvres. Des rayons de feu le pénétraient; dans un accès d'amour, il pressa la bien-aimée sur son cœur et s'écria:

— Non! je ne te quitte pas, lors même que je devrais courir à la ruine la plus affreuse.

Juliette sourit étrangement en entendant ces paroles, et son regard singulier, en se fixant sur lui, fit frissonner son cœur. Ils rejoignirent la société.

L'Italien antipathique vint tourmenter Erasme excité par la jalou-

aïe, se permit plusieurs propos offensants pour les Allemands et pour Spiker en particulier. Celui-ci ne put se contenir plus longtemps et s'avança rapidement vers l'Italien :

— Cessez vos injures sur les Allemands et sur moi, lui dit-il, sinon je vous jetterai dans cet étang et vous y exercerez vos talents dans la natation, si bon vous semble !

Au même instant un poignard brilla dans la main de son rival. Erasme furieux le saisit au collet, et l'ayant terrassé, lui donna un violent coup de pied sur la nuque, et l'Italien resta mort.

Tous se précipitèrent à la fois sur Erasme, il perdit connaissance et se sentit saisi et emporté.

Lorsqu'il recouvra ses sens, comme au sortir d'un rêve, il se trouva dans un petit cabinet. Juliette était couchée à ses pieds.

— Méchant Allemand, répétait-elle sans cesse d'une voix douce et tendre, que de peines tu m'as causées ! Je t'ai sauvé du danger imminent ; mais tu n'es plus en sûreté à Florence et en Italie. Il faut que tu partes ! il faut que tu me quittes, moi qui t'ai tant aimée !

Le petit homme.

L'idée d'une séparation jeta Erasme dans un chagrin déchirant, une ineffable douleur.

— Je resterai, criait-il ; j'aime mieux perdre la vie : n'est-ce pas mourir que de vivre sans toi !

Alors il sembla qu'une voix à peine sensible prononçait douloureusement son nom dans le lointain. Ah ! c'était la voix de sa fidèle ménagère. Erasme s'interrompit tout à coup et Juliette lui demanda d'une façon singulière :

— Ne penses-tu pas à ta femme ? Ah ! Erasme, tu ne m'oublieras que trop tôt.

— Que ne puis-je être à toi pour toujours ! reprit Erasme.

Ils étaient assis devant une belle glace large, placée sur le mur du cabinet et garnie des deux côtés de bougies allumées. Juliette pressait Erasme sur son cœur avec plus d'ardeur et d'amour, et lui disait doucement :

— Laisse-moi ton reflet, mon bien-aimé, il m'appartiendra et restera toujours avec moi.

— Juliette, répliqua Erasme étonné, quelle idée est la tienne, mon reflet ?

Il jeta les yeux sur la glace qui leur renvoyait leurs personnes avec leurs embrassements.

— Comment, dit-il, peux-tu garder mon reflet, qui me suit partout, qui s'avance vers moi du sein de toute eau limpide, de toute surface polie ?

— Ne me donneras-tu pas, dit Juliette, ce songe de toi-même comme il brille là devant nous, toi qui voulais me donner ton corps et ta vie ? ton inconstante image ne doit-elle pas rester avec moi et m'accompagner dans cette triste existence, car puisque tu me fuis elle doit être sans plaisir et sans amour ?

Et des larmes brûlantes tombaient de ses beaux yeux noirs.

Alors Erasme s'écria dans l'accès de délire d'une amoureuse et mortelle douleur :

— Puisqu'il faut que je parte, puisqu'il faut que je parte ! que mon reflet demeure éternellement avec toi, que nul pouvoir, même un pouvoir infernal, ne puisse te l'arracher jusqu'à ce que tu possèdes mon âme et mon corps !

Les baisers de Juliette brûlèrent ses lèvres lorsqu'il eut prononcé ces paroles, et puis elle le quitta et étendit les bras vers le miroir. Erasme vit son reflet s'avancer indépendant de ses mouvements et se glisser dans les bras de Juliette, où il disparut comme une étrange vapeur. D'horribles voix s'éveillèrent et se mirent à rire avec une ironie diabolique. Saisi d'un effroi mortel, Spiker tomba sans connaissance sur le parquet, une terrible angoisse le tira de son évanouissement, et dans une épaisse obscurité il sortit en chancelant et descendit les marches de l'escalier.

Devant la maison on le saisit et on le porta dans une voiture qui partit avec rapidité.

— Vous êtes compromis, à ce qu'il paraît, dit en langue allemande l'homme qui était venu prendre place à ses côtés, mais tout ira à merveille si vous voulez avoir confiance en moi. Vous m'êtes recommandé par Juliette. Vous êtes aussi un charmant jeune homme, et très-porté aux divertissements que Juliette et moi nous préférons tous les deux. Vous avez frappé sur le cou en véritable Allemand. Comme la langue de l'*amoroso* lui sortait de la bouche, bleue comme une cerise ! il avait l'air bien drôle quand il criait, gémissait et ne voulait pas mourir. Ah ! ah ! ah !

La voix de cet homme était si agaçante de moquerie, son ricanement si affreux, que ses paroles pénétraient dans la poitrine d'Erasme comme des coups de poignard.

— Qui que vous soyez, s'écria-t-il, taisez-vous, plus un mot de cette épouvantable aventure que je déplore !

— Que vous déplorez ! répondit l'homme, déplorez-vous donc aussi d'avoir connu Juliette et d'avoir conquis son amour ?

— Ah ! Juliette ! Juliette ! soupira Erasme.

— Eh bien ! continua l'inconnu, vous êtes un enfant, vous désirez, vous voulez et tout reste en route. Il est fatal, en vérité, d'avoir quitté Juliette ; mais si vous restiez ici je pourrais vous soustraire aux poignards de tous ceux qui vous poursuivent et aussi aux recherches de l'aimable justice.

L'idée de rester auprès de Juliette s'empara puissamment d'Erasme, et il demanda :

— Comment cela se pourrait-il ?

— Je connais, reprit l'homme, un moyen sympathique qui rendrait aveugles vos persécuteurs, en un mot vous apparaîtriez sous une autre figure tout à fait méconnaissable pour eux.

Aussitôt que le jour sera venu vous vous regarderez longtemps et attentivement dans un miroir ; et avec votre reflet, sans l'endommager en rien, j'entreprendrai certaines opérations, et vous serez déguisé et pourrez vivre avec Juliette sans danger en toute félicité.

— C'est affreux, c'est affreux ! s'écrie Erasme.

— Qu'est-ce donc qui est affreux, mon cher ami ? demanda l'homme d'un ton moqueur.

— Ah ! ah ! j'ai... j'ai... commença Erasme.

— Laissé votre reflet, interrompit l'homme, chez Juliette, n'est-ce pas ? Ah ! ah ! bravissimo, mon excellent ami ! Maintenant vous pourrez traverser les bois, les villages, les villes jusqu'à ce que vous ayez rejoint votre femme et le petit Erasme, et devenir de nouveau un père de famille, quoique sans reflet : ce dont votre femme s'inquiétera peu, puisqu'elle aura votre aimable vous-même tandis que Juliette n'aura que le vague rêve de votre moi.

— Tais-toi, homme affreux ! s'écria Erasme.

Au même instant passait un joyeux cortége de chanteurs, et les torches qu'ils portaient éclairèrent l'intérieur de la voiture. Erasme regarda le visage de son compagnon de route et reconnut l'épouvantable docteur Dapertutto. Il s'élança d'un bond au dehors, et courut vers le groupe dans lequel il avait reconnu déjà de loin la basse sonore de Frédéric. Les amis revenaient d'un dîner de campagne. Erasme raconta à son ami tout ce qui était arrivé. Il lui cacha seulement la perte de son reflet.

Frédéric se hâta de sortir de la ville avec lui, et tout fut préparé de telle sorte que lorsque l'aurore parut Erasme, monté sur un cheval rapide, était déjà loin de Florence. Spiker racontait mainte aventure arrivée dans ce voyage : ce qu'il y eut de plus remarquable fut l'accident qui lui fit pour la première fois étrangement sentir la perte de son reflet. Il s'était arrêté, parce que son cheval fatigué avait besoin de souffler un peu, dans une grande ville, et avait pris place à une nombreuse table d'hôte sans remarquer qu'il se trouvait une glace devant lui. Un diable de garçon qui se trouvait derrière sa chaise remarqua qu'elle paraissait vide dans le miroir. Il fit part de son observation au voisin d'Erasme, qui en fit autant au sien, et par toute la table il courut des chuchotements et des murmures. On regardait Erasme et le miroir. Quant à lui, il n'avait pas encore remarqué que tout cela le concernait, lorsqu'un homme à figure sévère se leva de table, le conduisit devant le miroir, et se tournant ensuite vers les convives s'écria :

— Il n'a vraiment pas de reflet !

— Il n'a pas de reflet, se disait-on l'un à l'autre, c'est un mauvais sujet, un *homo nefas*, jetez-le à la porte.

Plein de rage et de honte, Erasme se réfugia dans sa chambre ; mais à peine y était-il qu'un homme de la police lui intima l'ordre de paraître sous une heure devant les autorités avec son reflet intact ou de quitter la ville.

Il s'éloigna aussitôt, poursuivi par les oisifs de la ville, et les gamins des rues, qui criaient en courant après lui :

— Le voici qui part à cheval celui qui a vendu son reflet au diable !

Enfin il se trouva en pleine campagne ; mais à l'avenir, partout où il arrivait, sous prétexte d'une antipathie naturelle contre les reflets

Juliette.

il faisait voiler les miroirs et pour cette raison on lui donnait en plaisantant le nom du général Savarow, qui avait la même manie.

Sa femme le reçut avec tendresse ainsi que son petit Erasme lorsqu'il eut atteint sa ville natale et sa maison, et bientôt il lui sembla qu'il pourrait dans la paisible joie du ménage oublier les chagrins de sa perte.

Un jour que la belle Juliette lui était complètement sortie de la pensée, il jouait avec le petit Erasme. Celui-ci jeta à la figure de son père une poignée de suie.

— Ah ! père, père, regarde un peu, s'écria-t-il, comme je t'ai noirci ; et en disant cela, et avant que Spiker eût pu l'en empêcher, il plaça devant son père un miroir, dans lequel il regarda aussi par hasard. Mais il le laissa aussitôt tomber en pleurant, et se précipita hors de la chambre.

Presque aussitôt arriva la mère la figure altérée par l'étonnement et l'effroi.

— Que m'a donc raconté le petit Erasme ? s'écria-t-il.

— Que je n'ai pas de reflet ! n'est-ce pas, ma bonne amie ? interrompit Spiker avec un sourire forcé. Et aussitôt il s'efforça de prouver qu'il fallait être insensé pour croire que l'on pouvait perdre entièrement son reflet.

— Après tout, ajouta-t-il, on ne perdrait pas grand'chose, car chaque reflet est une illusion, et l'on devient vain à se mirer ainsi ; et puis cette image de notre propre moi tient le milieu entre le rêve et la réalité.

Pendant qu'il parlait ainsi, sa femme avait rapidement écarté le rideau qui couvrait une glace placée dans la chambre ; elle y jeta un regard, et comme frappée de la foudre tomba sur le plancher.

Spiker la releva, mais à peine avait-elle repris ses sens qu'elle le repoussa avec effroi.

— Laisse-moi, s'écriait-elle, homme terrible ! tu n'es pas mon

mari, non ! tu es un esprit infernal, qui veut me ravir le salut de mon âme ! pars, laisse-moi, damné, tu es contre moi sans pouvoir.

Sa voix retentissait à travers les salles, les valets accoururent. Erasme, plein de désespoir et de colère, se précipita hors de la maison et se mit à parcourir les allées solitaires du parc situé auprès de la ville.

L'image de Juliette se dressa devant lui dans tout l'éclat de sa beauté, et il s'écria à voix haute :

— Te venges-tu, Juliette, de ce que je t'ai quittée et que je ne t'ai donné que mon image au lieu de me donner moi-même ? Juliette, je veux te donner mon corps et mon âme. Elle m'a repoussé, celle que je t'avais sacrifiée ! Juliette, Juliette, je te donne mon âme et mon corps.

— Vous pouvez le faire parfaitement, mon très-cher ! dit le signor Dapertutto, qui se trouva tout d'un coup tout près de lui avec son habit rouge et ses boutons brillants d'acier.

Ces mots calmèrent la douleur du malheureux Erasme, et lui firent oublier la laideur de Dapertutto. Il s'arrêta et demanda d'une voix plaintive :

— Comment puis-je la retrouver, elle qui est à jamais perdue pour moi ?

— Elle n'est pas perdue le moins du monde, dit Dapertutto, elle est là tout près d'ici ; elle a le plus grand désir de votre honorable personne, puisque votre reflet, comme vous le voyez, est seulement une illusion. En outre, lorsqu'elle sera certaine de posséder votre corps, votre âme et votre vie, elle vous rendra avec reconnaissance votre agréable reflet bien complet et bien brillant.

— Conduis-moi vers elle, où est-elle ? dit Erasme.

— Il faut encore, interrompit Dapertutto, une bagatelle avant de rentrer en possession pleine et entière de votre image ; celle-ci ne peut être encore remise à l'entière disposition de votre estimable

Quelle épouvantable fumée !

personne, attendu que vous êtes encore enchaînés l'un et l'autre par des liens qu'il est indispensable de briser avant tout : c'est-à-dire votre chère femme et votre fils plein d'espoir.

— Qu'est-ce ! s'écria Erasme avec un accent sauvage.

— La rupture volontaire de ces liens, continua Dapertutto, pourrait s'opérer de la manière la plus facile. Vous saviez déjà à Florence que je m'entends à préparer certains médicaments merveilleux, et j'ai là, dans la main, une petite drogue de ce genre. Une seule goutte donnée aux personnes qui se trouvent entre Juliette et vous, et elles tombent sans pousser un son, sans faire le moindre geste de douleur. On appelle cela mourir il est vrai, et la mort doit être cruelle ; mais le goût des amandes amères n'est-il pas agréable ? La mort que renferment ces flacons a seulement ce genre d'amertume. Aussitôt après ce charmant évanouissement, toute l'honorable famille répand un charmant parfum d'amandes. Prenez, mon honorable.

Et il présenta une petite fiole à Erasme.

— Homme épouvantable, s'écria celui-ci, tu veux que j'empoisonne ma femme et mon fils!

— Qui parle de poison? interrompit l'homme rouge. Il n'y a là dedans qu'une drogue délicieuse à boire. Je trouverais d'autres moyens de vous dégager, mais je ne ferais pas mieux pour vous-même : c'est mon caprice du moment. Prenez en toute confiance, mon cher.

Erasme sans savoir comment cela se fit se trouva la fiole à la main. Il courut, sans réfléchir, chez lui. Sa femme avait passé la nuit entre mille tourments, mille angoisses : elle prétendait sans cesse que le voyageur de retour n'était pas son mari; mais un démon de l'enfer, qui avait revêtu son image. Aussitôt que Spiker mit le pied dans la maison tout le monde s'enfuit effrayé devant lui; le petit Erasme seul osa s'approcher de lui et lui demanda pourquoi il n'avait pas rapporté son reflet, en ajoutant jusqu'à sa mère s'en chagrinerait à mourir. Erasme jeta sur l'enfant un regard sauvage. Il tenait encore dans la main la fiole de Dapertutto. Le petit avait sur le bras sa colombe favorite, et celle-ci par hasard s'approcha de la fiole et donna un coup de bec sur le bouchon; aussitôt elle pencha la tête, elle était morte. Erasme effrayé se leva en bondissant.

— Traître, s'écria-t-il, tu veux me faire commettre un crime infernal! Et il jeta par la fenêtre ouverte le flacon, qui alla sauter en mille morceaux sur le pavé de la cour. Un agréable parfum d'amandes monta et se répandit dans la chambre. Le petit Erasme s'était éloigné plein d'effroi. Spiker passa tout le jour martelé d'incessantes angoisses jusqu'à l'heure de minuit. Alors l'image de Juliette devint plus distincte dans son âme à chaque instant. Un jour en sa présence un petit collier de ces fruits rouges que les femmes portent comme des perles s'était cassé devant lui; en les ramassant très-vite il avait gardé un de ces fruits parce que Juliette l'avait porté, et il le conservait fidèlement. Il le tira de sa poche, et le regardait rassembla ses sens et sa pensée sur le souvenir de sa bien-aimée perdue. Alors il lui sembla qu'il s'exhalait de la perle le parfum magique qu'il respirait autrefois à l'approche de Juliette.

— Ah! Juliette! s'écria-t-il, te voir encore une fois et puis mourir dans la ruine et le déshonneur!

A peine avait-il prononcé ces paroles qu'il entendit comme un bruit de pas incertains dans le corridor et à la porte de sa chambre. On frappa. La respiration d'Erasme était oppressée d'un pressentiment d'inquiétude et d'espoir. Il ouvrit. Juliette entra plus belle et plus gracieuse que jamais. Ivre d'amour et de désirs, il la serra dans ses bras.

— Me voici, mon bien-aimé, lui dit-elle, mais vois comme j'ai fidèlement conservé ton reflet. Elle écarta le rideau de la glace, et Erasme vit son image caresser amoureusement Juliette; indépendante de lui-même, elle ne répétait aucun de ses mouvements. Un frisson s'empara de lui.

— Juliette, s'écria-t-il, ton amour doit-il égarer ma raison? Rends-moi mon reflet et prends ma vie, mon âme!

— Il y a encore quelque chose entre nous, dit Juliette, tu le sais, Dapertutto ne te l'a-t-il pas dit?

— Au nom de Dieu! s'écria Erasme, si je ne puis être à toi que par là, je préfère la mort.

— Aussi Dapertutto, continua Juliette, ne voulait-il pas te conduire à une pareille action. Il est terrible, à la vérité, qu'un vœu et la bénédiction d'un prêtre aient autant de puissance, mais il faut briser le lien qui t'enchaîne, sinon tu ne seras jamais entièrement à moi seule, et il existe un autre moyen que celui que Dapertutto t'a proposé.

— Quel est-il? demanda impétueusement Erasme.

Alors Juliette jeta ses bras autour de son cou, et sa tête appuyée sur sa poitrine lui murmura à voix basse :

— Tu écris sur ce petit papier ton nom Erasme Spiker, et au-dessous ces quelques mots :

Je donne pouvoir à mon bon ami Dapertutto sur ma femme et mon fils, de telle sorte qu'il puisse agir à son gré pour rompre le lien qui m'attache, parce que je veux que mon corps et mon âme appartiennent à Juliette, que je me suis choisie pour épouse et à laquelle encore je me lierai pour toujours par un vœu particulier.

Erasme se sentait agité de soubresauts convulsifs, des baisers de feu brûlaient ses lèvres; il tenait à la main la feuille que Juliette lui avait donnée.

Dapertutto apparut tout à coup derrière lui; sa taille était gigantesque, et il lui tendait une plume de métal. Au même moment une petite veine se brisa sur la main gauche d'Erasme, et le sang en jaillit.

— Trempe ta plume et écris, écris! disait la voix discordante de l'homme rouge.

— Écris, écris, mon seul bien-aimé, murmurait Juliette.

Déjà la plume était pleine de sang, il allait écrire. Alors la porte s'ouvrit, une figure blanche entra, ses yeux fixes comme ceux d'un spectre étaient dirigés sur Erasme. Elle s'écria d'une voix sourde et douloureuse :

— Erasme, Erasme! que fais-tu? Au nom du Sauveur! abandonne cette abominable tentative.

Erasme reconnut sa femme dans l'apparition qui l'avertissait, et jeta la feuille et la plume loin de lui.

Des éclairs brillants jaillirent des yeux de Juliette, son visage était horriblement bouleversé et son corps brûlait.

— Va-t'en, fille d'enfer! mon âme ne t'appartient pas! au nom du Sauveur! sors d'ici, serpent! les feux de l'enfer s'élancent de ton sein! s'écria Erasme.

Et d'une main vigoureuse il repoussa Juliette, qui le tenait encore embrassé.

Alors on entendit par toute la chambre des cris et des hurlements glapir dans des dissonances aiguës, accompagnés d'un bruit semblable aux battements d'ailes de corbeaux noirs. Juliette et Dapertutto disparurent dans une vapeur épaisse et nauséabonde, qui semblait s'échapper des murailles et éteignit les lumières. Enfin les premiers rayons du jour vinrent traverser les vitres, Erasme se rendit aussitôt chez sa femme. Il la trouva douce et aimable.

Le petit Erasme était assis tout joyeux sur son lit. Elle tendit la main à son mari tout brisé en disant :

— Je sais tout ce que tu as fait de mal en Italie, et je te plains de tout mon cœur. Le pouvoir de l'ennemi est très-grand! et comme il est adonné à tous les vices, il vole aussi; et il n'a pas su résister au désir de te ravir traîtreusement ton beau reflet parfait de ressemblance. Regarde-toi donc, là, dans cette glace, mon cher mari.

Spiker obéit en tremblant de tout son corps, et son visage exprimait la douleur. La glace resta blanche et claire. On n'y vit point d'Erasme Spiker.

— Cette fois il est heureux, continua sa femme, que ton reflet ne se soit pas présenté, car tu as, mon cher Erasme, une figure bien singulière. Tu dois comprendre toutefois que, privé de ton reflet, tu deviendras le jouet des gens, et tu ne peux être un père de famille dans toute l'acception du mot, tel qu'il doit être pour inspirer le respect à sa femme et à ses enfants. Le petit Erasme se moque déjà de toi et veut, à la première occasion, te faire des moustaches avec du charbon, parce que tu ne pourras t'en apercevoir. Parcours le monde pendant quelque temps et tâche de te faire restituer ton reflet par le démon; si et tu ne l'as pas, eh bien! tu n'en seras pas moins le bien-venu. Embrasse-moi (Spiker l'embrassa) et, maintenant, bon voyage! Envole de temps en temps au petit Erasme une paire de culottes neuves, car il doit les beaucoup aux genoux. Adieu, cher Erasme!

La dame se retourna d'un autre côté et s'endormit. Spiker prit dans ses bras et embrassa le petit Erasme, qui criait beaucoup. Il le remit à terre et s'en alla dans le vaste monde. Il rencontra un jour Pierre Schemil, qui avait vendu son ombre. Ils voulurent d'abord voyager de compagnie : Erasme Spiker aurait fourni une ombre suffisante pour eux deux, et Peters Schemil pour sa part se serait chargé du reflet; mais cette convention resta en projet.

POST-SCRIPTUM DU VOYAGEUR ENTHOUSIASTE.

— Qui me regarde là de ce miroir? Est-ce bien moi que j'aperçois ainsi? O Julie! Juliette! Image céleste! Esprit de l'enfer! Ravissement et torture! Désir et désespoir!

— Tu vois, mon cher Théodore-Amédée Hoffmann, que trop souvent un sombre pouvoir inconnu vient marcher dans ma vie, et, trompant mon sommeil et mes plus beaux rêves, jette sur ma route d'étranges fantômes. Tout rempli des apparitions de la nuit de la Saint-Sylvestre, je crois presque que le conseiller de justice était de gomme, et que son thé ne fut une exposition de Noël ou de nouvelle année; je m'imagine que la belle Julie, image séduisante de Rembrandt et de Callot, a enlevé au malheureux Erasme Spiker son beau reflet. Pardonne-moi cela, je t'en prie!

LA FIANCÉE DU ROI.

I.

C'était une année bénie. Dans les champs le grain, l'orge et l'avoine verdoyaient et fleurissaient, les jeunes paysans s'en allaient dans les pois verts, le bétail foulait le trèfle, et les arbres étaient rouges de cerises malgré la voracité des moineaux. Tout être trouvait chaque jour à la grande table de la nature une pâture abondante; mais les légumes étaient surtout si admirablement beaux dans le jardin du sieur Dapfuhl de Zabelthau que mademoiselle Annette ne se possédait pas de joie.

Il semble assez nécessaire de dire ce que M. Dapfuhl de Zabelthau et mademoiselle Annette étaient l'un et l'autre.

Il est possible, cher lecteur, que, parti pour voyager n'importe où, tu aies une fois traversé le beau vallon que sillonne joyeusement le Mein. Les vents tièdes du matin courbent de leur haleine embaumée l'herbe de la prairie qui brille éclatante comme l'or aux rayons du soleil levant. À l'étroit dans ta voiture, tu en descends, et suis les sentiers de la forêt, à la fin de laquelle tu aperçois au moment de descendre dans la vallée un petit village. Alors s'avance aussitôt vers toi dans le bois un grand homme maigre dont le singulier accoutrement te force à t'arrêter pour le voir.

Il porte un petit chapeau de feutre gris entré de force sur une perruque couleur de goudron, un costume complétement gris, habit, veste et culotte, ainsi que ses souliers et ses bas, qui tout au plus est couvert d'un vernis gris.

Alors cet homme marche vers toi d'un pas précipité, et en te fixant de ses yeux enfoncés il ne semble pas te voir; et lorsqu'il se précipite sur toi, tu lui dis :

— Bonjour, monsieur.

Il tressaille comme s'il sortait d'un profond sommeil. Alors il porte la main à son feutre et dit d'une voix creuse et larmoyante :

— Bonjour! ô monsieur, que nous devons être joyeux d'avoir une belle matinée! les pauvres habitans de Santa-Cruz! deux secousses, et puis la pluie tombe à torrents.

Tu ne sais, cher lecteur, ce que tu dois répondre à cet homme singulier; et lorsque tu y réfléchis, avec un *Permettez, monsieur!* il a déjà tâté ton front et te regarde dans ta main.

— Le ciel vous bénit.

Vous êtes sous une heureuse influence, ajoute-t-il d'une voix aussi sourde et lamentable qu'auparavant.

Et puis il continua à marcher.

Cet homme singulier n'est autre que le sieur *Dapfuhl de Zabelthau*, dont la propriété héréditaire est le petit village de Dapfuhlheim, qui est là devant toi dans la plus riante contrée, et dans lequel tu entres à l'instant.

Tu veux déjeuner, lecteur, l'auberge a une apparence triste, et comme tu ne peux pas te contenter de lait, alors on t'indique la maison seigneuriale, où la noble demoiselle Anna viendra t'offrir ce qu'elle a en réserve. Tu t'y présentes sans façon; il n'y a rien à dire de la maison, sinon qu'elle a vraiment des fenêtres comme le château du baron Tontertonktronk en Westphalie. Pourtant au-dessus de la grande porte s'étalent orgueilleusement les armoiries de la famille de Zabelthau découpées en bois avec l'art habituel au pays. Mais cette maison emprunte un singulier éclat du voisinage des murs d'enceinte d'un vieux bourg en ruine, sur lesquels elle s'appuie du côté du nord ; de telle manière que c'est la porte de derrière de l'ancien château qui forme maintenant l'entrée de la cour, au milieu de laquelle s'élève la grande tour de vigie encore intacte. De cette porte ornée par l'écusson de la famille sort une jeune fille aux joues roses que l'on peut appeler belle avec ses yeux bleus et clairs. Les formes sont seulement peut-être un peu trop de rondeur. Sa bienveillance la porte à te faire entrer dans la maison, et bientôt, remarquant tes besoins, elle te fait servir un excellent lait, un énorme pain au beurre et un jambon rouge, qui semble avoir été préparé à Bayonne, et un petit verre d'eau-de-vie. La jeune fille, qui n'est autre que la demoiselle Anna de Zabelthau, parle avec abandon et gaieté de tout ce qui concerne le ménage; et elle déploie sur ce point les connaissances les plus étendues ; alors résonne une forte voix, qui semble venir des airs :

— Anna! Anna! Anna!

Tu tressailles; mais la jeune fille te dit affectueusement :

— Mon père est de retour de sa promenade, et il demande son déjeuner du fond de son cabinet de travail.

— Comment! t'écries-tu étonné.

— Oui, répond la demoiselle Anne ou Annette, comme l'appellent ses valets, le cabinet de travail de mon père est là haut sur la tour et il appelle avec un porte-voix.

Et alors, bien-aimé lecteur, tu vois bientôt ouvrir l'étroite porte de la tour et s'élancer avec la fourchette même dont tu t'es servi et un large morceau de jambon, du pain et de l'eau-de-vie. Elle est presque aussitôt de nouveau près de toi, et, te guidant à travers son jardin, elle te parle beaucoup des plumages variés, de rapuntika, de la petite tête verte de Montruc, du Grand Mogol, de la tête du prince Jaune. Et tu restes étonné, ne sachant pas que tous ces grands noms s'appliquent à tout autre chose qu'aux salades et aux choux.

Je suppose, cher lecteur, que la courte visite que tu fais à Dapfuhlheim est suffisante pour te mettre au courant de l'histoire intime de la maison dont je me propose de te raconter quelques faits surprenants et presque incroyables.

Le seigneur Dapfuhl de Zabelthau était dans sa jeunesse fort peu sorti du château de ses pères, qui possédaient des terres immenses. Son maître d'hôtel, un vieillard original, nourrissait, en lui enseignant les langues orientales, son penchant pour le mysticisme, ou, pour mieux dire pour les opérations magiques. Le maître d'hôtel, donc, mourut et laissa au jeune Dapfuhl une bibliothèque tout entière de livres des sciences occultes, dans lesquelles il était versé. Les parents du jeune Dapfuhl moururent aussi, et celui-ci commença de grands voyages dans l'Égypte et dans l'Inde : voyages dont le maître d'hôtel lui avait fait naître le désir. Lorsqu'il revint enfin, après bien des

années, il trouva qu'un sien cousin avait administré sa fortune avec un si grand zèle, qu'il ne lui restait plus en propriété que le petit village de Dapfuhlheim. Le sieur Dapfuhl de Zabelthau était trop charmé par l'or éclos au soleil d'un si haut monde pour apporter une grande importance aux choses terrestres. Bien plus, il remercia le cousin du plus profond de son cœur de lui avoir laissé le charmant Dapfuhlheim avec sa belle haute tour de vigie, qui semblait avoir été bâtie pour les opérations astrologiques, et il y fit installer son cabinet de travail.

Le cousin attentionné décida que le sieur Dapfuhl de Zabelthau devait se marier; Dapfuhl en comprit aussitôt la nécessité et épousa la demoiselle que le cousin lui avait choisie. La femme quitta la maison aussi vite qu'elle y était entrée. Elle mourut après avoir mis une fille au monde. Le cousin fit la noce, le baptême et l'enterrement, de sorte que Dapfuhl, du haut de sa tour, ne remarqua rien autre chose qu'une très-apparente comète qui apparut au ciel, à la constellation de laquelle le mélancolique Dapfuhl, toujours prêt à pressentir une catastrophe, vit son sort attaché.

La petite fille montra, sous la direction de sa vieille grand' tante et à la grande satisfaction de celle-ci, une disposition très-prononcée pour les soins du ménage. La demoiselle Annette dut apprendre à servir, comme on dit, *à partir de la pique*. Elle fut d'abord gardienne des oies, ensuite servante, grande servante, ménagère; elle en arriva à être maîtresse de maison, de sorte que la théorie fut expliquée et corroborée par une pratique active. Elle aimait extraordinairement les oies, les canards, les pigeons, les moutons et les brebis; et même un troupeau de charmants petits cochons ne lui était nullement indifférent, bien qu'elle n'eût pas choisi pour son bichon favori un petit cochon de lait blanc orné d'un ruban et d'un grelot, comme le fit une fois une demoiselle d'un pays quelconque. Mais avant tout, et même avant le soin des fruits, passait le jardin potager. Mademoiselle Annette avait acquis de la science campagnarde de sa tante, comme le lecteur a pu s'en apercevoir de jolies connaissances théoriques sur l'éducation des légumes, sur le labourage, les semences, les plantations, et alors non-seulement elle présidait à ces opérations, mais elle y prêtait aussi son concours actif et savait au besoin manier une lourde bêche. Ainsi, tandis que le sieur Dapfuhl de Zabelthau était plongé dans ses observations astrologiques et autres mystères, la demoiselle Annette, de son côté, comprenait de son mieux le ménage. Et, comme nous disions, il n'y avait pas lieu de s'étonner qu'elle fût presque hors d'elle de joie en voyant cette année l'état florissant de son jardin potager. Un champ de carottes surtout surpassait tout le reste par le luxe de sa floraison, et il promettait une récolte inusitée.

— Ah! mes belles carottes! s'écriait à chaque instant mademoiselle Annette, et elle frappait des mains, dansait à l'entour et gesticulait comme un enfant béni du Christ. Il était vrai aussi que les carottes paraissaient dans la joie partager la joie d'Annette, car les légers éclats de rire que l'on entendait s'élevaient du champ sans aucun doute. Annette n'y faisait pas particulièrement attention; elle s'élança à la rencontre du valet qui lui criait en tenant une lettre en l'air :

— C'est pour vous, mademoiselle Annette; Gottlieb l'a rapportée de la ville.

Annette reconnut aussitôt en lisant l'adresse que la lettre était du jeune Amandus de Nebelstern, fils d'un propriétaire du voisinage, et pour le moment étudiant à l'université. Amandus s'était persuadé, lorsqu'il demeurait au village du père et venait tous les jours au château de Dapfuhlheim, qu'il ne pourrait aimer jamais que mademoiselle Annette; et de son côté mademoiselle Annette était convaincue qu'il lui serait impossible d'éprouver un tendre sentiment pour un autre que pour Amandus le cavalier aux boucles de cheveux brunes. Et l'un et l'autre, Annette et Amandus, étaient convenus de s'épouser le plus tôt possible et de faire le plus heureux couple de toute la terre. Amandus était au reste un gai et franc jeune homme, mais il tomba dans les mains d'un homme, Dieu sait lequel, et cet homme lui persuada non-seulement qu'il était un grand poète, mais le poussa à accoucher de quelques œuvres. Et cela lui réussit si bien qu'en très-peu de temps il avait sauté par-dessus ce que quelques-uns appellent le plat esprit prosaïque et le bon sens, en prétendant à tort qu'ils peuvent s'appliquer à la plus vive fantaisie. Ainsi la lettre que la demoiselle Annette ouvrait avec tant de joie était du jeune sieur Amandus de Nebelstern, et celle-ci lui :

« FILLE CÉLESTE,

» Vois-tu, comprends-tu, pressens-tu ton Amandus entouré des fleurs et des boutons d'oranger du soir embaumé, couché sur le dos dans un tapis de verdure, et levant en haut vers le ciel des yeux pleins d'un pieux amour et d'une adoration remplie de désirs! Il tresse en couronne le thym, la lavande, les œillets, et les narcisses aux yeux jaunes, et les pudiques violettes. Et les fleurs sont des pensées d'amour, des pensées pour toi, ô Anna! mais la simple prose ne convient pas à des lèvres enthousiastes. Écoute oh! écoute comme je vis dans un sonnet te parler de mon amour.

» La flamme amoureuse brille dans mille soleils altérés;

» Ah! l'ardeur du désir brûle aussi le cœur.

» Du haut du ciel sombre des étoiles rayonnent et se mirent dans les sources des pleurs de l'amour.

Le ravissement, les joies puissantes brisent le doux fruit sorti d'une semence amère, et le désir se dirige vers des lointains violets; mon être est noyé dans les douleurs de l'amour.

» L'écueil battu des tempêtes mugit entouré de rayons de feu; mais le hardi nageur médite en son âme de se précipiter là-bas, le puissant et profond abîme.

» L'hyacinthe fleurit dans les campagnes voisines, le cœur fidèle s'épanouit et veut se faner. La plus belle des racines, c'est le sang du cœur.

» O Anna! puissent, lorsque tu liras ce sonnet, tous les enthousiasmes célestes inonder ton être comme ils se sont emparés du mien lorsque j'ai écrit ces vers, et les ai relus ensuite dans une céleste extase aux sentiments harmonieux apportant le pressentiment d'une existence plus haute. Pense, oh! jeune fille, à ton fidèle et charmé

» AMANDUS DE NEBELSTERN.

» P. S. N'oublie pas, ô noble jeune fille, lorsque tu me répondras, de m'empaqueter en même temps quelques livres de tabac de Virginie que tu choisiras toi-même. Il brûle bien et a meilleur goût que le porto-rico, que les étudiants fument ici lorsqu'ils vont faire une partie de cabaret. »

Demoiselle Annette pressa la lettre sur ses lèvres, et dit:
— Ah! comme cela est aimable et beau! Les jolis vers! Ah! si j'étais capable de les comprendre! mais pour cela il faut être un étudiant. Que veut-il dire avec ses racines? Ah! il pensait sans doute, le charmant cavalier, aux grandes carottes rouges d'Angleterre, ou peut-être même au rapuntika.

Le même jour demoiselle Annette s'occupa à empaqueter le tabac et à confier au maître d'école douze plumes d'oie pour les tailler avec soin; demoiselle Annette voulait essayer de répondre le jour même à la précieuse lettre. Mais au reste le potager se mit à sourire visiblement lorsque Annette en sortant de la cuisine le traversa en courant; et si elle avait prêté à tout et sans cesse de l'un et de l'autre. Le sieur de Zabelthau laissa enfin tomber cuiller et fourchette, et s'écria en se bouchant les oreilles:
— O quel bavardage insipide et insignifiant!

Mais lorsque demoiselle Annette se tut tout effrayée, il reprit avec ce ton lamentable qui lui était particulier:
— Quant à ce qui a rapport au potager, ma chère fille, je sais depuis longtemps que la coïncidence des planètes est cette année très-favorable aux productions de ce genre et que l'homme aura en abondance les choux, les radis et la salade, afin que l'étoffe de la terre s'augmente et qu'elle conserve le feu de l'esprit du monde comme un pot bien fermé. Le principe gnomique résistera aux efforts ennemis du salamandre, et je me réjouis fort de manger des panais que tu prépares d'une manière remarquable. Quant à ce qui concerne le jeune Amandus de Nebelstern, je ne m'oppose pas à ce que tu l'épouses bien entendu s'il reviendra de l'université. Le danger est lui-même sans cause, inexplicable parce qu'il vient en réunissant un être hétérogène qui paraît braver toute la science de l'astrologie. Il est certain, du reste, que le singulier état physique que les hommes appellent ordinairement démence ou folie rendra seul possible la délivrance faite par Amandus.

Le sieur Dapfuhl s'interrompit quelques instants et, sans regarder Annette, dont le visage était empourpré de joie, continua à frapper son verre avec sa fourchette, deux choses qu'il avait l'habitude de mener ensemble, et il ajouta:
— Ton Amandus est à mon idée un gérundium, et, je dois te l'avouer, ma chère Annette, j'ai tiré l'horoscope de ce gérundium. Les constellations lui sont toutes assez favorables. Il a Jupiter dans le nœud ascendant, que Vénus regarde en position hostile. Maintenant la carrière de Sirius traverse de part en part, et sur le point de séparation est un grand danger dont il sauvera sa fiancée. Le danger

— O ma fille (ici le sieur Dapfuhl reprit de nouveau son ton lamentable)! que toutefois ce pouvoir secret qui échappe à mes yeux de voyant vienne tout à coup dans ton chemin, de sorte que le jeune Amandus de Nebelstern n'ait pas à te sauver d'autre danger que de celui de devenir une vieille fille!

Le sieur Dapfuhl soupira plusieurs fois de suite profondément, et alors il reprit:
— Mais la carrière de Sirius coupe ce danger, et Vénus et Jupiter, auparavant séparés, se présentent de nouveau réunis ensemble.

Il y avait bien des années que le sieur Dapfuhl de Zabelthau n'avait pas eu un aussi long discours, il se leva tout épuisé et remonta dans sa tour.

Le jour suivant Annette avait déjà de bonne heure terminé sa réponse à M. de Nebelstern; la voici:

« AMANDUS MON BIEN-AIMÉ!

» Tu ne peux t'imaginer la joie que ta lettre m'a faite. J'en ai causé avec mon père, et il a promis de nous conduire à l'église pour nos fiançailles. Tâche de revenir bien vite de l'université. Ah! si je pouvais entièrement comprendre les vers délicieux qui riment si joliment! Lorsque je les relis à voix haute, alors ils ont une consonnance étrange, et je crois que je comprends tout, et puis tout devient de nouveau inintelligible et obscur; et il me semble que je viens de lire des mots qui ne vont pas ensemble. Le maître d'école dit que cela doit être ainsi et que c'est là le beau langage nouveau. Mais, moi!... ah!... je suis une pauvre fille sans esprit. Ecris-moi donc si je ne peux pas aussi étudier un peu. Lorsque je serai ta femme ne m'attraperai quelque chose de la science et ce nouveau et magnifique langage. Je t'envoie du tabac de Virginie, mon cher Amandus; j'en ai bourré le carton de mon chapeau, autant qu'il pouvait en contenir, et j'ai coiffé de mon nouveau chapeau de paille le buste de Charlemagne, qui se trouve dans notre salle de réception.

» Ne ris pas trop, Amandus, moi aussi j'ai fait des vers, et ils riment bien. Ecris-moi donc ce qui fait que l'on trouve les rimes sans avoir été jamais instruit. Ecoute-les un peu. Je t'aime même dans l'absence et je voudrais être ta femme. Le ciel serein est tout bleu et le soir les étoiles sont d'or. C'est pourquoi il faut m'aimer toujours et ne pas me faire de chagrin. Je t'envoie du tabac de Virginie, et souhaite qu'il te fasse plaisir.

» Reçois-les favorablement; quand je pourrai comprendre la langue élégante, je ferai mieux.

» Je t'embrasse cent fois en pensée, mon cher Amandus.

» Ta fiancée fidèle

» ANNA DE ZABELTHAU.

» P. S. J'allais encore oublier cela, fille sans mémoire que je suis! Mon père te fait mille compliments, et il t'apprend que tu me sauveras un jour d'un grand danger. Je m'en réjouis bien fort et suis encore une fois

» Ta bien-aimée fidèle

» ANNETTE DE ZABELTHAU. »

La demoiselle Annette se trouva débarrassée d'un pesant fardeau lorsqu'elle eut fini cette lettre, qui lui avait donné tant de peine. Elle se sentit toute joyeuse lorsqu'elle eut arrangé l'enveloppe, mis le cachet sans trop roussir le papier et se brûler les doigts, et qu'elle eut confié à Gottlieb pour le porter à la ville la missive avec le paquet de tabac, sur lequel elle avait assez distinctement peint un ne m'oubliez pas.

Après avoir donné ses soins à la volaille de la basse-cour, elle se rendit aussitôt à son lieu de prédilection, au jardin potager.

Lorsqu'elle arriva au champ de carottes, elle pensa qu'il était temps de s'occuper des gourmets de la ville et d'arracher les premières. Elle appela la servante pour l'aider dans ce travail; demoiselle Annette s'avança d'un pas rempli de précautions jusqu'au milieu du champ et saisit une belle touffe de ces légumes, mais lorsqu'elle tira il s'éleva un son si étrange. Que l'on n'aille pas penser à la racine de mandragore et à l'effroyable gémissement qui lorsqu'on l'arrache vient traverser le cœur des hommes, non! le son qui semblait venir de la terre ressemblait à un rire amical.

Toutefois Annette lâcha la touffe, mais s'écria un peu effrayée:
— Ah! qui donc se moque de moi?

Mais n'entendant plus rien, elle saisit de nouveau les feuilles de la plante qui surpassaient toutes les autres en beauté et en grandeur et arracha gaillardement de terre, sans s'inquiéter des rires qui vinrent à recommencer, la plus belle et la plus tendre des carottes.

Mais en la considérant elle jeta un tel cri de joyeux étonnement, que la servante s'élança près d'elle et se mit à crier aussi comme elle en voyant un admirable et curieux objet. Un bel anneau d'or orné d'une brillante topaze était fortement attaché aux racines de la carotte.

— Eh! s'écria la servante, ceci vous est destiné, mademoiselle Annette: c'est votre anneau de fiançailles, il faut le passer de suite à votre doigt.

— Que dis-tu, petite sotte? répondit mademoiselle Annette, c'est Amandus de Nebelstern et non pas une carotte qui doit me donner mon anneau nuptial.

Plus la demoiselle Annette considérait l'anneau, plus il lui faisait plaisir à voir. Et l'anneau était vraiment aussi d'une finesse de travail qui paraissait surpasser tout ce que l'art des hommes avait produit de mieux jusqu'alors. L'anneau était formé de cent et cent figures disposées en différents groupes, on ne les distinguait qu'avec peine à la première vue; mais elles semblaient, lorsqu'on examinait plus longtemps et plus attentivement l'anneau, s'animer et danser gracieusement en rond. Et le feu de la pierre précieuse avait un éclat si particulier, que l'on aurait difficilement trouvé sa pareille même dans les topazes de la boutique verte à Dresde.

— Qui sait, disait la servante, combien de temps cet anneau est resté caché dans la terre? Un coup de bêche l'a fait venir en haut et la carotte a crû à travers.

Demoiselle Annette défit la topaze de la carotte, qui par un hasard étrange glissa de ses doigts et se cacha de nouveau dans la terre. Elles n'y attachèrent l'une et l'autre que peu d'importance; elles étaient trop absorbées dans la contemplation du précieux anneau, et demoiselle Annette le passa au petit doigt de sa main droite. A peine l'eut-elle fait qu'elle éprouva de la racine au bout du doigt une douleur cuisante, qui disparut presque aussitôt qu'elle l'eut ressentie.

Au repas de midi elle raconta naturellement au sieur Dapfuhl de Zabelthau ce qui lui était arrivé d'extraordinaire avec la carotte, et lui montra le bel anneau; elle voulut, pour mieux le montrer à son père, le tirer de son doigt, mais elle éprouva encore une douleur cuisante; et cette douleur continua tant qu'elle tira l'anneau, de sorte qu'elle dut y renoncer. Le sieur Dapfuhl examina l'anneau au doigt d'Annette avec la plus scrupuleuse attention, lui fit faire avec le doigt tendu plusieurs mouvements en sens divers, tomba dans une méditation profonde, et remonta dans sa tour sans dire un seul mot. Demoiselle Annette remarqua que son père soupirait et gémissait beaucoup. Le jour suivant, au matin, tandis qu'Annette s'occupait de sa basse-cour, M. Dapfuhl de Zabelthau se mit à gémir d'effroyablement dans son porte-voix, qu'elle en fut émue et se mit à crier en l'air en parlant à travers sa main placée en cornet :

— Pourquoi vous plaignez-vous si amèrement, cher père! vous en effrayez toute la basse-cour.

Alors la porte-voix son père lui cria :

— Anne, ma chère Anne, monte ici près de moi!

Cette invitation causa à Annette une surprise extrême; car elle était tout à fait contre les habitudes de son père, qui tenait toujours au contraire la porte de la tour soigneusement fermée.

Elle se sentit sous l'impression d'une certaine inquiétude lorsqu'elle monta l'étroit escalier en colimaçon et poussa la lourde porte qui conduisait dans l'unique chambre de la tour.

Le sieur Dapfuhl était là assis entouré d'une foule d'instruments étranges et de livres poudreux dans un fauteuil à bras d'une forme singulière. Devant lui était un chevalet sur lequel était placé un cadre couvert de papier tendu sur lequel diverses lignes étaient tracées. Il portait sur la tête un grand bonnet gris pointu et était couvert d'un large manteau de calmande grise, et avait au menton une longue barbe grise. Il avait ainsi tout l'aspect d'un magicien. A cause de cette barbe même, Annette ne reconnut pas son père au premier moment, et promena autour d'elle des regards effrayés; et puis elle se mit à rire de tout cœur lorsqu'elle reconnut son père dans l'homme barbu, et dit :

— Sommes-nous en carnaval, petit père, ou voulez-vous jouer le rôle de l'écuyer Ruprecht?

Sans prêter la moindre attention aux discours d'Annette, le sieur Dapfuhl prit en main une petite baguette de fer, en toucha le front d'Annette et en frotta sur trois plusieurs fois depuis l'épaule jusqu'au bout du petit doigt. Il lui fallut ensuite s'asseoir sur son fauteuil, qu'il venait de quitter, et placer le petit doigt où se trouvait l'anneau, au centre du papier tendu dans le cadre, de sorte que la topaze formât le point central où toutes les lignes venaient se réunir.

Aussitôt des étincelles jaunâtres jaillirent de toutes parts de la pierre précieuse jusqu'à ce que le papier en eut pris une teinte jaune; alors toutes les lignes se mirent à pétiller, et l'on eût dit que de petits hommes s'élançaient joyeusement et à la du cercle de la bague sur la feuille de papier. Le sieur Dapfuhl, sans quitter la feuille des yeux, avait pendant ce temps pris une mince feuille de métal. Il la tint en l'air avec les deux mains et voulait la serrer sur le papier; mais au même instant il glissa sur le plancher poli et tomba rudement assis par terre, tandis que la plaque de métal qu'il avait lâchée instinctivement pour amortir sa chute autant que possible résonna bruyamment sur le sol. Mademoiselle Annette sortit avec un léger cri de l'étrange état de sommeil dans lequel elle était plongée, et le sieur Dapfuhl se releva péniblement, remit sur sa tête le chapeau en pain de sucre qui avait volé à quelques pas de lui, remit en ordre sa fausse barbe et s'assit en face d'Annette sur quelques in-folio placés en pile les uns

sais-

tu? Que sentais-tu? Quelles figures sont apparues aux yeux de ton âme?

— Ah! répondit Annette, je me sentais une sensation délicieuse que je n'ai jamais éprouvée jusqu'à présent. Et puis je pensais à M. Amandus de Nebelstern. Je le vis tout à fait devant moi; mais il était encore bien plus beau que d'habitude, et fumait une pipe pleine du tabac de Virginie que je lui ai envoyé. Alors il m'est survenu tout à coup un appétit inusité de jeunes carottes et de saucisses, et je fus enchantée de voir les jeunes carottes et les saucisses devant moi. Je voulais y goûter, lorsqu'une secousse rude et douloureuse m'a tirée de mon rêve.

— Amandus de Nebelstern! tabac de Virginie! carottes! saucisses! dit tout pensif le sieur de Zabelthau, et il fit signe de rester à sa fille, qui s'éloigna.

— Heureuse innocente enfant, dit-il d'une voix plus lamentable que jamais, qui n'es pas versée dans les profonds mystères du monde, tu ne connais pas les imminents dangers qui t'entourent; tu ne sais rien de cette science subterrénée de la sainte cabale. Il est vrai qu'il tu ne goûteras jamais les jouissances célestes des sages, qui, parvenu jusqu'aux plus hauts degrés de la science, n'ont besoin du boire et du manger que pour leur seul plaisir, et qui n'ont plus rien de commun avec l'humanité. Tu n'éprouves pas non plus les inquiétudes qui dévorent en franchissant cette marche, comme ton malheureux père qui éprouve encore trop les vertiges de l'humanité, et chez lequel ce qu'il découvre avec tant de peine n'excite que de l'effroi, et qui doit toujours s'assujettir aux exigences terrestres, boire, manger et obéir aux besoins des hommes. Apprends, ma chère enfant, heureuse de ton ignorance! que la terre profonde, l'air, l'eau, le feu sont remplis d'êtres d'une nature supérieure à celle des hommes, et cependant plus limitée. Il est inutile, ma petite niaise, de t'expliquer la nature particulière des gnomes, des salamandres, des sylphes et des ondins, tu ne pourrais la comprendre. C'est assez de t'indiquer les dangers que tu cours peut-être, de te dire que les esprits aspirent à des alliances avec les hommes. Et comme ils savent que ceux-ci ont ordinairement ces liaisons en horreur, les esprits choisis emploient toutes sortes de ruses pour séduire la personne qui leur plaire. Tantôt c'est un rameau, une fleur, un verre d'eau, un rayon de feu et toute autre chose, sans importance au premier coup d'œil, qu'ils emploient pour atteindre leur but. Il est vrai que ces sortes d'unions sont souvent heureuses : comme celles de ces deux prêtres dont parle le prince de Mirandola, qui vécurent quarante ans avec un de ces esprits dans une parfaite félicité. Il est même vrai que les plus grands savants furent souvent le fruit d'une union pareille avec les esprits élémentaires; et tel fut Zoroastre, qui était fils du salamandre Oromasis. Ainsi le grand Apollonius, le sage Merlin, le vaillant comte de Clèves, le grand cabaliste Bensira furent les fruits de pareils mariages; et la belle Mélusine aussi, selon Paracelse, ne fut pas autre chose qu'une sylphide. Mais, malgré tout, le danger de ces sortes d'unions est trop grand; car outre que les esprits élémentaires exigent de ceux à qui ils accordent leurs faveurs les plus vives lumières d'une sagesse profonde, ils sont excessivement susceptibles et se vengent cruellement des offenses. Ainsi il arriva une fois qu'une sylphide, liée avec un philosophe qui parlait avec ses amis de la beauté d'une autre femme et s'échauffait peut-être un peu trop, montra tout à coup dans les airs sa jambe bien faite et blanche comme la neige pour convaincre les amis de sa beauté, et tua le pauvre philosophe à l'instant même. Mais, hélas! pourquoi parler des autres et ne pas parler de moi-même? Je sais que déjà depuis douze ans une sylphide m'aime, mais elle est discrète et timide, et la pensée de la fixer par des moyens cabalistiques me fait trembler lorsque je pense que je suis encore trop assujetti aux besoins terrestres et manque à cause de cela même de la science nécessaire. Chaque matin je me propose de jeûner, je laisse aller facilement le déjeuner de côté, mais lorsque l'heure du dîner arrive, Anna, ma fille Anna! tu le sais, je mange horriblement.

Le sieur de Zabelthau prononça ces dernières paroles d'un ton qui ressemblait presque à un hurlement, tandis que les larmes les plus amères coulaient le long de ses joues; puis il continua plus tranquille :

— Cependant je m'efforce de conserver avec l'esprit des éléments, qui a du penchant pour moi, la plus exquise galanterie. Jamais je ne m'aventure à fumer une pipe de tabac sans observer les règles cabalistiques établies à ce sujet, car j'ignore si mon tendre esprit des airs aime ce genre de distraction et ne se fâcherait pas de la souillure faite à son élément. J'en agis ainsi lorsque je me taille une baguette, que je cueille une fleur, ou que j'agis mon fruit, ou bien le briquet, car mon but principal est de me maintenir en paix avec tous les esprits des éléments. Et pourtant, tu vois cette coquille de noix sur laquelle mon pied a glissé et qui en me faisant tomber en arrière m'a gâté toute l'expérience qui allait m'éclairer le mystère de l'anneau. Eh bien, je ne me rappelle pas d'avoir jamais dans cette chambre consacrée à l'étude, croquant une baguette, le jeûne sur l'escalier mangé une seule noix. Il est dès lors hors de doute qu'un petit gnome était caché dans cette coquille pour prendre son gîte près de moi et épier mes expériences, car les esprits élémentaires aiment les sciences terrestres, et celles-là surtout que le porte ignorant regarde comme au-dessus des forces de l'esprit humain et qu'elle regarde comme dangereuses. Ils viennent assister en foule aux célestes opérations magnétiques; mais ce sont surtout les gnomes, qui, toujours fidèles à leurs penchants moqueurs, présentent un amoureux enfant de la terre au magnétiseur encore soumis à ces besoins terrestres dont je parlais tout à l'heure au moment où plein d'une joie éthérée il croyait embrasser une sylphide.

Lorsque je marchai sur la tête du petit étudiant, il se fâcha et me fit tomber; mais il avait un motif plus grand encore de m'empêcher de pénétrer le mystère de l'anneau. Anna, ma fille Anna, sache-le bien, j'avais appris déjà qu'un gnome t'a donné son affection. À en juger par la qualité de l'anneau, il doit être riche, puissant et bien élevé. Mais, ma chère Anna, ma chère petite niaise bien-aimée, comment pourrais-tu former une alliance avec un tel esprit des éléments sans t'exposer aux plus grands dangers! Si tu avais lu Cassidorius Remus tu pourrais m'objecter que, d'après sa véridique nouvelle, la célèbre Madeleine de la Croix, abbesse d'un cloître de Cordoue en Espagne, vécut trente ans dans les liens d'un heureux mariage avec un petit gnome; que la même aventure arriva entre un sylphe et la jeune Gertrude, nonne au couvent de Nazareth près de Cologne : mais pense aux doctes occupations de ces dames, et compare-les avec les tiennes. Quelle différence! Au lieu de lire dans les livres des savants, tu t'occupes à nourrir les poules, les oies, des canards et autres volatiles tout à fait antipathiques à la cabale. Au lieu d'observer le cours des astres au ciel, tu t'amuses à la terre; au lieu de chercher dans d'habiles esquisses horoscopiques la trace de l'avenir, tu bats du beurre ou fais pour toi des provisions d'hiver de la choucroute, dont il est vrai je n'aimerais pas à manquer. Dis, crois-tu que ceci plairait longtemps à un esprit des éléments?

Je voulais par une opération briser la force de l'anneau et te délivrer tout à fait du gnome qui te pourrait, la malice du petit étudiant à la coquille de noix m'a empêché de réussir. Et cependant je me sens pour combattre l'esprit des éléments une plus grande ardeur que jamais. Tu es mon enfant et je ne t'ai pas élevée pour être sylphide ou salamandre, mais une jeune fille de campagne de grande famille, que les maudits voisins appellent par raillerie la fille aux chèvres, et cela à cause de sa nature portée à l'idylle qui l'entraînait à mener paître elle-même sur les collines un petit troupeau de chèvres blanches, tandis que moi, vieux fou, je jouais du chalumeau au sommet de ma tour, Mais tu es demeurée mon sang, mon enfant. Je te sauverai, et cette lime mystique te délivrera de l'anneau fatal.

Et alors le sieur Dapfuhl saisit une petite lime et commença à attaquer l'anneau; mais à peine avait-il commencé que la demoiselle Annette fit avec des cris douloureux :

— Papa, vous me limez le doigt.

Et un sang noir et épais s'échappa de dessous l'anneau.

Alors le sieur Dapfuhl lâcha la lime et tomba à moitié évanoui dans son fauteuil en criant avec désespoir :

— Oh! oh! oh! c'est fait de moi. Peut-être le gnome irrité va-t-il venir tout à l'heure et m'ouvrir la gorge avec ses dents si ma sylphide ne vient pas à mon secours. Anna, Anna, va-t'en, fuis!

III.

Où l'on parle de l'arrivée d'un homme remarquable à Dapuhlheim, et où l'on raconte ce qui s'ensuivit.

Le sieur Dapfuhl avait embrassé sa fille au milieu d'un torrent de pleurs et il se préparait à monter au haut de la tour, où il craignait de recevoir la visite du gnome courroucé.

Alors on entendit retentir joyeusement un cor, et un petit cavalier d'une tournure assez comique s'élança dans la cour. Le cheval jaune était de petite taille et de formes élégantes, et le petit homme, malgré sa trop grosse tête, n'avait rien qui rappelât un nain, et il s'élevait encore assez haut au-dessus de la tête de son cheval, et grâce à la longueur de son buste, car les jambes et les pieds étaient si petits que ce n'était pas la peine d'en parler. Au reste, il portait un habit de soie couleur d'or et un bonnet très-haut orné d'un grand panache couleur de gazon, des bottes d'écuyer étaient d'acajou poli.

Il arrêta son cheval avec un bruyant prrrr juste devant le sieur de Zabelthau. Il parut vouloir descendre de cheval, et tout d'un coup, avec la rapidité de l'éclair, il passa sous le ventre de la bête et de l'autre côté, fit en l'air l'un après l'autre toute suite de quinze mètres de hauteur, et finit par se poser sur la tête au pommeau de la selle. Et, tandis que le cheval galopait, ses pieds s'agitaient en l'air, en avant, en arrière, de côté, avec toutes sortes de mouvements.

Lorsque l'habile écuyer gymnaste se fut enfin arrêté et qu'il eut salué avec politesse, on aperçut sur la terre de la tour ces mots :

SALUT AU SIEUR DAPFUHL DE ZABELTHAU ET A SA FILLE,

Il avait écrit ceci en lettres romaines avec les fers de son cheval au galop.

Le petit homme sauta ensuite de son coursier, fit trois fois la roue, et dit qu'il avait un compliment à adresser au châtelain de la part de son gracieux maître le baron Porphirio de Ockerodastes, nommé

Cordouan Spitz. Si le sieur Dapfuhl de Zabelthau voulait bien le permettre, il aurait l'honneur de se présenter devant lui sous peu de jours; car il allait très-prochainement devenir son voisin.

Le sieur Dapfuhl restait là glacé, appuyé sur sa fille et pâle comme un mort. Ces mots sortirent avec peine de ses lèvres tremblantes :

— J'en serai... très-heureux.

Le petit cavalier, après les mêmes cérémonies qui avaient signalé son arrivée, s'éloigna avec la rapidité de l'éclair.

— Ah! ma fille, s'écria le sieur Dapfuhl en sanglotant avec de grands cris, ma pauvre malheureuse fille, il n'est que trop certain, c'est le gnome qui vient pour t'enlever et me tordre le cou. Rassemblons ce qui peut nous rester de courage, peut-être est-il possible d'apaiser la colère de l'esprit des éléments, conduisons-nous avec assez d'adresse pour le faire tomber en notre pouvoir. Je vais de suite te lire, ma chère enfant, quelques chapitres de Lactance ou de Thomas d'Aquin sur le commerce avec les esprits élémentaires, afin que tu n'ailles pas commettre quelque bévue.

Mais avant que le sieur Dapfuhl eût pu prendre en main le Lactance, le Thomas d'Aquin ou tout autre grimoire élémentaire, on entendit retentir à peu de distance une musique que l'on aurait pu comparer à celle que font ordinairement les enfants au jour de Noël. Un beau et long cortège monta la rue. En tête s'avançaient de soixante à soixante-dix cavaliers de petite taille montés sur des chevaux jaunes, leurs habits étaient jaunes aussi comme celui de l'ambassadeur. Ils portaient des bonnets pointus et des bottes de bois d'acajou. Ils précédaient une voiture attelée de huit chevaux jaunes et du plus pur cristal. Environ quarante autres voitures moins brillantes, et attelées tantôt de six, tantôt de quatre chevaux, suivaient la première. Une foule de pages, de coureurs et d'autres domestiques s'agitaient de toutes parts couverts de riches costumes, de sorte que le tout formait un spectacle aussi agréable qu'étrange.

Le sieur Dapfuhl était plongé dans des réflexions profondes, La demoiselle Anna, qui ne se fût jamais imaginé que la terre pût produire autant de belles choses, oublia tout, même de fermer sa bouche qu'elle tenait assez grandement ouverte.

Le carrosse à huit chevaux s'arrêta devant le sieur de Zabelthau, Les cavaliers sautèrent en bas de leurs montures, les pages, les domestiques se précipitèrent en foule, la portière fut ouverte, et celui qui sortit de la voiture sur le bras de ses gens ne fut personne autre que le baron Porphirio de Ockerodastes, nommé Cordouan Spitz. Pour ce qui était de l'élégance de ses formes, le baron était loin de pouvoir être comparé à l'Apollon du Belvédère et au Gladiateur mourant : car, outre qu'il avait trois pieds de haut à peine, le tiers de son corps consistait en une énorme tête qu'ornait agréablement un long nez recourbé et deux gros yeux saillants sur forme de boule, et comme le corps était aussi assez long, il ne restait que quatre pouces environ pour les cuisses. Ce petit espace était assez bien utilisé, car il se terminait par les pieds les plus jolis et les plus barons que l'on pût imaginer. Il est vrai qu'ils paraissaient trop faibles pour supporter l'honorable tête. Le baron marchait en chancelant, se trouvait de temps en temps, mais se trouvait de nouveau à l'instant sur ses pieds comme certains joujoux, de manière que ses chutes prenaient l'apparence agréable des évolutions d'une danse. Le baron portait un habit très-étroit, d'une brillante étoffe d'or, et un bonnet qu'on aurait pu prendre pour une couronne, surmonté d'un immense panache composé d'une quantité de plumes d'un vert de chou.

Aussitôt que le baron eut touché la terre, il s'avança vers le sieur Dapfuhl de Zabelthau, lui prit les deux mains, se hissa à son cou, qu'il se cramponna, et lui dit d'une voix beaucoup plus forte qu'on n'eût dû l'attendre d'un si petit corps :

— O monsieur Dapfuhl de Zabelthau, mon cher père bien-aimé!

Aussitôt il descendit adroitement du cou du sieur Dapfuhl et se précipita vers mademoiselle Annette. Il lui prit la main qui portait l'anneau, la couvrit de bruyants baisers, et cria avec autant de sonorité qu'avant :

— O mademoiselle Anna de Zabelthau, ma fiancée chérie!

Et puis il frappa dans ses mains, et la musique pipillarde se fit entendre aussitôt, et plus de cent petits hommes, partie sur les pieds, partie sur la tête, se mirent à danser, comme l'avait fait le courrier, des pyrrhiques, des trochées, des spondées, des dactyles, des choriambes, que c'était plaisir de les voir.

Pendant toute cette joie, demoiselle Annette se remettait un peu de l'effroi que lui avait inspiré le petit discours du baron; et elle était tombée dans une foule de réflexions inspirées par une économie bien calculée.

— Comment, se disait-elle, tout ce petit monde pourra-t-il tenir dans notre maison? En s'excusant sur la nécessité, les valets tiendront bien dans les granges; mais où mettrai-je les gentilshommes qui sont venus dans les carrosses, et qui sont évidemment habitués à être couchés mollement dans de belles chambres? Quand nous devrions faire sortir de l'écurie les deux chevaux de labourage, et si j'étais assez impitoyable pour envoyer dans la prairie le vieux renard boiteux, aurais-je encore un espace suffisant pour les petits bêtes de chevaux que cet affreux baron a amenés avec lui? Et il en est de même des quarante et une voitures. Mais voici qui est encore plus fort! toutes les provisions de l'année, mon Dieu, suffiront-elles pour nourrir toutes ces petites créatures pendant deux jours seulement!

Cette dernière réflexion fut la plus tourmentante. Demoiselle Annette voyait tout dévoré, ses nouveaux légumes, ses troupeaux de moutons, sa volaille, sa viande salée et même son élixir, et cela lui mettait des larmes dans les yeux. Il lui semblait que le baron Cordouan Spitz lui faisait une figure effrontée et pleine de malice, et cela lui donna le courage de lui dire sèchement tout fort de la danse :

— Mon père est sans doute flatté de votre visite; mais une halte d'environ deux heures à Dapfuhlheim est tout ce que l'on peut espérer, car là maison n'a ni l'espace nécessaire pour loger un seigneur aussi riche avec sa nombreuse livrée ni les vivres indispensables pour les nourrir.

Mais le petit Cordouan Spitz prit aussitôt une figure aussi douce et aussi agréable qu'un gâteau de frangipane, et il assura en pressant sur ses lèvres la main un peu dure et pas trop blanche d'Annette qu'il ne lui était jamais venu dans l'idée de causer au cher papa et à son admirable fille le moindre désagrément; qu'ils portaient avec eux tout ce qui concernait la cuisine et la cave, et que, quant à la demeure, il suffisait d'un coin de terre en plein air pour que ses gens pussent y élever leur habituel palais de voyage, où il logerait avec toute sa suite et ses chevaux.

A ces mots du baron, demoiselle Annette fut si satisfaite, que pour montrer qu'elle n'attachait pourtant à tout cela qu'une importance secondaire, elle fut sur le point d'offrir au petit homme un gâteau de la dernière foire et un petit verre d'élixir de betteraves, à moins qu'il ne préférât la double liqueur amère recommandée pour l'estomac, que la ménagère avait apportée de la ville; mais Cordouan Spitz ajouta qu'il choisissait le potager pour la place propre à bâtir le palais, et sa joie s'enfuit aussitôt.

Pendant que les gens pour célébrer leur arrivée à Dapfuhlheim continuaient leurs jeux olympiques, en s'envoyant en l'air comme des ballons, et en jouant aux quilles tandis qu'ils étaient eux-mêmes les joueurs, les boules et les quilles, le baron Porphirio était plongé avec le sieur Dapfuhl de Zabelthau dans un entretien qui paraissait devenir plus intéressant à chaque minute jusqu'au moment où ils se prirent les mains et montèrent ensemble à la tour astronomique.

Demoiselle Annette courut rapidement au jardin potager pour sauver tout ce qui pouvait l'être. La ménagère était déjà aux champs, et elle était plantée là la bouche ouverte, semblable à la statue de sel de la femme de Lot. Demoiselle Annette resta comme elle immobile. Enfin toutes deux se mirent à crier de manière à faire résonner les échos :

— Ah! quel malheur, mon Dieu!

Le jardin tout entier ressemblait à un désert, plus de choux verdoyants, plus d'arbustes en fleur!

— Non, il n'est pas possible, s'écria la servante, que ces petites créatures qui viennent d'arriver aient fait tout ce dégât! Ils sont venus en voiture comme des gens comme il faut. Ce sont des cobolds, croyez-moi, demoiselle Annette, ce sont des païens de sorciers, et si j'avais un peu de seneçon dans les mains, vous en verriez de belles; mais qu'ils y viennent, les petites bêtes, je les tuerai avec cette hêche!

Et la servante agite en l'air son arme menaçante, tandis que demoiselle Annette sanglotait bruyamment. Pendant ce temps quatre personnes de la suite de Cordouan Spitz s'approchèrent avec des figures agréables et des salutations polies.

Ces messieurs s'annoncèrent comme des amis particuliers du baron Porphirio Ockerodastes, nommé Cordouan Spitz. Ils étaient, comme leur costume le donnait à penser, de quatre nations différentes, et se nommaient :

Pan Kapastowicz de Pologne,
Schwarzrettig de Poméranie,
Signor Broccoli d'Italie,
Et M. de Rocambole de France.

Ils assurèrent en phrases bien sonnantes que leurs maçons allaient bâtir, et, au grand plaisir de ces admirables dames, bâtir un charmant palais tout en soie.

— A quoi nous servira un palais de soie? dit demoiselle Annette en versant des larmes amères. Que m'importe surtout la joie de Cordouan Spitz? Vous avez, méchantes gens que vous êtes, détruit tous mes beaux légumes, qui faisaient ma joie!

Mais ces hommes pleins d'honnêteté consolèrent demoiselle Annette et l'assurèrent qu'ils n'étaient pour rien dans la dévastation du potager, et que, bien au contraire, le jardin allait fleurir et prospérer comme nul autre n'avait fleuri et prospéré sur la terre entière.

Les petits manœuvres arrivèrent, et il se fit un tel remue-ménage dans tous les champs, que demoiselle Annette et sa servante s'enfuirent effrayées jusqu'au coin d'un bois, où elles s'arrêtèrent pour voir ce qui allait arriver.

Sans qu'elles pussent rien comprendre à tout ce qui se faisait, en quelques minutes une grande tente magnifique d'une étoffe jaune d'or ornée de plumes et de couronnes variées s'éleva sous leurs yeux; elle occupait toute l'étendue du jardin potager, de sorte que les cor-

dons de la tente allaient en passant par-dessus le village jusque dans la forêt voisine, où ils s'enroulaient autour des arbres les plus forts.

A peine la tente était-elle préparée, que le baron Porphirio descendit avec le sieur Dapfuhl de la tour de l'observatoire. Il monta, après plusieurs accolades, dans sa voiture, et se fit conduire dans le palais de soie, qui se ferma sur le dernier homme de sa suite.

Jamais la demoiselle Annette n'avait vu son père comme elle le trouvait. La plus légère trace des préoccupations qui ne quittaient jamais son visage avait disparu, il souriait presque, et il avait les yeux illuminés, comme cela arrive d'habitude lorsqu'un grand bonheur vient à l'improviste se jeter à votre cou. Il prit silencieusement la main de sa fille, la conduisit dans le palais, l'embrassa trois fois, et dit enfin :

— Heureuse Anna, très-heureuse enfant! heureux père! ô ma fille, tout chagrin, toute inquiétude sont dissipés! Le sort qui t'attend est rarement accordé aux mortels. Sache que ce baron Porphirio de Ockerodastes, nommé Cordouan Spitz, n'est en aucune façon un gnome ennemi, et, bien mieux, il descend de ces esprits élémentaires auxquels il fut donné de purifier leur nature supérieure par les préceptes du salamandre Oromasis. La flamme du plus chaste amour s'alluma pour une mortelle qu'il épousa, et il devint l'aïeul de la plus illustre famille dont le nom ait jamais orné un parchemin. Je t'ai dit, je crois, ma fille, que l'élève du grand salamandre Oromasis, le noble gnome Tsilmenech, nom chaldéen, s'éprit de la célèbre Madeleine de la Croix, abbesse d'un cloître de Cordoue en Espagne, et vécut trente ans avec elle dans l'union la plus heureuse; le baron Porphirio est un rejeton de cette sublime famille d'une nature plus élevée, qui fut le fruit de ce mariage. L'exemple de son aïeul a porté l'excellent Ockerodastes à te donner son amour lorsque tu eus atteint ta douzième année. Il eut le bonheur d'obtenir de toi un petit anneau, et tu as pris le sien... Te voilà maintenant sa fiancée sans retour...

— Comment, s'écria demoiselle Annette toute remplie d'effroi, sa fiancée, il me faut épouser cet affreux cobold? Non suis-je donc plus promise au sieur Amandus de Nebelstein? Non, jamais je n'accepterai pour mari ce hideux magicien!

— Alors, reprit le sieur Dapfuhl d'un air sérieux, je vois à mon grand chagrin combien peu la céleste sagesse a pénétré tes sens terrestres et grossiers. Tu appelles peut-être laid, hideux, le noble esprit des éléments Porphirio de Ockerodastes parce qu'il n'a pas plus de trois pieds de haut, parce qu'il n'excepté sa tête et ses bras le reste de son corps n'a pas les dimensions acceptées. Mais, ô ma fille, quelle est ton erreur! la beauté c'est la sagesse, la sagesse est dans la pensée, et la tête est le symbole physique de la pensée. Plus la tête est grosse et plus sont grandes la sagesse et la pensée; et si l'homme pouvait regarder tous les autres membres comme des articles de luxe qui lui sont donnés pour lui nuire, il arriverait au sublime de l'idéal.

D'où viennent toutes les peines, tous les ennuis, toutes les dissensions, toutes les disputes, en un mot les causes de ruine des mortels? N'est-ce pas des désirs impies des membres? O quelle tranquillité, quelle béatitude s'établirait sur la terre si l'humanité était privée du corps, des bras et des jambes! De là l'heureuse idée des sculpteurs de représenter en buste les grands hommes d'Etat et les grands savants pour désigner d'une manière symbolique la nature supérieure qui doit vivre en eux en vertu de leur place ou de leurs livres. Ainsi, ma fille, qu'il ne soit plus question de laideur ou d'autres reproches de ce genre adressés au plus noble des esprits. Tu es et demeures la fiancée du magnifique Porphirio de Ockerodastes.

Sache que ton père va bientôt atteindre le plus haut degré du bonheur, qu'il a si longtemps en vain désiré. Porphirio sait que la sylphide Nehilalah (en syrien nez pointu) m'aime et veut de toutes ses forces m'aider à me rendre digne d'une alliance avec sa nature supérieure. Tu seras, ma chère enfant, très-contente de la belle-mère. Qu'une circonstance heureuse fasse que nos deux noces puissent être célébrées dans le même heureux instant !

Et le sieur Dapfuhl quitta pathétiquement la chambre après avoir jeté sur sa fille un regard significatif.

La demoiselle Annette éprouva un violent chagrin lorsqu'elle se rappela que longtemps avant, lorsqu'elle était encore un enfant, un petit anneau d'or était tombé de son doigt d'une manière incompréhensible. Maintenant elle était certaine que ce petit monstre de magicien l'avait enveloppée dans ses filets de manière qu'il lui fût impossible d'en sortir. Elle voulut soulager son cœur oppressé au moyen d'une plume d'oie, et elle écrivit au sieur Amandus de Nebelstern la lettre suivante :

« Mon bien-aimé,

» C'est décidé, je suis la femme la plus malheureuse de la terre, et je pleure et je gémis si fort que mes pauvres bêtes ont pitié de moi, et toi aussi tu en seras touché. Tu sais pourtant que nous nous aimons autant que l'on peut aimer, que je suis fiancée, et que mon père voulait nous conduire à l'église. Eh bien! il est survenu tout à coup un vilain petit homme jaune dans une voiture à quatre che-

vaux, accompagné d'une foule de messieurs et de domestiques; il
prétend que nous avons échangé nos anneaux et que nous sommes
fiancés. Et, vois un peu comme cela est terrible, papa dit aussi
que je dois épouser le petit monstre parce qu'il est d'une très-noble
famille. Cela doit être à en juger par sa suite et les brillants habits
qu'ils portent tous; mais cet homme a un nom si affreux que rien
que pour cela seulement je ne voudrais pas l'épouser. Je ne peux pas
prononcer les lettres païennes qui forment son nom. Au reste, il s'appelle aussi Cordouan Spitz par sa famille. Écris-moi donc si ses parents
sont si puissants et si nobles : on peut savoir cela à la ville. Je ne
sais ce qui prend à papa sur ses vieux jours, il veut aussi se marier,
et le laid Cordouan Spitz veut l'accoupler à une femme qui plane dans
les airs. Dieu nous protége! La servante hausse les épaules, et pense
que ces femmes qui volent ou qui nagent ne sont pas grand'chose de
bon; et elle souhaite pour mon bonheur que ma grand'mère, si cela

Elle fut d'abord gardienne des oies.

se peut, torde le cou à celle-là à sa première cavalcade à la nuit du
sabbat. Voilà de jolies choses. Je mets tout mon espoir en toi. Je sais
que c'est toi qui dois me sauver d'un grand danger.

» Le danger est là, viens, hâte-toi, sauve ta fiancée fidèle et triste
à en mourir!

                                        » ANNA DE ZABELTHAU. »

IV.

Où l'on décrit la cour d'un puissant roi, et où l'on parle d'un combat
sanglant et d'autres faits singuliers.

Demoiselle Annette était rompue par la douleur; elle se tenait assise à sa fenêtre les bras croisés, et regardait au dehors sans s'inquiéter des cris et des gloussements de la volaille que l'on faisait
rentrer au poulailler : car c'était l'heure du crépuscule.

Cordouan Spitz ne s'était pas montré de tout le jour, mais il était
resté toute la journée avec le sieur Dapfuhl au sommet de la tour,
où très-vraisemblablement des opérations importantes avaient été en-
treprises. Mais demoiselle Annette aperçut le petit homme qui aux
rayons brillants du soleil du soir traversait la cour en trébuchant.
Avec son habit jaune il était plus laid que jamais, et la manière ridicule dont il marchait, tombant et se relevant à chaque pas, aurait
fait rire une autre aux éclats, mais elle en ressentit seulement du
chagrin, et même elle couvrit son visage de ses deux mains pour ne
pas le voir davantage. Alors elle se sentit tirer par son tablier.

— Allez coucher, Feldmann! s'écria-t-elle pensant être tiraillée
par le chien; mais en écartant ses mains elle aperçut le baron, qui
avec une effronterie sans exemple sauta sur ses genoux et l'enve-
loppa de ses deux bras. Pleine d'effroi et d'horreur, elle se mit à

crier et se leva sur son siége; mais Cordouan Spitz resta suspendu à
son cou, et devint subitement lourd que le pauvre Cor-
nette retomba comme la flèche sur sa chaise entraînée par le poids
de vingt quintaux pour le moins. Cordouan Spitz descendit aussitôt, se
jeta aussi gentiment sur ses petits genoux que son manque d'équilibre
pouvait le lui permettre, et dit d'une voix étrange mais claire et vi-
brant assez agréablement :

— Demoiselle adorée, Anna de Zabelthau, excellente dame, délicieuse fiancée, pas de colère, je t'en prie, je t'en supplie, pas de
colère! Je le sais, vous croyez que mes gens ont dévasté votre beau
potager pour bâtir mon palais. Si vous pouviez voir dans mon corps
si mince et regarder mon cœur bondissant de noblesse et d'amour,
vous pourriez découvrir toutes les vertus cardinales rassemblées
dans ma poitrine sous ce satin jaune. O combien je mérite peu
votre cruauté dédaigneuse ! Comment serait-il possible que les sujets
d'un prince... mais que dis-je? arrêtons-nous ! Vous verrez par vous-
même, ô ma fiancée ! vous verrez les magnificences qui vous atten-
dent. Venez, venez avec moi à l'instant même; je vais vous conduire
dans mon palais, où un peuple joyeux attend l'arrivée de la bien-
aimée de son maître.

On peut s'imaginer comme elle rejeta les propositions de Cordouan Spitz, comme elle refusa d'accompagner un seul pas le grimaçant
épouvantail. Mais Cordouan Spitz ne cessa de lui décrire en mots si
pressants, les somptuosités, les richesses immenses du potager devenu
son palais, qu'elle se décida enfin à jeter au moins un coup d'œil dans
la tente ; ce qui n'engageait à rien. De ravissement il se fit
au moins une douzaine de fois la roue, puis saisit rapidement la
main d'Annette et la conduisit à travers le jardin dans son palais
de soie.

Demoiselle Annette resta comme enracinée au plancher en poussant un cri de surprise lorsque les rideaux de l'entrée se roulèrent

Ah! monsieur Dapfuhl de Zabelthau, mon cher prince bien-aimé...

et qu'elle découvrit l'immense espace du potager dans une magnificence que n'avaient jamais atteinte ses plus beaux rêves de
choux et de légumes dans leur plus admirable éclat. Là verdissait
et fleurissait tout légume, choux, salade, rave, pois, dans une brillante lumière, avec une magnificence qu'on ne peut se décrire. La
musique de fifres, de tambours, de cymbales, éclata plus fort, et les
quatre galants messieurs qu'Annette connaissait déjà s'approchèrent
d'elle avec les salutations les plus respectueuses.

— Ce sont mes chambellans, dit Porphirio en souriant ; et, pré-
cédé de ces messieurs, il conduisit Annette dans une double allée
formée par des carottes anglaises, jusqu'au milieu du champ, où s'é-
levait un grand trône magnifique. Et autour les grands du royaume
étaient rassemblés, les princes Salades avec les princesses Petits-Pois,
le comte Concombre avec le prince Melon, et à leur tête les choux à

grosse tête, les généraux Ognons et Betteraves, tous dans les plus brillants costumes de leur rang et de leur état. Et pendant ce temps cent adorables pages Lavandes et Sassafras couraient çà et là et répandaient de délicieux parfums. Lorsque Ockerodastes monta les marches du trône avec demoiselle Annette le maréchal Tournesol fit un signe avec son grand bâton, et aussitôt la musique se tut et il se fit un respectueux silence. Alors Ockerodastes dit d'une voix solennelle :

— Fidèles et bien-aimés sujets, vous voyez à mes côtés la noble demoiselle Anna de Zabelthau que je me suis choisie pour épouse. Riche de jeunesse et de beauté, elle vous a déjà depuis longtemps considérés avec les yeux d'une tendre mère, elle a étendu pour vous des tils gras et doux ; elle vous a comblés de ses soins, elle restera toujours pour vous une digne protectrice du pays. Faites maintenant entendre vos respectueux applaudissements, comme aussi vos cris d'une allégresse contenue, en récompense du bienfait que je veux vous accorder.

Sur un second signe du maréchal Tournesol, mille cris de joie s'élevèrent, l'artillerie des ognons en fleur fit feu, et les musiciens de la garde des carottes jouèrent l'hymne de fête :

Ce fut un moment sublime qui arracha des larmes de joie aux grands du royaume, surtout aux dames chouxpanachés.

Demoiselle Annette était presque toute décontenancée, lorsqu'elle vit que le petit homme avait sur la tête une couronne étincelante de diamants et tenait à la main un sceptre d'or.

— O mon Dieu! s'écria-t-elle en joignant les mains dans sa surprise, vous êtes plus que vous ne paraissez, mon cher monsieur Cordouan Spitz.

— Annette adorée, répondit Ockerodastes à voix basse, la destinée me force à paraître devant monsieur votre père sous un nom supposé. Apprenez, ma chère enfant, que je suis un roi des plus puissants, et que je commande un royaume sans limites qu'on oublia de colorier sur la carte. C'est le roi des légumes Daucus Carotta Ier qui vous offre sa couronne et sa main. Tous les princes légumes sont mes vassaux, et le roi des fèves, d'après une coutume consacrée par le temps, gouverne un seul jour dans l'année.

— Ainsi, s'écria joyeusement demoiselle Annette, je serai une reine, et ce magnifique potager m'appartiendra!

Le roi Daucus Carotta lui en donna l'assurance et ajouta que tout légume qui sortait à peine de la terre était soumis à son empire.

Demoiselle Annette n'avait rien attendu de pareil, et elle trouva que le petit Cordouan Spitz était devenu moins laid, depuis le moment où il s'était transformé en roi Daucus Carotta Ier, et que la couronne, le sceptre et le manteau royal lui allaient admirablement. Et en considérant les manières aimables du fiancé, et en même temps les richesses que lui apportait cette union, elle était convaincue que nulle jeune campagnarde ne pourrait trouver un meilleur parti qu'elle. Elle se trouvait très-contente, et demanda à son royal prétendu s'il resterait dans le palais et si la noce ne se célébrerait pas le lendemain.

— Quelle que soit ma joie d'entendre un pareil désir exprimé par ma fiancée adorée, dit le roi Daucus, cependant je dois, à cause de certaines constellations, retarder encore l'instant de mon bonheur. Le sieur Dapfuhl ne doit pas, pour le moment, apprendre la royauté de son gendre, car autrement les opérations qui doivent opérer son union avec la sylphide Hehahilah s'en trouveraient troublées. J'ai de plus promis au sieur de Zabelthau que les deux noces se célébreraient le même jour.

Demoiselle Annette fut solennellement invitée de ne pas dire un

mot de tout ceci à son père, et elle quitta la tente de soie aux bruyantes acclamations du peuple enivré de joie de sa beauté et de l'affabilité de ses manières.

Elle vit en songe encore une fois le royaume du charmant roi Daucus Carotta et nagea dans la félicité la plus pure. La lettre qu'elle avait envoyée au sieur Amandus de Nebelstern avait fait sur le pauvre jeune homme une bien terrible impression. Peu de temps après, Anne reçut la réponse suivante :

« Idole de mon cœur, céleste Anna...

» Les mots de la lettre étaient des poignards aigus, des poignards brûlants empoisonnés et donnant la mort. Ils ont percé mon cœur. O Anna, tu dois m'être enlevée! Je ne comprends pas que je n'aie pas perdu à l'instant la raison et que je n'aie pas fait quelque atroce extravagance. Mais, plein de chagrin de mon sort, j'évitai la société des hommes ; et, aussitôt après le dîner, sans jouer, comme toujours, au billard, je me précipitai vers la forêt, où je ne torde les mains,

et redis cent fois ton nom!

Il commença à pleuvoir avec force, et j'avais justement une toque neuve de velours rouge avec un magnifique galon d'or. Les gens disent qu'aucune ne me va aussi bien que celle-là. La pluie pouvait en flétrir l'éclat, mais qu'importent à l'amour au désespoir les toques, les galons et le velours! j'errai au hasard, et je me trouvai traversé et glacé de froid. J'entrai dans une auberge voisine, où je pris du vin chaud et fumai une pipe de tabac de Virginie. Bientôt je me sentis transporté d'un enthousiasme céleste, j'atteignis en hâte mon portefeuille, et je jetai sur le papier une douzaine de poèmes, et... ô don singulier de la poésie! mon désespoir d'amour s'envola. Douce Anna! bientôt je vais courir auprès de toi comme un chevalier protecteur, et je t'arracherai au scélérat qui veut t'enlever à moi ton fidèle Amandus de Nebelstern.

» J'appellerai en tout cas au combat le sieur de Cordouan Spitz; mais, ô Anna! chaque goutte de sang que peut répandre ton Amandus sous les coups d'un rival est du précieux sang de poète. C'est l'ichor des dieux qui ne peut être répandu. Le monde veut qu'un esprit comme le mien se conserve pour lui. Le glaive du poète est la parole, le chant. Je veux l'attaquer avec des chants de guerre tyrtéens, je veux le percer de mes épigrammes, le déchirer avec mes dithyrambes pleins de fureur d'amour. Voilà les armes du vrai poète, et ainsi armé je vais apparaître et conquérir ta main. O Anna! adieu encore une fois, je te serre sur mon cœur, espère tout de mon amour, et de mon héroïque courage, que rien n'effrayera pour briser les lacs infâmes dans lesquels un démon, selon toute apparence, est venu t'enlacer. »

Demoiselle Annette reçut cette lettre, juste au moment où elle jouait à des jeux d'enfant, derrière le jardin, avec le roi Daucus Carotta, qu'elle se plaisait à renverser dans sa course ; mais, contre son habitude, elle mit dans sa poche, sans la lire, la lettre de son bien-aimé, et nous verrons tout à l'heure qu'elle était arrivée trop tard.

Le sieur Dapfuhl ne pouvait nullement comprendre comment Annette avait si rapidement changé sa manière de voir, et comment Porphirio, qu'elle trouvait d'abord épouvantable, avait conquis son amour. Il consulta à ce sujet les astres, qui ne lui donnèrent que des réponses peu satisfaisantes ; et il en conclut que les sentiments des humains sont plus difficiles à pénétrer que les secrets de la nature, et ne se laissent comprendre par aucune constellation. Car, que la nature supérieure du fiancé eût inspiré de l'amour à sa fille, voilà ce que, vu la laideur du petit, il ne pouvait pas admettre; et

4

sa manière de comprendre la beauté, déjà connue du lecteur, différait de tout l'espace du ciel de l'idée que les jeunes filles portent en elles, et il avait assez d'expérience de la vie pour savoir que ces jeunes filles, déjà nommées, pensent que l'esprit, l'intelligence, le génie, le sentiment sont de bons locataires dans une belle maison, et qu'un homme qui n'a pas un habit bien fait à la dernière mode, fût-il un Shakspeare, un Gœthe, un Tieck, un Frédéric Richter, court grand risque d'être complétement évincé par un lieutenant de hussard, assez agréablement bâti, avec son uniforme de parade, toutes les fois qu'il plaira à celui-ci de s'approcher d'une jeune fille. Il en était tout autrement avec Annette, et il n'était question ni d'esprit ni de beauté: seulement il arrive rarement qu'une pauvre fille de campagne devienne reine tout d'un coup; et le sieur Dapsuhl ne pouvait guère deviner cela, d'autant plus que les astres refusaient de lui venir en aide.

Les trois personnages Porphirio, Dapsuhl et Annette étaient, on peut le croire, un cœur et une âme, et cela alla si loin que le sieur Dapsuhl quitta sa tour plus souvent que jamais pour venir causer avec son gendre chéri sur mille petites choses récréatives; et il avait surtout pris l'habitude de prendre son déjeuner en bas, dans la maison. Dans le même moment le sieur Porphirio sortait de son palais de soie, et venait goûter des pains au beurre de mademoiselle Annette.

— Ah! ah! lui disait souvent tout bas à l'oreille demoiselle Annette, si papa savait que vous êtes un roi, cher Cordouan Spitz!

— Calme-toi, mon cœur, et ne te meurs pas de joie, répondait Daucus Carotta Ier, le moment de l'allégresse est proche.

Il arriva que le maître d'école avait fait hommage à mademoiselle Annette de quelques bottes des plus magnifiques radis de son jardin. C'était le plus grand plaisir qu'on pût faire à la demoiselle, parce que le sieur Dapsuhl les aimait beaucoup, et qu'elle n'en pouvait pas cueillir dans le potager occupé par le palais, et cela lui fit faire la remarque qu'elle n'avait pas vu de radis dans la foule d'herbes et de plantes du palais. Demoiselle Annette épluchra les radis et les porta à son père pour son déjeuner. Déjà le sieur Dapsuhl avait impitoyablement ôté à plusieurs leur couronne de feuilles, et les avait joyeusement mangés après les avoir trempés dans le sel, lorsque Cordouan Spitz entra.

— O mon Ockerodastes, goûtez donc ces radis! lui dit le sieur de Zabelthau.

Il restait encore sur l'assiette un radis, le plus beau et le plus gros de tous. A peine Cordouan Spitz l'aperçut-il, que ses yeux commencèrent à briller d'un feu menaçant, et qu'il s'écria d'une voix terrible et courroucée:

— Eh quoi! comte indigne! vous osez vous présenter devant mes yeux, vous poussez l'impudence jusqu'à pénétrer dans une maison que mon pouvoir protége! Ne vous ai-je pas banni pour toujours, vous qui vouliez me disputer mon trône héréditaire? Retirez-vous, traître vassal!

Deux petites jambes s'allongèrent aux... sous la grosse tête du radis, et il s'en servit pour sauter de l'assiette, et puis il se plaça devant Cordouan Spitz, et s'exprima ainsi:

— Cruel Daucus Carotta Ier, tu t'efforces en vain d'anéantir ma race! quelqu'un de la famille a-t-il jamais eu une tête ainsi grosse que moi et mes parents? Nous avons l'esprit, la sagesse, le tact et la courtoisie, et tandis que vous vous traînez dans les écuries et les cuisines, et n'avez quelque prix que dans votre âge tendre, de sorte que le diable de la jeunesse fait votre bonheur passager, nous jouissons de la compagnie de personnes plus élevées, et nous sommes salués par des cris de joie lorsque nous élevons nos vertes têtes. Mais je te brave, ô Daucus Carotta! tu es un drôle, inhabile au combat comme tous tes pareils. Voyons qui de nous sera le plus fort.

Alors le comte Radis agita un long fouet, et attaqua le roi Daucus Carotta; mais celui-ci tira son épée, et se défendit avec la plus haute vaillance. Ils se ferraillèrent tout autour de la chambre, avec les sauts les plus excentriques, jusqu'à ce que Daucus Carotta serra tellement le comte Radis, qu'il fut forcé de fuir en faisant un saut hardi par la fenêtre ouverte. Le roi Daucus Carotta, dont l'agilité extraordinaire est déjà connue du public, sauta après lui, et le poursuivit dans les champs.

Le sieur Dapsuhl de Zabelthau avait regardé ce duel terrible dans une muette stupeur; mais alors il se mit à s'écrier avec des gémissements de douleur:

— O ma fille Anna! ma malheureuse fille Anna! moi! toi: nous sommes perdus tous les deux!

Et en disant cela il se précipita hors de la chambre, et monta de toute sa vitesse à sa tour astronomique.

Demoiselle Anna ne pouvait comprendre ce qui avait jeté tout à coup son père dans un pareil désespoir, toute cette scène l'avait beaucoup amusée, et elle était joyeuse dans son cœur d'avoir la preuve que son fiancé ne possédait pas seulement le rang et la richesse, mais qu'il y joignait aussi la bravoure: car il ne se trouverait pas facilement sur terre une jeune fille qui voulût un si lâche. Et maintenant persuadée de la valeur de Daucus Carotta Ier, elle fut violemment froissée qu'Amandus ne voulût se battre avec lui. Si elle

avait encore balancé à sacrifier Amandus au roi Daucus Ier, elle s'y serait décidée maintenant que brillait l'éclat de son nouveau choix. Elle s'assit rapidement, et écrivit la lettre suivante:

« MON CHER AMANDUS,

» Tout est, dans le monde, changeant et passager, dit notre maître d'école; et il a parfaitement raison. Mais toi, mon Amandus, tu es un étudiant trop sage et trop instruit pour ne pas être de l'avis du maître d'école, et tu ne t'étonneras pas le moins du monde lorsque je te dirai qu'il s'est fait un petit changement dans mon esprit et dans mon cœur. Tu peux me croire: je m'intéresse toujours à toi, et je peux me faire une idée de ta beauté avec ta toque de velours rouge ornée d'or; mais pour ce qui est du mariage, — vois, mon cher Amandus, aussi intelligent que tu puisses être, et quel que soit le charme de tes vers, tu ne seras et ne peux jamais être roi, — ne frémis pas, mon ami. — Le petit M. Cordouan Spitz n'est pas M. de Cordouan Spitz: c'est un puissant roi nommé Daucus Carotta Ier. Il règne sur tous les légumes, et m'a choisie pour sa reine. Depuis que mon cher petit roi a déposé l'incognito, il est devenu aussi bien plus joli, et je vois seulement maintenant que papa avait raison lorsqu'il prétendait que la tête était la beauté de l'homme, et qu'elle n'était jamais assez grosse. Et Daucus Carotta Ier, — tu vois comme j'ai retenu, et je peux écrire ce beau nom maintenant qu'il m'est bien connu, — et Daucus Carotta Ier, voulais-je dire, mon royal fiancé, a les manières les plus charmantes.

» Et quel courage! quelle vaillance! Il a devant mes yeux mis en fuite le comte Radis, qui paraît être un homme grossier et capricieux, et s'est jeté par la fenêtre pour le poursuivre. J'aurais voulu que tu le visses, je ne crois pas que mon Daucus Carotta redoute beaucoup tes armes: il paraît être un homme ferme, sur lequel les vers, fussent-ils même fins et aigus, ne pourront pas faire un grand effet. Ainsi, mon cher Amandus, résigne-toi! il en sort comme un homme sage, et ne te fâche pas de ce que je ne serai pas ta femme, mais une reine. Console-toi: je resterai toujours ton amie affectionnée, et si tu veux prochainement être placé dans la garde carotte; ou bien, puisque tu préfères les sirènes aux lettres, être placé dans l'académie des panais ou au ministère des citrouilles, dis un seul mot, et un sort heureux t'attendra.

» Adieu, ne conserve pas de rancune à ton ancienne fiancée, maintenant ton amie et future reine,

» ANNA DE ZABELTHAU. »

V.

Où l'on annonce une terrible catastrophe, et où les événements se continuent.

Demoiselle Annette venait d'envoyer sa lettre au sieur Amandus de Nebelstern, lorsque le sieur Dapsuhl entra et dit avec l'accent de la plus amère douleur:

— O ma fille Anna! nous sommes trompés l'un et l'autre d'une manière infâme! Ce scélérat qui t'a enlacée dans ses filets, qui prétendait être le baron Porphirio de Ockerodastes, n'est pas le rejeton de l'illustre race que le grand gnome Tsilmenech créa avec la noble abbesse de Cordoue: apprends-le, et perds-en le sentiment! c'est un gnome, mais de la plus basse espèce, qui règne sur les légumes!

Le gnome Tsilmenech est de la plus noble race, celle à laquelle les diamants sont confiés; puis viennent ceux qui préparent les métaux. Après eux arrivent les blumistes, qui sont moins nobles parce qu'ils descendent des sylphes. Les moins estimés sont les gnomes des légumes, et le trompeur Cordouan Spitz est le roi de cette race et s'appelle Daucus Carotta.

Demoiselle Annette ne tomba pas le moins du monde évanouie, elle ne fut nullement effrayée: seulement, elle sourit très-amicalement à son père, et le cher lecteur sait pourquoi. Mais lorsque le sieur de Zabelthau s'en étonna grandement, et la pria de considérer son sort et de gémir, demoiselle Annette crut ne pas devoir garder plus longtemps pour elle le secret qui lui avait été confié. Elle raconta à son père comment le baron lui avait depuis longtemps avoué qui il était; elle ajouta même que depuis il s'était montré si aimable qu'elle ne voulait pas d'autre époux. Elle décrivit alors les murailles et le royaume des légumes, où Daucus conduisait Daucus Carotta Ier, et elle ne manqua pas d'exalter l'étrange amabilité des différents habitants de ce grand royaume.

Le sieur Dapsuhl joignit ses mains l'une sur l'autre et pleura très-fort sur l'hypocrite malice du roi des gnomes, qui avait employé les artifices les plus dangereux pour attirer la malheureuse Anna dans son noir royaume de démons.

Alors le sieur Dapsuhl expliqua clairement à sa fille que si une union avec les esprits élémentaires était avantageuse, il en était autrement d'une liaison avec les princes et princesses de ces petits peuples.

— Les rois des salamandres, disait-il, sont colères, les rois des sylphes orgueilleux, les reines des ondines jalouses et portées à l'amour; mais les rois des gnomes sont hypocrites, malicieux, méchants et cruels envers les enfants de la terre, dont ils veulent se venger parce qu'ils ont séduit quelques-uns de leurs vassaux. Et ils s'efforcent de les attirer dans des pièges pour que la nature humaine, dégénérée et maltraitée comme les gnomes, rentre dans la terre pour ne jamais reparaître à la surface.

Demoiselle Annette ne parut pas vouloir ajouter foi à aucune des accusations qui pesaient sur son cher Daucus; bien plus, elle parla encore des prodiges du beau royaume des légumes, sur lequel elle pensait régner bientôt.

— Folle enfant aveuglée! s'écria plein de colère le sieur Dapfuhl, ne crois-tu pas ton père assez instruit pour savoir que tout ce que t'a dit l'infâme Daucus Carotta n'est que fausseté et mensonge?... Tu ne me crois pas! eh bien, pour sauver ma fille unique, je vais te convaincre, mais par un moyen désespéré. Viens avec moi.

Demoiselle Anna dut pour la seconde fois monter la tour astronomique avec son père. Le sieur Dapfuhl sortit d'une grande armoire une quantité de rubans jaunes, rouges, blancs et verts, et en entoura avec des cérémonies étranges sa fille de la tête aux pieds. Il s'en fit autant à lui-même, il fait approcher à ses vassaux leurs habits de fête et à la garde carotte son grand uniforme pour mieux l'abuser par un étincelant éclat. Mais maintenant tu as vu et négligé le royaume que je dois gouverner, et si tu deviens une fois l'épouse de l'affreux Daucus Carotta il te faudra rester dans ses États souterrains; jamais tu ne reviendras à la surface de la terre, et si... Ah! que vois-je! malheureux père que je suis!

Le sieur Dapfuhl devint si subitement hors de lui-même qu'Annette supposa qu'il était arrivé un nouveau malheur. Elle demanda tout inquiète à son père ce qui le faisait se lamenter ainsi; mais il ne put lui répondre que ces mots en sanglotant :

— Oh! oh! oh! fil...le... quelle... gure... tu... as!

Demoiselle Annette courut dans sa chambre, se regarda dans son miroir, et recula saisie d'horreur.

Elle avait des raisons pour cela, et ces raisons les voici.

A peine le sieur Dapfuhl eut-il voulu ouvrir les yeux de la fiancée de Daucus Carotta sur le danger qu'elle courait, que peu à peu son aspect, sa figure se transformèrent pour prendre l'apparence d'une véritable figure des gnomes. Elle devint beaucoup plus grosse, et sa peau prit la couleur du safran; de sorte qu'elle devint assez affreuse à voir.

Bien que demoiselle Annette ne fût pas précisément vaine, cependant il y avait encore chez elle assez de la femme pour qu'elle comprît qu'enlaidir était le plus grand malheur qui pût lui arriver. Combien de fois avait-elle rêvé à sa beauté devenant prochainement la couronne de reine sur la tête, dans des robes de dames, tout ornée de diamants, de chaînes et d'anneaux d'or, elle irait à l'église le dimanche dans sa voiture à huit chevaux, assise aux côtés de son royal époux, tandis que toutes les femmes, sans en excepter celle du maître d'école, seraient remplies d'étonnement, et que la fière aristocratie du village à la paroisse duquel appartenait Dapfuhlheim se tiendrait là respectueuse! Combien de fois s'était-elle bercée de ces songes!

Demoiselle Annette fondit en larmes.

— Anna, ma fille, monte vite ici! s'écria le sieur Dapfuhl avec son porte-voix.

Demoiselle Annette vit son père revêtu d'une espèce de costume de mineur. Il lui dit avec calme :

C'est maintenant que le danger est le plus grand que le secours est plus proche. Daucus Carotta comme je te l'apprends ne quittera son palais que demain seulement. Il a rassemblé les princes de son royaume, les ministres et les hauts seigneurs pour tenir un conseil sur le chou d'hiver. La séance est importante, et durera peut-être assez longtemps que nous n'ayons pas de cette sorte de chou cette année. Je veux utiliser ce temps que Daucus emploie à ses travaux de gouvernement et qui l'empêchent de remarquer mes œuvres pour préparer l'arme avec laquelle je dois combattre et vaincre ce

gnome pour le forcer à partir et à te laisser la liberté. Regarde incessamment pendant mon opération du côté de la tente au moyen de ce tube, et dis-moi sans retard si tu vois quelqu'un jeter un coup d'œil à l'intérieur ou en sortir.

Demoiselle Annette fit ce qui lui était recommandé, mais la tente demeura fermée. Elle entendit cependant, malgré le bruit que faisait le sieur Dapfuhl à quelques pas d'elle en frappant avec un marteau une plaque de métal, des cris sauvages et confus qui paraissaient sortir de la tente et un bruit éclatant semblable à celui que feraient des soufflets rudement appliqués. Elle le dit à son père, qui en parut enchanté et répondit que plus leurs disputes seraient terribles à l'intérieur et plus il lui serait facile de deviner ce qu'il serait à propos d'entreprendre pour leur perte.

Demoiselle Annette ne fut pas peu surprise lorsqu'elle vit que son père avait façonné en cuivre une paire de casseroles et une poêle à daube. Elle se persuada en sa qualité de connaisseuse, comme l'étamage avait parfaitement réussi, que son papa était au courant de l'art du chaudronnier, et elle demanda si elle pourrait prendre cette jolie batterie de cuisine pour son usage? Son père en rit tout bas et lui répondit seulement :

— Descends, ma fille chérie, et attends patiemment les événements qui auront lieu demain ici.

Le sieur Dapfuhl avait ri et l'infortunée demoiselle Annette en conçut de l'espoir.

Le jour suivant, vers l'heure de midi, le sieur Dapfuhl descendit avec les ustensiles de ménage, s'établit à la cuisine et ordonna à sa ménagère de sortir parce qu'il voulait seul préparer le dîner. Il recommanda à Annette d'être aussi affable et aimable que possible pour Cordouan Spitz, qui allait bientôt venir.

Celui-ci arriva bientôt en effet, et, bien qu'il eût agi jusqu'à présent en homme passionné, il se montra ce jour-là plein de ravissement et de joie. Annette remarqua avec effroi qu'elle était devenue déjà assez petite pour que Daucus pût monter aisément sur ses genoux, ce qu'elle dut souffrir malgré tout le dégoût que lui causait le petit monstre.

Enfin le sieur Dapfuhl entra dans la chambre et dit :

— O mon excellent ami Porphirio de Ockerodastes! voudriez-vous venir avec moi dans la cuisine pour voir comme votre future épouse a tout mis en ordre en bonne femme de ménage?

Jamais demoiselle Annette n'avait remarqué le regard malin et sournois qu'il avait en prononçant le bras du petit Daucus, qu'il tira comme par force de la chambre dans la cuisine. Demoiselle Annette suivit sur un signe de son père.

Le cœur d'Annette brûlait dans sa poitrine lorsqu'elle vit sur un beau feu pétillant de charbons enflammés les beaux vases de cuivre. Lorsque le sieur Dapfuhl conduisit Cordouan Spitz tout près du foyer, alors les poêles et les pots commencèrent à siffler et à bouillir de plus fort en plus fort, et les sifflements et les bouillonnements se changèrent en plaintes et en gémissements. Une voix sortit d'une casserole et s'écria :

— O Daucus Carotta! mon roi! sauve tes fidèles vassaux, sauve-nous, pauvres carottes coupées par morceaux, jetées dans une eau sale, bourrées pour notre tourment de beurre et de sel! Nous souffrons d'immenses douleurs que partagent avec nous les nobles persils.

Et de la poêle à daube une voix disait :

— O Daucus Carotta! mon roi! sauve tes vassaux, sauve-nous, pauvres carottes, nous brûlons dans un enfer et l'on nous a donné si peu d'eau que la soif nous force à boire le sang de notre cœur! Un cuisinier cruel nous a choisies, il a rempli notre intérieur et l'a rempli d'un étrange mélange d'œufs, de crème et de beurre, de telle sorte que nos idées et les forces de notre esprit se sont confondues, et que nous ne savons plus ce que nous pensons.

Et l'on entendait alors crier tour à tour des casseroles et de la poêle :

— O Daucus Carotta! notre puissant roi! sauve tes fidèles vassaux, sauve-nous, pauvres carottes infortunées!

Alors Cordouan Spitz s'écria :

— Stupide jonglerie!

Et avec sa vivacité habituelle il s'élança vers le foyer, regarda dans les casseroles et plongea tout à coup; le sieur Dapfuhl s'élança et voulut fermer le couvercle en disant plein de joie :

— Prisonnier!

Mais Cordouan Spitz, avec la rapidité d'un ressort se dressa en dehors du pot et donna au sieur Dapfuhl une telle paire de soufflets que sa mâchoire en craqua, et il criait :

— Stupide et ignorant cabaliste, tu me le payeras! dehors, dehors, vous tous, jeunes gens!

Et des pots, des poêles se précipita une armée en désordre de centaines et de centaines de petits êtres affreux et grands comme le doigt. Ils s'attachèrent avec force au corps de Dapfuhl, le renversèrent dans un grand plat et le couvrirent de la sauce de tous les vases et des œufs, des fleurs de muscade et de crème battue. Et puis Dapfuhl sauta par la fenêtre et les autres en firent autant.

Annette tomba consternée près du plat où son malheureux père était couché. Comme il ne donnait aucun signe de vie, elle le croyait mort : alors elle commença à se désoler.

— Ah ! mon pauvre père ! disait-elle, te voilà mort ! et tu ne me sauveras pas de l'infernal Daucus.

Alors le sieur de Zabelthau ouvrit les yeux, sortit du plat avec la vigueur de la jeunesse et s'écria avec une voix terrible qu'Annette ne lui connaissait pas :

— Ah ! maudit Daucus Carotta ! mes forces ne sont pas encore épuisées, tu sentiras bientôt ce que peut l'ignorant cabaliste !

Et vite Annette dut avec le balai de cuisine ôter les œufs cuits, les fleurs de muscade et la crème dont il *était* couvert; et puis il saisit une casserole, s'en couvrit la tête comme d'un casque, prit une poêle dans la main gauche, dans la droite une grande cuillère de fer, et ainsi armé et cuirassé s'élança au dehors.

Annette remarqua que son père courait directement vers la tente de Cordouan Spitz, et ne bougeait pas de sa place. Et alors elle s'évanouit.

Lorsqu'elle revint à elle le sieur Dapfuhl était disparu, et elle fut saisie d'une affreuse inquiétude en ne le voyant revenir ni le soir, ni la nuit, ni le matin suivant. Elle dut présumer une mauvaise issue à son entreprise.

VI.

Le dernier et le plus édifiant de tous.

Annette était solitaire dans sa chambre et plongée dans une affreuse douleur, lorsque la porte s'ouvrit et Amandus de Nebelstern se présenta. Demoiselle Annette versa un torrent de larmes de honte et de repentir, et dit d'une voix plaintive et suppliante :

— O mon bien-aimé Amandus ! pardonne-moi ce que je t'ai écrit *dans mon aveuglement*; *j'étais ensorcelée et je le suis bien encore*. Sauve-moi, mon Amandus, je suis laide et jaune, mais j'ai conservé mon cœur fidèle et je ne veux plus être la fiancée du roi !

— Je ne sais pas, reprit Amandus de Nebelstern, pourquoi vous vous plaignez, mademoiselle; le beau sort qui vous est échu.

— Oh ! ne raille pas ! dit Annette, je suis assez cruellement punie de mon orgueil.

— Dans le fait, reprit Amandus, je ne vous comprends pas, mon aimable demoiselle : s'il me faut être franc, je vous avouerai que votre dernière lettre m'a jeté dans la fureur et le désespoir. Je rossai mon domestique et mon chien, puis je brisai quelques verres. Vous savez qu'il ne faut pas plaisanter avec un étudiant écumant d'une rage de vengeance. Après toutes mes colères, je résolus de me rendre ici en hâte pour voir de mes propres yeux pourquoi, comment et pour qui j'avais perdu ma fiancée. L'amour ne connaît ni rang ni État, je voulais m'adresser moi-même au roi Daucus Carotta et lui demander s'il épousait réellement ma fiancée. Mais tout s'est arrangé autrement. Lorsque je passai près de la belle tente, le roi Daucus Carotta en sortait, et je remarquai bientôt que j'avais devant moi le plus aimable prince que j'existe jamais vu, il devina aussitôt en moi le poëte sublime, célébra mes vers, qu'il n'a pas encore lus, et m'offrit d'entrer à son service comme poëte de la cour. Une pareille place était depuis longtemps l'objet de mon plus ardent désir, et j'acceptai la proposition avec joie. O ma chère demoiselle ! avec quel enthousiasme je vais vous chanter ! Un poëte peut être épris des reines et des princesses et même il est de son devoir de choisir une haute personne pour être la dame de son cœur, et il en résulte pour lui une espèce de délire, alors il atteint cette céleste extase sans laquelle la poésie n'existe pas, et personne n'a le droit de s'étonner de sa manière d'être un peu singulière peut-être, mais pense plutôt au célèbre Tasse, qui en tombant amoureux de la princesse Léonore d'Este, perdit un peu la raison. Oui, chère demoiselle, vous êtes reine ! aussi vous rendrai-je la dame de mon cœur, que j'élèverai jusqu'aux étoiles dans les vers les plus sublimes !

O ma chère fiancée ! idole de mon âme ! ne craignez pas que je conserve la moindre rancune au sieur Dapfuhl avec la légère inconvenance. Non ! demain aura lieu mon mariage avec vous, vous apprendrez avec plaisir que nous avons choisi le sieur Amandus de Nebelstern pour notre poëte de cour, et je désire qu'il nous donne de suite une preuve de son talent et de son chant. Allons dans le bocage, car j'aime le grand air ; je viendrai m'asseoir sur vos genoux et je vous prierai de me gratter la tête pendant le chant, c'est pour moi un grand plaisir en pareil cas !

Annette, glacée d'effroi, ne fit aucune résistance. Daucus Carotta veut tous le feuillage s'asseoir sur ses genoux, elle lui gratta la tête, et le sieur Amandus de Nebelstern commença en s'accompagnant sur la guitare à chanter les douze douzaines de chansons qu'il avait composées et écrites dans un gros livre.

Il est à regretter que la chronique de Dapfuhlheim, d'où cette histoire est tirée, n'ait pas conservé ces chansons, elle relate seulement que des paysans qui passaient près de là s'arrêtaient et demandaient avec curiosité quel était l'homme qui souffrait assez dans les bosquets de Dapfuhlheim pour faire entendre d'aussi *effroyables accents de douleur*.

Daucus Carotta se tordait sur les genoux de demoiselle Annette et gémissait plus terriblement que s'il avait eu les coliques les plus violentes. Demoiselle Annette croyait aussi remarquer, à son grand étonnement que Cordouan Spitz pendant le chant se rapetissait de plus en plus. Enfin le sieur Amandus de Nebelstern chanta ces vers sublimes, les seuls que l'on retrouve dans la chronique :

Ah ! comme le trouvère chante joyeux ! des parfums de fleurs, des rêves illuminés parcourent les beaux espaces des cieux ! Heureux et céleste objet inconnu, objet inconnu couleur d'or, tu planes dans les beaux arcs-en-ciel, tu te balances sur des flots de fleurs, tu es un enfant indocile, un esprit gai, un cœur douteux ! Si tu peux aimer, si tu peux croire, roucouler comme les colombes, le trouvère chante joyeux ! Lointain et heureux objet inconnu, s'il court avec les nuages d'or, de doux songes volent autour de lui, et il devient éternel. S'il naît avec le désir, bientôt les flammes d'amour brillent, le baiser, la tendresse mutuelle, les fleurs, les parfums, les rêves, germes de la vie et de l'espoir, et...

Daucus Carotta poussa un grand cri, glissa, sous la forme d'une petite carotte, des genoux d'Annette et tomba sur la terre, où il s'engloutit, et à partir de ce moment il disparut sans laisser de traces. Et puis un champignon gris, qui paraissait né dans la nuit même près du banc de gazon, se dressa dans l'air, et cette plante n'était autre que le bonnet du sieur Dapfuhl de Zabelthau, qui se jeta impétueusement au cou d'Amandus de Nebelstern, et s'écria plein d'enthousiasme :

— O mon cher, mon bien-aimé Amandus de Nebelstern, avec votre puissant poëme conjurateur, vous avez surpassé toute ma sagesse cabalistique ! Ce que n'a pu faire un pouvoir magique, le *courage* de votre intrépide du philosophe au désespoir, vos vers l'ont fait en se glissant comme un poison dans le corps du perfide Daucus, de sorte qu'en dépit de sa nature de gnome, il serait mort de coliques s'il ne s'était rapidement réfugié dans son royaume. Ma fille Anna est sauvée, et je suis délivré du danger qui terrible enchantement qui me retenait ici ensorcelé sous la forme d'un vil champignon, en danger de périr par les mains d'une de ma fille. Merci ! merci ! mon noble vainqueur Amandus de Nebelstern ! Et puis, n'est-ce pas, nous en restons à nos projets d'alliance comme par le passé ? Il est vrai qu'elle a perdu par fourberie sa charmante figure, mais vous êtes trop philosophe pour...

— O papa ! mon cher papa ! s'écria demoiselle Annette pleine de joie, voyez donc, le palais de soie a disparu. Il est parti le hideux prince avec sa suite de princes Salades et son ministère de citrouilles et tout le reste !

Et alors demoiselle Annette se précipita du côté du jardin; Dapfuhl courut après sa fille aussi vite qu'il pouvait courir, et Amandus de Nebelstern les suivit en grommelant dans sa barbe :

— Je ne sais ce que je dois penser de tout ceci, mais je présume que le petit vilain monsieur à la carotte est un drôle très-prosaïque et nullement un roi dans les arts, car s'il l'eût été, mes vers sublimes ne lui auraient pas donné la colique et ne l'auraient pas fait rentrer sous terre.

Demoiselle Annette sentit, lorsqu'elle s'arrêta au potager, où il ne restait pas un brin d'herbe, une douleur très-violente au doigt qu'entourait l'anneau mystérieux, et en même temps on entendit un éclatant cri de douleur partir du sol, et elle vit se lever le bout d'une carotte. Aussitôt Annette, obéissant à un pressentiment, à la très-aisément de son doigt l'anneau qu'il lui avait auparavant été impossible de quitter et le mit sur la carotte, celle-ci disparut et les plaintes cessèrent. Mais, ô prodige ! Annette redevint à l'instant aussi belle que par le passé, aussi bien faite et aussi blanche que l'on peut l'attendre d'une campaguarde. Annette et son père s'en réjouirent fort, tandis que le sieur Amandus de Nebelstern restait fort intrigué, ne sachant ce qu'il devait penser de tout ceci. Annette prit des mains de la servante qui accourait une bêche et l'agita en criant avec un accent de triomphe :

— Travaillons maintenant !

Mais elle atteignit à la tête, le siège du *sensorium commune*, le sieur Amandus, qui tomba à terre à demi mort. Jeter l'instrument de mort et s'agenouiller près de son bien-aimé avec des sanglots déchirants, tout cela fut l'affaire d'un moment pour Annette. Tandis que la servante répandait sur lui tout le contenu d'un arrosoir, le sieur Dapfuhl gravit rapidement les marches de sa tour astronomique pour demander aux astres si Amandus avait réellement perdu la vie. Mais presque aussitôt Amandus rouvrit les yeux, se jeta, bien que tout mouillé, dans les bras d'Annette, et dit avec l'accent de l'amour :

— O bien chère Annette, nous sommes de nouveau réunis !

L'effet de cet événement remarquable se fit bientôt remarquer sur nos amoureux. Leur manière d'être en fut complètement changée. Demoiselle Annette prit en horreur le maniement de la bêche et gouverna en véritable reine son potager, dont elle prit soin avec amour, mais tout en laissant aux servantes le *travail des mains*. Le sieur Amandus de Nebelstern trouva ses essais poétiques très-ridicules et insipides et s'enfonça tellement dans les œuvres des grands et véritables poëtes anciens et nouveaux, et son âme fut tellement remplie d'un bienfaisant enthousiasme qu'il ne resta plus une seule place pour ses propres pensées. Il finit par se convaincre qu'un poëme doit être autre chose qu'une profusion de mots sans suite enfantés par le délire, et après qu'il eut en riant jeté au feu les poésies qu'il eût autrefois admirées, il redevint un bon et honnête garçon comme auparavant.

Un matin le sieur Dapfuhl descendit de sa tour pour conduire à l'église les fiancés Annette et Amandus de Nebelstern.

Leur mariage fut toujours heureux. La chronique de Dapfuhlheim ne dit pas si les fiançailles du sieur Dapfuhl avec la sylphide Nehahilah eurent lieu plus tard.

LE CHOIX D'UNE FIANCÉE.

I.

Qui traite de fiancées, de noces, de secrétaires intimes, de chancellerie, de tournois, de procès de sorcières, d'enchantements diaboliques et d'autres agréables choses.

Dans la nuit de l'équinoxe d'automne, le secrétaire intime de la chancellerie, Tusmann, sortait du café, où il avait l'habitude de passer régulièrement deux heures tous les soirs. Il s'en retournait à son domicile placé dans la rue de Spandau. Le secrétaire intime de la chancellerie était réglé et méthodique dans tout ce qu'il faisait. Il s'était habitué à ôter son habit et ses bottes pendant le temps que l'horloge des tours des églises Sainte-Marie et Saint-Nicolas sonnait onze heures, de manière qu'aux dernières vibrations des cloches, les pieds fourrés dans de larges pantoufles, il se coiffait de son bonnet de nuit.

Pour ne pas être en retard aujourd'hui, car les cloches allaient sonner, il voulut passer rapidement (presqu'en sautant même) de la rue Royale à la rue de Spandau, lorsqu'une manière étrange de frapper qu'il entendit près de lui le tint cloué à la même place.

Il aperçut à la clarté des réverbères une figure enveloppée dans un manteau de couleur sombre et placée au pied de la tour de l'ancien hôtel de ville. Elle frappait fortement à la porte de la boutique du commerçant Warnatz, connu pour tenir à bon marché des articles de quincaillerie; puis elle faisait un pas en arrière et soupirait profondément en regardant en l'air les fenêtres en ruine de la tour.

— Mon cher monsieur, dit complaisamment le secrétaire intime de la chancellerie, vous vous trompez, il n'y a dans la tour âme qui vive, excepté peut-être des rats, des souris ou des hiboux; si vous voulez demander au sieur Warnatz quelques-unes de ses marchandises, vous ferez mieux de revenir demain.

— Mon cher monsieur Tusmann...

— Secrétaire intime de la chancellerie depuis bien des années! dit Tusmann en interrompant involontairement l'étranger, bien qu'il fût un peu intrigué d'être connu de lui.

Celui-ci n'y fit pas la moindre attention, mais redit encore :

— Mon cher monsieur Tusmann, vous semblez prendre plaisir à ne pas me comprendre. Je n'ai nul besoin de vos marchandises de fer ou d'acier, et je n'ai rien à faire avec M. Warnatz. C'est aujourd'hui l'équinoxe d'automne, et je veux voir la fiancée. Elle a déjà entendu mes soupirs d'amour et les coups que je frappe plein de désir, et elle va paraître à l'instant à la fenêtre.

Le ton sourd avec lequel l'homme prononça ces mots avait quelque chose de solennel et de fantastique qui répandit un frisson glacé sur tous les membres du secrétaire intime de la chancellerie. Le premier coup de la onzième heure retentit dans le clocher de Sainte-Marie. Au même instant un bruit se fit entendre à la fenêtre de l'hôtel de ville, et l'on y aperçut une figure de femme. Aussitôt que la lumière de la lanterne éclaira son image Tusmann murmura d'une voix plaintive :

— O grand Dieu du ciel! puissances célestes! qu'est-ce que cela?

Au dernier tintement, c'est-à-dire au moment même où Tusmann avait l'habitude de mettre son bonnet de nuit, le fantôme disparut.

Cette étrange apparition sembla avoir mis hors de lui le secrétaire intime de la chancellerie. Il soupirait, gémissait, attachait sur la fenêtre un regard fixe, et murmurait en lui-même :

— Tusmann!... Tusmann!... secrétaire intime... rassemble tes sens... ne deviens pas fou, mon cœur!... ne te laisse pas éblouir par le démon, âme candide!

— Vous paraissez, monsieur Tusmann, reprit l'étranger, tout saisi de ce que vous avez vu... J'ai seulement voulu regarder la fiancée.

— Je vous en prie, dit Tusmann d'une voix lamentable, ne m'enlevez pas mon titre modeste. Je suis secrétaire intime de la chancellerie, dans ce moment à la vérité très-troublé et presque hors de son bon sens. Je vous en prie humblement, mon très-estimable monsieur, car si je me vois donner ceci la qualité qui vous appartient, c'est par complète ignorance de la position de votre très-honorée personne. Mais je vous appellerai secrétaire intime, car il s'en trouve une si incroyable quantité dans notre bonne ville de Berlin, que l'on se trompe rarement en donnant ce titre. Je vous prie donc, monsieur le secrétaire intime, de ne pas me cacher quelle fiancée vous avez voulu voir à cette heure indue.

— Vous êtes, lui dit l'étranger à voix haute, un singulier homme avec vos titres et votre rang. Si l'on est conseiller intime parce que l'on comprend quelques mystères et que l'on peut donner un bon conseil, je peux alors à juste titre prendre cette qualité. Je m'étonne qu'un homme versé comme vous l'êtes dans l'étude des anciens écrits et des manuscrits rares, très-estimable secrétaire intime de la chancellerie, ne sache pas que lorsqu'un initié — comprenez-vous bien ce que veut dire un initié? — frappe à la onzième heure de la nuit d'équinoxe à la porte ou seulement contre le mur de la tour, la jeune fille qui doit être la plus heureuse fiancée de Berlin jusqu'à l'équinoxe du printemps apparaît en haut de cette fenêtre.

— Monsieur le conseiller intime, s'écria Tusmann comme enthousiasmé tout à coup de ravissement et de joie, très-honorable conseiller intime, cela est-il réel?

— C'est la vérité, répondit l'étranger; mais pourquoi restons-nous plus longtemps dans la rue? Votre heure habituelle de sommeil est passée, allons-nous-en dans le nouveau cabaret de la place Alexandre, pour que je vous en apprenne davantage sur la fiancée, et pour reprendre en même temps votre *tranquillité d'esprit*, qui paraît, je ne sais pourquoi, vous avoir tout à fait abandonné.

Le secrétaire intime de la chancellerie était un homme très-rangé. Sa seule récréation consistait, ainsi que nous l'avons déjà vu, à passer chaque jour une couple d'heures dans un café en parcourant les feuilles politiques et les écrits du jour, ou bien aussi à se délecter un verre de bonne bière en lisant avec attention un livre qu'il apportait avec lui. Il ne buvait en quelque sorte pas de vin, excepté le dimanche, où il avait l'habitude après le sermon de prendre dans son café un verre de malaga avec un peu de zwieback. Il avait horreur des aventures nocturnes, et c'était une chose incompréhensible de le voir suivre sans résistance et sans prononcer un seul mot l'étranger, qui dirigeait ses pas rapides et retentissants dans la nuit vers la place Alexandre.

Lorsqu'ils entrèrent dans la taverne un seul homme était assis solitairement à une table et devant lui était *un grand verre rempli de* vin du Rhin. Les rides profondes de son visage témoignaient de son grand âge. Son regard était vif, pénétrant, et sa barbe trahissait le juif resté fidèle à ses habitudes et à d'anciens usages. Il était habillé à l'ancienne mode française usitée à peu près dans l'année dix-sept cent vingt ou trente, ce qui pouvait laisser croire qu'il appartenait à cette époque depuis longtemps passée.

L'étranger que Tusmann avait rencontré était encore plus curieux à examiner.

C'était un homme grand et maigre, mais dont les muscles annonçaient cependant la force. Il paraissait dans la cinquantaine. Son visage pouvait avoir été beau autrefois. Ses grands yeux brillaient sous ses épais sourcils noirs avec une ardeur juvénile. Son front ouvert, son nez courbé comme le bec d'un aigle, sa bouche finement dessinée, son menton rond l'auraient fait remarquer entre mille. L'habit et les culottes étaient coupés d'après la nouvelle mode, mais le bonnet et le manteau appartenaient au seizième siècle. Ce qui inspirait à son approche un effroi étrange et presque glacial, c'étaient surtout ses yeux, qui brillaient au milieu d'une nuit obscure, le son de sa voix sombre et tout son être, qui protestait contre la forme grêle du temps présent.

L'étranger fit un signe de tête au vieillard assis à table comme à une ancienne connaissance.

— Il y a bien longtemps que je ne vous ai vu, lui cria-t-il, vous portez-vous toujours bien?

— Comme vous voyez, lui répondit le vieillard d'un air grondeur, toujours en bon état et sur mes jambes, joyeux et actif, si cela vous intéresse.

— Cela se demande, s'écria l'étranger en riant, et il commanda au garçon une bouteille du plus ancien vin du Rhin de la cave de l'hôtel.

— Mon excellent, mon très-honorable secrétaire intime, commença à dire Tusmann, mais Léonard l'interrompit aussitôt.

— Laissez donc là tous vos titres, mon cher monsieur Tusmann. Je ne suis ni conseiller ni secrétaire particulier de la chancellerie, mais ni plus ni moins qu'un artiste ciseleur qui travaille dans les métaux les plus nobles et les pierreries les plus précieuses. Mon nom est Léonard.

— Ainsi un bijoutier, un orfèvre, murmura Tusmann en lui-même, et il réfléchit qu'il aurait dû dès son premier coup d'œil jeté sur l'étranger à la lumière de la chambre être convaincu qu'il lui était impossible avec son manteau, son bonnet et son collet taillé à l'ancienne mode allemande d'être un conseiller intime ou convenable.

Léonard et Tusmann prirent place à table auprès du vieillard, qui les accueillit avec un sourire grimaçant. Lorsque Tusmann eut, sur l'invitation pressante de Léonard, vidé deux ou trois verres, ses joues pâles se colorèrent. Il se mit à boire en souriant, les regards fixés devant lui, comme s'il voyait dans son intérieur les plus agréables images.

— Et maintenant, dit Léonard, dites-moi franchement, mon cher Tusmann, pourquoi vous avez fait tant de gestes lorsque la fiancée est apparue à la fenêtre de la tour, et dites-moi aussi ce que vous pensez maintenant. Nous sommes, croyez-le si vous voulez, d'anciens amis, et vous n'avez pas besoin de vous gêner devant ce brave homme.

— O Dieu! répondit le secrétaire intime, ô Dieu! mon cher professeur! permettez-moi de vous donner ce titre; car, puisque, comme je n'en doute pas, vous êtes un artiste très-habile, vous pourriez être à bon droit professeur à l'académie des arts : ainsi donc, mon cher professeur, pourquoi me tairais-je? La bouche ne garde pas ce qui remplit le cœur. Apprenez donc que je marche, comme on dit, sur les pieds d'un fiancé, et je pense à l'équinoxe du printemps conduire à la maison une heureuse femme; aussi n'ai-je pu m'empêcher de me sentir frissonner dans tous mes membres lorsque vous avez bien voulu, mon très-honoré professeur, me faire voir une heureuse fiancée.

— Comment! interrompit le vieillard d'une voix aigre et criarde, comment! vous voulez vous marier! Vous êtes beaucoup trop vieux et laid comme un singe!

Tusmann fut tellement saisi de la grossièreté du vieux juif, qu'il lui fut impossible de prononcer une parole.

— Ne prenez pas en mauvaise part ce que le vieillard vous dit si brutalement, reprit Léonard, il n'a pas de mauvaises intentions. Pour ma part, je vous avouerai franchement qu'il me semble que vous vous y prenez un peu tard pour vous marier, car vous paraissez avoir à peu près la cinquantaine.

— J'ai quarante-huit ans, au 9 octobre, le jour de la Saint-Denis, répondit Tusmann un peu piqué.

— Qu'il en soit de vous ce que vous voudrez, continua Léonard, ce n'est pas l'âge seulement qu'on peut vous objecter, vous avez tranquillement jusqu'ici mené la vie de garçon, vous ne connaissez pas les femmes, et vous n'avez pas avec elles de règles de conduite arrêtées.

— Quoi! quelles règles de conduite, interrompit Tusmann, mon cher professeur? Vous devez me prendre pour un niais bien étourdi si vous me croyez capable d'agir ainsi, aveuglément, sans réflexion et sans conseil. Je pèse et je réfléchis sagement chacun de mes pas, et lorsque je me suis senti blessé de la flèche amoureuse du dieu malin que les anciens nommaient Cupidon je me suis appliqué à me préparer à ce nouvel état. Celui qui doit passer un dur examen n'étudie-t-il pas toutes les sciences sur lesquelles on doit l'interroger? Regardez ce petit livre, je le porte toujours sur moi depuis que j'ai pris le parti d'aimer et d'épouser. Je l'étudie sans cesse. Parcourez-le, et vous resterez convaincu que je n'entreprends pas la chose à la légère, et que je n'aurai nullement l'air inexpérimenté, bien que, je l'avoue, j'aie été jusqu'à présent peu au courant de l'espèce féminine.

En disant ces mots le secrétaire intime avait tiré de sa poche un petit livre relié en parchemin, et lut le titre que voici : *Court essai de sagesse politique* destiné à servir de guide dans la société des hommes, d'un usage indispensable pour ceux qui croient être nubiles ou veulent le devenir; traduit du latin de M. Thomasius, avec une carte explicative, Francfort et Leipzig, à la librairie de Jean Grosseus-Erben 1710.

— Remarquez, dit Tusmann avec un doux sourire, en quels termes le digne auteur s'exprime au septième chapitre, qui traite spécialement du mariage et de la sagesse du père de famille.

« Il est surtout nécessaire de ne pas se hâter. Celui qui se marie dans la force de l'âge sera d'autant plus habile, qu'il sera beaucoup plus expérimenté. Les mariages précoces font des gens sans pudeur ou remplis d'artifices, et détruisent en même temps les forces du corps et de l'esprit. L'âge viril n'est pas, il est vrai, un commencement de jeunesse; mais celle-ci ne doit finir que lorsqu'elle y arrive. »

Et alors, en ce qui concerne le choix de l'objet que l'on doit aimer et épouser, voici comment s'exprime l'excellent Thomasius :

« La route du juste milieu est la plus sûre. Ainsi, prenez une femme ni trop belle, ni trop laide, ni très-riche, ni très-pauvre, ni d'un rang trop haut, ni d'une classe trop basse; prenez-la dans une position égale à la vôtre, et, pour les autres qualités, restez toujours aussi dans la route du milieu. »

J'ai suivi ce conseil, et, d'après les avis que donne Thomasius au chapitre XVII, j'ai tenu avec la gracieuse personne que j'ai choisie plus d'une conversation; parce qu'il est impossible à la longue de cacher entièrement ses défauts trompeurs, sous l'apparence des vertus même.

— Mais, dit l'orfèvre, mon cher monsieur Tusmann, cette conversation avec les femmes demande, sous peine d'être lourdement trompé, un long usage.

— Là aussi, répondit Tusmann, le grand Thomasius vous vient en aide, alors qu'il vous apprend à satiété comment l'on doit organiser une agréable et intelligente conversation avec les femmes et comment il faut y mêler une aimable plaisanterie. « Mais, dit l'auteur dans le cinquième chapitre, il faut ici servir comme un cuisinier se sert du sel et ne toucher les phrases spirituelles que comme on touche un fusil, principalement pour la défense, comme un hérisson se sert de ses cornes; et l'on doit, en homme habile, regarder plus encore à ses gestes qu'à ses paroles, parce que souvent ce que l'on cache dans

ses discours se montre dans l'attitude et les mouvements, et que les mots ont moins d'influence que l'apparence extérieure pour éveiller la haine ou l'amitié. »

— Je vois, interrompit l'orfèvre, qu'il est impossible de vous surprendre, vous êtes armé contre tout de pied en cap. Je parierais aussi d'après cela que vous avez tout à fait conquis par votre conduite l'amour de la femme que vous avez choisie.

— Je m'efforce de montrer, dit Tusmann, d'après le conseil de Thomasius, une complaisance à la fois amicale et respectueuse, car ceci est autant un signe d'amour qu'un magnétisme pour éveiller la sympathie, comme un bâillement fait bâiller une société tout entière. Cependant je ne pousse pas trop loin le respect, car je sais fort bien, comme l'enseigne aussi Thomasius, que les femmes ne sont ni de bons ni de mauvais anges, mais seulement des créatures humaines, et par conséquent, relativement aux forces du corps et de l'esprit, des créatures plus faibles que nous, comme le prouve assez la différence des sexes.

— Qu'une année de tempêtes soit sur vos têtes, s'écria le vieillard courroucé, vous qui bavardez sans cesse sur des niaiseries et me gâtez les bons instants dont je pensais jouir ici pour me reposer de mes travaux!

— Taisez-vous, vieillard! s'écria l'orfèvre en haussant le ton, et estimez-vous heureux que nous vous souffrions ici; car, avec vos manières brutales, vous êtes un hôte désagréable que l'on devrait jeter à la porte. Ne vous laissez pas troubler par ce vieillard, cher monsieur Tusmann : vous aimez les anciens temps, Thomasius vous est cher. Pour ce qui est de moi, je vais beaucoup plus loin en ce que je tiens en quelque sorte au temps auquel vous appartenez, comme vous le voyez, les habits que je porte. Oui, mon respectable monsieur, ce temps était bien plus beau que celui-ci, et c'est de lui que vient ce joli prodige que vous avez vu aujourd'hui à la vieille tour de l'hôtel de ville.

— Comment cela, très-estimable professeur? demanda le secrétaire intime de la chancellerie.

— Eh! continua l'orfèvre, autrefois on célébrait de joyeuses noces dans l'hôtel de ville, et elles étaient bien autrement brillantes que celles de nos jours. Eh bien! plus d'une heureuse fiancée regardait alors à la fenêtre, et c'est aussi une apparition fantastique bien gracieuse, quand encore aujourd'hui une image aérienne prophétique ce qui doit arriver d'heureux ce qui s'est passé il y a très-longtemps. Je dois surtout reconnaître que notre Berlin offrait autrefois un aspect bien plus animé et varié qu'aujourd'hui, où tout est uniforme, et où l'on cherche et trouve du plaisir dans l'ennui. On donnait des fêtes comme on aurait de la peine à se les figurer maintenant. Je me rappelle comment dans l'année 1581, à Oœlt, pendant le carême, l'électeur Auguste de Saxe fut conduit à Cologne accompagné de sa femme et son fils Christian avec une grande magnificence par une escorte de cent chevaux montés par les seigneurs de la ville. Le jour suivant il y eut un beau tournoi dans lequel l'électeur de Saxe (le comte Jost de Barbe) et parut suivi d'une nombreuse noblesse en riches habits, avec des hauberts d'or et des têtes de lion d'or aux épaules, aux coudes et aux genoux, les jambes et les bras couverts de soie couleur de chair, comme s'ils eussent été nus, comme pour se faire représenter les guerriers païens. Des chanteurs et des instrumentistes étaient cachés dans une arche de Noé dorée sur laquelle se tenait un petit enfant en maillot de soie, aussi couleur de chair, avec des ailes, un arc, un carquois, et les yeux bandés comme on peint Cupidon. Deux autres petits garçons habillés de belles plumes d'autruche blanches, ayant des becs de corne avec des becs d'or, conduisaient l'arche, dans laquelle la musique commença à retentir lorsque le prince combattit dans le bras d'or; et puis on lâcha de l'arche quelques colombes, dont l'une alla se poser sur le bonnet garni de zibeline de notre gracieux maître l'électeur, battit des ailes et se mit à chanter un air charmant bien mieux que ne le faisait soixante ans plus tard Bernard-Pasquine *Grosso de Mantoue*, chanteur de la cour; et puis il y eut un tournoi à pied, au milieu duquel l'électeur de Saxe s'avança dans un bateau orné de flammes blanches et noires avec une voile de drap d'or, et derrière l'électeur était assis l'enfant qui la veille avait joué le rôle de Cupidon, avec un large costume bariolé de diverses couleurs, coiffé d'un chapeau pointu rouge et noir. Il portait alors une grande barbe grise. Les musiciens et les instrumentistes étaient vêtus de la même manière; et tout autour de la barque dansaient une foule de nobles affublés de têtes et de queues de saumon, de hareng; ce qui faisait un charmant effet. Le soir, à dix heures, on tira un beau feu d'artifice composé de plus de mille pièces représentant une forteresse carrée entourée d'assiégeants, qui tiraient et paraissaient se battre et se percer de leurs armes; tandis que des chevaux et des hommes de feu, des oiseaux étranges s'élevaient dans l'air avec un bruit et un roulement terribles. Ce feu d'artifice dura deux heures.

Pendant ces récits du vieux joaillier, le secrétaire intime de la chancellerie donnait des marques du plus profond intérêt et du plus grand plaisir. Il s'écriait par intervalles : Eh! ah! ah! se frottait les mains, se balançait çà et là sur sa chaise, et buvait des verres de vin l'un sur l'autre.

— Très-vénérable professeur, s'écria-t-il enfin avec une voix de fausset occasionnée par la joie, vous parlez si vivement de toutes ces choses, que l'on pourrait croire que vous les avez vues !

— Eh ! répondit le joaillier, peut-être me suis-je véritablement trouvé là.

Tusmann, ne comprenant pas le sens de ces paroles étranges, voulait continuer ses questions, lorsque le vieillard dit au joaillier d'un ton de mauvaise humeur :

— N'oubliez pas pourtant de plus belles fêtes qui transportèrent de joie les Berlinois à cette époque que vous vantez tant, lorsque les bûchers fumaient sur le marché Neuf et que coulait le sang de malheureuses victimes qui vaincues par la douleur du martyre avouaient des crimes que la plus folle rage, la superstition la plus aveugle pouvaient seules avoir rêvés

— Ah ! interrompit le secrétaire intime, ah ! vous pensez sans doute à l'infâme procès des magiciens et de sorciers qui eut lieu à cette époque, mon cher monsieur ?

— Oui, ce fut une sotte chose que nos progrès ont fait cesser.

Le joaillier jeta un singulier regard sur Tusmann et sur le vieillard, et demanda enfin à celui-ci avec un mystérieux sourire :

— Connaissez-vous l'histoire du juif Lippold telle qu'elle eut lieu dans l'année 1572 ?

Avant que Tusmann eût répondu, le joaillier continua :

— L'argentier juif Lippold fut accusé de grande friponnerie. Il avait joui jusque-là de la confiance de l'électeur, possédait de grandes richesses, et lui venait en aide toutes les fois que cela devenait nécessaire. Soit qu'il eût trouvé moyen de se disculper, soit qu'il eût réussi à prouver son innocence à l'électeur, soit enfin, comme on disait autrefois, qu'il eût atteint de son arquebuse d'argent plusieurs personnes influentes auprès du maître, toujours est-il qu'il en sortit avec un certificat d'innocence ; il fut seulement surveillé par les bourgeois dans sa petite maison de la rue de Stralauer. Il arriva qu'il se prit de colère contre sa femme, et que celle-ci lui dit de mauvaise humeur :

— Si le gracieux électeur savait quel coquin tu es, quels vols tu peux entreprendre avec ton livre de magie, il y aurait déjà longtemps que ton cœur ne battrait plus.

Ceci fut rapporté à l'électeur. Celui-ci fit chercher le livre de magie, que l'on finit par trouver, et des gens qui s'entendaient à y lire virent sa friponnerie dans tout son jour. Il avait employé un art coupable pour dominer le maître et le pays tout entier, et la seule piété de l'électeur l'avait fait résister à ces enchantements diaboliques. Lippold fut exécuté sur la place du marché Neuf, et, lorsque la flamme dévora le livre de magie, une grande souris vint sur le bûcher et courut dans le feu. Bien des personnes prirent la souris pour le démon familier de Lippold.

Pendant le récit du joaillier, le vieillard avait posé ses deux coudes sur la table, tenant sa figure dans ses mains ; il gémissait et soupirait comme une personne qui éprouve une insupportable douleur. Le secrétaire intime ne paraissait pas toutefois attacher une grande importance aux paroles du joaillier. Il était extrêmement joyeux, et tout plein pour le moment de pensées et d'images d'un tout autre genre. Lorsque le joaillier eut fini, il demanda en souriant avec une voix douce :

— Mais, dites-moi donc, mon très-honorable professeur, était-ce vraiment mademoiselle Albertine Vosvinkel qui vous regardait avec ses beaux yeux du haut de sa fenêtre en ruine de la tour de la maison de ville ?

— Comment, dit rudement Tusmann, qu'avez-vous de commun avec mademoiselle Albertine Vosvinkel ?

— Mais, répondit Tusmann à demi-voix, mais, mon Dieu ! c'est cette charmante dame que je veux aimer et épouser.

— Monsieur, reprit l'orfèvre le visage écarlate et une ardente colère dans les yeux, monsieur, vous êtes, je crois, possédé du démon ou tout à fait fou ! Vous voulez épouser la belle Albertine, vous, un vieux pédant usé, vous qui, avec toute votre science d'école, avec toute votre vaine sagacité politique puisée chez Thomasius, ne voyez pas plus loin que le bout de votre nez ! Abandonnez de semblables idées, autrement vous pourriez encore dans cette nuit d'équinoxe avoir la barre du cou brisée !

Le secrétaire intime avait toujours été un homme calme, paisible et même un peu poltron, qui se serait bien gardé de dire à personne une dure parole, même si on l'eût vraiment attaqué. Mais les paroles de l'orfèvre respiraient par trop le mépris, et justement aussi Tusmann avait bu plus de vin qu'il n'avait coutume d'habitude ; aussi ne pouvait manquer d'entrer dans une colère plus violente que jamais et il s'écria d'une voix aigre :

— Je ne sais qui vous êtes, monsieur l'orfèvre inconnu, et ce qui vous autorise à m'interpeller ainsi, je crois que vous voulez me berner avec vos tours enfantins, et vous vous oubliez jusqu'au point d'être vous-même amoureux de mademoiselle Albertine, vous avez fait sur un verre le portrait de cette dame et me l'avez montré, au moyen d'une lanterne, sur la tour de la maison de ville, oh ! monsieur, je suis au courant des choses de ce genre et vous vous trompez si vous croyez m'intimider avec vos escamotages et vos discours grossiers.

— Prenez garde, répliqua l'orfèvre d'un ton froid et avec un singulier sourire, vous avez affaire à des gens bien singuliers.

Et dans le même moment une affreuse tête de renard grimaça à la place de l'orfèvre au secrétaire intime, qui tomba en arrière, sur son siège, glacé du plus violent effroi.

Le vieillard ne parut pas s'émouvoir le moins du monde de la transformation de l'orfèvre, bien plus son apparente mauvaise humeur disparut tout à coup ; et il s'écria en riant :

— Voyez quelle bonne plaisanterie !

— Mais ce sont des tours sans valeur, j'en connais de meilleurs, et je puis faire des choses qui ont toujours été trop fortes pour toi, Léonard !

— Montre-les donc, reprit l'orfèvre, qui avait repris son visage d'homme en s'asseyant tranquillement à table, montre ce que tu sais faire.

Le vieillard tira de sa poche un gros raifort noir, le nettoya et le pela avec un petit couteau qu'il avait attaché en même temps ; il le coupa proprement en tranches minces, et les plaça sur la table.

Mais lorsqu'il frappa du poing fermé sur une tranche du radis, une belle pièce d'or toute brillante et neuve sauta en résonnant ! Il la prit et la jeta à l'orfèvre ; mais aussitôt que celui-ci toucha la pièce, elle se perdit dans la poussière de jaillissantes étincelles. Cela parut contrarier le vieillard ; il frappa toujours plus vite et plus fort les tranches de raifort, et toujours plus résonnantes elles se rompaient sous la main de l'orfèvre.

Le secrétaire intime était hors de lui d'inquiétude et d'effroi. Enfin il se débarrassa avec effort de son état de torpeur, qui était voisin de l'évanouissement, et dit d'une voix tremblante :

— J'ai l'honneur de prendre congé de vos estimables personnes.

Et il se précipita au dehors aussitôt qu'il eut pris sa canne et son chapeau.

Dans la rue, il entendit derrière lui un rire strident, qui lui parut venir des deux personnages mystérieux, et son sang se figea dans ses veines.

II.

Où l'on raconte qu'un amour s'alluma à cause d'un cigare qui ne voulait pas prendre feu, après que les amants se furent déjà jetés à la tête l'un de l'autre.

Le jeune peintre Edmond Lehsen avait fait d'une manière aussi singulière que le secrétaire intime la connaissance de l'étrange orfèvre Léonard.

Edmond dessinait d'après nature dans un endroit solitaire du jardin des animaux le beau groupe d'arbres, lorsque Léonard s'avança vers lui et regarda sans façon son œuvre par-dessus son épaule. Edmond ne s'en inquiéta pas le moins du monde et continua de dessiner avec ardeur jusqu'à ce que l'orfèvre lui cria :

— C'est un singulier dessin, cher jeune homme ! ce ne sont plus des arbres, mais tout autre chose.

— Croyez-vous, monsieur ! dit Edmond les yeux animés.

— Eh bien, reprit l'orfèvre, il me semble voir regarder à travers l'épais feuillage mille figures diverses : tantôt des génies, des animaux bizarres, des jeunes filles, des fleurs ; et cependant le tout représente bien le groupe d'arbres qui nous fait face et au travers duquel brillent si agréablement les rayons du soleil.

— Eh ! monsieur ! s'écria Edmond, ou vous avez un sentiment très-profond, un œil perçant pour de pareilles scènes, ou jamais mon travail, d'après ma propre estime, n'a été plus réussi qu'aujourd'hui ! N'en est-il pas ainsi de vous, lorsque vous abandonnez, dans la nature, aux désirs de votre âme ! ce que vous semble-t-il pas que des apparitions fantastiques vous regardent à travers les arbres et l'épaisseur du feuillage ? ce que je voulais exprimer dans ce dessin, et, je le vois, j'y ai réussi.

— Je comprends, dit Léonard d'un ton froid et un peu sec, vous vondriez, libre de toute étude, vous donner du repos et vous égayer et reprendre des forces dans un agréable jeu de votre fantaisie.

— Nullement, monsieur, répondit Edmond, je regarde comme ma meilleure et ma plus profitable étude cette manière de travailler d'après nature. J'apporte dans de semblables peintures la véritable poésie : le fantastique dans le paysage. Le poète doit être peintre de paysage, et aussi bon que peintre d'histoire ; autrement, il sera toujours sans talent.

— Et vous aussi, bon Dieu ! mon cher Edmond Lehsen !

— Comment ! interrompit Edmond, vous me connaissez donc, monsieur ?

— Pourquoi, reprit Léonard, ne vous connaîtrais-je pas ? Je fis votre estimable connaissance dans un moment dont probablement vous ne vous rappelez pas très-bien, c'est-à-dire lorsque vous vintes au monde. Pour le peu de connaissance que vous possédiez à cette époque, vous vous êtes très-convenablement et très-sagement comporté, en faisant souffrir madame votre mère aussi peu que possible, et en même temps vous jetiez un cri de joie bien clair et cherchiez avec désir la lumière du jour ; ce qui, d'après moi avis, ne vous fut pas refusé ; car, d'après l'avis des nouveaux médecins, cela non-seulement ne nuit en aucune façon aux nouveau-nés, mais agit encore avantageusement sur leur intelligence et leurs forces physiques. Votre père en fut si content qu'il se mit à sauter à cloche-pied autour de la chambre et se mit à jouer sur sa flûte l'air : *Pour les hommes qui comprennent l'amour...*

Après il me mit votre petite personne dans les mains et me pria de tirer votre horoscope; ce que je fis en effet. Alors je vins plus fréquemment encore dans la maison de votre père, et vous ne dédaigniez pas d'aspirer vers certaines tourtes d'amandes que j'apportais. Plus tard je partis en voyage; vous aviez alors six ou sept ans. Puis je revins ici, à Berlin, je vous vis, et j'appris avec plaisir que votre père vous avait envoyé de Muncheberg en cette ville pour étudier la noble peinture. Car dans Muncheberg on trouve peu de statues de marbre, de bronze, de pierres précieuses et autres trésors artistiques. Berlin, au contraire, lorsque de nouvelles antiques pêchées dans le Tibre y auront été bientôt transportées pourra peut-être lutter avec Rome, Florence ou Dresde.

Le royaume des légumes en négligé.

— Mon Dieu ! dit Edmond, les souvenirs de ma tendre jeunesse s'éveillent! ne seriez-vous pas monsieur Léonard ?

— Justement, répondit l'orfèvre, je m'appelle Léonard, mais rien ne m'étonnerait plus que de vous voir vous rappeler de moi depuis si longtemps.

— Et cependant cela est, continua Edmond, je suis que je me réjouissais fort, lorsque vous arriviez à la maison de mon père, parce que vous m'apportiez toutes sortes de friandises, et que vous vous occupiez beaucoup de moi; mais je ne prévois pas défendre d'un respect craintif, ou d'une espèce d'effroi, d'une oppression, qui souvent se prolongeait après votre départ; mais ce sont surtout les récits de mon père sur vous, qui ont conservé votre souvenir dans mon âme; il se félicitait de votre amitié, car vous l'aviez toujours heureusement sauvé, par une habileté singulière, de tous les embarras et les accidents fâcheux qui arrivent ordinairement dans la vie : il disait avec enthousiasme que vous étiez versé dans les sciences occultes et pouviez commander à votre gré aux forces cachées de la nature, et quelquefois, pardonnez, il donnait à entendre assez clairement que vous étiez Ahasverus le Juif errant.

— Pourquoi pas le tueur de rats de Hameln, ou le vieux *partout et nulle part*, ou le petit homme poire, ou bien un cobold! interrompit l'orfèvre. Il est vrai toutefois, je dois en convenir, qu'il y a bien dans tout ceci certaines circonstances qui me regardent, et dont je ne pense pas parler sans éveiller un scandale. J'ai rendu de grands services, en effet, à monsieur votre père avec mes talents secrets; votre horoscope, que je tirai aussitôt après votre naissance, lui fut surtout très-agréable.

— Eh bien ! dit le jeune homme tandis que ses joues se couvraient

de rougeur, mon horoscope n'avait rien qui pût tant réjouir; mon père m'a souvent répété que votre prédiction avait été que je deviendrais un jour quelque chose de grand, comme grand artiste ou grand fou. J'ai dû au moins cela à cette prédiction que mon père a laissé un libre cours à mon penchant pour les arts. Croyez-vous à l'infaillibilité de votre horoscope ?

— Oh ! très-certainement! reprit l'orfèvre d'un ton calme et très-froid, il n'y a pas à en douter, vous marchez à grands pas vers la folie.

— Comment, monsieur, s'écria Edmond surpris, vous venez me jeter cela à moi en plein visage!

— Il dépend tout à fait de toi, interrompit l'orfèvre, d'échapper à la funeste alternative de ton horoscope et de devenir un libre artiste. Tes dessins, tes esquisses décèlent une très-vive imagination, une grande qualité d'expression, une grande adresse de main : sur ces fondations on peut élever un beau bâtiment. Laisse là cette obéissance à la mode, et adonne-toi tout à fait aux études sérieuses. Je sais que tu te préoccupes de la noblesse et de la simplicité des maîtres de l'ancienne école allemande; mais là aussi il faut éviter l'écueil sur lequel tant d'autres ont échoué déjà. Il faut, il est vrai, un sentiment profond, une grande force d'âme, qui puisse résister à la torpeur de l'art moderne, pour saisir l'esprit véritable des anciens grands maîtres et pour comprendre le sens de leurs œuvres. Alors seulement l'étincelle jaillira de l'âme, et créera des œuvres enfants de l'enthousiasme, dignes, sans aveugle imitation, du meilleur temps du moyen âge. Mais maintenant les jeunes gens s'imaginent, lorsqu'ils ont bourré une espèce de tableau biblique de figures desséchées, avec des visages d'une aune de long, des vêtements roides et à plis cassés, et une fausse perspective, qu'ils ont peint dans la manière des maîtres de l'ancienne école allemande. Ces imitateurs, assassins du génie, doivent être comparés à ce jeune paysan, qui est à l'église, pendant le *Pater noster*, son chapeau devant son nez, sans pouvoir en dire un mot par cœur, et se contente, au lieu de prononcer la prière qu'il ignore, d'en murmurer le rhythme confus.

L'orfèvre dit encore de belles et véritables choses sur le noble art de la peinture, et donna à l'artiste Edmond d'excellents conseils, tellement que celui-ci lui demanda, enfin tout pénétré, comment il pouvait se faire qu'il eût acquis tant de connaissances sans être peintre, et aussi pourquoi il vivait dans la retraite, au lieu de se faire remarquer dans les luttes d'art de toutes sortes.

— Je te l'ai déjà dit, répondit l'orfèvre d'un ton doux et sérieux, qu'une expérience longue, et en réalité incroyablement longue, a rendu mon œil et mon jugement plus sûrs. Quant à mon amour de la retraite, j'ai la certitude que j'avancerais partout des préceptes étranges, que non-seulement mon organisation, mais aussi le sentiment d'un pouvoir intérieur, qui me domine, imposeraient à mon esprit, et la vie tranquille que je mène à Berlin pourrait en être troublée. Je me souviens d'un homme, qui, à un certain point de vue, pourrait être mon aïeul, et qui est tellement son sel de corps et en âme, que l'idée bizarre me vient quelquefois que je suis cet homme : je veux parler de *Sieur Léonard Turnhauser*, qui vivait dans l'année 1582, à Berlin, dans la ville où nous sommes. Autrefois, tu le sauras, tout chimiste était alchimiste, tout astronome était astrologue, et Turnhauser pouvait bien être l'un et l'autre. Tout ce que je sais, c'est qu'il accomplissait les choses les plus merveilleuses, et se montrait en outre un très-habile médecin; mais il avait le défaut, pour étaler toutes ses connaissances, de se mêler à tout, toujours prêt pour le conseil et pour l'action. Cette conduite attira sur lui la haine et l'envie, comme il arrive au riche, dont la fortune est même bien acquise, et se faire des ennemis par un vain étalage de son luxe. On en vint à dire à l'électeur que Turnhauser pouvait faire de l'or; et celui-ci, soit qu'il n'y comprît rien, soit poussé par d'autres motifs, lui défendit de se livrer à ses travaux.

Alors les ennemis de Turnhauser dirent à l'électeur : Voyez-vous comme ce misérable est un mauvais drôle rusé, il s'en va prônant des connaissances qu'il n'a pas, et il fait toutes sortes de jongleries magiques et de commerce de juif qu'il devrait payer par une mort infâme, comme l'israélite Lippold !

Turnhauser avait été orfèvre en effet, cela était certain, et maintenant on lui refusait la science qu'il avait exposée au grand jour. On prétendit même que les écrits remarquables, les savantes prophéties qu'il avait publiés n'étaient pas de lui et qu'il les avait achetés d'autres au poids de l'or. Enfin l'envie, la haine, la calomnie firent si bien, que lui, pour éviter le sort du juif Lippold, quitta Berlin en secret. Alors les maudits crièrent qu'il avait été rejoindre des papistes, mais c'était un mensonge : il se retira en Saxe, où il reprit son métier d'orfèvre sans dire adieu à la science.

Edmond se sentait étrangement attiré vers l'ancien orfèvre; et celui-ci récompensa la confiance respectueuse qu'il lui montrait en ce que non-seulement il resta pour lui dans ses études d'art un critique sévère mais de bon et solide conseil, mais parce qu'il lui apprit, quant à la préparation et au mélange des couleurs, certains secrets connus des anciens peintres.

Ainsi se forma, entre Edmond et le vieux Léonard, la liaison qui existe entre l'élève plein d'espoir et bien-aimé, et le maître plein

d'amitié paternelle. Bientôt après il arriva que par une belle soirée
d'été, chez le chasseur de la cour, au jardin des animaux, les cigares
du conseil de commission Melchior Voswinkel ne voulaient pas absolument s'allumer. Le commissaire furieux les jetait par terre l'un
après l'autre, et il s'écria à la fin :

— Mon Dieu ! ai-je pris tant de peine et dépensé tant d'argent à
faire venir des cigares de Hambourg pour voir mes plaisirs troublés
par ces misérables drogues ? Puis-je raisonnablement jouir de la
belle nature, et tenir une conversation raisonnable. C'est affreux !

Il avait en quelque sorte adressé ces paroles à Edmond Lehsen,
qui se trouvait placé près de lui, et dont le cigare fumait très-
joyeusement.

Edmond, sans connaître le commissaire de la commission, tira
son étui à cigares tout plein et le présenta au désespéré, en lui disant qu'il garantissait leur excellence et leurs qualités inflammables,

Combat de Radis et de Carotte.

bien qu'ils n'arrivassent pas de Hambourg, mais d'une boutique de
la rue Frédéric.

Le commissaire, plein de joie, en prit un en disant grand merci,
et à peine l'eut-il touché avec le papier enflammé, que des nuages
gris s'élevèrent en tourbillons, et l'homme s'écria enchanté :

— Oh ! mon cher monsieur, vous me tirez d'un grand embarras,
mille grâces ! et je pousserai presque la hardiesse jusqu'à en implorer
de vous un second lorsque celui-ci sera fumé !

Edmond lui dit qu'il pouvait compter sur son étui, et ils se séparèrent.

Mais lorsque le crépuscule commençait à tomber, Edmond, la tête
remplie d'un projet de tableau, et attachant peu d'importance à la
société, se frayait un chemin à travers les chaises et les tables pour
se trouver à l'écart, lorsque le conseiller des commissions se trouva
de nouveau devant lui, et l'invita à prendre place à sa table. Le
peintre, prêt à refuser, aperçut, assise à cette table que venait de
quitter le commissaire, une jeune fille, modèle de grâce, de jeunesse
et de beauté !

— Ma fille Albertine ! dit le commissaire à Edmond, qui, comme
pétrifié, regardait la jeune fille, et oubliait presque de la saluer. Il
reconnut en elle, au premier coup d'œil, une admirable et très-
élégante demoiselle qu'il avait rencontrée à l'exposition précédente
devant l'un de ses tableaux. Elle expliquait avec intelligence à une
femme plus âgée et à deux de ses jeunes compagnes le sens de la
figure allégorique ; elle examina le dessin, la composition, fit l'éloge
du peintre, prétendit qu'il donnait de grandes espérances, et dit
qu'elle désirerait le connaître. Edmond se tenait tout près d'elle,
et buvait la louange qui s'échappait des plus belles lèvres. Dans un
doux émoi, et avec de grands battements de cœur, il ne peut s'empêcher de lui dire qu'il est l'auteur du tableau. Albertine laisse tom-

ber à terre le gant qu'elle vient d'ôter de sa main, vite Edmond se
baisse pour le ramasser, Albertine se baisse aussi, et leurs têtes se
rencontrent si fort qu'elles en craquent.

— Dieu du ciel ! s'écrie Albertine se tenant la tête de douleur.

Edmond effrayé se jette en arrière ; au premier pas il écrase une
patte du chien de la vieille femme, qui jette des cris aigus ; au second
il marche sur le pied d'un professeur goutteux, qui élève un affreux
mugissement et envoie Edmond au diable en enfer ; on accourt des
salles voisines et tous les lorgnons sont braqués sur le pauvre pécheur, qui se précipite désespéré au dehors, accompagné des malédictions du professeur, des insultes de la vieille dame et des rires
des jeunes filles, pendant que les dames ouvrent leurs flacons et
frottent le front meurtri d'Albertine.

Autrefois déjà dans le moment critique de sa présentation ridicule
Edmond, sans le savoir, était tombé amoureux de la belle inconnue,
et ce seul sentiment douloureux de sa maladresse l'empêchait de la
chercher dans tous les coins de la ville. Il ne pouvait se représenter
Albertine autrement qu'avec un front blessé et le regard plein de
reproches et de colère.

Mais aujourd'hui rien de pareil ne se présentait. Albertine, il est
vrai, rougit beaucoup lorsqu'elle aperçut le jeune homme, et elle
parut embarrassée dans sa contenance ; mais lorsque le conseiller de
la commission demanda l'état et le nom du jeune homme, elle prit
la parole pour dire avec un charmant sourire qu'elle se trompait fort
si le monsieur qu'elle voyait n'était pas l'excellent artiste dont le tableau l'avait si fort impressionnée.

On peut penser si ces paroles exaltèrent dans l'âme en feu d'Edmond un choc électrique. Tout plein d'enthousiasme, il voulut entamer les plus admirables périodes. Le commissaire ne le laissa pas
aller jusque-là, mais s'écria en le pressant sur sa poitrine :

— Mon ami ! et le cigare promis !

Le vieux juif.

Et tout en allumant le cigare qu'Edmond lui offrait :

— Ainsi vous êtes un peintre, continua-t-il, et même un excellent
peintre, à ce que dit Albertine, qui s'y entend. Eh bien ! j'en suis
ravi ! j'aime beaucoup la peinture, je suis connaisseur, un vrai
connaisseur. J'ai des yeux, j'ai des yeux ! dites-moi, cher artiste,
dites-le-moi franchement, n'êtes-vous pas l'habile peintre devant les
tableaux duquel je m'arrête chaque jour parce que je ne peux détacher mes regards de leur charmante couleur ?

Edmond ne savait pas comment le commissaire pouvait voir ses
tableaux chaque jour et il ne se rappelait pas d'avoir jamais peint une
enseigne. Il ressortit de quelques explications que Melchior Voswinkel avait eu idée des tables à thé laquées, des écrans et autres merveilles de ce genre qu'il contemplait chaque jour avec enthousiasme
sous les tilleuls, dans la boutique de Stobwasser. Ces objets étaient

pour lui ce que l'art avait produit de plus complet. Cela déconcerta Edmond, et il maudit le commissaire, qui par son flux d'ennuyeuses paroles rendait impossible toute conversation avec Albertine.

Enfin un ami du commissaire arriva et le prit à part. Edmond saisit ce moment et vint s'asseoir très-près d'Albertine, qui semblait le voir avec plaisir.

Tous ceux qui connaissent mademoiselle Albertine savent qu'elle est jeune, belle, gracieuse, qu'elle s'habille à la dernière mode avec un goût exquis, qu'elle chante dans les réunions académiques de Zeller, qu'elle reçoit sur le piano des leçons du sieur Lanska et bondit d'après les plus charmants pas de la première maîtresse de danse, qu'elle a mis à l'exposition une belle tulipe en tapisserie avec des vergissmeinnicht et des violettes, qu'elle a reçu de la nature un tempérament plein de gaieté, et qu'elle peut dans les réunions de thé faire preuve de l'impressionnabilité la plus grande. Chacun sait aussi qu'elle recueille avec amour les poèmes, des sentences de Gœthe, Jean-Paul et autres gens supérieurs, dont les œuvres plaisent surtout aux femmes, et tout cela d'une écriture nette et perlée. Elle connaît en outre toutes les finesses et les subtilités de la langue. Il était tout naturel qu'Albertine auprès d'un jeune peintre, dont l'amour timide débordait, montrât une sensibilité plus exquise encore que dans les thés et les cercles littéraires et qu'elle parlât avec la voix la plus harmonieuse et de la manière la plus élégante de sentiment poétique, des profondeurs de la vie, et d'autres choses pareilles.

Le vent ce soir s'était élevé et répandait à l'entour de doux parfums de fleurs, et dans ce bosquet sombre deux rossignols chantaient alternativement.

Alors Albertine cita ces vers de Fouqué :

« Un murmure, un léger son, un vague bruit de clochettes parcourt le bosquet du printemps. L'esprit, les sens et la vie sont saisis comme dans des lacets d'amour. »

Enhardi par l'obscurité qui se faisait plus épaisse, Edmond prit la main d'Albertine, la serra contre sa poitrine et continua ainsi :

« Si je répétais tous jours que cette vie tranquille murmure tout bas, alors de ma méthode jaillirait la flamme de l'éternel amour ! »

Albertine retira sa main, mais seulement pour le délivrer de son gant glacé et pour le rendre à l'heureux artiste, qui se préparait à la couvrir de baisers de feu, lorsque le conseiller de la commission s'écria :

— Parbleu ! il fait froid. Je voudrais avoir pris un manteau ou une redingote. Enveloppe-toi dans ton châle, Albertine. Mon cher peintre, c'est un vrai cachemire qui a coûté cinquante ducats. Couvre-toi bien, ma fille, nous allons partir. Adieu, mon cher !

Avec un tact merveilleux Edmond saisit aussitôt sa boîte de cigares et en offrit un troisième au conseiller de commission.

— Oh ! grand merci ! s'écria Voswinkel, vous êtes réellement un charmant jeune homme. La police ne permet pas de fumer en se promenant dans le jardin des animaux, mais la cigare ou la pipe n'en sont que les meilleurs.

Au moment où le conseiller de commission s'approchait de la lanterne pour allumer son cigare, Edmond pria Albertine timidement et bien bas de lui permettre de la reconduire chez elle. Elle accepta son bras, et tous deux marchèrent en avant, et le conseiller parut, lorsqu'il revint, avoir déjà admis qu'Edmond les accompagnerait jusqu'à la ville.

Tout homme qui fut jeune et amoureux, ou qui l'est encore (chez quelques-uns cela ne se passe jamais) s'imaginera ce que s'imaginait Edmond aux côtés d'Albertine, qu'il planait au-dessus des arbres dans des nuages d'or avec la belle des belles.

Rosalinde donne ainsi dans le Comme il vous plaira de Shakspeare les signes qui font reconnaître les amoureux :

« Des joues tombantes, des yeux bordés de bleu, un sentiment indifférent, une barbe négligée, des jarretières détachées, un béret sans ruban, des manches déboutonnées, des souliers sans lacets, et dans chaque geste l'abandon du désespoir. »

Edmond ne ressemblait pas plus à ce portrait qu'à Roland le Furieux. Mais de même que celui-ci déracinait les arbres tout en gravant sur chaque écorce le nom de Rosalinde et jetant une ode aux aubépines et une élégie aux buissons de ronces, ainsi Edmond gâta une montagne de papier, de parchemin, de toiles et de couleurs à chanter en assez mauvais vers sa bien-aimée et à la dessiner et à la peindre sans jamais pouvoir la faire ressembler, parce que sa fantaisie allait bien au delà de son talent. Ajoutez à cela le singulier regard de somnambule de l'amoureux et une quantité suffisante de soupirs à chaque heure et à chaque instant, et il ne pouvait guère manquer que le vieil orfèvre ne devinât bientôt la position de son amour. Lorsqu'il l'interrogea à ce sujet, Edmond n'hésita pas à lui ouvrir son cœur.

— Mais tu n'y penses pas ! s'écria Léonard lorsque Edmond eut terminé son récit. Mais ce serait une mauvaise chose que de t'amouracher d'une fiancée. Albertine Voswinkel est promise au sieur Tusmann, secrétaire intime de la chancellerie.

Edmond en apprenant cette nouvelle s'abandonna au plus violent désespoir. Léonard attendit patiemment la fin du premier paroxysme

et lui demanda ensuite s'il pensait sérieusement à épouser mademoiselle Albertine. Edmond lui jura que cette union était le plus haut désir de sa vie, et supplia le vieillard de l'aider en cela de toutes ses forces pour écarter les prétentions du secrétaire intime et lui conquérir cette belle.

L'orfèvre avança qu'un artiste plein d'avenir pouvait tomber amoureux, mais que c'était une folie pour lui de penser au mariage. C'était pour cette raison même que le jeune Sternbald n'avait pas voulu enchaîner ainsi sa vie, et qu'il était, autant qu'il le savait du moins, resté garçon jusqu'alors.

Le coup porta, car le Sternbald de Tieck était le livre favori d'Edmond, et il eût été volontiers lui-même le héros de ce roman. Il arriva de là qu'il prit une figure décomposée et fut sur le point de fondre en larmes.

— Il en sera ce qu'il voudra, dit l'orfèvre, j'écarterai le secrétaire intime. Ton affaire est de t'introduire d'une façon ou de l'autre dans la maison du conseiller des commissions et de te rapprocher d'Albertine. Au reste, mes opérations contre le secrétaire intime commenceront dans la nuit de l'équinoxe.

Edmond fut dans le ravissement de la promesse de l'orfèvre, car il savait que le vieillard tenait ce qu'il avait une fois promis.

III.

Qui contient le signalement du secrétaire intime de chancellerie Tusmann, ainsi que la cause de la chute du cheval du grand électeur, avec d'autres choses curieuses.

Cher lecteur, avec ce que tu as déjà appris sur le secrétaire intime Tusmann, tu dois déjà l'avoir devant les yeux en corps et en âme. Toutefois je l'ajouterai, quant à ce qui concerne son extérieur, qu'il était de petite stature, chauve, qu'il avait les jambes un peu torses et un costume tant soit peu ridicule. Il portait, avec un habit taillé à la mode de son aïeul, avec de grands pans et un énorme gilet, de grands et larges pantalons et des souliers qui dans la marche retentissaient comme les bottes de courrier, ce qui nous amène à dire qu'il n'allait jamais dans la rue d'un pas égal, mais qu'il s'avançait en bondissant en grands sauts désordonnés avec une incroyable rapidité, de sorte que les pans dont nous avons parlé plus haut s'épanouissaient autour de lui comme une paire d'ailes. Outre son visage où quelque chose d'incroyablement drôle, le bienveillant sourire qui jouait sur sa bouche disposait en sa faveur, de sorte qu'on était porté à l'aimer tout en riant de sa pédanterie et de ses manières gauches. Sa grande passion était la lecture. Il ne sortait jamais sans avoir bourré ses poches de livres. Il lisait partout où il se trouvait, arrêté ou en marchant ; dans les promenades, les églises, les cafés, il lisait sans choix tout ce qui lui tombait sous la main, à condition que ce fussent d'anciens livres ; il avait horreur des nouveaux. Il étudiait aujourd'hui au café un livre d'algèbre, demain le Règlement de cavalerie de Frédéric-Guillaume Ier et le livre remarquable : Cicéron représenté comme un grand menteur et avocassier, en dix chapitres, de l'année 1720. Tusmann était avec cela doué d'une mémoire énorme. Il avait l'habitude de dessiner tout ce qui l'avait frappé dans un livre et de regarder ensuite de nouveau ses dessins, ce qui faisait qu'il ne l'oubliait plus. Aussi Tusmann devenait un polyhistorien, un Lexicon vivant, que l'on consultait lorsqu'on avait besoin d'une notion historique ou scientifique. Arrivait-il par hasard qu'il ne pût donner sur-le-champ la notice demandée, il fouillait dans toutes les bibliothèques jusqu'à ce qu'il eût trouvé ce qu'on lui avait demandé, et revenait avec sa conquête. Il avait cela de remarquable dans une société, que tout en lisant et en apparence absorbé dans son volume, il entendait tout ce qui se disait à l'entour de lui. Souvent il entremêlait une observation qui arrivait juste à sa place, et si l'on disait quelque chose d'humoristique et de spirituel, sans lever les yeux de son livre, il donnait son approbation par un court éclat de rire du plus pur ténor. Le conseiller des commissions Voswinkel avait été camarade d'études du secrétaire intime dans l'école des moines gris, et de ce temps d'études s'était formée une amitié qui durait encore. Tusmann vit grandir Albertine, et à son douzième anniversaire, après lui avoir présenté un bouquet arrangé par le plus célèbre fleuriste de Berlin, il lui baisa la main avec une convenance, une galanterie dont on ne l'aurait jamais cru capable. À partir de ce moment l'idée surgit au conseiller de la commission que son camarade d'école pourrait épouser Albertine. Il pensa que le mariage d'Albertine, qu'il désirait, lui donnerait ainsi moins d'embarras et que Tusmann, modéré dans ses désirs, se contenterait d'une faible dot. Le conseiller aimait surtout ses aises, redoutait toute nouvelle connaissance, et comme conseiller de la commission, économisait plus qu'il n'était nécessaire. Lorsque Albertine eut atteint sa dix-huitième année, il fit part au secrétaire intime de son plan, qu'il avait gardé longtemps en réserve. Celui-ci en fut d'abord tout effrayé. L'idée hardie de marcher au mariage, et cela avec une très-jeune et très-charmante fille, lui paraissait peu acceptable. Peu à peu il s'y habitua, et un jour sur l'instigation du conseiller des commissions Albertine lui avait offert une petite bourse, qu'elle avait faite elle-même avec les plus charmantes couleurs, en lui disant : Cher secrétaire intime de la chancellerie! son âme prit feu pour la belle enfant. Il déclara aussitôt en secret au conseiller qu'il désirait prendre Albertine pour épouse; et lorsque celui-ci l'eût embrassé comme son gendre, il se regarda comme le fiancé d'Albertine, quoiqu'il y eût encore une petite considération à mettre en avant, à savoir que Albertine ne connaissait pas le moindre mot de tout cet arrangement et qu'elle n'en avait pas même le soupçon le plus léger.

De très bonne heure, au matin de la nuit où s'étaient passées l'aventure de la tour de l'hôtel de ville et celle de l'auberge sur la place Alexandre, le secrétaire intime se précipita, pâle et défait, dans la chambre du conseiller des commissions. Celui-ci fut très-effrayé, car Tusmann ne lui avait jamais rendu de visite à cette heure, et tout son être paraissait annoncer un fatal événement.

Intime (c'est ainsi que le conseiller des commissions appelait le secrétaire de la chancellerie par abréviation), d'où viens-tu? quelle figure fais-tu? que t'est-il arrivé? s'écria-t-il.

Mais Tusmann se jeta épuisé dans un fauteuil; et après avoir repris haleine pendant quelques minutes, il dit d'une voix quelque peu plaintive :

— Conseiller, comme tu me vois ici, dans ces habits, avec la Sagesse politique dans mes poches, je viens de la rue de Spandau, que j'ai arpentée du haut en bas depuis minuit; je ne suis pas rentré un moment chez moi, je n'ai même pas aperçu mon lit, je n'ai pas fermé l'œil.

Et alors Tusmann lui raconta tout ce qui lui était arrivé la nuit passée, sa rencontre avec le merveilleux orfévre jusqu'au moment où, épouvanté des sorcelleries du mystérieux artiste noir, il s'était précipité hors de la chambre de l'auberge.

— Intime! s'écria le conseiller, tu as, contre tes habitudes, bu hier un peu trop une boisson forte et tu as fait des rêves étranges.

— Que dis-tu, interrompit le secrétaire intime, j'ai dormi, rêvé? Crois-tu que je ne sais pas ce que c'est qu'un rêve ou le sommeil? Je te montrerai, la Théorie de Rudows en main, ce que l'on appelle le sommeil, et que l'on peut dormir sans rêver; ce qui fait dire au prince Hamlet : Dormir, peut-être aussi rêver? je connaîtrais aussi bien que moi les conditions du sommeil si tu avais lu le Somnium Scipionis, et le célèbre ouvrage d'Artemidori sur les songes, et le petit livre des Rêves de Francfort.

Mais tu sais jamais rien, et à cause de cela même tu te trompes sur tout de la plus singulière façon.

— Bien! bien! reprit le conseiller des commissions, ne t'échauffe pas tant, je croirais que hier tu t'es laissé abuser à l'excès par un malicieux escamoteur, qui s'est amusé de toi lorsque le vin t'avait trop charmé. Mais, dis-moi, intime, lorsque tu as été dans la rue pourquoi n'as-tu pas été droit chez toi au lieu de battre ainsi le pavé?

— O conseiller, lamenta le secrétaire intime, cher conseiller, conseiller mon fidèle camarade des moines gris! ne m'insulte pas de tes doutes méprisants, mais apprends tranquillement que la diablerie commença lorsque je me trouvai dans la rue. Lorsque j'arrive à l'hôtel de ville, toutes les fenêtres s'illuminent à jour et une joyeuse musique de janissaires, ou, pour mieux parler, de jonjitsaires envoie en bas un concert de trompettes. Je ne sais comment il se fit que, bien que je n'aie pas à me réjouir de ma taille, en me haussant sur la pointe des pieds il me fut donné d'apercevoir à travers les fenêtres. Que vois-je? ô ciel! que vois-je! la fille, mademoiselle Albertine Voswinkel, qui valse d'une manière déréglée en superbe costume de fiancée avec un jeune homme. Je frappe à la fenêtre, j'appelle :

— Mademoiselle Albertine Voswinkel, que faites-vous ici aussi tard dans la nuit?

Mais alors un misérable descend la rue Royale, m'emporte mes deux jambes sous moi, et s'en va en courant au galop avec de grands éclats de rire. Moi, pauvre secrétaire intime, je tombe dans la crotte, et criant :

— Gardiens de nuit! aimable police! honorable patrouille! courez, courez, arrêtez le voleur! Il m'a volé mes jambes!

Mais au-dessus de ma tête tout se tait et s'éteint tout à coup dans l'hôtel de ville, et ma voix se perd inutilement dans les airs.

Je me désespère lorsque l'homme revient, et courant auprès de moi comme un enragé, me jette mes jambes à la tête. Aussi je me réfugie aussi bien que possible dans mon trouble et je cours dans la rue de Spandau. Mais lorsque j'arrive à ma porte, une clef dans la main, je le vois, je me vois, lui-même, et je me jette un regard farouche avec ces mêmes grands yeux noirs que vous voyez là à ma tête. Effrayé, je bondis en arrière et tombe sur un homme qui m'enlace dans ses bras vigoureux. A la pique qu'il porte, je reconnais pour un veilleur de nuit. Rassuré, je lui dis :

— Cher veilleur de nuit! faites-moi donc le plaisir de chasser de ma porte ce filou du secrétaire intime de la chancellerie Tusmann, afin que moi, le vrai Tusmann, je puisse rentrer chez moi.

— Vous êtes fou, je crois, Tusmann!

Ainsi me parle l'homme d'une voix creuse, et je vois que ce n'est pas le veilleur de nuit, mais bien le terrible orfévre, qui me tient dans ses bras. Alors, saisi d'effroi, le front couvert de gouttes d'une sueur glacée, je dis :

— Mon très-honorable professeur, ne vous fâchez pas de ce que

dans l'obscurité je vous ai pris pour un veilleur de nuit, O Dieu! nommez-moi comme vous voudrez, appelez-moi de la manière la plus familière, monsieur Tusmann tout court ou même mon bon ami traitez-moi d'une manière aussi barbare qu'il vous plaira, je supporterai tout, tout, seulement délivrez-moi de cet affreux fantôme qui est à vos ordres.

— Tusmann, répondit le terrible magicien de sa voix fatale et creuse, vous serez, je les ouvre et... (conseiller, effraye-toi! sur la place, de renoncer à votre mariage avec Albertine Voswinkel.

Conseiller, tu penses quel effet me fit une proposition de ce genre!

— Mon cher monsieur le professeur, lui dis-je, vous me serez le cœur à le faire saigner! La valse est une danse abominable et inconvenante, et dans ce moment même mademoiselle Voswinkel valse avec un jeune homme, et cela, comme ma fiancée, d'une manière qui m'a enlevé à la fois la vue et l'ouïe, et cependant je ne peux pas renoncer à cette belle des belles; non, je ne peux pas y renoncer!

A peine avais-je prononcé ces mots que le maudit orfévre me pousse de manière à me faire tourner, et comme excité par une force irrésistible, je valse d'un bout à l'autre de la rue de Spandau, et je tiens dans mes bras au lieu de dame un affreux manche à balai qui m'égratigne au visage, pendant que des mains invisibles me meurtrissent les reins, et autour de moi fourmille une armée de secrétaires de la chancellerie Tusmann, qui valsent avec des manches à balai.

Enfin je tombe épuisé, sans connaissance. La lueur du crépuscule frappe mes yeux, je les ouvre et... (conseiller, effraye-toi et moi, évanouis-toi, camarade!)... et je me trouve à cheval sur le coursier du grand électeur, ma tête collée à la froide poitrine de bronze. Par bonheur la sentinelle paraissait endormie, de sorte que je pus, au péril de ma vie, descendre sans être vu et m'éloigner au plus vite. Je courus pendant toute la rue de Spandau, mais je fus de nouveau saisi de frayeurs insensées qui m'amenèrent près de toi.

— Intime! dit le conseiller, et tu crois que je m'en vais ajouter foi à toutes les sottises que tu viens me bavarder? A-t-on jamais entendu parler de pareilles folies qui se soient passées dans notre Berlin si bien éclairé?

— Tu vois bien, conseiller, reprit le secrétaire intime de la chancellerie, dans quelles erreurs te jette ton manque de lecture. Si tu avais lu comme moi, Haftitius, du recteur des deux écoles de Berlin et de Cologne, et Micromicon marchicum, tu saurais que bien des choses de ce genre ont eu lieu déjà. Conseiller, je crois presque que l'orfévre est le maudit Satan lui-même qui me trompe et se moque de moi.

— Je t'en prie, dit le conseiller, je t'en prie, intime! fais-moi grâce de tes farces superstitieuses. Raisonne un peu! Tu étais ivre, n'est-ce pas, et dans la confiance de l'ivresse tu as escaladé la statue de l'électeur?

Ce soupçon de Voswinkel fit venir aux yeux du secrétaire intime des larmes qu'il s'efforça de cacher.

Le conseiller devint plus froid et plus sérieux; enfin, comme le secrétaire intime ne cessait de prétendre que tout ce qu'il racontait lui était réellement arrivé, il lui dit :

— Ecoute, intime, plus je réfléchis à la description que tu me fais de l'orfévre et du vieux juif avec lesquels, par exception à ta vie ordinairement frugale, tu t'es couché la nuit dernière, et plus je vois clairement que le juif est sans contredit mon vieux Manassé, et que l'orfévre magicien n'est autre que le joaillier Léonard que l'on voit de temps en temps à Berlin. Je n'ai pas lu tant de livres que toi, intime, et cependant je n'en ai pas besoin pour savoir que Manassé et Léonard sont des gens simples et honnêtes, et nullement des magiciens. Je suis grandement surpris que toi, intime, qui devrais être versé dans l'étude des lois, ne saches pas que la superstition soit sévèrement défendue, et qu'un magicien n'aurait jamais obtenu du gouvernement le permis de travail indispensable pour exercer sa profession. Ecoute, intime, je veux ne pas penser que le soupçon qui m'arrive soit fondé, oui, je ne pense pas que ton mariage avec ma fille ne te plaît plus, et que te cachant derrière un amas de folies, tu viennes me faire des contes étranges, qui semblerait vouloir dire :

— Conseiller, nous sommes des gens raisonnables, et si j'épouse ta fille, alors le démon me volera mes jambes et me brisera de coups. Intime, ce serait mal si tu voulais avec moi employer le mensonge et la ruse.

Le secrétaire intime fut mis hors de lui par ces mauvais soupçons du conseiller. Il fit une foule de serments pour assurer qu'il aimait mademoiselle Albertine avec passion, que nouveau Léandre, nouveau Troïlus, il braverait la mort pour elle, et qu'il se laisserait aussi, nouveau martyr, rouer de coups par Satan plutôt que d'abjurer son amour.

Pendant ces assurances du secrétaire intime, on frappa fortement à la porte; et le vieux Manassé, dont le conseiller venait de parler, entra dans la chambre.

Aussitôt que Tusmann l'aperçut il s'écria :

— O Dieu du ciel! voici le vieux juif qui frappait des pièces d'or

tirées d'un radis qu'il jetait à la figure de l'orfèvre! l'autre vieux
magicien va venir aussi sans doute !

Il voulait s'élancer au dehors, le conseiller le retint par le bras en
disant :

— Nous allons l'entendre à l'instant!

Alors le conseiller se tourna vers le vieux Manassé et lui raconta
ce que Tusmann avait avancé sur lui, et lui demanda ce qui s'était
passé la nuit dans le cabaret de la place Alexandre.

Manassé sourit malicieusement en arrière au secrétaire intime, et
dit :

— Je ne sais pas ce que veut dire ce monsieur. Il vint hier à la
taverne, en compagnie de l'orfèvre Léonard, lorsque je me reposais
avec un verre de vin de mes pénibles affaires, qui durent jusqu'à
minuit. Il but plus qu'à sa soif et s'en alla chancelant, car il ne pouvait plus se tenir sur ses jambes.

— Vois-tu, intime, s'écria le conseiller, je l'avais pensé tout d'a-
bord. Cela vient de ces habitudes d'ivrognerie, qu'il te faudra tout à
fait quitter si tu épouses ma fille.

Le secrétaire intime, anéanti de l'injustice de ces reproches,
tomba sans haleine dans un fauteuil, et balbutia d'une manière inintelligible...

— Le voilà bien, dit le conseiller, il bat la campagne dans la nuit,
et après cela est abattu et mal à l'aise !

Malgré toutes ses protestations, Tusmann dut souffrir que le conseiller lui attachât un mouchoir blanc autour de la tête, le mit dans
une voiture de place et le fit conduire dans la rue de Spandau.

— Qu'y a-t-il de nouveau, Manassé? demanda le conseiller au
vieillard.

Manassé se mit à sourire amicalement, et prétendit que le conseiller ne se doutait pas du bonheur qu'il venait lui annoncer.

— Qu'y a-t-il donc? demanda le conseiller.

— Il y a, répondit-il, que mon neveu Benjamin Dummerl, le
beau jeune homme riche à près d'un million, et que l'on a baronnisé
à Vienne à cause de son seul mérite, est arrivé tout nouvellement
d'Italie, et qu'il est devenu éperdument amoureux d'Albertine et
veut l'épouser.

Le jeune baron Dummerl se fait souvent voir au théâtre, où il se
pavane dans une loge de premier rang, et plus souvent encore dans
tous les concerts.

Chacun sait qu'il est long et maigre comme un échalas, qu'il porte
dans tout son être, et surtout sur son visage brun-jaune ombragé de
cheveux et de favoris noirs de pêche le type oriental, qu'il suit les
modes les plus excentriques des petits-maîtres anglais, qu'il parle
plusieurs langues avec la prononciation allemande, égratigne un violon, martèle le piano, assemble d'assez mauvais vers, se pose en connaisseur sans avoir la moindre idée de l'esthétique ou le moindre
goût, et jouerait volontiers le Mécène littéraire. Il veut être malicieux sans esprit, spirituel sans malice, effrontément stupide, tran-
chant en un mot d'après l'expression un peu sévère de ces gens
intelligents parmi lesquels il prendrait si volontiers place, un insupportable sot.

Ajoutez à tout cela que, malgré tout l'argent qu'il jette, en ce qu'il
fait il laisse briller une avarice et une sale mesquinerie, et il ré-
sultera nécessairement de tout ceci que même les âmes basses qui se
courbaient autrefois devant Mammon finiront par le laisser tout seul
un beau jour.

L'idée du million se présenta certainement de suite à la pensée
du conseiller au moment où Manassé lui apprit les intentions de son
indigne neveu ; mais aussitôt lui vint la pensée de l'obstacle, qui,
d'après sa manière de voir, rendait la chose impossible.

— Mon cher Manassé, dit-il, vous ne pensez pas que votre estimable neveu est d'une croyance ancienne, et...

— Qu'importe cela, monsieur le conseiller? interrompit Manassé.
Mon neveu est épris de mademoiselle votre fille et veut la rendre
heureuse, il ne la regardera pas à quelques gouttes d'eau de plus ou
moins et restera pourtant toujours le même. Pensez-y, monsieur le
conseiller, dans quelques jours je me présenterai avec mon jeune
baron et viendrai chercher la réponse.

Et Manassé s'éloigna.

Le conseiller se mit à réfléchir. En dépit de son immense avidité,
de son caractère sans scrupules, toutefois sa conscience se révoltait
en se représentant l'union d'Albertine avec ce sot antipathique. Dans
un moment de loyauté il se promit de tenir parole à son vieux camarade d'école.

IV.

Qui traite de portraits, de visages verts, de souris dansantes et de malédictions juives.

Peu de temps après qu'Albertine eut fait connaissance avec Edmond Lehsen chez le chasseur de la cour, elle trouva que le portrait
de son père à l'huile de grandeur naturelle n'était nullement ressemblant et horriblement laid. Elle prouva au conseiller que bien qu'il
eût été fait bien des années auparavant, il paraissait bien plus beau
et bien plus jeune que le peintre ne l'avait représenté. Elle blâma

surtout l'air boudeur du portrait, le costume passé de mode et le
peu de naturel du bouquet de roses que le conseiller tenait avec af-
fectation entre ses doigts ornés de plusieurs bagues à diamants.

Albertine parla tant et si longtemps sur le tableau que le conseiller lui-même trouva à la fin qu'il était affreux, et qu'il ne comprenait pas comment le peintre avait pu faire, d'après sa charmante
personne, un pareil portrait; plus il le regardait, et plus il s'irritait
contre une pareille ordure : il résolut enfin de le décrocher et de le
fourrer dans une armoire.

Albertine fut d'avis qu'il méritait bien cette place; toutefois elle
s'était si bien habituée à avoir le portrait de son cher conseiller dans
sa chambre, qu'elle était tout ennuyée de voir le mur nu. Le moyen
le plus sûr était que cet excellent petit père se fît peindre encore
une fois par un peintre habile, habitué à attraper la ressemblance,
et ce ne pouvait être que le jeune Edmond Lehsen, qui avait fait de
si beaux portraits.

— Fille, dit le conseiller, fille, que veux-tu! ces jeunes artistes
sont fous de vanité et demandent des sommes fabuleuses pour leurs
travaux; ils ne parlent que par frédérics d'or et ne se contentent pas
de thalers neufs.

Albertine prétendit que Lehsen, qui peignait plus par goût que
par besoin, serait raisonnable; et tourmenta le conseiller jusqu'à ce
qu'il se fût décidé à aller chez Lehsen pour causer avec lui du portrait.

On peut s'imaginer avec quelle joie Edmond se montra disposé à
peindre le conseiller, et sa joie alla jusqu'au ravissement, lorsqu'il
eut appris que c'était Albertine qui avait inspiré à son père l'idée de
se faire peindre par lui. Il en conclut qu'Albertine désirait s'approcher de lui. Il fut aussi tout naturel que lorsqu'il fut question du
prix dont le conseiller parlait en hésitant, Edmond répondit qu'il ne
demandait aucun honoraire, et qu'il s'estimerait heureux de se procurer au moyen de son art l'entrée de la maison d'un homme aussi
remarquable que le conseiller.

— Dieu ! s'écria celui-ci dans un étonnement complet, qu'entends-
je? mon cher monsieur Lehsen; vous n'exigez pas d'argent, pas
même le prix de votre toile et de vos couleurs?

Edmond répondit en souriant que ces dépenses étaient trop mini-
mes pour mériter qu'on en parlât.

— Mais, dit le conseiller à demi-voix, vous ne savez peut-être pas
qu'il est ici question d'un portrait de grandeur naturelle jusqu'aux
genoux.

— Ce sera la même chose, répondit Lehsen.

Alors le conseiller le pressa ardemment sur son cœur, et s'écria
les yeux baignés de larmes arrachées par l'attendrissement :

— O Dieu du ciel! il y a donc encore sur cette terre des âmes
nobles et désintéressées. D'abord des cigares, ensuite un portrait!
vous êtes un excellent jeune homme! Croyez-moi, bien que je sois
conseiller des commissions et que je m'habille à la française, je sais
comprendre votre noble cœur; personne n'est plus généreux et hos-
pitalier que moi.

Albertine avait prévu la conduite d'Edmond vis-à-vis de son père.
Son but était atteint. Le conseiller fit l'éloge le plus pompeux de
l'excellent jeune homme, l'ennemi de l'avarice, et conclut que
puisque les jeunes gens et les peintres principalement ont en eux
quelque chose de fantastique et de romanesque, et tiennent surtout
à des fleurs fanées, à des rubans portés par une belle jeune fille, et
que des objets faits par de belles mains les mettent hors d'eux-mêmes, Albertine pourrait tresser une petite bourse pour Edmond, et
si cela lui était agréable même, y mettre une boucle de ses beaux
cheveux châtains, ce qui le dégagerait à peu près d'obligation envers Lehsen. Il consentit à tout cela et se chargea d'expliquer l'affaire au secrétaire Tusmann.

Albertine, qui n'était pas au courant des plans du conseiller, ne
comprit rien à ce que Tusmann avait à faire là dedans, et ne le
questionna pas à ce sujet.

Le même soir Edmond fit apporter dans la maison du conseiller
tout son bagage de peintre, et le matin du jour suivant il commença
la première séance.

Il pria le conseiller de se rappeler les moments les plus beaux et
les plus heureux de sa vie, comme, par exemple, le jour où sa femme
lui avait avoué pour la première fois son amour, ou bien le jour où
ami qu'il croyait à jamais perdu.

— Attendez, mon cher monsieur Lehsen! s'écria le conseiller, il
y a trois mois, je reçus de Hambourg un avis que j'avais gagné à la
loterie de ce pays une somme considérable. Je cours chez ma fille
la lettre ouverte à la main. Je n'ai jamais eu dans ma vie un plus
heureux moment. Choisissons-le donc, et pour que nous l'ayons mieux
sous les yeux l'un et l'autre, je vais aller chercher cette lettre et je
la tiendrai à la main.

Et Edmond dut peindre le conseiller ainsi; mais sur la lettre était
très-distinctement écrit :

« J'ai l'honneur de vous avertir, mon ho̶̶̶ ̶ ̶ ̶ ̶ ̶ ̶ », etc.

L'adresse dut (d'après la demande d̶u̶ ̶c̶ ̶ ̶ ̶ ̶ ̶) être ̶ ̶ ̶ ̶ ̶ sur
une table, et on y lisait :

« A l'honorable sieur Melchior Voswinkel, conseiller de la commission, à Berlin. » Cela devait être très-distinctement écrit, et le timbre de la poste aussi bien imité. Edmond fit le portrait d'un homme très-beau, souriant, et très-bien mis, qui avait en effet quelques traits éloignés de ressemblance avec le conseiller, de manière que pour celui qui lirait le courant de l'adresse, il ne pourrait exister la moindre erreur.

Le conseiller fut enchanté du portrait. On voit par là, disait-il, comment un peintre subtil sait saisir les traits agréables d'un joli homme, même lorsqu'il n'est plus de la première jeunesse. Je vois bien ce qu'un professeur comprenait en disant qu'un bon portrait est une figure historique. En regardant le mien je pense au lot de loterie gagné, et je comprends l'agréable sourire qui vient illuminer ce moi nouveau.

Avant qu'Albertine eût pu donner suite au plan qu'elle avait conçu elle fut devancée par son père, qui selon ses désirs invita Edmond à faire aussi le portrait de sa fille.

Edmond entreprit cette œuvre. Toutefois le portrait d'Albertine ne parut pas vouloir venir aussi heureusement, aussi facilement que celui du père.

Il dessinait, effaçait, redessinait. Puis il commença à peindre, gratta ce qu'il avait fait, recommença, changea la pose. Tantôt il y avait trop de jour dans la chambre, tantôt il n'y en avait pas assez; au point que le conseiller, qui avait jusque-là assisté aux séances, perdit patience et les laissa seuls.

Edmond vint le matin et le soir, et si la figure n'avançait pas très-fort sur le chevalet, il arriva que d'un autre côté l'entente amoureuse entre Edmond et Albertine se serrait de plus en plus.

Tu as sans doute appris par toi-même, bienveillant lecteur! que lorsqu'on est épris, il est souvent nécessaire pour donner aux assurances, aux douces et languissantes périodes une force suffisante; pour pénétrer avec une puissance irrésistible jusqu'au fond du cœur; de prendre la main de la bien-aimée, de la presser, de la baiser, et qu'alors dans les caresses, la lèvre s'applique involontairement sur la lèvre, en vertu d'un précepte électrique, qui lui-même se résout en un torrent de feu des baisers les plus doux. Et Edmond se trouvait forcé non-seulement d'abandonner sa peinture, mais de quitter aussi son chevalet.

Un jour donc il se trouvait au matin debout avec Albertine dans l'embrasure d'une fenêtre dont les rideaux blancs étaient baissés, et pour rendre, comme nous l'avons dit, ses assertions plus convaincantes, il tenait Albertine embrassée et serrait incessamment sa main contre ses lèvres.

Au même moment le secrétaire intime Tusmann passait la poche gonflée de Sagesse politique et d'autres livres aux couvertures de parchemin, où l'agréable s'unissait à l'utile, devant la maison du conseiller; et bien qu'il marchât rapidement, car l'horloge se trouvait juste au le point de sonner l'heure où il avait l'habitude d'entrer à son bureau, il s'arrêta un moment et leva ses yeux souriants sur la fenêtre de sa fiancée chérie.

Alors il apparut Edmond et Albertine comme à travers un nuage, et, depuis qu'il ne pût rien distinguer très-précisément, le cœur lui battit sans qu'il pût savoir pourquoi. Un étrange effroi le poussa à faire une chose incroyable, c'est-à-dire à monter à la chambre d'Albertine à une heure inusitée.

Lorsqu'il entra Albertine disait très-distinctement: Oui, Edmond, je t'aimerai toujours, toujours; et alors elle pressa Edmond sur sa poitrine, et tout un feu d'artifice, des décharges électriques dont nous avons parlé tout à l'heure, commença à bruire et à claquer.

Le secrétaire intime fit involontairement un pas en avant et resta immobile, sans voix, comme frappé de catalepsie, dans le milieu de la chambre.

Dans l'ivresse du plus haut enthousiasme, les amants n'avaient pas entendu le pas pesant comme le fer des brodequins du secrétaire intime, ni lorsqu'il ouvrait la porte, ni lorsqu'il entrait dans la chambre, au milieu de laquelle il était venu se placer.

Alors il coassa dans le fausset le plus élevé: Mais, mademoiselle Albertine Voswinkel!

Les amants effrayés se séparèrent, Edmond se mit à son chevalet et Albertine sur la chaise où elle se tenait à la disposition du peintre.

— Mais, reprit le secrétaire intime après qu'il eut au moyen d'une petite pause repris son haleine, quel commerce faites-vous donc, mademoiselle Albertine Voswinkel! Vous baisez à l'heure de minuit à l'hôtel de ville avec ce même jeune homme qui est là, et que je n'ai pas l'honneur de connaître, à m'en faire perdre la vue et l'ouïe, à moi pauvre secrétaire intime, et maintenant, en plein jour, ici, à la fenêtre, derrière les rideaux, ô Dieu juste!... Est-ce une conduite convenable pour une fiancée?

— Qui est fiancée? reprit Albertine. De qui parlez-vous, monsieur le secrétaire intime? Parlez?

— O toi, créateur, sur le trône des cieux! s'écria d'une voix lamentable le secrétaire intime, vous me demandez où est la fiancée, et de qui je veux parler? Mais de qui puis-je parler, si ce n'est de vous? N'êtes-vous pas ma fiancée tranquillement adorée en silence?

Votre père ne m'a-t-il pas accordé depuis bien longtemps votre main blanche et bien digne d'être baisée?

— Monsieur le secrétaire intime, s'écria Albertine hors d'elle-même, ou vous êtes entré ce matin dans un de ces cabarets que, selon mon père, vous ne fréquentez que trop souvent, ou vous êtes atteint de folie. Mon père n'a pas eu, ne peut pas avoir eu l'idée de vous accorder ma main.

— Chère demoiselle Voswinkel, reprit le conseiller, réfléchissez un peu; vous me connaissez depuis longtemps, n'ai-je pas été toujours un homme sobre et modéré, et dois-je m'adonner tout d'un coup à d'infâmes habitudes à en perdre la raison? Chère demoiselle! je fermerai les yeux, mais ce qui est arrivé ici, tout sera pardonné et oublié; mais pensez donc, fiancée adorée, que vous m'avez accordé votre consentement à minuit de la fenêtre de l'hôtel de ville alors même que vous valsiez si fort en costume de fiancée avec ce jeune homme.

— Voyez-vous, dit Albertine, il vous échappe de temps en temps des bavardages sans raison comme en tiendrait un homme échappé de la Charité. Allez, votre voisinage me fait peur, allez, vous dis-je, sortez!

Des larmes s'échappèrent des yeux du pauvre Tusmann.

— O Dieu! s'écriait-il, être ainsi maltraité par sa fiancée! Non, je ne m'en irai pas, je resterai jusqu'à ce que vous ayez conçu de ma personne une idée meilleure.

— Sortez! s'écria Albertine d'une voix à demi étouffée en tenant son mouchoir sur ses yeux et se réfugiant dans un coin de la chambre.

— Non! répondit le secrétaire intime, chère demoiselle; d'après le conseil sage et politique de Thomasius, je resterai, je ne m'en irai pas que... Et il fit mine de s'approcher d'Albertine.

Edmond, étouffant de fureur, avait donné çà et là quelques touches d'une couleur vert foncé dans le fond du portrait; mais il ne put se retenir plus longtemps.

— Satan enragé! s'écria-t-il en s'élançant sur Tusmann; et il lui promena trois ou quatre fois sur le visage sa brosse pleine de couleur foncée, le saisit, ouvrit la porte, et le poussa si violemment qu'il disparut comme une flèche qui part de l'arc.

Le conseiller des commissions, qui entrait au même instant, sauta en arrière lorsque son camarade d'école tomba tout vert entre ses bras.

Intime! s'écria-t-il, au nom du ciel! de quoi as-tu l'air!

Le secrétaire intime, éperdu de tout ce qui s'était passé, raconta en phrases entrecoupées comment il avait été traité par Albertine et ce qu'il avait souffert d'Edmond. Le conseiller furieux le prit par la main, le conduisit à la chambre d'Albertine, et dit à sa fille:

— Qu'ai-je entendu? se conduit-on ainsi? traite-t-on ainsi un fiancé?

— Un fiancé! s'écria Albertine dans un effroi extrême.

— Oui, un fiancé! reprit son père. Je ne sais pas ce que vous trouvez de si effrayant dans une chose depuis longtemps décidée. Mon cher intime est ton fiancé, et dans peu de semaines nous ferons une noce joyeuse.

— Jamais, s'écria Albertine, je ne l'épouserai, jamais je n'aimerai ce vieillard!

— Qu'est-ce que tu parles d'aimer? de vieillard! interrompit le conseiller; il n'est pas question ici d'aimer, mais de mariage. L'étiennement mon ami n'est plus un jeune homme, mais il est dans l'âge des meilleures années, comme on les appelle à bon droit, et c'est un honnête, convenable, instruit et aimable homme, et de plus mon camarade d'école.

— Non! s'écria Albertine les yeux pleins de larmes, je ne peux pas le souffrir, je le hais, je le déteste! O mon cher Edmond!

Et la jeune fille tomba à demi privée de sentiment dans les bras d'Edmond, qui la serra avec effusion sur son cœur.

Le conseiller ouvrit de grands yeux comme s'il eût envisagé des spectres, et s'écria:

— Qu'est-ce que vois-je!

— Oui, dit le secrétaire d'une voix plaintive, oui, mademoiselle Albertine paraît ne pas m'aimer, et s'être coiffée de ce jeune peintre qu'elle embrassait sans rougir, tandis qu'elle refuse de me tendre sa main, où je veux bientôt passer un charmant anneau d'or!

— Allons, allons! séparez-vous, s'écria le père, et il arracha Albertine des bras d'Edmond; tandis que celui-ci disait qu'il n'abandonnerait pas Albertine, dût-il lui en coûter la vie.

— Ah! dit le conseiller d'un ton railleur, vous bâtissez ainsi une histoire d'amour derrière mon dos! C'est bien, c'est charmant, monsieur Lehsen, de là viennent vos cigares et vos portraits! Vous vous êtes introduit dans ma maison avec l'idée de séduire ma fille, vous avez eu l'aimable idée que j'irais la jeter au cou d'un misérable ouvrier, d'un gâcheur de couleurs sans le sou!

Transporté de fureur des injures du conseiller, Edmond saisit son appui-main, et l'élevait en l'air, lorsque la voix tonnante de Léonard, qui entrait au même instant, lui cria:

— Halte, Edmond! pas d'emportement, Voswinkel est un fou, il changera d'avis.

Le conseiller, effrayé de l'apparition inattendue de Léonard, s'écria du coin où il avait sauté tout d'abord :

— Je ne sais pas, monsieur Léonard, ce que vous venez faire ici ?

Mais le secrétaire intime, qui s'était en hâte réfugié derrière le sofa du moment où il avait aperçu l'orfèvre, se tenait pelotonné à terre, et coassait d'une voix lamentable et craintive :

— Dieu du ciel ! conseiller, prends garde, tais-toi, cher camarade ! voici le professeur, le cruel entrepreneur des bals de la rue de Spandau !

— Approchez, Tusmann, approchez, dit en riant l'orfèvre, on ne vous fera plus rien, vous êtes assez puni par votre sot amour du mariage, puisque vous garderez toute la vie ce visage vert.

— O Dieu ! exclama le secrétaire intime effrayé, un visage toujours vert ! que dira le ministre ! Je suis un homme perdu ! L'État ne peut garder un secrétaire intime de la chancellerie avec un visage vert ! O malheureux que je suis !

— Eh bien, eh bien ! interrompit l'orfèvre, ne vous lamentez pas tant, vous ne perdrez rien si vous êtes raisonnable et si vous abandonnez l'idée ridicule d'épouser Albertine.

— Je ne le peux pas, il ne le doit pas ! crièrent en même temps le conseiller et le secrétaire intime.

L'orfèvre lança sur chacun d'eux un regard perçant et plein de feu ; mais avant qu'il eût pu s'abandonner à son sentiment la porte s'ouvrit, et Manassé entra suivi de son neveu le baron Benjamin Dümmerl de Vienne. Benjamin alla droit à Albertine, qu'il voyait pour la première fois de sa vie, et dit d'une voix ronflante en lui prenant la main :

— Ah ! chère demoiselle ! je viens en personne me jeter à vos pieds ; vous comprenez c'est seulement une métaphore, le baron Dümmerl ne se jette aux pieds de personne, pas même de Sa Majesté l'empereur. Je pense que vous ne me refuserez pas un baiser.

Et il s'approcha d'Albertine et s'inclina ; dans le même moment il arriva une chose qui, à l'exception de l'orfèvre, causa à tout le monde un profond effroi. Le nez déjà considérable de Benjamin s'allongea tellement tout d'un coup que, venant frapper le visage d'Albertine, il alla frapper bruyamment le mur. Benjamin sauta quelques pas en arrière, son nez reprit aussitôt sa longueur habituelle ; il voulut se rapprocher, le nez s'allongea de nouveau : tantôt s'avançant, tantôt rentrant comme un trombone.

— Maudit magicien ! murmura Manassé, et tirant de sa poche une corde roulée il la jeta au conseiller en disant :

— Jetez sans façon ce lacet au cou de ce drôle, de l'orfèvre veux-je dire, et alors tirez-le sans résistance en dehors de la porte, et tout sera en ordre ici.

Le conseiller saisit la corde ; mais au lieu d'atteindre l'orfèvre, la corde s'enroula autour du corps du juif, et l'un et l'autre bondirent ensemble jusqu'au plafond et retombèrent, et ils recommençaient sans cesse tandis que le nez concert de Benjamin allait son train et que Tusmann riait et babillait comme en délire, jusqu'à ce que le conseiller tomba épuisé sur un fauteuil.

— Maintenant il est temps, s'écria Manassé. Il frappa sur sa poche, et une affreuse et énorme souris s'en élança et se précipita vers l'orfèvre. Mais celui-ci dans son élan même la perça d'une épingle d'or aiguë, et l'animal avec un cri retentissant disparut on ne sait où.

Alors Manassé montra les poings au conseiller resté sans connaissance, et s'écria plein d'une fureur qui remplissait ses yeux de feu :

— Ah ! Melchior Voswinkel, tu as juré ma perte, tu t'entends avec cet enragé devant la porte qui tu as attiré dans ta maison, mais maudit toi et ta race comme la couvée d'un oiseau sans défense ! Le gazon croîtra devant ta porte, et tout ce qui tu entreprendras sera semblable aux actions de l'homme affamé qui dans ses rêves veut se rassasier de mets imaginaires. Le dales s'introduira dans ta maison et dévorera ton avoir ; tu mendieras en habits déchirés devant les portes du peuple de Dieu, que tu as méprisé et qui te rejette comme un chien rogneux. Tu seras jeté à terre comme un rameau méprisé, et au lieu du sein des harpes la tienne te tiendra compagnie. Maudit, maudit, maudit sois-tu, conseiller des commissions, Melchior Voswinkel ! Et Manassé furieux prit avec lui son neveu et se précipita au dehors.

Albertine avait de peur caché son visage sur le sein d'Edmond, qui la tenait enlacée dans ses bras. L'orfèvre s'approcha du couple, et leur dit en souriant d'une voix douce :

— Ne vous effrayez pas de ces folies. Tout s'arrangera, je réponds. Mais il est temps de vous séparer avant que Voswinkel et Tusmann soient revenus de leur stupeur craintive.

V.

Où le bienveillant lecteur apprend ce que c'est que le dales, et de quelle manière l'orfèvre sauva le secrétaire intime de la chancellerie d'une mort misérable et console le désespéré conseiller des commissions.

Le conseiller des commissions fut plus anéanti de la malédiction de Manassé que de toutes les sorcelleries que l'orfèvre avait faites.

Cette malédiction était dans le fait assez effrayante, puisqu'elle jetait le dales au cou du commissaire.

Je ne sais pas si tu connais, bienveillant lecteur, la liaison qui existe entre ce dales et les juifs.

La femme d'un pauvre juif (raconte un rabbin) trouva un jour en montant au premier étage de sa pauvre maison un homme sec, nu, accablé de fatigue, qui la pria de lui accorder le couvert et la nourriture.

La femme effrayée descendit, et dit d'une voix plaintive à son mari :

— Un homme nu et mourant de faim est venu dans notre maison et implore de nous la nourriture et le logement ; mais comment pourrons-nous nourrir l'étranger, puisque nous-mêmes nous prolongeons avec peine de jour en jour notre pénible existence.

— Je vais, dit le mari, monter auprès de cet homme, et voir comment je pourrai le faire sortir.

— Pourquoi, dit-il à l'étranger, t'es-tu réfugié dans ma maison ? Je suis pauvre et je ne peux te nourrir. Lève-toi et va dans la maison du riche, où l'on engraisse depuis longtemps des bestiaux et où les hôtes sont invités au repas de l'hospitalité.

— Comment peux-tu, répondit l'homme, me chasser du toit que j'ai trouvé ? Tu vois que je suis nu, comment pourrais-je me présenter dans la maison du riche ? Fais-moi faire un habit qui m'aille et je m'en irai.

— Ce que j'ai de mieux à faire, pensa le juif, c'est d'employer mes dernières ressources à faire sortir cet homme d'ici plutôt que de le laisser demeurer pour qu'il consomme ce que j'ai tant de peine à gagner.

Il tua son dernier veau dont il pensait se nourrir longtemps avec sa femme, vendit la viande, et de l'argent qu'il en tira acheta un bon habit pour l'homme étranger. Mais, lorsqu'il monta avec l'habit, l'homme, qui d'abord était petit et sec, était devenu grand et fort, de sorte que l'habit lui était de partout trop étroit et trop court.

Le juif eut peur, mais l'homme étranger dit :

— Abandonne la folle idée de me faire sortir de chez toi, car saches que je suis le dales.

Alors le pauvre juif se tordit les mains en gémissant, et il disait :

— Dieu mon père ! je suis toujours frappé avec la verge de la colère, car tu es le dales, et tu ne t'en iras pas que tu n'aies dévoré tout bien et tout avoir, mais pour devenir sans cesse plus grand et plus fort. Le dales c'est la pauvreté, qui, une fois établie, ne s'en va plus et augmente toujours.

Le conseiller était effrayé de la malédiction de Manassé, qui lui jetait la pauvreté au cou. Il craignait outre le vieux Léonard, qui, outre les sorcelleries qu'il avait à sa disposition, avait en outre dans tout son être quelque chose qui inspirait le respect, il sentait qu'il ne pouvait rien faire contre l'un et l'autre. Toute sa colère tomba sur Edmond Lehsen, qui était cause de ce qui était arrivé. Et s'il arrivait qu'Albertine déclarât sous une fermeté bien arrêtée qu'elle aimait Edmond par-dessus tout, et qu'elle n'épouserait ni le vieux pédant de l'insupportable baron Benské, alors il ne pouvait pas manquer que le conseiller s'irritât au plus haut degré et souhaitât Edmond là où naît le poivre. Mais comme le souhait ne pouvait pas se réaliser aussi facilement que sous l'ancien gouvernement français, qui envoyait les gens dont il voulait se débarrasser dans le véritable pays où croît le poivre, il se contenta d'écrire à Edmond un agréable billet où il versa toute sa mauvaise humeur. Ce billet finissait ainsi :

Ne remettez jamais les pieds chez moi !

On peut se figurer le désespoir où tomba Edmond en se voyant séparé d'Albertine. Léonard le trouva dans cet état lorsque, selon son habitude, il alla lui rendre visite à l'heure du crépuscule.

— Que me revient-il, dit Edmond à l'orfèvre, de votre protection, de toutes vos peines pour écarter mes odieux rivaux ? Vous avez tout embrouillé avec vos sorcelleries, tout effrayé, même ma bien-aimée, et votre appui est justement ce qui m'a suscité des obstacles insurmontables... Je fuis le poignard dans le cœur, je vais à Rome.

— Eh bien ! alors, dit l'orfèvre, tu ferais ce que j'ai toujours ardemment désiré pour toi. Ne te rappelles-tu pas que lorsque tu me parlas pour la première fois de ton amour pour Albertine, je te donnai l'assurance que, d'après ma manière de voir, un artiste pouvait devenir amoureux mais ne pas songer au mariage, qui ne peut lui convenir. Je te rappelai en plaisantant l'exemple du jeune Sternbald ; mais maintenant je te le dis sérieux : veux-tu devenir un grand artiste, alors il te faut chasser de la tête toute pensée d'union, va-t'en libre et joyeux dans la patrie des arts, et là tu pourras utiliser ton adresse technique, que tu peux peut-être aussi employer ici.

— Ah ! s'écria Edmond, que j'étais donc fou de vous confier mon amour. Je vois maintenant que vous, dont je devais espérer des secours et des conseils, vous agissez contre moi et troublent mes belles espérances avec une malice hypocrite.

— Oh oh ! mon jeune monsieur, reprit l'orfèvre, mesurez un peu vos expressions, soyez un peu moins violent, et pensez que vous êtes trop inexpérimenté pour deviner mes projets. Mais je veux bien mettre sur le compte de votre folie amoureuse la colère qui vous égare.

— Mais, pour ce qui concerne l'art, reprit Edmond, je ne vois pas pourquoi, puisque, comme vous le savez, les moyens ne me manquent pas, je n'irais pas à Rome faire des études sans abandonner l'idée d'épouser Albertine. Oui, je pensais justement que si j'étais certain d'obtenir sa main je pourrais partir pour l'Italie et y séjourner une année entière pour retourner dans les bras de ma fiancée enrichi par de véritables connaissances d'artiste.

— Comment, Edmond, s'écria l'orfèvre, était-ce réellement un projet sérieux?

— Certainement, reprit le jeune homme, autant mon cœur est plein d'amour pour la charmante Albertine, autant il éprouve de désirs pour le pays qui est le vrai pays de l'artiste.

— Peux-tu me donner ta parole que si Albertine t'est accordée tu partiras aussitôt pour l'Italie?

— Pourquoi ne le ferais-je pas? reprit le jeune homme, c'était mon projet sérieux, et ce le serait encore s'il était arrivé ce dont je désespère fort maintenant.

— Eh bien! Edmond, reprit vivement l'orfèvre, prends courage, cette énergique pensée te conquiert ta bien-aimée. Je te garantis sur ma parole que dans peu de jours Albertine sera ta fiancée, n'en doute pas!

La joie, le ravissement brillèrent dans les yeux d'Edmond. L'orfèvre mystérieux le laissa avec le doux espoir et tous ses songes.

Dans une partie solitaire du jardin des animaux, sous un grand arbre, comme un chêne tombé dirons-nous en empruntant le langage de Célie dans *Comme il vous plaira* ou bien comme un chevalier mortellement blessé, se tenait couché le secrétaire intime Tusmann. Il jetait ses plaintes douloureuses au fidèle vent d'automne.

— O Dieu juste! disait-il, malheureux secrétaire intime, si digne de pitié, comment as-tu mérité tous les affronts qui pleuvent sur toi? Thomasius ne dit-il pas que le mariage n'est aucunement contraire à la recherche de la science, et pourtant depuis que tu as tourné par là tes idées, tu as presque perdu l'esprit. D'où vient l'antipathie de l'estimable Albertine contre ta personne, petite il est vrai, mais suffisamment ornée de louables qualités? Est-ce donc une politique que l'on ne se marie pas, ou bien un savant en droit, qui, d'après la recette de Cléobule, doit un peu battre sa femme lorsqu'elle n'est pas aimable, pour que la belle des belles ait tant de répugnance à l'épouser? Pourquoi faut-il, aimable conseiller, entrer en champ clos avec des magiciens et des enragés de peintres qui prennent une figure délicate pour un peau de parchemin tendue et de leur brosse effrontée y ébauchent une esquisse dans le genre de Salvator Rosa, sans règles ni manières, oh! cela est le plus fort! J'ai mis tout mon espoir dans mon véritable ami Streccius, si versé dans la chimie, et qui sait parer à tout malheur, mais en vain! Plus je me lave avec l'eau qu'il m'a donnée, et plus je deviens vert, bien que le vert prenne des nuances différentes, de sorte que le printemps, l'été et l'automne ont tour à tour passé sur mon visage. Ce vert est ma perte, et si je ne trouve pas l'hiver convenable, je me laisse aller à mon désespoir, et je me jette dans une sale mare où je trouverai la mort.

Tusmann avait raison de se plaindre, car cette couleur verte, qui paraissait plutôt une teinture habilement combinée qu'une peinture à l'huile, avait si bien pénétré dans la peau, qu'il était impossible de l'enlever. Dans le jour, il n'osait pas sortir sans avoir son chapeau enfoncé jusqu'aux yeux et un mouchoir devant sa figure, et même au crépuscule il ne s'aventurait qu'au galop à travers les rues désertes. Il craignait d'une part les railleries des polissons des rues, de l'autre il redoutait la rencontre de personnes de son bureau, où il avait fait dire qu'il était malade.

Il arrive souvent que l'on sent plus vivement les chagrins dans le silence de l'obscure nuit que pendant la journée bruyante. Il arriva aussi que plus les nuages devenaient obscurs au ciel, plus les ombres de la forêt s'épaississaient au bruit du vent d'automne qui mugissait en sifflant un moqueur terrible à travers les bois, plus Tusmann écrasé par sa douleur s'abandonnait au désespoir. L'effroyable idée de se précipiter dans la mare verdie par les grenouilles pour terminer son existence pénétra si profondément le conseiller intime, qu'il crut y voir un signe du sort auquel il devait obéir.

— Oui, dit-il d'une voix perçante en se levant précipitamment, oui, secrétaire intime, tout est fini pour toi! Désespère, bon Tusmann, livre-toi à la mare verte! Adieu, cruelle demoiselle Albertine Voswinkel, vous ne verrez plus votre fiancé, que vous avez si indignement repoussé, il va sauter dans la mare!

Il courut en furieux vers le bassin voisin, qui brillait dans le crépuscule comme un beau et large chemin, et il se tint sur le bord.

La pensée de sa mort prochaine put troubler ses sens, car il se mit à chanter d'une voix haute et éclatante le chant populaire anglais dont voici le refrain:

Les prés sont verts, les prés sont verts!

Et puis il jeta dans l'eau son *Livre de sagesse politique*, le *Livre de poche pour la cour et la ville*, l'*Art de prolonger la vie*, par Hufeland,

et il allait s'élancer lorsqu'il se sentit saisi en arrière par un bras vigoureux. Et en même temps il entendit la voix bien connue du magicien, qui disait:

— Tusmann, que voulez-vous faire! Ne soyez pas un âne, et ne faites pas de folies pareilles.

Le secrétaire intime réunit toutes ses forces pour se dégager des bras de l'orfèvre tout en lui coassant au lieu de parler, ce dont il était incapable:

— Monsieur le professeur, je suis au désespoir, et je n'ai plus de ménagements à garder, ainsi ne le prenez pas en mauvaise part d'un secrétaire intime désespéré qui sait partout ailleurs que le diable vous emporte avec toutes vos sorcelleries, toutes vos grossièretés, tout votre maudit... vous, vous et Tusmann!

L'orfèvre le laissa aller, et il tomba épuisé dans le gazon haut et humide.

Se croyant au fond du bassin, il disait:

— O froide mort! ô verte prairie! Adieu! mes compliments à mademoiselle Albertine Voswinkel. Adieu, brave conseiller, le malheureux fiancé est couché parmi les grenouilles qui louent le Seigneur pour le beau temps d'été.

— Voyez-vous, Tusmann, dit l'orfèvre d'une voix forte, vous êtes fou et épuisé, vous voulez m'envoyer au diable, et si j'étais le diable et qu'il me plût de vous tordre le cou à cette place même, lorsque vous croyez être dans le bassin!

Tusmann gémit, sanglota et se secoua comme agité d'une fièvre glacée.

— Mais, dit l'orfèvre, je n'ai pour vous que de bonnes idées, et vous pardonne votre désespoir. Levez-vous et venez avec moi.

Il aida le pauvre secrétaire intime à se relever. Celui-ci murmura tout anéanti:

— Je suis en votre pouvoir, très-honorable professeur, faites de mon cadavre mortel ce qu'il vous plaira; mais épargnez, je vous en supplie, mon âme immortelle.

— Trêve de bavardage, et partons vite, s'écria l'orfèvre, et il prit le secrétaire intime sous le bras et s'éloigna; mais au milieu de la route, qui traverse le jardin des animaux aux tentes, il s'arrêta, et dit:

— Halte, Tusmann! vous êtes tout mouillé, et avec le plus affreux aspect, je veux au moins vous essuyer le visage.

Et il tira de sa poche un mouchoir blanc, et fit ce qu'il lui avait annoncé.

Lorsque les brillantes lanternes des tentes de Weber éclairèrent le bosquet, Tusmann s'écria tout effrayé:

— Au nom de Dieu! honorable professeur, où me conduisez-vous? N'entrons-nous pas dans la ville, n'allons-nous pas chez moi, parmi le monde? Dieu juste! je ne peux pas me faire voir, je ferai événement, je causerai un scandale!

— Je ne sais ce que signifient toutes ces craintes, répondit l'orfèvre, êtes-vous donc un fou, ou un lièvre, par hasard! Il vous faut absolument prendre un cordial, peut-être un verre de punch, sans cela vous vous refroidirez et attraperez la fièvre, venez avec moi.

Le secrétaire intime se lamenta, parlant sans cesse de son visage vert, de sa figure peinte à la manière de Salvator Rosa; l'orfèvre n'y prêta pas la moindre attention, mais l'entraîna de vive force.

Lorsqu'ils entrèrent dans la salle bien éclairée, Tusmann en voyant encore deux dîneurs à la grande table couvrit sa figure d'un mouchoir.

— Qu'avez-vous, lui dit l'orfèvre à l'oreille, à cacher ainsi votre honnête figure?

— Ah Dieu! dit en sanglotant le secrétaire intime, ah Dieu! honorable professeur, vous savez bien que le jeune peintre farouche m'a peint le visage!

— Folie que tout cela! s'écria l'orfèvre en le saisissant d'une main puissante et l'installant devant la glace placée au fond de la salle, tandis qu'il l'éclairait d'une lumière terrible qu'il avait saisie.

Tusmann regarda involontairement, et ne put s'empêcher de pousser un grand cri; non-seulement la hideuse couleur verte avait disparu, mais jamais Tusmann n'avait eu un teint si vermeil, de sorte qu'il semblait rajeuni. Au comble de la joie il sauta en l'air des deux pieds, et dit d'une voix douce et pleine de larmes:

— O Dieu! que vois-je! cher professeur, c'est à vous que je dois cette félicité! maintenant mademoiselle Voswinkel, pour laquelle je me suis presque jeté dans l'abîme des grenouilles, ne fera plus de difficultés pour accepter son époux! Oui, honorable professeur, vous m'avez arraché à un grand malheur! Je sentais aussi un certain bien-être lorsque vous passiez sur ma figure votre mouchoir blanc comme la neige, oh! parlez! vous avez été mon bienfaiteur!

— Je ne puis nier, répondit l'orfèvre, que c'est moi qui vous ai enlevé cette couleur verte, et vous pouvez en conclure que je ne suis pas votre ennemi mortel que vous vouliez croire. Votre niaiserie ridicule de vous être laissé persuader par le conseiller l'époux d'une belle et jeune fille avant que les plaisirs de la vie est la seule chose qui me déplaise en vous; maintenant que vous pensez encore à ce mariage, à peine hors du tour que l'on vous avait joué,

je peux vous en faire perdre le goût, cela dépend tout à fait de moi.
Pourtant je ne le ferai pas; mais je vous conseille de vous tenir tranquille jusqu'à dimanche à l'heure de midi , ou vous en entendrez
davantage. Si vous essayez avant ce temps de voir Albertine, je vous
fais danser devant ses yeux à vous en faire perdre haleine, je vous
change en grenouille, la plus verte des grenouilles, et je vous jette
dans le bassin du jardin des animaux , ou même dans la Sprée, où
vous pourrez coasser jusqu'à votre dernier jour. Adieu, j'ai des
affaires qui m'appellent aujourd'hui à la ville , vous ne pourriez pas
me suivre, adieu!

L'orfévre avait raison , personne n'aurait pu le suivre : comme
s'il avait eu aux pieds les fameuses bottes de sept lieues de Schlemil,
d'un seul pas il était hors de la salle.

V.F.

Le conseiller sur le manche à balai.

Il n'y a rien de surprenant à ce que, la minute suivante, il apparut
comme un spectre dans la chambre du conseiller des commissions et
lui souhaita le bonsoir.

Le conseiller fut très-effrayé, se remit presque aussitôt, et demanda
à l'orfévre avec rudesse ce qu'il lui voulait si tard dans la nuit,
tout en l'invitant à se retirer et à lui épargner les tours de passe-
passe qu'il projetait sans doute d'exercer avec lui.

— Ainsi, répondit très-froidement l'orfévre, sont tous les hommes,
et principalement les conseillers. Ils repoussent justement les personnes qui s'approchent d'eux avec des intentions bienveillantes, et
dans les bras desquelles ils devraient se jeter avec confiance. Vous
êtes, mon cher conseiller, un homme malheureux et bien à plaindre,
je viens, j'accours au beau milieu de la nuit pour me concerter avec
vous, afin de détourner peut-être le coup qui va vous atteindre vous
et elle!

— O Dieu! s'écria le conseiller, peut-être encore une faillite à
Hambourg, à Brême ou à Londres, qui me menace d'une ruine? Oh!
malheureux conseiller! cela manquait encore!

— Non, dit l'orfévre en interrompant ses plaintes, il est question
de tout autre chose. Ainsi vous ne voulez pas accorder au jeune
Edmond Lehsen la main de votre fille?

— Ah çà! vous en revenez à cette mauvaise plaisanterie, s'écria
le conseiller, moi! donner ma fille à un misérable peintre!

— Ma foi! répliqua l'orfévre, il vous a pourtant très-bien peints
votre fille et vous.

— Ah! reprit le conseiller, ce serait un joli marché, ma fille pour
deux portraits.

— Edmond se vengera si vous lui refusez Albertine, fit l'orfévre.

— Je serais curieux de savoir quelle vengeance, s'écria le conseiller, un meurt-de-faim, un pauvre hère peut exercer contre le conseiller des commissions Melchior Voswinkel!

— Je vais vous le dire à l'instant, mon cher conseiller, continua

l'orfévre, Edmond est sur le point de retoucher votre portrait de la
bonne manière! Il donnera à la figure souriante une expression
amère, des yeux cernés et ternes, des lèvres pendantes; il creusera
des rides sur le front et sur les joues, et n'oubliera pas les cheveux
gris. Au lieu du joyeux message du gain à la loterie il écrira le triste
message que vous avez reçu avant-hier de la faillite de la maison
Campbell et compagnie à Londres; car il sait qu'il y a un
an vous avez essayé en vain d'être nommé conseiller de la ville. De
votre poche percée tomberont des ducats, des thalers, des bons du
trésor, qui représentent la perte que vous éprouvez. Et il mettra le
portrait dans la *Jafer strasse*, chez le marchand de tableaux, près de
la Banque.

— Le satan! s'écria le conseiller, non, il n'osera pas, il ne le fera
pas! j'invoquerai la justice, la police!

— Si cinquante personnes, dit l'orfévre, voient le tableau seulement un quart d'heure, la nouvelle en courra bientôt, avec mille
nuances, et une foule de bons mots, par toute la ville; tout le ridicule que l'on a mis et met encore sur votre compte sera rafraîchi et
remis à neuf, on vous rira en plein visage, et le pis est que l'on parlera partout de votre perte avec la maison Campbell et compagnie,
et votre crédit sera perdu.

— O Dieu! reprit le conseiller, mais il faut, le scélérat, qu'il me
rende le portrait; je l'aurai demain vers la pointe du jour.

Et s'il vous le rend, continua l'orfévre, ce dont je doute fort,
en serez vous plus avancé? Il gravera votre honorable personne mo-
difiée comme je vous l'ai dit tout à l'heure, en tirera des milliers
d'exemplaires qu'il coloriera lui-même con amore, et vous enverra
dans le vaste monde, à Hambourg, Brême, Lubeck, Stettin, et à
Londres.

— Assez, assez, interrompit le conseiller, allez voir cet homme
affreux, offrez-lui cinquante, cent thalers s'il abandonne l'idée du
portrait.

— Ah! ah! ah! reprit l'orfévre, vous oubliez que Lehsen ne tient
nullement à l'argent, que ses parents sont à l'aise, que sa grand'-
tante, la demoiselle Lehsen, qui demeure dans la Grande rue, lui a
depuis longtemps légué sa fortune, qui ne monte pas à moins de
quatre-vingt mille thalers.

— Que dites-vous! reprit le conseiller tout pâle de surprise,
quatre-vingt... Écoutez, monsieur Léonard, je sais qu'Albertine est
tout à fait coiffée du jeune Lehsen, je suis un bon diable, un tendre
père, je ne sais pas résister aux pleurs. C'est un artiste de mérite.
Vous savez! en art, je ne suis pas connaisseur. Il a de grandes qualités, le jeune homme, ce cher Lehsen. — Quatre-vingt... — Eh bien!

V.F.

Vous garderez toute la vie un visage vert.

savez-vous, Léonard, je lui donne ma fille par pure bonté, au charmant jeune homme!

— Écoutez, dit l'orfévre, je vais vous raconter quelque chose de drôle. J'arrive du jardin des animaux. Près du grand bassin j'ai trouvé notre ancien ami et camarade d'école Tusmann, qui, par désespoir des mépris d'Albertine, voulait se jeter à l'eau. J'ai eu toutes les peines du monde à le faire renoncer à ce projet en lui représentant que vous, mon brave conseiller, vous tiendriez votre parole envers lui, et, par vos observations paternelles, décideriez Albertine à lui donner sa main. Si le contraire a lieu, si vous mariez votre fille au jeune Lehsen, alors Tusmann se jetera dans le bassin, c'est indubitable. Pensez au scandale que fera naître la mort d'un homme de cette importance. Chacun le plaindra. Vous, au contraire, vous serez regardé comme un assassin, et livré au mépris. Vous ne pourrez recevoir personne. Si, pour changer, vous allez au café, on vous jettera à la porte en bas des escaliers.

Et plus encore. Le secrétaire intime jouit de la haute estime de ses supérieurs, sa renommée d'habile homme d'affaires a traversé tous les bureaux. Si, par vos hésitations, votre manque de foi, vous avez causé sa mort, il n'y a pas à penser à avoir jamais dans votre maison un conseiller intime de légation ou de haute finance. Les personnes dont la bienveillance est nécessaire dans votre emploi vous laisseront tout à fait de côté. Les simples conseillers du commerce vous ruineront, les expéditionnaires vous viendront vous assommer, et les courtiers de la chancellerie entasseront leur chargeron sur leur tête en vous rencontrant. On vous ôtera votre titre de conseiller, les coups se succéderont, votre crédit sera ruiné, votre fortune s'écroulera, et tout ira de mal en pis jusqu'à ce qu'à la fin le mépris, la pauvreté, le malheur...

— Arrêtez, s'écria le conseiller, vous me mettez au martyre. Qui aurait pu s'imaginer que l'intime deviendrait un pareil sire à la fin de ses jours! Mais, vous avez raison, que cela aille comme cela veut aller, je dois tenir parole à Portia, ou je suis ruiné. Oui, c'est décidé, l'intime épousera Albertine.

— Vous oubliez, dit l'orfévre, la demande du baron Dammert, vous oubliez la terrible malédiction du vieux Manassé! Vous aurez en Benjamin un terrible ennemi, si vous le refusez. Manassé s'opposera à toutes vos spéculations, il ne reculera devant aucun moyen de diminuer votre crédit, il saisira toutes les occasions de vous nuire, il ne se reposera pas qu'il ne vous ait jeté dans la honte et le mépris, jusqu'à ce que le dales qu'il vous a annoncé entre réellement dans votre maison. N'allons pas plus loin. Si vous donnez la main d'Albertine à un des trois prétendants, vous aurez à vous en repentir: et voilà pourquoi je vous appelais un pauvre homme digne de pitié.

Le conseiller de la commission courait d'un bout de la chambre à l'autre comme un insensé, en répétant à chaque instant:
— Je suis perdu, je suis un malheureux conseiller ruiné! Si je n'avais qu'une fille sur les bras! Que Satan les emporte tous, le Lehsen, le Benjamin et mon intime aussi par-dessus le marché!

— Eh bien, continua l'orfévre, il y a encore un moyen de vous tirer d'embarras.

— Lequel, fit le conseiller en s'arrêtant tout droit devant l'orfévre, les yeux fixés sur lui, lequel? Je consens à tout.

— Avez-vous, demanda l'orfévre, jamais vu représenter au théâtre le Juif de Venise?

— C'est la pièce dans laquelle l'acteur Devrient joue le rôle d'un juif altéré de meurtre, Shylock, qui demande la chair palpitante

Le secrétaire intime s'avança d'un pas incertain près de la table.

d'un négociant. Sans doute je l'ai vue: mais que signifie cette plaisanterie?

— Vous devez alors vous rappeler qu'une certaine demoiselle très-riche, Porzia, apparaît en scène. Son père, par son testament, donne la main de sa fille à celui qui gagnera dans une sorte de loterie. Trois boîtes sont apportées; les soupirants doivent choisir et ouvrir à mesure chacune d'elles: la main de Porzia appartiendra à celui qui choisira la boîte qui renferme son portrait. Faites de votre vivant ce que le père de Porzia faisait après sa mort. Dites aux trois prétendants que vous les agréez tous les trois et que vous abandonnez votre décision au hasard. On apportera trois boîtes, on donnera à choisir aux amoureux, et celui qui trouvera le portrait d'Albertine obtiendra sa main.

— Quelle proposition aventureuse! s'écria le conseiller; et si j'y consens, croyez-vous, honorable Léonard, que la haine et la colère de ceux qui n'auront pas choisi le portrait ne retomberont pas sur moi? voudront-ils abandonner leurs prétentions?

— Halte! s'écria l'orfévre, là est le point important. Voyez-vous, commissaire, je vous promets d'arranger l'affaire des cassettes de telle sorte que tout finira heureusement et en paix. Les deux qui auront mal choisi ne trouveront pas dans leur boîte, comme les princes de Monaco et d'Aragon, un visage désagréable; mais ils obtiendront une chose qui les réjouira assez pour les distraire de l'idée du mariage avec Albertine, et ils regarderont cela comme un bonheur accordé par l'éternelle toute-puissance...

— Serait-ce possible? demanda le conseiller.

— Ce n'est pas possible seulement, répondit l'orfévre, cela sera et doit arriver, je vous en donne ma parole.

— Eh bien donc, dit le conseiller, que cela soit ainsi.

En tous deux s'entendirent pour que le choix fût fait au dimanche de la semaine à l'heure de midi. L'orfévre promit de procurer les trois boîtes.

VI.

Où l'on raconte comment se fit le choix de la fiancée, et où l'histoire se termine.

On peut s'imaginer quel fut le désespoir d'Albertine lorsque le conseiller lui eut parlé de la loterie dont sa main devait être l'enjeu; mais ni prières, ni supplications, ni pleurs ne purent changer cette détermination. A cela s'ajoutaient l'indifférence, l'indolence, si peu naturelles à ceux qui aiment, de Lehsen, qui n'essayait pas de la voir en secret ou de lui envoyer au moins un message d'amour.

Albertine, le samedi veille du jour plein de mystères qui devait décider de son sort, était assise solitairement dans sa chambre, le crépuscule s'épaississait déjà; toute remplie de la pensée du malheur qui la menaçait, il lui vint à l'idée de prendre tout à coup un parti décisif et de s'enfuir de la maison paternelle plutôt que de supporter le sort le plus affreux de tous: celui d'épouser le vieux et pédant secrétaire intime ou l'ignoble baron Bensch. Mais en même temps le souvenir de l'incompréhensible orfévre lui vint en mémoire, ainsi que l'art magique dont il avait fait preuve pour écarter le neveu de Manassé. Elle était certaine qu'il avait appuyé Lehsen, et l'espérance commença à luire en son cœur. Elle éprouva un vif désir de parler à Léonard, et resta convaincue qu'elle ne s'effrayerait pas le moins du monde s'il se présentait tout à coup devant elle à la manière des fantômes.

Et il arriva en effet qu'elle ne s'émut nullement lorsqu'elle s'aperçut que ce qu'elle avait pris pour le poêle était en réalité l'or-

fèvre. Celui-ci s'approcha d'elle, et d'une voix douce et sonore lui parla ainsi :

— Abandonne toute tristesse, tout chagrin de cœur, ma chère enfant, sache qu'Edmond Lehsen, que tu crois pour le moins aimer en ce moment, est mon favori et que je le l'aide de tout mon pouvoir ; sache encore que c'est moi qui ai donné à ton père l'idée de la loterie, que c'est moi qui ai fourni les cassettes mystérieuses, et sois certaine alors que personne autre que Léonard ne trouvera ton portrait.

Albertine voulait pousser un cri de joie, l'orfévre continua :

— J'aurais pu donner ta main à Léonard d'une autre manière, mais il fallait contenter aussi en même temps le secrétaire intime Tusmann et le baron Bensch. Cela aussi sera fait ; et toi et ton père vous serez ainsi à l'abri des prétendants.

Albertine se confondit en chaleureux remerciments, elle se serait presque jetée aux pieds du vieil orfévre, elle pressait ses mains contre sa poitrine, elle assurait que, malgré ses sortiléges, malgré son apparition fantastique, ce soir même, dans sa chambre, elle n'éprouvait aucune terreur auprès de lui, et enfin elle termina en lui demandant naïvement ce qu'il était en réalité.

— Eh ! ma chère enfant, dit l'orfévre en souriant, il me serait très-difficile de vous l'expliquer. Il en est de moi comme de beaucoup d'autres qui savent mieux ce pour quoi on les prend que ce qu'ils sont. Apprends donc que beaucoup s'imaginent voir en moi l'orfévre Léonard Turnhauser qui brillait de tant d'éclat à la cour de l'électeur *Jean-Georges* en 1580, et qui traqué par la méchanceté et la jalousie disparut un jour on ne sait ni où ni comment. Maintenant les gens que l'on appelle romantiques ou fantasques me regardent comme son fantôme. Les esthétiques veulent s'emparer de moi et me poursuivent comme les docteurs et les savants au temps de Jean-Georges, et cherchent autant qu'ils le peuvent à couvrir d'amertume et de chagrin le peu d'existence qui me reste encore.

Ah ! ma chère enfant ! je le vois déjà, bien que je m'occupe avec intérêt de toi et du jeune Lehsen, bien que je paraisse un *véritable deus ex machina*, cependant plusieurs qui pensent comme les esthétiques ne pourront me supporter dans cette histoire, parce qu'ils ne peuvent croire à mon existence véritable. Pour garder à peu près ma sécurité je n'ai jamais pu avouer que je suis l'orfévre Léonard Turnhauser, et ces gens ont dû croire par conséquent que je suis un habile escamoteur et chercher par conséquent que je suis un habile escamoteur et chercher l'explication de la fantasmagorie dont ils sont les témoins dans des opérations de magie naturelle et autre. J'ai encore en ce moment un tour que n'imiteraient ni Philidor, ni Philadelphio, ni Cagliostro, et qui pour ces gens restera, par l'impossibilité d'être expliqué, un embarras éternel ! et cependant je ne peux y renoncer, parce qu'il est tout à fait nécessaire au dénoûment d'une histoire berlinoise qui traite du mariage de hasard de trois personnes connues qui aspirent à la main de la jolie demoiselle Albertine Voswinkel. Ainsi, du courage, mon enfant, lève-toi demain de très-bonne heure, revêts le costume qui te plaît le plus, celui qui te va le mieux, tresse tes cheveux en nattes charmantes et attends l'événement avec patience et tranquillité.

Le dimanche, à l'heure convenue, c'est-à-dire à onze heures précises, le vieux Manassé et son neveu plein d'espoir, le secrétaire intime Tusmann et Edmond Lehsen, accompagné de l'orfévre, étaient réunis. Les prétendants, sans même en excepter le baron Bensch, éprouvèrent cette émotion qui ressemblait à de la crainte en voyant Albertine, qui ne leur avait jamais paru si gracieuse et si belle. Je puis apprendre à toute connaisseuse en toilette que la garniture de sa robe était de la dernière élégance, qu'elle laissait apercevoir les pieds les plus charmants et les mieux chaussés, que les manches courtes et le tour de la poitrine étaient garnis des dentelles les plus précieuses, que les gants de Paris glacés longs laissaient apercevoir les plus admirables bras, que l'ornement de la tête consistait en un seul peigne d'or rehaussé de pierres fines, et qu'il ne manquait à sa toilette qu'une petite couronne de myrte sur ses cheveux noirs. Mais si Albertine paraissait plus séduisante encore, c'est parce que l'amour et l'espérance brillaient dans ses yeux et coloraient ses joues.

Dans un accès d'hospitalité, le conseiller avait fait préparer un déjeuner à la fourchette. Le vieux Manassé jeta sur la table un regard louche et malicieux, et lorsque le conseiller l'invita on put lire sur son visage la réponse de Shylock :

— Oui ! pour sentir le jambon, manger de ces mets où le Nazaréen, votre prophète, a contraint le démon d'entrer, je consens à traquer et à vivre avec vous ; je marcherai avec vous, je me tiendrai debout près de vous, mais je ne prierai pas, je ne mangerai pas dans votre compagnie.

Le baron Bensch fut moins rigide, car il mangea des biftecks un peu plus que suffisamment et dit force stupidités, comme il était en sa nature d'en dire.

Le conseiller sortit tout à fait de sa manière d'être. Il était dans ce moment hérissé de mystère, car lorsqu'il versa sans y regarder les vins de Madère et de Porto, il montra qu'il avait dans sa cave du malaga âgé de cent ans. Lorsque le déjeuner fut fini, il apprit aux prétendants la manière dont la main de sa fille devait être gagnée avec une éloquence dont on ne l'aurait pas cru capable.

Lorsque la cloche eut sonné midi, les portes du salon s'ouvrirent, et l'on aperçut au milieu, sur une table couverte d'un riche tapis, trois petites boites.

L'une, d'or, avait sur le couvercle une couronne de ducats éblouissants ; on lisait ces mots au milieu :

« Je donne à celui qui me prend un bonheur dans ses goûts. »

La seconde était d'argent habilement travaillé ; on lisait sur le couvercle, entre différents caractères tracés dans des langues étrangères :

« Celui qui me choisit prend plus qu'il n'espère. »

La troisième boite, en ivoire très-bien travaillé, portait cette inscription :

« Celui qui me prendra trouvera le bonheur rêvé. »

Albertine prit place sur un fauteuil derrière la table ; le conseiller se plaça à ses côtés, Manassé et l'orfévre se retirèrent dans le fond de la chambre.

Lorsque le sort eut décidé que le secrétaire intime Tusmann choisirait le premier, Bensch et Lehsen allèrent dans la chambre voisine.

Le secrétaire intime s'avança d'un pas incertain près de la table, examina avec soin les boites, lut plus d'une fois les inscriptions. Bientôt il se sentit attiré irrésistiblement par la beauté des caractères qui serpentaient sur la boite d'argent.

— Mais ! s'écria-t-il enthousiasmé, quelle admirable écriture ! comme ces traits arabes se marient bien avec la manière romaine, et « Qui me choisit prend plus qu'il n'espère ! »

Avais-je jamais espéré votre main, mademoiselle Albertine de Voswinkel ? Ne me suis-je pas abandonné au désespoir ? Eh bien ! là est mon consolation, mon bonheur ! Conseiller, demoiselle Albertine ! je choisis la boite d'argent.

Albertine se leva et présenta au secrétaire intime la petite clef de la boite. Il l'ouvrit, mais quel fut son effroi de ne point voir le portrait d'Albertine, mais en sa place un petit livre relié en parchemin qui, lorsqu'il l'ouvrit, ne se trouva contenir que des feuilles blanches !

A côté était un billet avec ces mots :

« Si ton désir a été trompé, tu en retires un grand bien ; ce que tu trouves est conservé ! il instruit *ignorantiam* et départit *sapientiam*. »

— Dieu juste ! bégaya le secrétaire intime, un livre ! Non, ce n'est pas un livre, c'est du papier relié, toute espérance est perdue ! ô ! pauvre secrétaire intime ! c'en est fait de toi ; allons à l'étang des grenouilles.

Tusmann voulait s'éloigner, l'orfévre se plaça devant lui et lui dit :

— Tusmann, vous êtes un niais ; aucun trésor ne vous viendra plus à propos que celui que vous avez trouvé. La sentence aurait dû vous l'indiquer. Faites-moi le plaisir de mettre dans votre poche le livre que vous avez pris dans la boite.

Tusmann le fit.

— Maintenant pensez au livre qui vous ferait le plus grand plaisir d'avoir en ce moment sur vous.

— O Dieu ! s'écria le secrétaire intime avec une étourderie peu chrétienne, j'ai jeté dans la mare le court *Essai sur la sagesse politique*, œuvre de Thomasius !

— Mettez la main à votre poche et tirez-en le livre, dit l'orfévre. Tusmann le fit, et le livre se trouva être l'Essai de Thomasius.

— Ah ! qu'est-ce que ceci ? s'écria le secrétaire intime hors de lui. O Dieu ! mon cher Thomasius arraché aux insultes des viles grenouilles !

— Silence ! interrompit l'orfévre, remettez votre livre en poche. Tusmann le fit.

— Maintenant pensez à une œuvre rare que vous cherchez depuis longtemps et que nulle bibliothèque ne pourrait vous offrir.

— O Dieu ! dit le secrétaire intime presque attendri, comme pour me distraire et m'égayer j'ai résolu de fréquenter l'Opéra, je voudrais d'abord me fortifier dans la noble musique, et j'ai cherché jusqu'à présent sans succès un petit livre où sous une figure allégorique se trouve l'art du compositeur et du virtuose. Je veux parler de la *Guerre musicale du Jean Beer* ; on les y voit s'avancer l'une contre l'autre dans la lice, combattre, et après une lutte sanglante faire la paix entre elles.

— Cherchez dans votre poche, dit l'orfévre, et le secrétaire intime poussa un grand cri de joie en ouvrant le livre qui renfermait la *Guerre musicale de Jean Beer !*

— Vous voyez, lui dit l'orfévre, qu'au moyen de ce livre trouvé dans la cassette vous avez complété la plus riche bibliothèque que personne ait jamais une ; et que vous pourrez porter constamment sur vous. Car, avec ce merveilleux livre près de vous, il sera toujours, lorsque vous le prendrez, l'œuvre que vous lirez avec le plus de plaisir.

Le secrétaire intime, sans s'inquiéter d'Albertine et du conseiller, alla de suite dans un coin de la chambre, se jeta dans un fauteuil, mit le livre dans sa poche, l'en retira et donna à comprendre par le ravissement qui brillait dans ses yeux combien l'orfévre, à son égard, avait magnifiquement tenu sa promesse.

Maintenant vint le tour du baron Bensch.

Il entra, s'avança avec sa sotte et lourde tournure vers la table, regarda les boîtes avec son lorgnon et en épela les inscriptions. Mais bientôt un irrésistible instinct naturel l'enchaîna à la boîte d'or, au couvercle orné de ducats.

« Je donne à celui qui me prend un bonheur suivant ses goûts. »

— Eh bien, j'aime les ducats et j'aime Albertine, pourquoi hésiter plus longtemps !

Ainsi parla Bensch, et il saisit la boîte d'or, en reçut la clef d'Albertine, l'ouvrit et trouva une fine lime anglaise !

Auprès, sur un papier, se lisaient ces mots :

« Tu as gagné ce que ton cœur désirait avec une horrible douleur. Toute autre chose est raillerie. Un commerce florissant va toujours en avant, jamais en arrière. »

Hé ! s'écria-t-il courroucé, que ferai-je de cette lime ? La lime est-elle un portrait, le portrait d'Albertine ? Je lui donne la boîte comme un cadeau de fiançailles. Venez, mademoiselle !

Il s'approchait d'Albertine, mais l'orfévre le retint par les épaules en lui disant :

— Halte, monsieur ; ceci est contre nos conventions. Vous devez être enchanté de la lime, et vous en serez persuadé lorsque vous connaîtrez l'inappréciable valeur de ce précieux bijou comme la sentence vous l'annonce. Avez-vous dans votre poche un beau ducat bien ourlé ?

— Oui, dit Bensch, eh bien ?

— Prenez un ducat pareil et limez-en le bord.

Bensch le fit avec une dextérité qui indiquait une longue habitude, et le bord du ducat gagnait en éclat, et il en fut ainsi du deuxième, du troisième ducat. Plus Bensch limait, plus l'ourlet s'élargissait.

Manassé avait jusqu'alors regardé tranquillement ce qui s'était passé, mais alors il se jeta sur son neveu, les yeux étincelants, et lui cria d'une voix sourde et désespérée :

— Dieu mon Père ! que ce que c'est que ceci ? A moi la lime ! A moi la lime ! C'est la pièce enchantée pour laquelle j'ai vendu mon âme il y a plus de trois cents ans ! Dieu mon Père, à moi la lime !

Il voulut l'arracher à Bensch, qui le repoussa en criant :

— Va-t'en, vieux fou ! C'est moi qui ai trouvé la lime !

Alors Manassé s'écria en fureur :

— Insecte, fruit gâté de mon sang, donne la lime ! Tous les diables sur toi, voleur infâme !

Manassé, avec un flot d'injures hébraïques, s'accrocha fortement au baron, et, grinçant des dents, il employa toutes ses forces pour lui arracher la lime.

Bensch défendit le bijou comme la lionne défend son petit, jusqu'à ce qu'à la fin Manassé commença à s'affaiblir. Alors le neveu saisit l'oncle d'un bras vigoureux, le jeta à la porte de sorte que ses membres en craquèrent ; puis il revint avec la rapidité de l'éclair, poussa une petite table dans un coin de la chambre en face du secrétaire intime, prit une poignée de ducats, et se mit à limer avec ardeur.

— Maintenant nous sommes à jamais délivrés du vieux Manassé, cet homme affreux ! dit l'orfévre. On prétend qu'il est un second Ahasverus et suit sa course de spectre depuis 1572. Autrefois il fut condamné sous le nom du changeur Lippold pour cause de magie diabolique ; mais le diable le sauva au prix de son âme immortelle. Des gens qui s'y entendent l'ont vu ici, à Berlin, sous différentes formes, et de là vient le bruit qu'il se trouve encore ici de notre temps non pas un, mais une foule de Lippolds. Eh bien, comme j'ai aussi quelques connaissances dans les sciences occultes, je l'ai à jamais anéanti.

Je t'ennuierais évidemment, cher lecteur, si je te racontais longuement ce que tu sais déjà depuis longtemps, c'est-à-dire qu'Edmond prit la cassette avec l'inscription : « Celui qui me prendra trouvera le bonheur rêvé, » et trouva dans l'intérieur de la boîte le portrait d'Albertine en une miniature parfaitement ressemblante et ces lignes :

« Oui, tu as réussi : lis ton bonheur dans le regard d'amour de la plus belle, ainsi le veut l'histoire du monde. Le baiser de la bien-aimée t'apprendra ce que le rêve a dû créer pour toi. »

Edmond voulut, semblable à Bassiano, suivre l'avis des derniers mots : il pressa sur son cœur sa bien-aimée rougissante, il l'embrassa, et le conseiller était tout joyeux de l'heureuse issue du plus embrouillé de tous les mariages à faire.

Le baron Bensch avait limé aussi activement que le secrétaire intime avait lu. Tous deux ne s'occupèrent de ce qui se passait que lorsque le conseiller annonça à haute voix qu'Edmond Lehsen ayant choisi la boîte où se trouvait le portrait d'Albertine, obtiendrait sa main. Le secrétaire intime en parut enchanté, en ce que, signe chez lui d'une joie extrême, il se frotta les mains, sauta une ou deux fois

en l'air et se mit à sourire. Le baron Bensch parut n'en prendre aucun souci ; mais il embrassa le conseiller, le qualifia de parfait gentilhomme qui l'avait rendu heureux par le sérieux cadeau de la lime. Il l'assura qu'il pourrait compter sur lui dans toutes ses affaires, et il s'éloigna rapidement.

Le secrétaire intime remercia aussi le conseiller, les yeux remplis de larmes d'attendrissement, de l'avoir fait le plus heureux des hommes par le don du plus rare de tous les livres pris dans sa propre bibliothèque, et il suivit le baron en toute hâte après s'être épuisé en démonstrations aimables envers Albertine, Edmond et le vieil orfévre.

Bensch ne tourmenta plus le monde littéraire de ses monstrueux essais esthétiques, il préféra passer son temps à limer ses ducats.

Tusmann ne fut plus le tourment des bibliothécaires, qui passaient leur journée à lui procurer de vieux volumes oubliés depuis longtemps.

Après quelques semaines de ravissement et de joie, on eut un grand chagrin dans la maison du conseiller. L'orfévre avait au nom de l'art sommé Edmond de tenir sa parole et d'aller en Italie.

Edmond, quelque douloureuse que fût la séparation, éprouva pourtant le vif désir de faire un pèlerinage vers le pays des arts, et Albertine elle-même pensa, tout en versant des larmes amères, combien il serait intéressant de tirer de sa corbeille à ouvrage, dans les nombreuses soirées de thé, les lettres qui lui arriveraient de Rome.

Edmond est déjà depuis plus d'un an à Rome, et l'on peut présumer que l'échange de lettres entre lui et Albertine devient de plus en plus froid et rare. Qui peut savoir ce qui arrivera à la fin du mariage de ces deux jeunes gens ? En tout cas Albertine ne restera pas fille, elle est trop belle et trop riche pour cela.

En outre, on remarque que le référendaire Gloxin, un beau jeune homme à la taille mince et serrée, portant deux gilets et un nœud de cravate à l'anglaise, accompagne souvent au jardin des animaux mademoiselle Albertine, avec laquelle il a dansé dans les bals de l'hiver les contredanses françaises les plus charmantes, et l'on remarque aussi que le conseiller des commissions marche derrière le couple avec la mine d'un heureux père. Le référendaire Gloxin a déjà passé deux examens à la chambre de droit, et, d'après le dire des examinateurs qui l'ont suffisamment torturé dans une heure matinale, ou, comme on dit ordinairement, qui lui ont tâté ses dents, ce qui fait mal surtout quand les dents sont creuses, il est sorti victorieusement des épreuves. Cet examen doit avoir été cause que des projets de mariage ont pris naissance dans la tête du référendaire, car il est surtout très-habile dans la conduite des affaires hasardeuses.

Peut-être Albertine épousera-t-elle le joli référendaire, quand il aura obtenu une bonne place ; mais il faut attendre les événements.

L'HOTE MYSTÉRIEUX.

L'orage grondait, annonçant l'approche de l'hiver ; il chassait devant lui des nuages noirs, et des torrents de pluie et de grêle pétillantes tombaient avec un bruit de sifflement.

— Nous serons seules aujourd'hui, dit la colonelle de G... à sa fille, nommée Angélique, lorsque la pendule sonna sept heures. Nos amis auront peur du mauvais temps. Je voudrais seulement que mon mari revînt.

Au même instant entra le grand écuyer Maurice de R... Il était suivi du jeune docteur en droit, qui, par son esprit et son inépuisable bonne humeur, égayait la société qui se réunissait ordinairement le vendredi dans la maison du colonel. L'orage, comme le disait Angélique, se rassemblait un cercle intime tout joyeux de ne pas former une société plus importante. Il faisait froid dans la salle ; la colonelle fit allumer du feu dans la cheminée et approcher la table de thé.

— Je ne suppose pas, dit-elle, que deux hommes comme vous arrivés jusqu'ici à travers les mugissements de l'orage avec un héroïsme chevaleresque puissent se contenter de notre thé, bien humble et peu restaurant ; aussi mademoiselle Marguerite va-t-elle préparer cette excellente boisson du Nord, qui brave le plus mauvais temps.

Marguerite, Française, qui à cause de sa langue maternelle et d'autres qualités féminines était dame de compagnie de mademoiselle Angélique, dont elle avait à peu près l'âge, parut et fit ce qu'on lui demandait.

Le punch fumait, le feu pétillait dans la cheminée, on se serra autour de la petite table. Tous frissonnaient, et si bien qu'on eût été, si haut qu'on eût parlé d'abord en se promenant dans la chambre, il s'établit un moment de silence, et les voix étranges que l'orage avait éveillées dans le manteau de la cheminée sifflaient et gémissaient très-distinctement.

— Il est bien convenu, dit enfin Dagobert le jeune docteur en droit, que l'hiver, le feu de cheminée et le punch s'entendent ensemble pour élever dans notre âme une terreur mystérieus...

— Qui n'est pas sans charme, interrompit Angélique. Pour ma part, nulle impression ne m'est plus agréable que ce léger frisson qui parcourt les membres et pendant lequel, le ciel sait comment, on jette un rapide regard dans l'étrange monde des rêves.

— Très-bien, continua Dagobert, cet agréable frisson nous a tous saisis, et pendant le temps que nos yeux parcouraient involontairement la patrie des rêves nous restions un peu tranquilles. Ce moment est passé, tant mieux pour nous d'être de retour à la réalité qui nous offre cette boisson délicieuse.

Et il se leva et vida en s'inclinant gaiement vers la colonelle le verre placé devant lui.

— Eh! dit Maurice, puisque tu éprouvais comme nous le charme de cet état de rêve, pourquoi n'y restions-nous pas volontiers?

— Permets-moi de te faire observer, interrompit Dagobert, qu'il n'est pas ici question des rêveries dont l'esprit s'amuse à suivre les *écarts vagabonds*. Les frissons du vent, du feu et du punch ne sont pas autre chose qu'une première attaque de cet état inexplicablement *mystérieux*, qui est profondément inhérent à la nature humaine, contre lequel l'esprit se révolte en vain et dont il faut bien se garder, je veux parler de l'effroi, la peur des revenants. Nous savons tous que le peuple fantastique des spectres sort volontiers la nuit, surtout par le temps d'orage, de son pays sombre, et commence son vol irrégulier. Il est tout naturel que dans ce temps nous nous trouvions disposés à recevoir leur épouvantable visite.

— Vous plaisantez, Dagobert, dit la colonelle, et je ne peux pas vous accorder que l'effroi enfantin dont nous sommes parfois saisis ait infailliblement sa cause dans notre nature; je l'attribue bien davantage aux contes de nourrice et aux histoires de revenants dont nos bonnes nous effrayaient dans notre enfance.

— Non, noble dame, reprit vivement Dagobert, ces histoires qui nous charmaient dans notre jeune âge n'auraient pas dans notre âme un écho si profond et si éternel, si les cordes qui répètent leurs sons n'y étaient pas placées. On ne peut nier que le monde d'esprits inconnus qui nous entoure s'ouvre à nous souvent par des plaintes étranges ou des visions surnaturelles. Le frisson de la peur et de l'effroi ne peut venir que d'une lésion de notre organisation terrestre : c'est le chant douloureux de notre esprit captif qui se fait entendre.

— Vous êtes, dit la colonelle, un visionnaire comme tous les gens d'une imagination active; mais si j'entre véritablement dans vos idées, et si je crois en effet qu'il est permis à des esprits inconnus de communiquer avec nous par des sons incompréhensibles ou des visions, je ne vois pas alors pourquoi la nature viendrait poser les vassaux de ce mystérieux empire comme nos ennemis naturels, puisqu'ils ne peuvent nous arriver qu'accompagnés de la terreur, de l'effroi qui fait mal.

— Peut-être, reprit Dagobert, y a-t-il là dedans un châtiment secret de cette nature, dont, en enfants ingrats, nous repoussons les soins et les réprimandes. Je pense que du temps de l'âge d'or, lorsque notre race vivait dans le plus parfait accord avec elle, nous n'éprouvions ni effroi ni peur, parce que dans la paix la plus profonde, dans l'harmonie de l'être tout entier, il ne se trouvait aucun ennemi qui pût nous apporter de pareils messages. J'ai parlé de la voix des esprits; mais d'où vient donc que toutes les voix de la nature, dont nous connaissons parfaitement l'origine, résonnent pour nous comme les sons déchirants de la douleur et nous glacent de crainte? La plus étonnante de ces voix naturelles est la musique aérienne appelée la *voix du diable* à Ceylan et dans les pays du voisinage, dont Schubert parle dans ses *Considérations nocturnes de la science naturelle*. Ces accents se font entendre par les beaux jours clairs, semblables à des voix humaines qui se plaignent, tantôt nageant dans les lointains, tantôt résonnant auprès de nous. Ils font tant d'effet sur l'organisation des hommes, que les observateurs les plus froids et les plus positifs ne peuvent s'empêcher de se sentir serrer le cœur.

— Cela existe en effet, interrompit Maurice. Je n'ai été ni à Ceylan ni dans les pays voisins, et cependant j'ai entendu ces effroyables voix naturelles, et je n'étais pas seul à sentir les impressions que Dagobert décrivait tout à l'heure.

— Alors tu feras grand plaisir à madame la colonelle et à moi, et tu la convaincras davantage, en racontant comment ceci est arrivé.

— Vous savez, commença Maurice, qu'en Espagne j'ai combattu contre les Français. Nous bivouaquions avec un parti de cavaliers anglais et espagnols sur le champ de bataille de Vittoria avant le combat. J'étais en marche depuis la veille, fatigué à en mourir et profondément endormi. Je fus éveillé par un cri perçant de douleur. Je me dressai, je croyais que près de moi était couché un blessé dont j'entendais les gémissements de mort; cependant tous mes camarades ronflaient autour de moi, et je n'entendais plus rien.

Les premiers rayons de l'aurore perçaient l'obscurité épaisse. Je me levai et marchai en enjambant par-dessus les dormeurs pour trouver le blessé ou le mourant. La nuit était tranquille, le vent du matin commença à agiter doucement, bien doucement le feuillage. Alors

pour la deuxième fois un son prolongé de plaintes traversa les airs et résonna sourdement dans les lointains. On aurait dit que les esprits des morts se dressaient sur le champ de bataille et envoyaient leurs horribles cris de détresse dans les immenses espaces du ciel. Ma poitrine tressaillit et une peur infâble s'empara de moi. Les cris de détresse que j'avais entendus sortir du gosier humain n'étaient pas comparables à ces accents déchirants. Les camarades se réveillèrent. Pour la troisième fois un cri plus fort et plus horrible remplit les airs. Nous restâmes immobiles et glacés, les chevaux devinrent inquiets et commencèrent à piétiner et à se couvrir d'écume. Plusieurs Espagnols tombèrent à genou et se mirent à prier tout haut. Un officier anglais assura qu'il avait déjà été souvent témoin de ce phénomène causé par l'électricité dans les pays du Sud, et que le temps allait changer vraisemblablement. Les Espagnols, portés au merveilleux par leur superstition, reconnurent là l'appel des esprits supérieurs, qui annonçaient des malheurs. Ils furent confirmés dans leur croyance lorsque le jour suivant la bataille tonna avec toutes ses horreurs.

— Est-il besoin, dit Dagobert, d'aller en Espagne ou à Ceylan pour trouver les voix merveilleuses de la nature? Le sourd mugissement du vent, le bruit strident de la grêle, les cris et les plaintes des girouettes ne peuvent-ils pas nous effrayer comme ces sons? Prêtez donc seulement une oreille complaisante à la folle musique que cent voix épouvantables hurlent dans la cheminée ou écoutez seulement la petite chanson fantastique que commence à moduler la bouilloire de thé.

— Oh! bravo! bravo! s'écria la colonelle, même dans la théière Dagobert place des esprits qui doivent signaler leur présence par leurs gémissements épouvantables.

— Notre ami n'a pas tout à fait tort, reprit Angélique. Les murmures, les claquements, les sifflements dans la cheminée me rendraient tremblante, et la chanson que fredonne en se plaignant la théière m'est si agaçante que je vais éteindre la lampe pour la faire cesser de suite.

Angélique se leva, son mouchoir tomba à terre, et Maurice se baissa pour le ramasser et le lui présenta. Elle laissa reposer sur lui le regard plein d'âme de ses yeux célestes. Il saisit sa main et la porta ardemment à ses lèvres.

En ce moment Marguerite tressaillit fortement comme frappée d'un coup électrique, et elle laissa tomber sur le parquet le verre de punch qu'elle venait d'emplir et qu'elle allait présenter à Dagobert. Le verre se brisa avec fracas en mille morceaux. Elle se jeta en sanglotant tout haut aux pieds de la colonelle, se traita de maladroite, et la pria de lui permettre de se retirer dans sa chambre. Tout ce que l'on avait raconté, disait-elle, bien qu'elle n'eût pas tout compris très-exactement, l'avait fait trembler intérieurement.

Elle avait une peur affreuse près de la cheminée, elle se sentait malade et demandait qu'on lui permît de se mettre au lit. Alors elle baisa la main de la colonelle et la baigna des larmes brûlantes qui s'échappaient de ses yeux.

Dagobert comprit le côté pénible de la scène et sentit la nécessité de lui donner une autre tournure; il se précipita aussi aux pieds de la colonelle et implora de sa voix la plus lamentable la grâce de la coupable, qui s'était avisée de répandre le plus délicieux breuvage qu'eût jamais goûté un docteur en droit.

La colonelle, qui avait jeté sur Marguerite un regard sévère, fut égayée par l'adroite conduite de Dagobert. Elle tendit les deux mains à la jeune fille et lui dit :

— Lève-toi et sèche tes larmes, tu as trouvé grâce devant mon rigide tribunal; mais je ne te tiens pas quitte de toute peine. Je t'ordonne de rester ici sans penser à ta maladie et de verser le punch à nos hôtes avec plus d'ardeur que tu ne l'as fait jusqu'à présent, et surtout et avant tout de donner un baiser à ton sauveur en signe de ta vive reconnaissance.

— La vertu trouve toujours sa récompense, dit Dagobert en saisissant la main de Marguerite. Croyez-le, ma chère, ajouta-t-il, il se trouve encore sur terre des jurisconsultes héroïques prêts à se sacrifier sans hésiter pour l'innocence! Pourtant, pour obéir aux jugements de notre juge sévère, exécutons ses arrêts, qui sont sans appel.

Et puis il déposa un léger baiser sur les lèvres de Marguerite, et la reconduisit solennellement à sa place. Marguerite, toute couverte de rougeur, rit tout haut pendant que des larmes perlaient encore sur sa paupière.

— Folle que je suis, s'écria-t-elle en riant, ne dois-je pas faire tout ce que madame la colonelle m'ordonne! je resterai tranquille, je verserai du punch et j'entendrai sans frémir les histoires de revenants.

— Bravo, enfant angélique! interrompit Dagobert, mon héroïsme t'a enthousiasmée, et la douceur de tes belles lèvres à fait sur moi un effet pareil. Ma fantaisie s'éveille de nouveau, et je me sens disposé à abandonner l'horreur du *regno di pianto* pour nous égayer.

— Je pense, dit la colonelle, que nous allons laisser là nos sujets terribles.

— Je vous en prie, chère mère, interrompit Angélique, permettez à notre ami Dagobert de m'accorder ma demande. J'avoue que je suis très-enfant, et que rien ne me plaît plus à entendre que de jolies histoires de revenants qui me font froid par tous les membres.

— Oh! j'en suis enchanté! s'écria Dagobert, rien ne me plaît tant chez les jeunes filles que de les trouver très-faciles à effrayer. Je ne voudrais jamais épouser une femme qui n'aurait pas une affreuse peur des spectres.

— Tu prétends, cher ami Dagobert, dit Maurice, que l'on doit surtout se défendre de tout frisson rêveur comme de la première attaque de la crainte des esprits, tu nous dois une explication à ce sujet.

— On n'en reste jamais, répondit Dagobert, si les circonstances s'y prêtent, à cet agréable état rêveur qu'amène la première attaque. Bientôt surviennent la crainte mortelle, l'effroi échevelé, et chaque sentiment qui fait plaisir semble être l'appât au moyen duquel nous enlace le monde mystérieux des fantômes. Nous parlions tout à l'heure de voix surnaturelles et de leur effet terrible sur nos sens; mais quelquefois nous entendons des bruits plus étranges encore dont la cause est inexplicable, et qui éveillent en nous un profond effroi. Toute pensée tranquillisante : que c'est un animal caché, un courant d'air, ou toute autre chose qui aura pu causer naturellement ce bruit, devient impuissante. Tout le monde a éprouvé que le plus petit bruit pendant la nuit qui revient à des intervalles réguliers chasse tout sommeil, et alors l'effroi intérieur nous saisit et va toujours en augmentant jusqu'à nous troubler toute notre organisation.

Il y a peu de temps je descendis dans une auberge dont l'hôte me donna une chambre vaste et gaie. Je fus subitement réveillé au milieu de la nuit. La lune jetait ses rayons à travers la fenêtre sans rideaux, de sorte que tous les meubles et même les plus petits objets se distinguaient facilement. Alors j'entendis un bruit semblable à celui que ferait une goutte de pluie en tombant dans un bassin de métal. J'écoutai : le bruit revenait toujours à intervalles réguliers. Mon chien, qui s'était couché sous mon lit, en sortit en rampant, et se mit à flairer en gémissant et en hurlant autour de la chambre. Il grattait tantôt le mur et tantôt le plancher. Je me sentis comme pénétré d'un torrent de glace, des gouttes de sueur froide tombaient de mon front. Cependant, faisant un effort sur moi-même, j'appelai, je sautai du lit, et m'avançai jusqu'au milieu de la chambre. Alors la goutte tomba juste devant moi, comme à travers le métal, qui résonna avec un bruit retentissant. Paralysé par l'effroi, je regagnai mon lit en chancelant, et cachai ma tête sous la couverture. Il me sembla que le son diminuait peu à peu d'intensité, mais toujours avec des pauses réglées. Je tombai dans un profond sommeil.

Il était grand jour lorsque je me réveillai. Le chien s'était placé tout près de moi : il sauta du lit lorsque je me réveillai, et se mit à aboyer joyeusement, comme s'il n'éprouvait plus aucune frayeur. L'idée me vint que j'étais peut-être le seul à ignorer la cause naturelle de ce bruit étrange, et je racontai à l'aubergiste ma grande aventure, dont je me sentais encore tout glacé.

— Je suis certain, lui dis-je en terminant, que vous me mettrez au fait de tout ceci et me prouverez que j'ai eu tort de m'en émouvoir. L'aubergiste pâlit.

— Au nom du ciel, monsieur! me dit-il, ne dites à personne ce qui se passe la nuit dans cette chambre, vous me feriez perdre mon pain. Plusieurs voyageurs se sont déjà plaints de ce bruit, qui se fait entendre dans les nuits de lune. J'ai tout exploré, j'ai fait même défaire des cloisons dans cette chambre et dans celles qui l'avoisinent, j'ai cherché avec soin dans les environs sans pouvoir découvrir la cause de ce bruit effrayant. Il s'est tu environ pendant une année : je croyais être délivré de cette diablerie maudite, et maintenant j'apprends à mon grand effroi qu'elle recommence. Mais aucune occasion ne je donnerai à l'avenir cette chambre à un voyageur.

— Ah! dit Angélique toute frissonnante, c'est affreux, c'est très-affreux! Je serais morte si cette aventure m'était arrivée. Souvent j'ai éprouvé en me réveillant en sursaut une crainte ineffable, comme si on venait de m'apprendre quelque chose d'effrayant; et cependant je n'en avais pas le moindre pressentiment; je n'avais pas même la conscience d'un épouvantable songe; je croyais que je sortais d'un état de complet anéantissement semblable à la mort.

— Je connais cet état apparent, continua Dagobert; peut-être annonce-t-il le pouvoir d'influences psychiques auxquelles nous nous abandonnons volontiers. De même que les somnambules ne se rappellent absolument rien de leur état de sommeil et des actions qu'ils ont faites en ce moment, de même aussi cette inquiétude poignante, dont la cause nous est inconnue, n'est-elle pas l'effet de quelque charme puissant qui nous possède.

— Je me rappelle un entretien encore très-vive, dit Angélique, et il y a de cela quatre ans environ ; que dans la nuit de la quatorzième année de mon anniversaire je me réveillai dans une disposition de ce genre, et j'en conservai de l'effroi pendant plusieurs jours. Je m'efforçai en vain de me rappeler le songe qui m'avait épouvantée

de la sorte. Je me rappelle très-clairement que j'ai souvent raconté en rêve à ma mère ce même rêve affreux, mais sans pouvoir me rappeler au réveil ce que je lui avais raconté.

— Ce phénomène psychique, répondit Dagobert, dépend d'un principe magnétique.

— Notre entretien, dit la colonelle, va de plus fort en plus fort ; nous nous perdons dans une foule de choses qui me sont désagréables à penser. Je vous somme, monsieur Maurice, de nous raconter à l'instant une histoire gaie, une histoire folle pour mettre une bonne fois fin à toutes ces causeries diaboliques.

— J'obéirai bien volontiers à vos ordres, repartit Maurice, si vous voulez me permettre de vous parler encore d'une aventure qui erre depuis longtemps sur mes lèvres. Elle me domine si complètement en ce moment que ce serait peine perdue pour moi de vouloir parler d'autre chose.

— Eh bien alors débarrassez-vous en donc, répondit la colonelle, mon mari va bientôt rentrer, et alors j'entreprendrai très-volontiers avec vous un combat de paroles où j'entendrai parler avec enthousiasme de beaux chevaux, pour détourner l'attention de mon esprit, tourné de ce moment, je ne m'en défends pas, vers les apparitions.

— Dans la dernière guerre, dit Maurice, je fis connaissance d'un lieutenant-colonel russe né à Liffland. Il avait trente ans à peine. Et comme il plut au hasard de nous faire trouver plus d'une fois ensemble devant l'ennemi, nous devînmes amis intimes.

Bogislaw, c'était le nom de baptême du lieutenant-colonel, avait toutes les qualités capables d'inspirer à la fois la plus haute estime et l'amour de femme le plus passionné. Il était de noble et haute stature, avait beaucoup d'esprit, un beau visage mâle, une instruction rare, était la bienveillance et la bonne humeur mêmes, et était en outre brave comme un lion. Il était très-gai auprès de la bouteille; mais souvent en ces circonstances il était dominé par le souvenir d'une aventure qui lui était arrivée et qui avait laissé sur sa figure les traces du plus violent chagrin. Alors il devenait silencieux, quittait la société, et errait dans les environs. En campagne il avait l'habitude d'aller continuellement, pendant la nuit, d'un avant-poste à un autre, et il ne s'endormait que lorsqu'il était accablé de fatigue. Il arrivait aussi qu'il s'exposait sans nécessité aux dangers les plus grands. Il paraissait dans le combat chercher la mort, qui semblait s'éloigner de lui. Dans les plus fortes mêlées il ne recevait ni balle ni coups de sabre. Il était certain qu'une affreuse perte ou peut-être une action regrettable avait troublé sa vie.

Nous prîmes d'assaut un château fortifié, et nous y séjournâmes pendant deux jours pour donner un peu de repos aux soldats épuisés. La chambre dans laquelle logeait Bogislaw était voisine de la mienne. Quelques coups frappés doucement à ma porte m'éveillèrent une nuit.

— Qui est là ? demandai-je.

— Bogislaw ! me répondit-on.

Je reconnus la voix de mon ami, et j'allai ouvrir.

Alors Bogislaw m'apparut en chemise, une bougie allumée à la main, pâle comme la mort, tremblant de tous ses membres, incapable de prononcer un seul mot.

— Au nom du ciel ! m'écriai-je, qu'y a-t-il, mon cher Bogislaw ?

Je le conduisis à un fauteuil à moitié évanoui, et lui versai deux ou trois verres d'un vin généreux placé justement sur la table. Je pris sa main dans la mienne, lui tins les discours les plus consolants que je puisse trouver, sans savoir la cause de cette effroyable aventure.

Bogislaw se remit peu à peu, soupira profondément, et commença d'une voix basse et sombre :

— Non, non, j'en deviendrai fou ! que la mort que je désire vienne donc me saisir ! Mon cher Maurice, écoute mon horrible secret.

Je t'ai déjà dit que je me trouvais à Naples il y a quelques années. Là je vis la fille d'un des principaux habitants, et j'en devins éperdument amoureux. Cette créature angélique se donna à moi, et avec l'agrément des parents nous résolûmes de contracter une union dont j'attendais la félicité du ciel. Déjà le jour fixé pour le mariage était arrivé, lorsqu'un comte sicilien se présenta et demanda instamment la main de ma fiancée. J'eus une explication avec lui, il se permit de me railler. Nous nous battîmes, et je le traversai d'un coup d'épée. J'allai en grande hâte rejoindre ma fiancée. Je la trouvai tout en larmes; elle me montra l'infâme assassin de son amant, me repoussa avec toutes les apparences de la haine, poussa des cris de désespoir, et lorsque je lui pris la main elle tomba évanouie comme si elle eût été piquée par un scorpion. Que l'on se figure ma consternation ! Les parents ne comprenaient rien à ce changement d'affection de leur fille. Elle n'avait jamais dit un mot de la demande en mariage du comte. Le père me cacha dans son palais, et s'occupa avec le plus grand zèle de me faire évader de Naples sans être découvert. Sous le fouet des Furies, j'allai d'une seule traite jusqu'à Saint-Pétersbourg. Ce n'est pas l'infidélité de ma maîtresse, c'est un fatal secret qui trouble ma vie. Souvent, pendant le jour, mais plus souvent dans la nuit, j'entends quelquefois venir des lointains, quelquefois partir près de moi un râle de mourant. C'est la voix du comte mort qui fait trembler mon cœur. Au milieu de la plus forte canonnade, au milieu du feu pétillant de la mousqueterie des bataillons, j'entends à mes oreilles cet affreux cri de douleur, et il allume dans mon âme toute la fureur, tout le désespoir de la folie. Cette nuit même...

Bogislaw cessa un instant de parler, et comme lui je fus placé d'effroi, car un cri prolongé et déchirant le cœur, et qui paraissait venir du corridor, se fit entendre. On aurait dit qu'un homme se soulevait péniblement du plancher en gémissant et s'avançait d'un pas lourd et incertain. Alors Bogislaw se leva tout à coup de son fauteuil, et, les yeux brillant d'un feu sauvage, il s'écria d'une voix de tonnerre :

— Apparais, infâme ! qui que tu sois, je te défie, toi et tous les esprits de l'enfer qui t'obéissent !

Alors il se fit un bruit terrible....

Au même instant les deux battants de la porte du salon s'ouvrirent avec fracas.

Un homme habillé de noir de la tête aux pieds s'avança. Son visage était pâle et sérieux et son œil plein de fermeté. Avec la noble tournure du plus grand monde il fit quelques pas vers la colonelle, et employant des expressions choisies lui demanda pardon de se rendre si tard à une invitation. Une visite dont il n'avait pu se débarrasser, disait-il, l'avait retenu bien malgré lui. La colonelle, à peine capable de dominer l'effroi dont elle venait d'être saisie, bégaya quelques paroles inintelligibles qui semblaient signifier que l'étranger voulait bien prendre une chaise tout près de la colonelle et en face d'Angélique, s'assit et parcourut la société d'un regard. Personne ne paraissait en état de prononcer un seul mot.

— J'ai de doubles excuses à faire, dit l'étranger, d'être venu si tard d'abord, et puis ensuite d'être entré si brusquement : pour ce second point je dirai que la faute n'en est pas à moi, mais bien aux domestiques placés dans l'antichambre qui ont poussé violemment les battants de la porte.

— Qui ai-je le plaisir de recevoir ? demanda la colonelle un peu remise de sa peur.

L'étranger ne parut pas avoir entendu cette demande occupé qu'il était à écouter Marguerite, qui, entièrement changée dans sa manière d'être et toute riante, s'était avancée vers l'étranger et lui racontait en français qu'on prenait plaisir à conter des histoires de revenants, et qu'il s'était présenté au moment où dans le récit de l'écuyer en chef un mauvais esprit allait apparaître.

La colonelle, sentant qu'il n'était pas convenable de demander le nom et les qualités d'une personne qui se présentait comme invitée, mais encore plus gênée par sa présence, ne renouvela pas sa question, et ne blâma pas Marguerite de sa conduite, qui blessait presque les convenances.

L'étranger mit fin aux bavardages de Marguerite en se tournant vers la colonelle et le reste de la société, pour entamer une conversation sur une aventure insignifiante qui avait eu lieu dans le pays même. La colonelle répondit; Dagobert essaya de se mêler à l'entretien, qui se traîna péniblement à bâtons rompus. Pendant ce temps Marguerite fredonnait quelques couplets de chansons françaises, et figurait comme pour se les remettre en mémoire quelques passes d'une gavotte. Les autres pouvaient à peine se remuer. Chacun se sentait oppressé, la présence de cet étranger pesait comme un orage lourd, les mots expiraient sur les lèvres lorsqu'ils jetaient un regard sur la pâleur cadavérique de la figure de l'hôte inconnu. Et cependant celui-ci dans son ton et ses gestes n'avait rien de surnaturel, et même toutes ses manières annonçaient un homme d'expérience et de bonne compagnie. Son accent franchement étranger en parlant français prouvait évidemment qu'il n'était ni de l'une ni de l'autre de ces deux nations.

La colonelle respira enfin plus librement lorsqu'elle entendit des cavaliers s'arrêter et s'arrêter devant la maison, et que la voix du colonel se fit entendre.

Presque aussitôt le colonel entra dans le salon. Dès qu'il eut aperçu l'étranger il s'avança rapidement vers lui en disant :

— Soyez le bienvenu dans ma maison, cher comte, soyez cordialement bienvenu ! Et puis se tournant vers la colonelle : Le comte S...i un cher et fidèle ami que je me m'étais fait dans le fond du Nord et que j'ai retrouvé au Sud.

— Que toute la faute retombe sur mon mari, reprit la colonelle en retrouvant son courage, si votre réception a eu quelque chose d'étrange et de peu digne d'un ami intime, mais il ne m'avait nullement prévenue de votre visite. Nous n'avions pendant toute la soirée raconté que d'horribles histoires de revenants et d'esprits mystérieux, et Maurice en était au récit d'une aventure épouvantable arrivée à lui et à un de ses amis, lorsqu'au moment où il disait : Un bruit terrible se fit entendre, les portes se sont ouvertes avec force et vous êtes entré.

— Et l'on a pris le cher comte pour un spectre, interrompit le colonel avec un grand éclat de rire. En effet, il me semble que le visage d'Angélique a conservé quelques traces de frayeur, le grand écuyer ne me paraît pas encore tout à fait revenu de son effroi, et Dagobert lui-même a perdu sa gaieté. Dites-moi, comte, n'est-ce pas un peu fort de vous prendre pour un affreux spectre ?

— Peut-être, répondit le comte avec un étrange regard, en ai-je quelque peu l'aspect. On parle de beaucoup de personnes qui peuvent exercer sur les autres une puissance psychique, qui doit jeter sur les yeux enflammés et avec un accent bref qu'il craignait de troubler par ses contes de nourrice la gaieté que le comte avait apportée dans le cercle assombri, et qu'il préférait de rester là.

— Vous plaisantez, cher comte, interrompit le colonel, mais il est vrai que maintenant chacun est en chasse de secrets surnaturels.

— De sorte, reprit le comte, que l'on se tourmente pour des contes de nourrice et autres niaiseries merveilleuses. Il est bon de se garder d'une si étrange épidémie. Cependant j'ai interrompu monsieur le grand écuyer au moment le plus intéressant de son récit ; et je le prie de le continuer pour en apprendre le dénoûment à ses auditeurs, qui désirent le savoir sans aucun doute.

Le comte était non-seulement mystérieux, mais surtout secrètement antipathique au grand écuyer. Celui-ci trouva dans ces paroles accompagnées d'un rire fatal quelque chose de moqueur; et il répondit les yeux enflammés et avec un accent bref qu'il craignait de troubler par ses contes de nourrice la gaieté que le comte avait apportée dans le cercle assombri, et qu'il préférait de rester là.

Le comte parut n'accorder aucune attention aux paroles du grand écuyer. Jouant avec une tabatière d'or qu'il tenait à la main, il se tourna vers le colonel.

— Cette dame éveillée, lui dit-il, n'est-elle pas Française ?

Il désignait ainsi Marguerite, qui tout en fredonnant continuait ses essais de danse. Le colonel s'approcha d'elle et lui dit :

— Ah çà ! êtes-vous folle ?

Marguerite déconcertée vint s'asseoir à la table de thé, où elle resta tranquille et silencieuse.

Le comte prit la parole, et parla d'une manière très-séduisante de choses nouvellement arrivées. Dagobert pouvait à peine placer un mot. Maurice était debout, tout rouge, les yeux brillants, attendant que l'occasion de faire une attaque. Angélique paraissait exclusivement occupée d'un ouvrage de femme, et ne levait pas les yeux. On paraissait en désaccord, et l'on se sépara de bonne heure.

— Tu es un heureux mortel, dit Dagobert à Maurice aussitôt qu'ils se trouvèrent seuls. Angélique t'adore, je l'ai lu aujourd'hui dans ses yeux. Mais le diable ne reste jamais sans rien faire, et sème son ivraie empoisonnée parmi les plus riches moissons. Marguerite est enflammée de la plus folle passion, elle t'aime avec la douleur furieuse qui peut déchirer un esprit ardent. Sa folle conduite de ce soir était le résultat d'une attaque irrésistible de la plus brûlante jalousie. Lorsque Angélique a laissé tomber son mouchoir, lorsque tu l'as ramassé, lorsque tu as baisé sa main, toutes les furies de l'enfer sont venues assaillir la pauvre fille. Et c'est ta faute : tu montres la galanterie la plus excessive pour cette charmante Française. Je sais que tu aimes Angélique, que toutes les attentions que tu prodigues à Marguerite ne sont adressées qu'à elle; mais ces éclairs mal dirigés ont atteint et ont brûlé ! Maintenant le mal est fait, et je ne sais plus en vérité comment la chose pourra finir sans un terrible tumulte et sans un affreux pêle-mêle.

— Laissons là Marguerite, répondit le grand écuyer. Si Angélique m'aime, ce dont je doute encore beaucoup, alors je serai tranquille et heureux et ne m'occuperai en rien de toutes les Marguerites du monde et de leurs folies. Mais une autre crainte m'a traversé l'âme. Ce comte étranger, ce comte mystérieux qui s'est présenté comme un secret sombre, cet homme qui nous a tous troublés ne semble-t-il pas être venu se placer en ennemi devant nous ? Il me semble qu'il sort pour moi des plus lointaines profondeurs d'un souvenir, je pourrais presque dire d'un songe, qui me représente ce comte dans des circonstances effrayantes ! Il me semble que là où il est un affreux malheur conjuré par lui doit s'élancer d'une nuit profonde comme un fini destructeur. As-tu vu comme son regard se reposait sur Angélique, et comme une fausse rougeur colorait alors ses joues pâles et s'effaçait aussitôt ? Le spectre a deviné mon amour, et c'est pour cela que les paroles qu'il m'adressait étaient si moqueuses ; mais il ne trouvera pas devant lui jusqu'à la mort.

— Le comte, dit Dagobert, c'est un fantôme auquel il faut regarder hardiment entre les deux yeux; mais peut-être y a-t-il au fond beaucoup moins de choses que l'on ne pourrait croire, et tout cet entourage mystérieux est dû à la singulière disposition où nous nous trouvons tous lorsque le comte est entré. Rencontrons dans la vie tous ces trouble-fête avec une esprit ferme et une foi inébranlable. Nul pouvoir sombre ne peut courber la tête qui se dresse puissante et avec un esprit joyeux.

Il s'était passé du temps déjà. Le comte en allant de plus en plus fréquemment dans la maison de la colonelle avait su s'y rendre presque indispensable. On était d'accord sur ce point que la qualification de mauvais esprit pouvait aussi bien convenir à ceux qui l'avaient jugé tout à fait d'abord.

— Le comte, disait la colonelle, n'avait-il pas le droit avec nos visages pâles et notre étrange manière d'être de nous prendre pour des gens d'un autre monde ?

Le comte était dans sa conversation les richesses des connaissances les plus étendues ; et si, Italien de naissance, il avait un accent étranger, il n'en possédait pas moins complétement les tournures de la langue les plus familières. Ses récits entraînaient par leur chaleur irrésistible ; et Maurice et Dagobert, si défavorablement disposés qu'ils fussent contre lui, lorsqu'il parlait et laissait errer sur son pâle mais beau visage un agréable sourire, oubliaient toute prévention haineuse pour rester, comme Angélique, comme tous les autres, les yeux fixés sur ses lèvres.

L'amitié du colonel pour le comte s'était déclarée d'une manière qui posait celui-ci comme un homme d'une noblesse excessive de sentiments. Le hasard les avait rassemblés dans un pays du Nord et, de là manière la plus désintéressée, le comte avait aidé le colonel à sortir d'un mauvais pas, qui aurait pu avoir les suites les plus tristes pour sa fortune, sa réputation et son honneur. Le colonel, comprenant toute l'obligation qu'il avait au comte, s'attacha à lui du plus profond de son âme.

— Le temps est venu, dit un jour le colonel à sa femme tandis qu'ils se trouvaient seuls, que je t'apprenne quel est le but sérieux du séjour du comte en ce pays. Tu sais que je m'étais lié assez intimement avec le comte à P..., où je me trouvais il y a quatre ans, pour que nous en vinssions à demeurer dans les chambres voisines l'une de l'autre. Il arriva un jour que le comte, venu pour me faire une visite matinale, remarqua sur mon secrétaire le portrait d'Angélique que j'avais pris avec moi. En le regardant avec attention, il se troubla d'une façon étrange. Sans pouvoir répondre un seul mot à mes questions, il restait les yeux fixés et ne pouvait les détourner du portrait, enfin il s'écria dans le ravissement :

— Je n'ai de ma vie vu une femme aussi belle ! jamais je n'ai aussi bien compris ce que c'est que l'amour !

Je le plaisantai sur l'effet étrange du portrait, je le nommai un nouveau *Kalaf*, en souhaitant que mon Angélique ne fût pas pour lui une *Turandot*. Enfin je lui donnai clairement à comprendre que j'étais un peu surpris de cette manière romantique de s'amouracher pour un portrait, surtout chez un homme mûr, qui, sans être un vieillard, n'était pas non plus un jeune homme. Alors il me jura avec véhémence, avec tous les signes de cette passion insensée, qui est le propre de sa nation, qu'il aimait Angélique d'un amour sans bornes, et que si je ne voulais le précipiter dans un profond désespoir, il me fallait lui permettre de tâcher d'obtenir son amour et sa main. Voici pourquoi le comte est venu dans notre maison. Il croit être certain du consentement d'Angélique, et je l'ai hier formellement demandée en mariage. Que penses-tu de ceci ?

La colonelle ne savait pas elle-même pourquoi les dernières paroles de son mari la faisaient trembler comme une peur subite.

— Au nom du ciel ! dit-elle, notre Angélique au comte étranger !

— Un étranger ! reprit le colonel le visage sombre, un étranger, lui, le comte, à qui je dois l'honneur, la liberté et peut-être la vie ! J'avoue qu'il n'est plus jeune, et que, quand je sois un père tyrannique, capable de sacrifier ma fille bien-aimée ? Mais laissez là toutes vos sensibleries et vos tendresses. Il n'y a rien de surprenant qu'un couple qui se marie s'attache surtout à mille choses fantastiques. Angélique prête tout oreilles quand le comte parle, elle le regarde avec une bienveillance excessive, elle rougit quand il porte à ses lèvres sa main, elle ne laisse très-volontiers dans les siennes. C'est ainsi que se traduit chez une jeune fille naïve l'inclination qui rend l'homme vraiment heureux. Il n'est pas besoin de ces amours romanesques, qui quelquefois apparaissent d'une manière fatale dans les têtes.

— Je crois, répondit la colonelle, que le cœur d'Angélique n'est plus aussi libre qu'elle-même pourrait le croire.

— Comment ! s'écria le colonel courroucé.

Et il allait s'emporter, lorsqu'au même moment la porte s'ouvrit et Angélique entra avec le charmant sourire de l'innocence la plus pure.

Le colonel, laissant là toute colère, toute mauvaise humeur, s'avança vers elle, la baisa sur le front, prit sa main, la conduisit vers une chaise et vint s'associer auprès de la charmante et douce enfant. Il parla du comte, vanta sa noblesse, son intelligence, sa manière, et demanda à Angélique s'il ne lui déplairait pas ? Angélique dit que le comte lui avait paru, dans le principe, étrange et mystérieux, mais qu'elle avait surmonté ce sentiment, et qu'elle le voyait maintenant avec grand plaisir.

— Eh bien ! reprit le colonel tout joyeux, le ciel en soit béni ! cela

vient à souhait pour mon bonheur ! Le comte S....i t'aime, ma chère enfant, du plus profond de son cœur ; il demande ta main, tu ne le refuseras pas ?

A peine le colonel achevait-il ces mots qu'Angélique tomba sans connaissance avec un profond soupir. La colonelle la prit dans une bras en jetant un regard significatif à son mari, qui, regardait, muet et l'œil fixe, la pauvre enfant couverte d'une pâleur extrême.

Angélique se remit, un torrent de larmes s'échappa de ses yeux, et elle s'écria d'une voix déchirante :

— Le comte, lui si effrayant ! non, jamais !

Le colonel lui demanda mille fois de suite ce qu'elle trouvait de si effrayant dans le comte. Alors Angélique avoua à son père que l'amour du comte donnait une vie au terrible songe qui lui était survenu quatre ans auparavant, la nuit de l'anniversaire de sa quatorzième année, et dont elle avait conservé à son réveil un effroi si mortel, sans pouvoir s'en rappeler les images.

— Il me semblait, disait Angélique, que je me promenais dans un beau jardin où se trouvaient des plantes et des fleurs étrangères. Tout à coup je m'arrêtai devant un arbre merveilleux au feuillage sombre et large ; ses fleurs jetaient un parfum singulier, semblable à celui qu'exhale le sureau. Le bruit de ses branches était agréable et semblait m'inviter à venir sous son ombre. Entraînée par une force irrésistible, je tombai sur un banc de gazon qui s'y trouvait placé. Alors il semblait que des accents de plaintes étranges parcouraient les airs et touchaient comme le souffle du vent l'arbre, qui gémissait avec des soupirs d'angoisse. Je fus saisie d'un ineffable chagrin, une pitié profonde s'élevait dans mon âme, et j'en ignorais la cause. Tout à coup le rayon d'un brûlant éclair pénétra dans mon cœur et parut le déchirer. Le cri que je voulus pousser ne put s'échapper de ma poitrine, alors oppressée par une inexprimable tristesse, et devint un soupir étouffé. Mais le rayon qui avait percé mon cœur était le regard de deux yeux humains, qui du feuillage sombre me regardaient fixement. Dans un instant les yeux s'étaient approchés, et je voyais une main blanche qui décrivait des cercles autour de moi. Et les cercles devenaient de plus en plus rétrécis et m'enlaçaient de fils de feu, qui formaient à la fin une tresse épaisse qui m'empêchait de faire un seul mouvement.

En même temps il me semblait que le regard terrible de ces yeux effrayants s'emparait de tout mon être et le maîtrisait. La pensée à laquelle il tenait encore suspendu comme à un fil mince était une mortelle angoisse qui me mettait au martyre. L'arbre abaissa profondément ses fleurs, et de ces fleurs partit la voix charmante d'un jeune homme qui disait :

— Angélique ! je te sauverai ! je te sauverai ! mais...

Angélique fut interrompue ; on annonça le grand écuyer de R., qui désirait parler au colonel. Aussitôt qu'Angélique entendit le nom du grand écuyer, les larmes tombèrent en torrents de ses yeux ; et elle s'écria avec l'expression de la douleur la plus profonde, de cette voix qui part seulement d'une poitrine déchirée par les blessures les plus profondes de l'amour :

— Maurice ! ah ! Maurice !

Le grand écuyer avait entendu ces mots en entrant, il vit Angélique en larmes et les bras étendus vers lui, comme hors de lui il jeta de sa tête sa casquette, qui tomba en retentissant sur le plancher, et se précipita aux pieds de la jeune fille, la saisit dans ses bras lorsque, écrasée de plaisir et de douleur, elle allait tomber sur le parquet, et la serra avec ardeur contre sa poitrine.

Le colonel contemplait ce groupe, muet d'étonnement.

— Je pressentais qu'ils s'aimaient, murmura doucement la colonelle, mais je ne savais pas d'un mot.

— Grand écuyer de R., s'écria le colonel furieux, qu'avez-vous dit à ma fille ?

Maurice, revenant aussitôt à lui-même, posa doucement dans un fauteuil Angélique à moitié évanouie, ramassa sa casquette, s'avança la rougeur de la figure, et assura au colonel qu'il aimait Angélique au delà de toute expression, mais que jusqu'à ce moment le plus petit mot qui eût l'apparence d'une déclaration de ses sentiments n'était jamais venu sur ses lèvres, qu'il l'avait jamais espéré qu'Angélique le payât de retour. Ce moment, qu'il ne pouvait prévoir, lui avait ouvert toutes les félicités du ciel, et il espérait que le plus noble des hommes, le plus tendre des pères ne refuserait pas à son instante prière de bénir une union formée par le plus tendre, le plus pur amour.

Le colonel jeta sur le grand écuyer et sur Angélique de sombres regards, puis il se mit à se promener dans la chambre, les bras croisés l'un sur l'autre, sans dire un seul mot, comme un homme qui lutte avant de prendre une résolution. Il s'arrêta devant sa femme, qui avait pris Angélique dans ses bras et essayait de la consoler.

— Quel rapport, dit-il d'une voix sombre et pleine d'une colère contenue, ton songe ridicule a-t-il avec le comte ?

Alors Angélique se jeta à ses pieds, baisa ses mains, les baigna de ses larmes, et lui dit d'une voix à moitié étouffée :

— Ah ! mon père, mon père bien-aimé ! ces yeux terribles qui sai-

sissaient mon âme, c'étaient les yeux du comte, c'était sa main de
fantôme qui m'enveloppait d'une trame de feu. Mais la voix consola-
trice de jeune homme qui me parla du sein des fleurs odorantes de
l'arbre merveilleux c'était Maurice, mon Maurice!

— Ton Maurice! reprit le colonel en se détournant par un mouvement si brusque, qu'Angélique en fut presque renversée. Puis il
dit d'une voix sourde en se parlant à lui-même : — Ainsi la sage
détermination d'un père, la demande d'un homme plein de noblesse
seraient sacrifiées à des élucubrations d'enfant et à un amour clandes-
tin!

Il recommença comme auparavant à se promener silencieusement
dans la chambre, puis s'adressant à Maurice :

„ — Monsieur le grand écuyer de R., dit-il, vous savez que j'ai
pour vous une haute estime, je n'aurais jamais désiré pour gendre un
homme qui me fût plus agréable, mais j'ai donné ma parole au comte

Le punch fumait, le feu claquait...

de S...i, auquel j'ai des obligations aussi grandes qu'un homme peut
en avoir à un autre. Mais ne croyez pas que je veuille jouer le rôle
d'un père tyrannique; je vais aller trouver le comte, je lui raconterai
tout. Votre amour me vaudra un combat sanglant, peut-être me
coûtera-t-il la vie, mais qu'il en soit ainsi, je l'offre volontiers : attendez ici mon retour.

Le grand écuyer l'assura avec enthousiasme qu'il courrait lui-
même plutôt cent fois à la mort que de souffrir que le colonel s'ex-
posât en quoi que ce fût. Sans lui répondre, le colonel se précipita
au dehors.

A peine avait-il quitté la chambre, que les amants, au comble du
ravissement, tombèrent dans les bras l'un de l'autre et se jurèrent
une ébranlable fidélité. Alors Angélique assura qu'au moment où
le colonel lui avait appris la demande en mariage du comte, elle
avait pour la première fois senti au fond du cœur combien elle aimait
son Maurice, et qu'elle mourrait plutôt que de donner sa main à un
autre. Il lui avait semblé alors que Maurice l'aimait aussi depuis
longtemps.

Puis ils se rappelèrent ensemble des moments où leur amour mu-
tuel s'était trahi, et, oubliant toute la colère, toute la résistance du
colonel, ils se mirent à pousser des exclamations de joie comme des
enfants. La colonelle, qui avait depuis longtemps découvert le germe
de cet amour, appuyait de tout son cœur le choix de sa fille, et elle
leur jura de faire de son côté tout ce qui dépendrait d'elle pour détourner le colonel d'une union qui l'effrayait sans qu'elle sût pourquoi.

Une heure s'était à peu près écoulée, lorsque la porte s'ouvrit. Au
grand étonnement de tous, le comte S...i entra; le colonel le suivait
les yeux enflammés. Le comte s'approcha d'Angélique, saisit sa main

et la fixa avec un sourire amer et douloureux. Angélique frissonne,
et murmura d'une voix à peine distincte et près de s'évanouir :

— Ah! ces yeux!

— Vous pâlissez, mademoiselle, lui dit le comte, comme autrefois
lorsque, pour la première fois, j'entrai dans votre salle de réunion.
Suis-je donc véritablement un spectre épouvantable? Non, Angélique, n'ayez pas peur, ne craignez rien d'un malheureux qui vous
aimait avec tout le feu, toute l'ardeur d'un jeune homme. Ignorant
que vous eussiez donné votre cœur, il était assez fou pour prétendre
à votre main. Non! même la parole de votre père ne me semble pas
un droit à une félicité que vous seule pouvez accorder. Vous êtes
libre, mademoiselle! Ma vue ne vous rappellera même pas les moments
d'ennui que je vous ai causés; demain peut-être je retournerai dans
mon pays.

— Maurice! mon Maurice! s'écria Angélique au comble de la joie,
et elle se précipita dans les bras de son bien-aimé.

Le comte tressaillit de tous ses membres, ses yeux s'enflammèrent
d'un feu inusité, ses lèvres tremblèrent, il laissa échapper un son
inarticulé. Mais se tournant tout à coup vers la colonelle, pour lui
faire une demande insignifiante, il parvint à dominer la fougue de
ses sentiments, tandis que le colonel répétait à chaque instant :

— Quelle grandeur d'âme! quelle noblesse! qui peut ressembler à
cet homme d'élite! soyez mon ami pour la vie.

Et puis il pressa le grand écuyer, Angélique et la colonelle sur son
cœur, tout en assurant, le rire sur les lèvres, qu'il ne voulait rien
savoir de plus sur le méchant complot qui avait été tramé contre lui;
puis il exprima l'espoir qu'Angélique n'aurait plus rien à redouter
à l'avenir des yeux de fantôme.

Il était plus de midi, le colonel invita le grand écuyer et le comte
à déjeuner avec lui. On envoya chercher Dagobert, qui vint bientôt
au milieu d'eux tout rayonnant de gaieté.

Un homme habillé de gris de la tête aux pieds...

Lorsque l'on voulut s'asseoir, Marguerite ne se trouva pas là. On
apprit qu'elle s'était enfermée dans sa chambre, et avait déclaré qu'elle
se sentait malade et hors d'état de se joindre à la société.

— Je ne sais, dit la colonelle, ce que Marguerite a depuis quelque
temps, elle est pleine de caprices fantasques, elle pleure ou rit pour
la moindre chose, sa manière d'être étrange va jusqu'à la rendre insupportable.

— Ton bonheur, dit tout bas Dagobert au grand écuyer, est la
mort de Marguerite.

— Visionnaire, lui répondit son ami sur le même ton, ne trouble
pas mon bonheur!

Jamais le colonel n'avait été si joyeux, jamais la colonelle, toujours
occupée de l'avenir de sa fille et le voyant assuré, ne s'était senti
plus de joie au cœur, ajoutez à cela que Dagobert était d'un entrain

étourdissant, et que le comte, oubliant la douleur de sa fraîche blessure, laissant briller toute la puissance et la souplesse de son esprit, et l'on comprendra que tout concourait à tresser autour de l'heureux couple comme une couronne admirable et parfumée.

Le crépuscule était arrivé, le vin le plus généreux perlait dans les verres, on buvait avec des cris de joie à la santé, au bonheur des fiancés. Alors s'ouvrit la porte de l'antichambre, et Marguerite s'avança en chancelant, couverte de sa robe blanche de nuit, les cheveux épars, pâle et défaite comme une morte.

— Marguerite! que signifie ceci? demanda le colonel.

Mais, sans faire attention à lui, Marguerite s'avança lentement vers le grand écuyer, posa sa main froide sur sa poitrine, déposa un léger baiser sur son front et murmura d'une voix éteinte :

— Le baiser de la mourante portera bonheur au joyeux fiancé!

Et elle tomba sur le plancher.

Il s'approcha de Marguerite, qui était évanouie.

— Voici un malheur qui se présente, dit Dagobert bas au comte, la jeune folle est éprise du grand écuyer.

— Je le vois, répondit le comte, elle a probablement poussé la folie jusqu'à prendre du poison.

— Au nom du ciel! dit Dagobert glacé d'effroi, et il s'élança vers le fauteuil où on avait déposé la malheureuse fille.

Angélique et la colonelle étaient occupées d'elle, la délaçant et lui frottant le front avec des eaux spiritueuses.

Lorsque Dagobert s'approcha, elle ouvrit les yeux.

La colonelle disait :

— Calme-toi, mon enfant, tu es malade, cela se remettra, cela va passer.

Marguerite répondit d'une voix étouffée :

— Cela se passera bientôt... le poison...

Angélique et la colonelle se mirent à pousser des cris.

— Mille démons! l'enragée! s'écria le colonel; qu'on coure chercher un médecin! vite! le premier venu sera le meilleur! Amenez de suite celui qui pourra venir!

Les domestiques, Dagobert lui-même se précipitaient.

— Halte! s'écria le comte, qui était resté calme jusqu'alors et avait vidé à son aise son verre plein de syracuse, son vin favori, halte! si Marguerite a pris du poison; un médecin est inutile, car je suis le meilleur médecin en pareil cas. Permettez-moi de l'examiner.

Il s'approcha de Marguerite, qui était évanouie et agitée de temps à autre par quelques mouvements nerveux. Il se pencha sur elle, et on le vit tirer de sa poche un petit étui et en prendre entre les doigts un objet dont il frotta légèrement la nuque et le creux de l'estomac de Marguerite.

— Elle a pris de l'opium, dit-il à la société en s'écartant un peu d'elle, cependant on peut la sauver en employant des moyens que j'ai en ma possession, Portez-la dans sa chambre.

Lorsqu'elle y eut été transportée, le comte resta seul avec elle.

La femme de chambre de la colonelle avait trouvé un flacon dans la chambre de Marguerite; on avait ordonné peu de temps auparavant quelques gouttes d'opium à la colonelle: Marguerite avait tout bu.

— Le comte, dit Dagobert avec un peu d'ironie, est réellement un homme étonnant; il a tout deviné. Rien qu'en regardant Marguerite, il a su tout d'abord qu'elle avait pris du poison, et puis il en a reconnu le genre et la couleur.

Une demi-heure après le comte entra dans le salon, et assura que tout danger de mort était passé pour Marguerite. Jetant un regard de côté vers Maurice, il ajouta qu'il espérait arracher au cœur la cause de tout ce mal. Il fallait, au reste, disait-il, qu'une femme de chambre veillât auprès de Marguerite; lui-même se proposait de passer la nuit dans une chambre voisine, afin d'être tout prêt à lui porter secours dans le cas d'une nouvelle attaque. Il désirait toutefois se donner des forces dans l'exercice de ses soins médicaux avec quelques nouveaux verres de l'excellent vin. Et il se remit à table avec les hommes. Angélique et la colonelle s'éloignèrent encore tout émues de ce qui venait d'arriver.

Le colonel s'emporta contre la maudite attaque de folie de Marguerite, c'est ainsi qu'il nommait sa tentative de suicide. Maurice et Dagobert se sentaient étrangement troublés. Le comte n'en fit pas moins éclater une gaieté d'autant plus grande, et qui avait en elle-même quelque chose de cruel.

— Ce comte, dit Dagobert à son ami lorsqu'ils s'en retournaient à leur demeure, me semble bien singulier, on dirait qu'il y a en lui quelque mystère.

— Ah! répondit Maurice, il pèse cent livres sur mon cœur. Le sombre pressentiment d'un malheur quelconque qui menace mon amour me remplit tout entier.

Il est hors de danger.

Cette nuit même le colonel fut réveillé par un courrier venu de la résidence. Le matin suivant il entra chez sa femme le visage couvert de pâleur.

— Nous allons, lui dit-il avec une tranquillité feinte, être de nouveau séparés, ma chère enfant. La guerre vient de recommencer. J'ai reçu un ordre avant l'aube; il me faut partir avec mon régiment le plus tôt possible, peut-être même cette nuit.

La colonelle très-effrayée se mit à fondre en larmes.

— Cette guerre finira bientôt glorieusement, j'en suis sûr, comme la première, dit le colonel en la consolant. Tu ne presses rien qui puisse inquiéter. Tu peux cependant, ajouta-t-il, jusqu'à la paix aller résider dans nos terres avec Angélique. Je vous donnerai un compagnon qui vous fera oublier votre solitude. Le comte de S...i part avec vous.

— Comment! s'écria la colonelle, y penses-tu? Au nom du ciel! le comte venir avec nous? le prétendu refusé? le rancuneux Italien qui sait cacher au fond de son cœur son désir de vengeance pour le laisser courir comme un torrent au premier moment favorable ? Ce comte, dont toute la manière d'être me déplaît, qui depuis hier même m'est devenu encore plus antipathique, je ne sais pourquoi !

— En vérité ! s'écria le colonel en l'interrompant, c'est à n'y pas tenir avec l'imagination et les folles idées des femmes ! Vous ne comprenez pas la grandeur d'âme d'un homme au caractère ferme. Le comte a passé la nuit tout entière, comme il l'avait proposé, dans la chambre voisine de celle de Marguerite. Ce fut à lui que j'annonçai la première la nouvelle de la campagne qui va s'ouvrir. Il lui est presque impossible de retourner dans son pays. Il en était consterné. Je lui offris de demeurer dans nos propriétés. Après quelques hésitations, il y consentit et me donna sa parole d'honneur de tout faire pour vous protéger et chercher à vous rendre plus supportable le temps de la séparation par tous les moyens en son pouvoir. Tu sais tout ce que je dois au comte, mes biens sont pour lui un lieu d'asile, puis-je le lui refuser ?

La colonelle n'osait, ne pouvait rien répondre.

Le colonel tint parole. La nuit suivante on sonna le départ, et les amants éprouvèrent toutes les douleurs infinies de la séparation.

Quelques jours plus tard, lorsque Marguerite fut rétablie, la colonelle partit avec elle et Angélique. Le comte suivait avec les gens.

Le comte, dans les premiers temps, pour ne pas renouveler leurs chagrins, se tint discrètement à l'écart. À l'exception des moments où elles demandaient expressément à le voir, il restait enfermé dans sa chambre ou faisait des promenades solitaires.

La campagne parut d'abord favorable à l'ennemi. Bientôt après de glorieuses victoires furent remportées. Le comte était alors toujours le premier à apporter les nouvelles de triomphes et surtout les détails les plus circonstanciés sur le régiment que commandait le colonel. Le colonel et le grand écuyer n'avaient reçu dans les combats les plus meurtriers ni balles ni coups de sabre. Cela était constaté par des lettres authentiques venues du quartier général.

Ainsi le comte apparaissait toujours à ces dames comme un messager céleste de bonheur et de victoire. Aussi sa manière d'être respirait-elle le plus profond et le plus pur intérêt, semblable à celui que montre le père le plus tendre et le plus jaloux du bonheur de ses enfants.

La colonelle et Angélique étaient forcées de s'avouer que le colonel avait bien placé son affection et que tout jugement défavorable contre lui eût été le fruit de la prévention la plus ridicule. Marguerite elle-même, paraissant tout à fait guérie de sa folle passion, était de nouveau la Française vive et babillarde.

Une lettre du colonel à sa femme, qui en renfermait une autre du grand écuyer à Angélique, dissipa jusqu'au moindre reste d'inquiétude. La capitale de l'ennemi avait été prise et une trêve avait été conclue.

Angélique nageait dans le bonheur et la joie, et c'était toujours le comte qui parlait avec la chaleur la plus entraînante des hauts faits du brave Maurice et du bonheur qui attendait son heureuse fiancée. En ces occasions, il saisissait la main d'Angélique, la serrait contre son cœur et lui demandait s'il lui était encore odieux comme autrefois.

Angélique, toute confuse, lui jurait, les yeux pleins de larmes, qu'elle n'avait jamais eu de haine pour personne, mais qu'elle avait aimé Maurice avec trop d'ardeur pour ne pas s'effrayer d'une rivalité. Elle lui disait d'une voix sérieuse et solennelle :

— Ne voyez en moi, Angélique, qu'un fidèle ami de votre père.

Et il déposait un léger baiser sur son front, qu'elle ne refusait pas, comme une candide jeune fille qu'elle était, car il lui semblait que ce baiser lui était donné par son père, qui avait l'habitude de l'embrasser ainsi.

On pouvait presque espérer que le colonel reviendrait bientôt dans sa patrie, lorsqu'il arriva une lettre qui contenait le récit d'un épouvantable événement.

Le grand écuyer, en traversant un village, accompagné seulement de quelques domestiques, avait été attaqué par des paysans armés ; il était tombé atteint d'un coup de feu et avait été emporté plus loin par un brave cavalier qui s'était fait jour à travers l'ennemi. Alors toute la joie qui animait la maison fit tout à coup place à l'effroi, au chagrin et au désespoir.

Toute la maison du colonel était dans une bruyante agitation. Les domestiques, couverts de leur riche livrée de gala, couraient dans les escaliers, les voitures retentissaient sur le pavé de la cour apportant les invités, qui venaient recevoir solennellement le colonel portant sur la poitrine les décorations nouvelles qu'il avait méritées dans la dernière guerre.

Au haut, dans une chambre solitaire, Angélique était assise dans

une parure de fiancée, dans tout l'éclat de sa beauté, toute la fraîcheur de sa fleur de jeunesse.

La colonelle était auprès d'elle.

— Tu as, ma chère enfant, lui disait-elle, choisi en toute liberté le comte S...l pour ton époux. Autant ton père paraissait autrefois désireux de cette union, autant depuis la mort du malheureux Maurice il paraissait peu s'en soucier. On dirait même qu'il partage aujourd'hui le sentiment douloureux que j'éprouve sans pouvoir te le cacher. Il me semble incompréhensible que tu aies si promptement oublié Maurice. L'heure décisive approche, tu vas donner ta main au comte, consulte ton cœur, il en est encore temps : que jamais le souvenir de celui dont j'ai perdu la mémoire ne vienne comme une ombre épaisse obscurcir le bonheur de ta vie !

— Jamais, s'écria Angélique tandis que des pleurs brillaient en perles sur ses paupières, je n'oublierai Maurice ! Jamais je n'aimerai comme je l'ai aimé. Le sentiment que j'éprouve pour le comte est tout différent. Je ne sais comment il s'est emparé de mon affection. Je ne l'aime pas, je ne peux pas l'aimer comme j'aimais Maurice ; mais il me semble que sans lui il me serait impossible de vivre, de penser, de sentir. Une voix fantastique me répète sans cesse qu'il faut qu'il soit mon époux, qu'autrement l'existence pour moi est impossible. J'obéis à cette voix que je crois être le langage mystérieux de la Providence.

La femme de chambre entra avec la nouvelle que Marguerite, qui avait disparu depuis le matin, n'avait pas encore été retrouvée, mais que le jardinier venait d'apporter un billet d'elle et que cette demoiselle lui avait donné avec l'injonction de le porter au château lorsqu'il aurait terminé son ouvrage et porté ses dernières fleurs.

La colonelle ouvrit la lettre et lut :

« Vous ne me reverrez plus, un sort terrible me chasse de votre maison ; je vous en supplie, vous qui avez été autrefois pour moi une tendre mère, ne me faites pas poursuivre, ne me faites pas revenir de force. Une seconde tentative de suicide réussirait mieux que la première. Qu'Angélique savoure à longs traits un bonheur qui me déchire le cœur ! Adieu pour toujours ! oubliez la malheureuse Marguerite ! »

— Que signifie ceci ? s'écria violemment la colonelle. Cette folle s'est-elle mis en tête de troubler toutes tes joies ? Se trouve-t-elle toujours là en travers lorsqu'il est question pour toi de prendre un époux ? Qu'elle parte, l'ingrate que j'ai traitée comme ma fille ! Qu'elle parte ! je m'inquiéterai bien peu d'elle.

Angélique se mit à pleurer amèrement la perte de sa sœur, et la colonelle la pria instamment au nom du ciel de ne pas accorder une seule de ces heures importantes à des regrets pour une insensée.

La société était réunie dans le salon pour assister à la petite chapelle, où un prêtre catholique devait unir les mariés. L'heure destinée venait de sonner. Le colonel amena la fiancée au salon ; chacun admirait sa beauté, que rehaussait encore la simple élégance de sa toilette. On attendait le comte. Un quart d'heure succédait à un autre, il n'arrivait pas. Le colonel alla dans sa chambre. Il y trouva le domestique, qui lui annonça que le comte, après s'être entièrement habillé, s'était trouvé indisposé subitement, et était allé faire une promenade dans le parc pour se remettre au grand air, et qu'il lui avait défendu de le suivre. Il ne savait pas lui-même pourquoi cette manière d'agir du comte lui avait fait une impression profonde, ni pourquoi l'idée lui était venue qu'un malheur lui devait être arrivé.

Le colonel fit dire que le comte allait bientôt venir, et fit avertir en secret un célèbre médecin qui se trouvait dans la société de vouloir bien se rendre auprès de lui. Avec lui et le domestique il se mit à parcourir le parc pour trouver son futur gendre. En quittant la grande allée ils se dirigèrent vers une place entourée d'un bois épais, qui, le colonel se le rappelait, était l'endroit que le comte aimait le plus. Là, ils l'aperçurent assis sur un banc de gazon, habillé de noir, ses décorations sur la poitrine et la tête appuyée contre le tronc d'un sureau en fleur, les yeux fixes et sans mouvement. Ils tressaillirent d'effroi, les yeux du comte paraissaient éteints.

— Comte S....i, que vous est-il arrivé ? demanda le colonel.

Pas de réponse ! nul mouvement ! la respiration était arrêtée !

Le médecin s'élança, lui ôta son habit, sa cravate, lui frotta le front ; puis il tourna vers le colonel en disant :

— Tout secours est inutile, il est mort ! Une crise nerveuse vient de l'enlever à l'instant même.

Le domestique se mit à jeter les hauts cris. Le colonel, dominant son effroi par un violent effort, lui ordonna de se taire.

— Nous tuerons Angélique, dit-il, si nous ne sommes pas prudents !

Il saisit le cadavre du comte, le porta par une allée déserte dans un pavillon éloigné dont il avait la clef sur lui, le laissa là sous la surveillance du domestique, et rentra au château avec le médecin.

Incertain de la conduite qu'il lui fallait tenir, il ne savait s'il...

fallait cacher à Angélique l'effroyable catastrophe ou bien lui dire tout avec la plus grande tranquillité possible.

Lorsque le colonel entra dans le salon, il trouva tout dans un trouble extrême. Au milieu d'une conversation enjouée, Angélique avait tout à coup fermé les yeux et était tombée dans un évanouissement profond. Elle était couchée sur un sofa dans une chambre voisine. Elle n'était ni pâle ni défaite, au contraire les roses de ses joues étaient plus fraîches que jamais ; une grâce ineffable, un éclat céleste avaient illuminé son visage. Elle paraissait pénétrée de joie.

Le médecin, après l'avoir longtemps examinée avec une scrupuleuse attention, assura qu'il n'y avait rien à craindre et qu'elle se trouvait, par un phénomène difficile à comprendre, plongée dans un état magnétique.

— Je ne voudrais pas essayer de l'en tirer, ajouta-t-il, mais elle va bientôt s'éveiller d'elle-même.

Pendant ce temps un chuchotement parcourait la société des hôtes. La mort du comte semblait avoir été mystérieusement apprise. Tout le monde se retira peu à peu tristement et en silence, et on entendit les voitures s'éloigner.

La colonelle, penchée sur sa fille, guettait jusqu'à son moindre souffle. Celle-ci paraissait balbutier des mots que personne ne pouvait comprendre. Le médecin ne voulut point qu'on la déshabillât, ni même qu'on lui ôtât ses gants. Le moindre attouchement, disait-il, peut lui être fatal.

Tout à coup Angélique ouvrit les yeux et s'élança avec un cri déchirant :

— Il est là ! il est là ! disait-elle, et du sofa elle se précipita en furieuse au dehors, à travers l'antichambre, et descendit les marches de l'escalier.

— Elle est folle ! s'écria la colonelle effrayée ; ô Dieu du ciel, elle est folle !

— Non, non ! reprit le médecin, ce n'est point de la folie, mais il peut arriver quelque chose d'inouï, et il se précipita derrière elle.

Il aperçut Angélique s'élançant, rapide comme la flèche, sur la grande route, à travers la porte du château, les bras levés ; son riche vêtement de dentelles flottait dans les airs, et ses cheveux déroulés flottaient au gré de la brise. Un cavalier s'élança à sa rencontre ; il se jeta à bas de son cheval, lorsqu'il fut près d'elle, et l'entoura de ses bras.

Deux autres cavaliers qui l'accompagnaient firent halte et mirent pied à terre.

Le colonel, qui avait suivi le médecin en toute hâte, s'arrêta sans pouvoir parler devant le groupe. Il se frottait le front comme s'il s'efforçait de retenir ses pensées. C'était Maurice, qui tenait Angélique serrée sur sa poitrine ; près de lui étaient Dagobert et un beau jeune homme en riche uniforme de général russe.

— Non ! s'écriait une voix, Angélique en tenant embrassé son bien-aimé, jamais je ne te fus infidèle, Maurice ! mon cher, mon tendre amant !

Et Maurice lui disait :

— Oui, je le sais, va ! oui, je le sais ! ma belle image des anges ! il t'a dominée par des artifices de démon. Et il emportait plutôt qu'il ne conduisait Angélique au château, pendant que les autres suivaient en silence.

A la porte du château seulement le colonel poussa un profond soupir comme s'il recouvrait seulement ses pensées, et s'écria en promenant autour de lui des regards interrogateurs :

— Quelle apparition ! quel prodige !

— Tout s'éclaircira, dit Dagobert ; et il présenta au colonel l'étranger comme le général russe Bogislaw Desen, l'ami intime du grand écuyer.

Lorsqu'ils furent arrivés dans les appartements du château, Maurice, sans remarquer l'effroi du colonel, demanda avec un regard sauvage :

— Où est le comte de S...i ?

— Parmi les morts, reprit sourdement le colonel ; il y a une heure, il a succombé à une crise nerveuse.

Angélique frissonna.

— Oui, dit-elle, je le sais ; dans le moment de sa mort il me sembla que quelque chose se brisait en moi en retentissant comme du cristal. Je tombai dans un état étrange ; j'ai sans doute rêvé pendant tout le temps que dura ce sommeil, car, autant que je me le rappelle, les yeux terribles qui avaient tout pouvoir sur moi, la traîne de feu se déchirait, je me sentais libre, j'éprouvais le calme des cieux, je vis Maurice, mon Maurice ! Il venait, je me précipitais vers lui ! Et elle se serra contre son bien-aimé comme si elle avait peur de le perdre encore.

— Dieu soit loué ! dit la colonelle le regard fixé vers le ciel, ce poids qui m'écrasait le cœur est donc enlevé, me voici délivré de l'angoisse que j'en m'oppressait au moment où Angélique était allée donner sa main au comte.

Le général Desen demanda à voir le cadavre du comte ; on le conduisit devant lui. Lorsqu'on écarta la couverture qui le couvrait, le général en examinant le visage contracté par la mort s'écria :

— C'est bien lui, c'est lui, par le Dieu du ciel !

Angélique s'était endormie dans les bras du grand écuyer. On la porta dans sa chambre. Le médecin prétendit que rien ne pouvait être plus salutaire que ce sommeil pour calmer toutes les forces de l'esprit surexcitées. Elle échappa ainsi à la maladie qui la menaçait.

Aucun des invités n'était resté au château.

— Il est temps, s'écria le colonel, de délier tous les nœuds de ces mystères. Dis-moi, Maurice, quel ange du ciel t'a rappelé à la vie ?

— Vous savez, commença Maurice, de quelle manière infâme je fus attaqué, lorsque déjà l'armistice était conclu. Atteint d'un coup de feu, je tombai de mon cheval, privé de connaissance. Je ne sais combien de temps je restai dans cet état. En reprenant mes sens je sentis le mouvement d'une voiture. Il était nuit noire, plusieurs voix chuchotaient bas autour de moi. On parlait français, ainsi j'étais blessé, au pouvoir des ennemis. Cette pensée me glaça d'effroi, et je sentis une seconde fois mes sens défaillir. A cet évanouissement succéda un état qui m'a seulement laissé le souvenir de quelques moments d'un violent mal de tête. Un jour je m'éveillai tout à fait maître de mes pensées. Je me trouvai dans un bon lit, presque magnifique, orné de rideaux de soie, de cordons et de franges. La chambre très-vaste et très-haute était garnie de tapis de soie et de tables et de chaises lourdement dorées à l'ancienne mode française. Un étranger courbé sur moi examinait mon visage et s'élança alors vers le cordon d'une sonnette, qu'il tira avec force. Quelques minutes après deux hommes entrèrent : le plus âgé portait un habit brodé à l'ancienne mode, et était décoré d'une croix de Saint-Louis ; le plus jeune s'avança vers moi, tâta mon pouls, et dit en s'adressant à l'autre :

— Il est hors de danger.

Alors le plus âgé s'annonça à moi comme le chevalier de T. Le château où je me trouvais était le sien. Il se trouvait en voyage, ajouta-t-il, au moment où ces paysans assassins m'avaient jeté à terre et s'apprêtaient à me piller. Il parvint à me délivrer. Il me fit placer dans sa voiture et porter dans son château, situé à une assez grande distance de toute communication avec les routes militaires. Là, le médecin de sa maison entreprit ma cure difficile. Il aimait ma nation, qui lui avait montré beaucoup de bienveillance dans les temps malheureux de la révolution, et il était enchanté de pouvoir m'être utile. Tout ce qui pouvait m'être commode ou agréable était à ma disposition dans le château ; mais sous aucune condition il ne me permettrait, disait-il, de le quitter avant que je fusse entièrement rétabli de mes blessures, et que les chemins fussent devenus moins dangereux. Il déplorait l'impossibilité où il se trouvait de donner à mes amis des nouvelles de mon lieu de refuge.

Le chevalier était veuf, ses fils étaient absents, de sorte qu'il habitait le château avec le chirurgien seulement et de nombreux domestiques.

Il serait trop long de vous raconter comment ma santé revenait chaque jour davantage entre les mains de l'habile docteur, et de quelle manière gracieuse le chevalier s'efforçait de m'offrir tout ce qui pouvait charmer la solitude de ma vie. Sa conversation était plus sérieuse qu'elle ne l'est ordinairement parmi ses compatriotes, et sa manière de voir était aussi plus juste. Il parlait de la science et des arts, et évitait autant que possible de s'entretenir des événements nouveaux. Mon unique pensée était Angélique, et mon âme était en feu quand je pensais qu'elle devait être plongée dans la douleur par la nouvelle de ma mort. Je donnais à chaque moment au chevalier des lettres pour les faire porter à mon quartier général. Il me consolait en me promettant que lorsque je serais tout à fait guéri, il s'arrangeait à tout hasard à faciliter mon retour dans ma patrie. Je pouvais seulement présumer d'après ses discours que la guerre était recommencée, et d'une manière désavantageuse pour les alliés ; ce qu'il voulait me cacher par bienveillance.

Je n'ai besoin que de raconter quelques incidents pour donner raison aux étranges croyances de Dagobert.

La fièvre m'avait à peu près quitté, lorsque je tombai une nuit dans un état rêveur incompréhensible, qui m'épouvante encore maintenant, bien que je n'en aie gardé qu'un vague souvenir.

Je voyais Angélique, mais il me semblait que son image s'effaçait peu à peu dans une lueur tremblante, et tous mes efforts ne pouvaient la retenir. Un autre être se plaçait de force entre nous, se posait sur ma poitrine et allait chercher son cœur en moi-même. J'étais écrasé d'une douleur brûlante, et je me sentais aussi en même temps pénétré d'une étrange sensation de plaisir.

Au matin mes premiers regards s'arrêtèrent sur un portrait placé en face du lit, et que je n'avais pas encore remarqué. J'éprouvai un sentiment d'effroi qui me pénétra jusqu'au fond de l'âme. C'était Marguerite avec le regard vif et brillant de ses yeux noirs. Je demandai au domestique d'où venait cette image, et qui elle représentait. Celui-ci assura que c'était la nièce du marquis, la marquise de T. Il ajouta que ce portrait avait toujours été à cette place ; et que peut-être je ne l'avais pas remarqué, parce que depuis la veille seulement on en eu avait ôté la poussière.

Le chevalier me confirma tout ceci. Ainsi, lorsque éveillé je voulais appeler dans mon esprit l'image d'Angélique, Marguerite était devant moi. Il me semblait dans mon chagrin que je ne pouvais me débarrasser d'elle, et c'était un supplice que je n'oublierai jamais.

Un jour j'étais à ma fenêtre, me rafraîchissant aux doux parfums que souffle le vent du matin; j'entendis dans le lointain le son des trompettes. Je reconnus la marche joyeuse de la cavalerie russe, et mon cœur battait de joie; il me semblait qu'avec ces sons des esprits amis volaient vers moi et me consolaient de leurs voix chéries: c'était comme si la vie m'avait tendu les mains pour me tirer du cercueil où un pouvoir ennemi m'avait enfermé. Des cavaliers parurent, rapides comme l'éclair; bientôt ils étaient dans la cour du château. Je les envisage : tout à coup je me mets à crier plein du ravissement le plus pur :

— Bogislaw! mon cher Bogislaw!

Le chevalier arrive, pâle, troublé, parlant de logements militaires inattendus, de fatal dérangement. Sans faire attention à lui, je me précipite et je me jette dans les bras de Bogislaw.

J'appris alors à mon grand étonnement que la paix était conclue depuis longtemps, et que la plus grande partie des troupes s'en retournait dans ses foyers. Le chevalier m'avait caché tout cela pour me retenir captif dans son château. Nous ne pouvions l'un et l'autre deviner le motif de cette conduite. Bogislaw toutefois sentait confusément qu'il y avait là-dessous quelque chose d'irrégulier. La manière d'être du chevalier changeait d'heure en heure : il était grandeur jusqu'à l'impolitesse, et nous fatiguait de son entêtement et de ses mesquineries. Lorsque je lui parlais de ma reconnaissance avec enthousiasme, il souriait d'une manière sournoise avec les gestes d'un homme fantasque et capricieux.

Après un repos de vingt-quatre heures, Bogislaw voulut partir et me joignit à sa troupe. Nous nous sentîmes joyeux lorsque nous vîmes derrière nous le vieux manoir, qui ne me paraissait plus qu'une sombre prison.

Mais continue mon récit, Dagobert, c'est à toi maintenant de raconter les événements étranges qui nous sont survenus.

— Comment, commença Dagobert, peut-on mettre en doute les singuliers pressentiments qui sont dans la nature humaine? Jamais je n'ai cru à la mort de mon ami ; l'esprit qui nous parle dans les songes me disait que Maurice était vivant, mais que des liens mystérieux le retenaient captif en quelque endroit. Le mariage d'Angélique avec le comte me déchirait le cœur. Lorsque je revins il y a quelque temps et que je trouvai Angélique dans une disposition d'esprit qui me fit pressentir quelque effroi sur une influence magique, je pris la résolution de parcourir le pays étranger jusqu'à ce que j'eusse retrouvé mon Maurice. Mais rien ne peut exprimer le ravissement dont je fus transporté lorsque je le rencontrai sur la terre allemande avec son ami le général Desen.

Toutes les furies de l'enfer vinrent torturer le cœur de mon ami lorsqu'il apprit l'union d'Angélique avec le comte ; mais toutes ses malédictions et ses plaintes déchirantes sur l'infidélité d'Angélique cessèrent lorsqu'il eut fait part de mes suppositions et la cas appris qu'il était en son pouvoir de conjurer tout le mal. Le général Desen tressaillit vivement lorsque je prononçai le nom du comte, et lorsque, selon son désir, je dépeignis sa tournure et ses traits il s'écria :

— Plus de doute, c'est lui, c'est lui-même!

— Figurez-vous, interrompit ici le général, que le comte S...i me ravit à Naples il y a quelques années, par des artifices sataniques qu'il avait à sa disposition, une maîtresse chérie. Oui, dans le moment même où je le traversai de mon épée, elle éprouva ainsi que moi une fascination infernale qui nous éloigna l'un de l'autre. J'ai su depuis que la blessure que je lui avais faite n'était pas mortelle, qu'il avait demandé la main de ma bien-aimée, et que le jour de son mariage elle était tombée morte frappée d'une attaque de nerfs.

— Dieu juste! s'écria la colonelle, ma fille chérie n'était-elle pas menacée d'un sort pareil? Comment ce pressentiment me venait-il?

— C'est, dit Dagobert, la voix de l'esprit prophétique qui vous dit la vérité.

— Et quelle était l'apparition effroyable, continua la colonelle, dont Maurice nous parlait le soir même, où le comte s'est présenté si étrangement parmi nous?

— Comme je vous le racontais alors, continua Maurice, j'entendis un coup effroyable, un souffle glacial siffla près de moi comme le messager de mort, et il me sembla qu'un fantôme blanc, tremblant et ayant des traits insaisissables s'avança à travers le mur. Je réunis toutes les forces de mon esprit pour dominer mes craintes. Bogislaw était étendu roide, et je le croyais mort. Lorsque le médecin que j'avais fait appeler le fit revenir à lui, il me tendit la main d'un air mélancolique, et dit :

— Bientôt, demain, finiront mes peines!

Ce qu'il avait dit arriva, mais comme le pouvoir éternel l'avait résolu, et non pas comme Bogislaw s'y attendait.

Dans le plus fort de la mêlée, le jour suivant, une balle morte le frappa à la poitrine et le renversa de cheval; la balle bienfaisante brisa en mille morceaux le portrait de son infidèle, qu'il portait toujours sur son cœur. La contusion fut vite guérie, et depuis ce temps

Bogislaw a été délivré de toutes les apparitions qui troublaient son existence.

— C'est la vérité, dit le général, et même le souvenir de mon amante éveille en moi une douleur douce qui n'est pas sans charme. Mais notre ami Dagobert va nous raconter les aventures qui nous survinrent.

— Nous nous éloignions de R... en grande hâte, continua Dagobert. Aux premières lueurs du crépuscule nous arrivâmes dans la petite ville de P..., à six milles de distance d'ici. Nous avions l'intention de nous y reposer quelques heures et de repartir pour arriver directement ici. Que devînmes-nous, Maurice et moi, lorsque d'une chambre de l'auberge Marguerite se précipita vers nous la figure pâle, égarée par le délire! Elle tomba aux genoux du grand écuyer, les embrassa en gémissant, se nomma elle-même la plus affreuse criminelle qui eût jamais mérité la mort, et le pria de la tuer sur place! Maurice la repoussa avec horreur et s'élança au dehors.

— Oui, interrompit le grand écuyer, lorsque j'aperçus Marguerite à mes pieds, j'éprouvai à l'instant de nouveau toutes les souffrances qui m'avaient déchiré lors de mon séjour au château, et je me sentis venir un fureur que je n'avais pas encore connue. Je fus sur le point de la frapper de mon épée; mais je modérai ma colère, et je sortis aussitôt.

— Je relevai Marguerite, dit Dagobert, je parvins à la calmer, et j'appris d'elle des discours sans ordre ce que j'avais pressenti. Elle me donna une lettre que le comte lui avait fait remettre hier à minuit. Voici cette lettre.

Dagobert tira une lettre, l'ouvrit et lut ce qui suit :

« Fuyez, Marguerite, tout est perdu! Il approche, l'objet de notre haine! Toute ma science doit céder à la sombre destinée qui me saisit au moment où j'arrive au but! Marguerite, je vous ai fait partager un secret qui aurait anéanti une femme ordinaire si elle eût tenté de résister. Mais avec la force d'un esprit supérieur, avec votre volonté inflexible, vous fûtes la digne élève de votre savant maître. Vous m'avez prêté votre aide, avec votre secours j'ai dominé les sentiments d'Angélique et tout son être. Alors j'ai voulu reculer pour vous les bornes du bonheur de la vie, comme il germait dans votre âme. J'entrai dans le cercle des plus dangereux mystères, je commençai des opérations dont j'étais moi-même épouvanté. Tout fut inutile. Fuyez, sinon votre perte est certaine. Jusqu'au dernier moment je ferai courageusement tête au pouvoir ennemi ; mais, je le sens, ce moment me donnera une mort rapide. Je mourrai seul. Aussitôt que le moment sera venu, je me dirigerai vers l'arbre étrange à l'ombre duquel je vous ai souvent parlé des étonnants mystères que je mets en œuvre. Marguerite, ces mystères, oubliez-les pour toujours. La nature, la cruelle nature, devenue défavorable à ses enfants endurcis, offre aux voyants curieux qui portent une main hardie sur son voile un jouet brillant qui les séduit, et elle tourne contre eux sa force destructive.

» Je tuai autrefois une femme en m'imaginant d'allumer chez elle le feu du plus ardent amour. J'y perdis une partie de mes forces; et pourtant, fou ridicule, j'espérais encore au bonheur terrestre!

» Adieu, Marguerite, retournez dans votre pays, rendez-vous à S... Le chevalier de T. prendra soin de votre bonheur.

» Adieu! »

Lorsque Dagobert eut terminé cette lettre, tout le monde se sentit frissonner involontairement.

— Ainsi, dit la colonelle, il me faudrait ajouter foi à des choses contre lesquelles ma raison se révolte ; mais il est certain que je n'ai jamais pu comprendre comment Angélique avait pu si vite oublier Maurice et tourner ses affections vers le comte. Je remarquai toutefois qu'elle était constamment dans un état d'exaltation, et cela même éveillait en moi de cruelles inquiétudes. Je me rappelle que le penchant d'Angélique pour le comte se révéla d'une manière étrange : elle me conna que presque toutes les nuits elle faisait des rêves agréables où le comte était toujours mêlé.

— C'est cela, dit Dagobert, Marguerite m'a avoué qu'elle avait passé des nuits auprès d'Angélique, à la demande du comte, dont elle lui chuchotait sans cesse le nom à l'oreille en adoucissant sa voix. Plus d'une fois, me dit-elle, à minuit le comte s'était arrêté sur le seuil de sa porte, avait attaché pendant quelques minutes un regard fixe sur Angélique endormie et était éloigné. Cependant la lettre significative du comte a-t-elle encore besoin d'un commentaire? Il est certain qu'il était parvenu par son art secret à agir psychiquement sur les sentiments intimes, et cela grâce à la force de sa nature énergique. Il était lié avec le chevalier de T. et appartenait à cette secte invisible qui compte des membres en Italie et en France, et dérive de l'ancienne école de P... Sur l'invitation du comte, le chevalier retint le grand écuyer dans son château, et exerça sur lui toutes sortes d'opérations magiques relatives à l'amour. Je pourrais pénétrer plus avant dans les mystères au moyen desquels le comte savait s'emparer du principe psychique tels que Marguerite me les a expliqués elle-même, je pourrais éclaircir bien des doutes sur une science qui ne m'est pas étrangère, mais à laquelle je ne peux attacher un nom de peur de n'être pas compris, mais qu'il ne soit pas question aujourd'hui...

— Qu'il n'en soit jamais question! reprit la colonelle avec animation, ne parlons plus de ce sombre royaume inconnu où habite la terreur! remercions la puissance du ciel qui a sauvé ma fille, mon enfant chérie, et qui nous a délivrés de cet hôte mystérieux qui est entré dans notre maison avec le trouble!

Le jour suivant on résolut de retourner à la ville. Le colonel et Dagobert restèrent seuls pour donner la sépulture au comte.

Angélique était depuis longtemps l'heureuse femme du grand écuyer.

Il arriva que par une soirée orageuse de novembre, la famille, en compagnie de Dagobert, était réunie devant le feu brillant de la cheminée, dans cette salle même où le comte de S...i était entré comme un spectre. Comme autrefois, des voix singulières sifflaient et hurlaient à l'envi sous le manteau de la cheminée, éveillées par le vent d'orage.

— Vous rappelez-vous encore? demandait la colonelle avec des regards brillants. Avez-vous oublié?

— Surtout pas d'histoire de revenants! s'écria le colonel.

Mais Angélique et Maurice parlaient de ce qu'ils éprouvaient à cette époque, ils se disaient comme alors ils s'aimaient déjà d'un ardent amour. Ils ne cessaient de se rappeler les plus petits détails qui reflétaient leur passion mutuelle. Leur doux effroi n'était que l'oppression de deux cœurs agités de désirs; mais l'hôte mystérieux, ils se le rappelaient avec ses fantastiques présages, il les avait réellement fait trembler tous les deux.

— Ne dirait-on pas, mon cher Maurice, ajoutait Angélique, que les sons étranges du vent de l'orage que nous entendons maintenant nous parlent joyeusement de notre amour?

— C'est vrai, reprit Dagobert, et même le sifflement de la théière n'a plus rien d'effrayant. Mais on dirait qu'un tout petit esprit du foyer, qui s'y trouve enfermé, y essaye une chanson de berceau.

Alors Angélique cacha son visage couvert de rougeur dans le sein de l'heureux Maurice.

Et celui-ci passa son bras autour de la taille de sa charmante femme, et murmura tout bas:

— Est-il un plus grand bonheur que le nôtre ici-bas?

DON JUAN.

AVENTURE FABULEUSE ARRIVÉE A UN VOYAGEUR ENTHOUSIASTE.

Une cloche violemment agitée, le cri retentissant: Le spectacle va commencer! me tirèrent du doux sommeil dans lequel j'étais plongé. Les basses résonnent l'une après l'autre; un coup de timbales! un son de trompettes! un la très-pur tenu par le hautbois! Des violons qui s'accordent! Je me frotte les yeux.

Est-ce l'ivresse, que Satan toujours actif... Non! Je me trouve dans la chambre de l'hôtel où je suis descendu hier soir à moitié roué. Juste au-dessus de ma tête est suspendu le magnifique grand du cordon de sonnette. Je le tire avec force, le garçon arrive. Mais, au nom du ciel! que signifie cette musique confuse si tout près de moi? Est-ce qu'il y a un concert dans la maison?

— Excellence (j'ai bu du champagne à la table d'hôte!), vous ne savez peut-être pas que cet hôtel communique au théâtre. Cette porte en tapisserie donne sur un petit corridor qui vous conduira infailliblement au n° 23. C'est la loge des étrangers.

— Comment? un théâtre? une loge des étrangers?

— Oui, une petite loge de deux ou trois personnes au plus faite pour des gens distingués, tapissée en vert, grillée, tout près du théâtre! S'il convient à Votre Excellence, on donne aujourd'hui Don Juan du célèbre Mozart de Vienne. Le prix est d'un thaler huit gros, nous le mettrons sur le compte.

Le garçon prononça ces mots en ouvrant la porte de la loge, tant j'avais rapidement parcouru le corridor au mot théâtre.

La salle était, pour une ville de second ordre, spacieuse, décorée avec goût et brillamment éclairée. Les loges et le parterre regorgeaient de monde. Les premiers accords de l'ouverture me convainquirent de l'excellence de l'orchestre. Si les chanteurs étaient de la même valeur ou à peu près, j'allais jouir du chef-d'œuvre de la manière la plus complète. Dans l'andante, je fus saisi de l'horreur du terrible et souterrain *regno di pianto*.

De terribles pressentiments de quelque chose d'effroyable oppressaient mon esprit. La fanfare joyeuse résonnait pour moi comme le rire du crime dans la septième mesure de l'allégro, je voyais dans la nuit profonde des démons de feu étendre leurs griffes flamboyantes vers la vie d'hommes qui pleins de joie dansaient sur la frêle couverture d'un abîme sans fond. Le conflit de la nature humaine avec les épouvantables puissances inconnues qui l'entourent en épiant sa perte apparaissait distinctement à mes yeux.

Enfin l'orage s'apaise, le rideau se lève, Leporello transi de froid et de mauvaise humeur sort en pleine nuit du pavillon, enveloppé

dans son manteau: *Notte e giorno faticar*..... ainsi en italien. Ici dans une ville allemande: *Ah! che piacere!* je vais entendre les récitatifs et tout le reste comme le grand maître les a reçus et conçus dans son esprit. Don Juan se précipite au dehors. Derrière lui donna Anna retient le criminel par son manteau. Qu'elle est belle! elle pourrait être plus grande, plus élancée, plus majestueuse dans sa démarche, mais quelle tête! Des yeux d'où partent l'amour, la colère, la haine, le désespoir, comme s'élance du même foyer une brûlante pyramide d'éblouissantes étincelles; semblables au feu grégois, elles brûlent l'intérieur sans pouvoir s'éteindre; les tresses déroulées de sa noire chevelure tombent sur ses épaules en ondoyants anneaux; son blanc vêtement de nuit découvre traîtreusement des charmes que l'on ne vit jamais sans danger. Son cœur serré du crime abominable agite son sein, qui bat avec force; et quelle voix! *Non sperar se non m'uccidi!*

Les sons coulés d'un métal céleste brillent à travers la tempête des instruments comme d'éblouissants éclairs. En vain don Juan essaye de se dégager. Le veut-il réellement? Pourquoi de son bras robuste ne la repousse-t-il pas pour s'enfuir? Est-ce son forfait qui lui ôte ses forces, ou bien le combat intérieur de l'amour et de la haine qui lui ravit la vigueur et le courage?

Donna Anna.

Le vieux père a payé de sa vie sa folle attaque dans l'ombre contre un énergique adversaire. Don Juan et Leporello s'avancent en parlant dans un récitatif jusque sur l'avant-scène. Don Juan écarte son manteau, et paraît là habillé de velours rouge brodé d'argent; son costume est magnifique. C'est une puissante, une admirable nature; son visage a une beauté mâle, un nez d'une forme élégante, des yeux perçants, des lèvres doucement saillantes. Le jeu singulier d'un muscle du front sur les sourcils donne pendant plusieurs secondes quelque chose de Méphistophélès à sa physionomie, sans nuire à la perfection de ses traits, et éveille un effroi involontaire: on dirait qu'il y a à sa disposition le magnétisme magique du serpent à sonnettes; on dirait que les femmes qu'il regarde ne peuvent plus se détacher de lui et qu'elles concent d'elles-mêmes à leur perte, entraînées par une force mystérieuse.

Leporello, grand et sec, couvert d'un habit rayé de jaune, avec un petit manteau écarlate, un chapeau blanc orné d'une plume rouge, s'agite autour de lui. Les traits de son visage ont un mélange de bonté, d'astuce, de lubricité et d'effronterie; ses sourcils noirs contrastent étrangement avec sa barbe et ses cheveux gris. On voit que le vieux gaillard est le digne valet de don Juan. Ils ont heureusement franchi le mur.

— Des flambeaux!... Donna Anna et Ottavio apparaissent, un petit homme bien propre, bien orné, bien léché, de vingt et un ans au plus. On l'a été chercher si vite, qu'il est à croire qu'il demeure dans la maison comme fiancé d'Anna. Au premier bruit qu'il a entendu sans doute, il aurait pu accourir et peut-être sauver le père ; mais il lui fallait se parer d'abord, et il n'aime se risquer la nuit au dehors. *Ma qual mai s'offre, o dei, spectacolo funesto a gli occhi miei !*

Il y a dans les accents déchirants de ce récitatif et du duo plus que du désespoir du crime épouvantable. L'attentat de don Juan, qui en la menaçant de sa perte a causé la mort du père, n'est pas seulement ce qui arrache de tels sons à sa poitrine oppressée, un combat cruel, un combat mortel de l'âme peut seul les avoir causés.

La grande et mince Elvire, parée des traces encore visibles d'une beauté suprême mais flétrie, vient maudire le traître don Juan : *Tu nido d'inganni !* et le compatissant Leporello dit avec justesse, comme le remarqua une personne placée derrière ou à côté de moi : *Parla come un libro stampato.*

Quelqu'un pouvait avoir facilement ouvert la porte de la loge et s'y être glissé. Je me sentis comme une blessure à travers le cœur. J'étais si heureux de me trouver là seul, de saisir sans être dérangé tout ce chef-d'œuvre si parfait avec les fibres de mon sentiment comme avec les bras d'un polype, et de les attirer *dans mon âme !* Un seul mot, qui pouvait être dit mal à propos après tout, m'avait douloureusement arraché du plus délicieux moment d'enthousiasme de poésie musicale. Je résolus de ne m'occuper en rien de mon voisin, mais entièrement plongé dans le spectacle, d'éviter le moindre mot, le moindre regard. La tête appuyée sur les deux mains, tournant le dos au nouveau venu, je regardais au dehors de la loge. La suite de la représentation répondait à la perfection du commencement. La petite Zerline, amoureuse et sensuelle, consolait avec de charmantes mélodies et des manières adorables le bon niais Masetto. Don Juan expliquait effrontément son être désordonné, son ironique mépris des hommes créés pour son plaisir, et sa joie de saisir et de briser leur pâle existence dans l'air sauvage : *Fin che dal vino.*

Plus puissamment que jamais se fronçait alors le muscle de son front.

Les masques paraissent : leur *terzio* una prière qui s'envole vers le ciel en purs rayons. Alors le rideau du milieu se lève. Là règne la joie, des verres retentissant, des paysans et des gens masqués valsent dans la joyeuse mêlée, attirés par la fête que donne don Juan. Alors arrivent les trois conjurés de la vengeance, tout devient plus solennel jusqu'à ce que la danse commence. Zerline est sauvée, et le finale qui gronde, aussi puissant que le tonnerre, don Juan l'épée nue se jette à la rencontre de ses ennemis, il fait sauter de la main du fiancé son épée de parade et s'ouvre à travers la foule, il renverse ridiculement les uns sur les autres, comme *Roland* dans l'armée du tyran *Cymork,* un libre chemin au dehors.

Déjà je croyais avoir senti derrière moi une tendre et tiède haleine, et je croyais aussi avoir entendu le frôlement d'une robe de soie. Je pressentais la présence d'une femme ; *mais* tout à fait plongé dans le monde poétique que l'Opéra ouvrait devant moi, je n'y faisais pas attention. Maintenant que le rideau était baissé je me tournai vers ma voisine.

Non, **rien** ne pourrait exprimer mon étonnement, donna Anna était debout derrière moi, dans le costume qu'elle portait à l'instant sur le théâtre, elle fixait sur moi les regards pénétrants de ses yeux remplis d'âme.

Je restai immobile sans pouvoir dire un seul mot, il me semblait que sa bouche se contractait dans un léger sourire ironique, et que je voyais ma sotte figure réfléchie comme dans un miroir. Je comprenais qu'il fallait lui parler, mais l'étonnement, et, je dirai même plus, l'effroi avait paralysé ma langue. Enfin, enfin ! comme presque involontairement ces mots sortirent de mes lèvres : — Est-il possible ! vous ici ?

Elle me répondit dans le toscan le plus pur :

— Si vous ne parlez pas italien, je serai privée du plaisir de votre conversation ; car je ne connais pas d'autre langue.

Ces douces paroles ressemblaient à un chant. En parlant, l'expression de ses yeux d'un bleu foncé s'augmentait encore, et chacun de ses brillants regards inondait mon âme d'un fleuve de feu. Mon pouls battait avec force, et toutes mes fibres tressaillaient. C'était donna Anna sans aucun doute.

Il était peu probable qu'elle pût se trouver en même temps sur le théâtre et dans ma loge, et cependant je ne m'arrêtais pas à cette idée. Ainsi, de même que l'heureux songe est mêlé des plus étranges choses, de même que la foi pieuse comprend ce qui est au delà de nos sens et admet volontairement les apparitions surnommées naturelles, de même en présence de cette femme singulière je tombai dans une sorte de somnambulisme dans lequel je reconnaissais l'attraction secrète qui me liait à elle, si bien qu'il était prouvé pour moi que même lorsqu'elle avait paru sur le théâtre elle n'avait pas quitté mes côtés.

Avec quel plaisir, mon cher Théodore, je te rappelle jusqu'au moindre mot de l'entretien remarquable qui eut lieu alors entre la signora et moi ! mais lorsque je veux en donner la traduction en allemand, **chaque mot est dur et sans couleur,** chaque phrase est insuffisante pour exprimer ce qu'elle me disait en toscan si facilement et avec tant d'âme.

Lorsqu'elle parla de son rôle et de *Don Juan,* il me sembla que seulement alors s'ouvraient les profondeurs du chef-d'œuvre, et qu'il m'était permis d'y plonger mes yeux et de reconnaître la réalité des scènes émanées de ce monde fantastique.

— Ma vie, me disait-elle, est toute musique, et souvent je crois en chantant comprendre dans mon âme des choses que nulle parole ne peut exprimer. Oui, continuait-elle les yeux enflammés et d'une voix plus haute, tout demeure alors froid et mort autour de moi, et tandis qu'on applaudit une roulade difficile, un trait réussi, une main de fer vient me serrer le cœur ; mais toi, tu me comprends ! car je sais que pour toi aussi s'ouvre le royaume singulier et romantique où demeurent les charmes célestes des sons !

— Comment, femme admirable ! tu me connais ?

— N'as-tu pas été chercher dans ton cœur, me répondit-elle, le délire magique d'un amour plein d'éternels désirs dans le rôle de ton nouvel opéra ? Je t'ai compris ! ton sentiment m'a été révélé en chantant. Oui (ici elle prononça mon prénom), je t'ai chanté, tes mélodies sont moi.

La cloche du théâtre sonna, une légère pâleur décolora le visage d'Anna, qui n'était pas fardé.

Elle porta la main à son cœur comme si elle éprouvait une légère douleur, en disant :

— Malheureuse Anna ! maintenant viennent tes moments les plus terribles.

Et elle avait disparu de la loge.

Le premier acte m'avait ravi ; mais après cet événement la musique agit sur moi d'une manière tout autre. Ce fut comme si une apparition longtemps promise par les plus beaux songes d'un autre monde prenait une existence, ce fut comme si les plus secrets pressentiments de l'âme en extase étaient incorporés aux sons et s'avançaient en figures merveilleuses comme des êtres déjà étrangement connus.

Dans la scène de donna Anna je sentis dans une enivrante volupté glisser auprès de moi comme un souffle doux et tiède, involontairement je fermai les yeux, et un baiser ardent vint brûler mes lèvres, mais le baiser était le son longtemps soutenu d'un désir toujours altéré.

Le finale marcha avec une gaieté criminelle :

    Giù la mesa è preparata...

Don Juan était assis entre deux jeunes filles, et envoyait un bouchon après l'autre pour rendre la liberté aux esprits bruyants et étroitement captifs.

La chambre était petite, une grande fenêtre gothique se voyait au fond.

Il faisait nuit au dehors. Déjà pendant qu'Elvire rappelle à l'infidèle tous ses serments, on voyait briller les éclairs à travers les vitres ! et l'on entendait le sourd murmure de l'orage, qui s'approchait. Enfin on entend frapper avec force.

Elvire, les jeunes filles s'enfuient ; et accompagné des sinistres accords des esprits infernaux s'avance le colosse de marbre devant lequel don Juan semble un pygmée.

Sous les pas retentissants du géant la terre tremble.

Don Juan jette à l'orage, au milieu, son *Nò !* effroyable, son *Nò !* effroyable, au magissement des démons.

L'heure de la perte est arrivée. La statue disparaît, la chambre s'emplit d'une épaisse vapeur d'où sortent d'affreux fantômes. Don Juan, que l'on aperçoit de temps à autre parmi les démons, se débat dans des souffrances infernales.

Une explosion terrible se fait entendre.

Don Juan, les démons sont disparus. Leporello est évanoui dans un coin de la chambre.

Combien calme alors l'apparition des autres personnes qui cherchent don Juan, soustrait par la vengeance des esprits infernaux à la vengeance des hommes !

Donna Anna apparut tout autre, son visage était couvert de la pâleur de la mort, ses yeux étaient éteints, sa voix était inégale et tremblante ; et par cela même le petit duo, où le doux fiancé veut la conduire à l'autel, après que le ciel l'a heureusement délivré de son dangereux rival, est d'un effet déchirant.

Le chœur avait admirablement terminé l'œuvre et le morceau d'ensemble et, dans l'exaltation d'esprit où je me trouvais, j'allai en grande hâte dans ma chambre.

Le garçon m'appela pour la table d'hôte, et je le suivis machinalement.

La société était brillante à cause de la foire, et la représentation de *Don Juan* fut le sujet de la conversation.

On vanta généralement les Italiens et l'énergie de leur jeu ; mais quelques petites remarques jetées malicieusement çà et là prouvèrent que personne n'avait même pressenti la signification profonde de cet opéra des opéras.

Don Ottavio avait beaucoup plu. Donna Anna avait été trop passionnée. On devrait, pensait l'un d'eux, se modérer davantage sur le théâtre et éviter les effets trop saisissants. Le récit de l'attaque l'a- vait fort consterné. Ici il prit une prise de tabac, et regarda d'un air niaisement fin son voisin tandis que celui-ci disait :

— L'Italienne après tout est une très-belle femme; seulement elle soigne trop sa mise, sa toilette; justement, dans cette scène, une boucle de ses cheveux s'est détachée, et a ombragé le demi-profil de sa tête.

Un autre commença à entonner tout bas :

Fin ch'hann' dal vino!

Et une dame remarqua à ce sujet qu'elle avait été moins satisfaite de don Juan.

— L'Italien était trop sombre, trop sérieux, disait-elle, et n'avait pas pris assez légèrement son rôle frivole et badin.

L'explosion finale fut très-vantée. Je me réfugiai précipitamment dans ma chambre.

DANS LA LOGE DES ÉTRANGERS N° 22.

Je me sentais oppressé dans ma chambre chaude et humide. A mi- nuit je crus entendre ta voix, mon cher Théodore; tu prononçais dis- tinctement mon nom; à la porte tapissée un léger bruit vint frémir.

— Qui m'empêche de retourner encore une fois à la place où s'est passée ma singulière aventure? Peut-être te verrai-je à elle aussi, qui occupe tout mon être! Il est si facile d'y transporter cette petite table, deux lumières, mon écritoire! Le garçon me cherche avec son punch allumé, il trouve la chambre vide, la porte tapissée ouverte, il me suit dans la loge et me regarde d'un œil inquiet. Sur un signe de moi, il place la boisson sur la table, et s'éloigne en me regardant encore une fois, une question sur les lèvres.

Je m'appuie, en lui tournant le dos, sur le bord de la loge, et plonge mes regards dans la salle déserte, dont l'architecture, magni- fiquement éclairée par mes deux lumières, emprunte un relief féeri- que à leurs étranges reflets. Le rideau s'agite au souffle de l'air qui court dans la salle, comme s'il allait se lever. Si donna Anna appa- raissait tourmentée par des spectres hideux? Involontairement ma voix appelle :

— Donna Anna!

Le son retentit dans l'espace vide; mais les esprits des instruments de l'orchestre en sont éveillés, un ton singulier monte en tremblant jusqu'à moi: on dirait qu'il murmure encore le nom chéri. Je ne peux me défendre d'un frisson secret, et mes nerfs en tressaillant éprou- vent un agréable sentiment de bien-être.

Je domine mes impressions et me sens capable de m'expliquer l'œu- vre admirable du grand maître comme je crois l'avoir compris dans son sens le plus profond.

Le poëte seul comprend le poëte, un esprit romantique peut seul pénétrer dans le temple; l'esprit exalté du poëte qui a reçu la consécration au milieu du temple peut seul entendre les paroles pro- férées par l'adepte dans l'enthousiasme.

Si l'on considère le poëme de *Don Juan*, sans lui accorder une por- tée plus profonde, en ne le regardant que comme un libretto, il est difficile de comprendre que Mozart ait pu trouver les inspirations d'une pareille musique. Un débauché qui aime avant tout le vin et les filles, qui invite de son plein gré à sa table l'homme de pierre qui représente le vieux père qu'il a tué et se défendant, n'a rien de bien poétique, et, à le prendre sincèrement, un pareil homme ne mérite pas que les pouvoirs infernaux y fassent une attention particulière; que l'homme de pierre, animé de l'esprit de la raison, se donne la peine de descendre de cheval pour exciter le pécheur au repentir à l'ap- proche de sa dernière heure, et qu'enfin le démon envoie ses meil- leurs acolytes pour le transporter dans son royaume avec le plus épouvantable appareil.

Crois-moi, Théodore, la nature avait donné à don Juan, comme à un enfant favori, tout ce qui peut rapprocher l'homme de la na- ture divine; il était né pour dominer et pour vaincre: un corps magnifique et plein de force, une création d'où s'élance brillante l'étincelle qui vient tomber dans la poitrine en y allumant les pres- sentiments du sublime, un jugement profond, une intelligence spontanée.

Mais telle est la suite fatale du péché originel, que le mauvais es- prit a gardé le pouvoir d'épier les hommes et de leur faire justement un piège de leurs aspirations vers le beau où le pousse leur nature divine. Don Juan, l'ivresse de ses élans vers la vie qu'apportait l'organisation de son esprit et de son corps, tourmenté du désir toujours brûlant, éveillé par le sang rapide qui bouillonnait dans ses veines, saisit avidement et sans repos toutes les apparitions terres- tres, espérant en elle le calme des désirs assouvis.

Rien en ce monde ne s'empare plus entièrement de l'homme et ne l'entraîne plus haut que l'amour, et don Juan devait naturelle- ment chercher à apaiser dans l'amour les appels au bonheur qui remplissaient son âme, et que le démon lui avait jetés comme des serpents autour du cou. L'ennemi du genre humain fit naître en lui la pensée qu'il pourrait avec l'amour, avec l'intimité de la femme,

contenter cette voix céleste qui parle en nous, et n'est autre qu'un immense désir qui nous met en rapport intime avec l'intelligence qui habite au delà des sphères. Allant sans cesse d'une belle femme à une femme plus belle encore, abusant avec ardeur de leurs charmes, jusqu'aux désordres de l'ivresse, jusqu'à la satiété, se croyant tou- jours trompé dans son choix, et espérant toujours rencontrer l'idéal qui devait calmer ses désirs, don Juan dut trouver à la fin la vie ter- restre triste et insipide. Tout en méprisant souverainement les hommes, il dut s'appuyer sur eux et les opposer à ces images qui l'avaient si amèrement trompé et qu'il avait crues devoir lui don- ner le bonheur. Son voluptueux commerce n'était plus maintenant la satisfaction de ses sens, mais un criminel défi jeté à la nature et au Créateur.

Cette séduction d'une fiancée chérie, ce bonheur des amoureux brisé par un coup puissant qu'il ne trouve jamais assez douloureux, est un triomphe admirable sur ce pouvoir ennemi qui le pousse tou- jours au delà des bornes étroites de la vie. Il en veut sortir de plus en plus, mais seulement pour aller jusqu'à l'enfer. La séduction d'Anna avec toutes les circonstances qui s'y rattachent est le plus haut sommet qu'il parvient.

Donna Anna est quant aux dons de la nature la contre-partie de don Juan. De même que don Juan a reçu en venant au monde la force et la beauté, de même elle, créature divine, a lassé par la pu- reté de son âme les attaques impuissantes du démon. Aussitôt que Satan a accompli le crime l'enfer par l'ordre du ciel ne devait pas faire tarder la vengeance.

Don Juan invite en raillant la statue de pierre de sa victime à son gai repas du soir, et l'esprit illuminé, réveillé, réduit l'âme de l'homme déchu et s'apitoyant sur lui, ne dédaigne pas sous sa forme terrible de l'engager au repentir; mais son âme est si pervertie que même la pitié du ciel ne jette pas une lueur d'espoir dans son âme, et ne le porte pas à devenir meilleur.

Donna Anna, je le disais tout à l'heure, est la contre-partie de don Juan. N'aurait-elle pas été créée exprès pour faire connaître à don Juan par l'amour la nature divine qui vit en lui pervertie par les artifices de Satan, et pour l'arracher au désespoir, conséquence natu- relle de ses frivoles penchants?

Il l'a connue trop tard, trop tard au moment du crime, et il ne pouvait plus éprouver que l'infernal désir de la perdre. Elle n'a pu être épargnée, lorsqu'il se sauvait au dehors le crime était accompli. Le feu d'une volupté surhumaine, l'ardeur de l'enfer inonda son cœur et empêcha toute résistance. Don Juan seul pouvait allumer en elle le voluptueux délire dont il l'enlaça, et qui souilla son cœur avec la violence irrésistible et dévorante des esprits de l'enfer. Lors- qu'il voulut fuir, l'idée de son déshonneur, comme un monstre af- freux dont il distille le poison, se dressa devant elle avec les douleurs du martyre.

La mort de son père à la main de don Juan, son union avec le froid, l'ordinaire femmelette don Ottavio qu'elle croyait aimer, même l'amour furieux né du plaisir qui dévore de sa flamme mor- dante le plus profond de son cœur, et qui brûle maintenant comme la haine qui veut du sang, tout la bouleverse et la déchire!

Elle sent qu'il lui faut la vie de don Juan pour donner le repos à son âme déchirée, mais cette mort sera la sienne; elle excite sans cesse à la vengeance son glacial prétendu; elle poursuit le traître elle-même, et elle s'apaise seulement lorsque les esprits infernaux l'ont entraînée; mais elle ne veut pas encore se donner à son amant, qui presse sa noce.

Lascia, o caro, un anno encor
Allo sfogo del mio cor!

Son existence ne dépassera pas cette année. Don Ottavio ne la pos- sédera jamais, elle que sa piété a délivrée du danger de devenir la fiancée de Satan.

Combien je comprenais tout cela au fond de mon âme dans les ac- cords déchirants du premier récitatif!

Et le récit de l'attentat, même la scène de donna Anna au deuxième acte :

Crudele!...

qui, à la regarder superficiellement, ne concerne qu'Octave, annonce cette disposition de l'âme qui ronge tout bonheur terrestre. Et aussi que veulent dire ces étranges mots complémentaires jetés peut-être sans intention par le poëte :

Forse un g orno il cielo
Sentirà pietà di me.

Deux heures sonnent!

Un souffle tiède et électrique se répand sur moi, je sens la légère odeur des fins parfums de l'Italie qui m'annonçaient hier la présence de ma voisine, je suis tout pénétré d'un sentiment délicieux et in- time que je crois ne pouvoir exprimer que par des sons. Le vent souffle plus fort dans la salle. Les cordes du piano de l'orchestre gé- missent. Ciel! il me semble entendre la voix d'Anna dans les loin vaine, apportée sur les ailes des tons qui viennent en s'enflant toujours d'un orchestre aérien.

Non mi dir, bell' idol mia!

Ouvre-toi pour moi, royaume lointain, royaume inconnu des esprits, Djinnistan merveilleux, où une ineffable et céleste douleur remplit l'âme ravie de la joie indicible de tous les plaisirs promis à la terre! Laisse-moi pénétrer dans le cercle de tes charmantes apparitions! Que le songe, tantôt plein de terreur, tantôt messager de joie, que tu envoies aux enfants des hommes vienne conduire mon esprit dans tes plaines éthérées tandis que le sommeil tient le corps immobile dans ses chaînes de plomb!

UNE CONVERSATION DU SÉRIA DE LA TABLE D'HÔTE COMME CONCLUSION.

UN HOMME SENSÉ *faisant claquer ses doigts avec force sur le couvercle* de sa tabatière. — C'est une chose fatale que d'en être bientôt réduit à ne plus pouvoir entendre un seul opéra bien monté. Cela vient de cette hideuse manie d'exagération.

UNE FIGURE DE MULATRE. — Oui, oui, je l'ai assez répété, le rôle de donna Anna l'avait singulièrement impressionnée! Hier elle était tout à fait possédée, elle est restée sans connaissance pendant tout l'entr'acte, et dans la scène du second acte elle a eu des attaques de nerfs.

DES GENS INSIGNIFIANTS. — Oh! racontez!

LA FIGURE DE MULATRE. — Eh bien, oui! des attaques de nerfs! et il a été impossible de l'emporter du théâtre.

MOI. — Au nom du ciel! ces attaques sont pourtant sans importance, n'est-ce pas? nous entendrons encore la signora.

L'HOMME SENSÉ, *prenant une prise.* — Difficilement, la signora est morte cette nuit à deux heures précises.

FIN DES CONTES DES FRÈRES SÉRAPION.

ROMANS

TABLE DES MATIÈRES.

FIN DES CONTES DES FRÈRES SÉRAPION.

Paris. — Typ. A. PARENT rue Monsieur-le-Prince, 31.

COLLECTION G. BARBA.

Format in-18 jésus vélin glacé, à 3 francs le volume

EN VENTE

PAUL DE KOCK
*La Laitière de Monfermeil..... 1 vol.
*André le Savoyard............ 1 vol.
*Zizine...................... 1 vol.
*Moustache.................. 1 vol.
*Un Jeune Homme charmant..... 1 vol.
*Madeleine.................. 1 vol.
*Le bon Enfant.............. 1 vol.
*La Maison Blanche........... 1 vol.
*Le Barbier de Paris......... 1 vol.
*Un Tourlourou.............. 1 vol.
*L'Homme de la nature........ 1 vol.
*Un mari perdu.............. 1 vol.

TOUCHARD-LAFOSSE
Les Chroniques de l'Œil-de-Bœuf
1re, 2e, 3e, 4e, 5e, 6e, 7e, 8e séries   8 vol.

COOPER
*Œil de Faucon. Bas de Cuir. 1re série. 1 vol.

MAYNE-REID
*Le Gantelet blanc........... 2 vol.
*Les Chasseurs de Chevelures... 1 vol.
*Les Tirailleurs au Mexique.... 1 vol.
*La baie d'Hudson............ 1 vol.
*Les Chasseurs de Bisons....... 1 vol.

JULES CLARETIE
*La vie moderne au théâtre...... 1 vol.

THÉODORE DE GRAVE
*Les Duellistes.............. 1 vol.

ALBERT CAISE
La jeunesse d'une femme........ 1 vol.

É. DE LABÉDOLLIÈRE
*Le Domaine de Saint-Pierre..... 1 vol.
*Histoire de Paris, suivie de Paris
   agrandi................ 1 vol.

L. CHODZKO
*Histoire populaire de la Pologne. 1 vol.

LÉON PLÉE
*Abd-el-Kader............. 1 vol.

GARNERAY
*Aventures et Combats .... 1 vol.
*Captivité sur les Pontons..... 1 vol.

KAUFFMANN
Les Chroniques de Rome....... 1 vol.

DESBAROLLES
*Deux artistes en Espagne....... 1 vol.

SOUS PRESSE

PAUL DE KOCK
Sœur Anne.................. 1 vol.
Jean...................... 1 vol.
Mon voisin Raymond.......... 1 vol.
Georgette.................. 1 vol.
M. Dupont.................. 1 vol.
Frère Jacques............... 1 vol.

COOPER
Le Dern. des Mohicans. Bas-de-Cuir. 2e série. 1 vol.
L'Ontario .... — 3e série. 1 vol.
Les Pionniers........ — 4e série. 1 vol.
La Prairie.......... — 5e série. 1 vol.

PIGAULT-LEBRUN
M. Botte.................. 1 vol.
Angélique et Jeanneton......... 1 vol.
Fanchette et Honorine........ 1 vol.

GEORGETTE DUCREST
Mémoires de l'Impérat. Joséphine. 1 vol.

RICCIARDI
Histoire d'Italie. .... 1 vol.

JULES CLARETIE
La vie moderne au théâtre (suite). 1 vol.

LABÉDOLLIÈRE
Histoire de la guerre du Mexique. 1 vol.

ALBERT CAISE
Un beau mariage.............. 1 vol.

MAYNE-REID
Le Désert.................. 1 vol.
Les Forêts vierges........... 1 vol.
Le Chef Blanc.............. 1 vol.

WALTER SCOTT
Rob-Roy................... 1 vol.
Quentin Durward .... 1 vol.
Ivanhoe.................. 1 vol.
Le Puritain d'Écosse....... 1 vol.
La Prisonnière d'Édimbourg. ... 1 vol.

HOFFMANN
Contes fantastiques. .... 1 vol.
Contes nocturnes........... 1 vol.
Contes mystérieux. .... 1 vol.

Paris. Typ. A. Parent, rue Monsieur-le-Prince, 31.